集人文社科之思 刊专业学术之声

集　刊　名：形象史学
主办单位：中国社会科学院古代史研究所文化史研究室
主　　编：刘中玉

2020上半年

委员会（以姓氏笔画为序）

主　任　孙　晓（中国社会科学院古代史研究所）

编　委

卜宪群（中国社会科学院古代史研究所）　　陈支平（厦门大学）
马　怡（中国社会科学院古代史研究所）　　陈星灿（中国社会科学院考古研究所）
王子今（中国人民大学）　　尚永琪（宁波大学）
王月清（南京大学）　　罗世平（中央美术学院）
王亚蓉（中国社会科学院考古研究所）　　金秉骏（韩国首尔大学）
王彦辉（东北师范大学）　　郑　岩（中央美术学院）
王震中（中国社会科学院古代史研究所）　　耿慧玲（台湾朝阳科技大学）
尹吉男（中央美术学院、广州美术学院）　　柴剑虹（中华书局）
扬之水（中国社会科学院文学研究所）　　黄厚明（南京大学）
李　旻（美国洛杉矶加州大学）　　谢继胜（浙江大学）
李　零（北京大学）　　臧知非（苏州大学）
杨爱国（山东省石刻艺术博物馆）　　熊文彬（四川大学）
沙武田（陕西师范大学）　　池田知久（日本东方学会）
沈卫荣（清华大学）　　渡边义浩（日本早稻田大学）
张先堂（敦煌研究院）

编辑部主任　宋学立

编辑部成员

王　艺　王　申　刘中玉　刘明杉　纪雪娟　安子毓　宋学立　杜艳茹　杨宝玉　徐林平
常文相　翟金明

本辑执行编辑

宋学立　王　申

总第十五辑

集刊序列号：PIJ-2017-202
中国集刊网：www.jikan.com.cn
集刊投约稿平台：www.iedol.cn

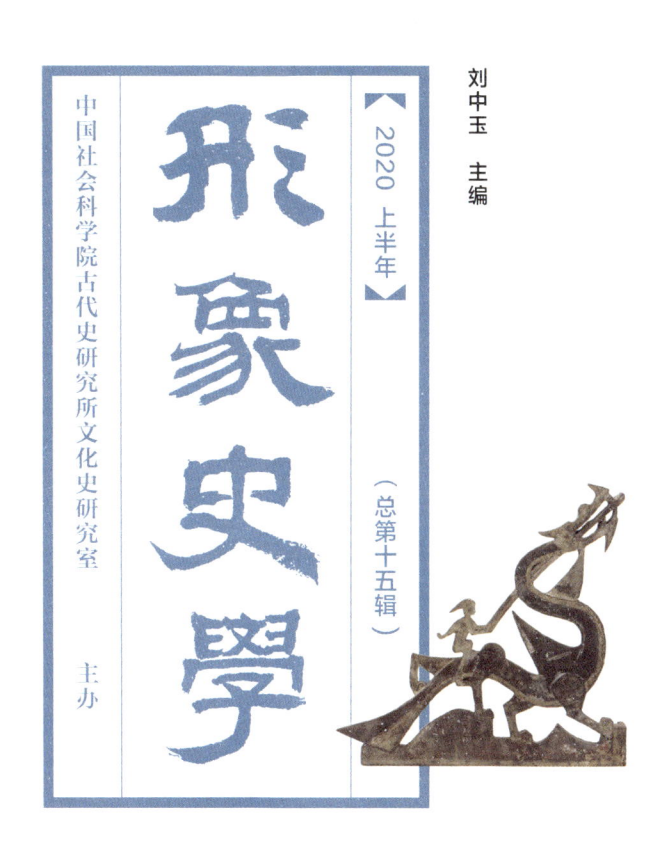

中国社会科学院创新工程学术出版资助项目

形象史学

【2020 上半年】
（总第十五辑）

刘中玉 主编

中国社会科学院古代史研究所文化史研究室 主办

社会科学文献出版社
SOCIAL SCIENCES ACADEMIC PRESS (CHINA)

《形象史学》出刊调整启事

  2011 年创刊以来,《形象史学》得到了学林师友的大力支持和厚爱,十年来,在方法论探讨和刊物建设方面均获得了稳步发展。

  为展现最新研究成果,惠及学林,经慎重酝酿,本刊自 2021 年起,调整为春、夏、秋、冬四卷出版。同时设"栏目主持",邀请相关领域的才俊做主持人,以期在审、校环节更专业、更公平、更高效。

  期待大家一如既往的支持!

本刊编辑部
2020 年 5 月

三 汉画研究

汉人灵魂乘车出游的节点与终点
——以西汉后期至东汉时期墓室画像为中心 .... 章义和 姚立伟 142

山东嘉祥徐敏行墓「宴乐图」再析 .... 周 杨 163

从图像学论经学
——山东画像石故事的春秋大义 .... 蔡奇玲 175

「阈限」与「舞台」
——汉代桥梁图式的功能与意味 .... 杜世茹 195

时空转换与体用之辨
——从建筑题材看汉晋时期的赋画关系 .... 蒲柏林 218

固原地区北周三墓壁画研究 .... 蒿嘉滢 231

四 地理与图像

「古今形胜之图」系列地图研究
——从知识史角度的解读 .... 成一农 256

中国人的龙门意象：黄河禹门口两岸的景观、历史和文化符号 .... 裴孟华 285

19世纪外文北京城市地图之源流
——比丘林的《北京城图》及其影响 .... 郑 诚 301

目 录

一 前沿动态

2019年形象史学与燕赵文化国际学术研讨会综述　　刘笑月　陈　颖　006

榆林市汉画馆新入藏墨描汉画像石简述　　赵延梅　010

二 造像、文本与图像

对印度神祇的格义：神王像研究　　朱天舒　022

论东汉儒学在社会上的普及　　杨爱国　042

棺椁形制舍利容器的传播与武则天　　〔日〕大西磨希子　051

定州白石双身造像之形成、发展与式微　　筒佩琦　067

赵孟頫传世信札中『德辅教授』考
——兼论古书画的作伪　　向　珊　109

清宫绘画中『洋菊』来源考辨　　王　钊　128

一

前沿动态

2019年形象史学与燕赵文化国际学术研讨会综述

■ 刘笑月（中国社会科学院大学研究生院）　陈　颖（中国社会科学院大学研究生院）

2019年11月2日至3日，由中国社会科学院古代史研究所、河北大学主办，中国社会科学院古代史研究所文化史研究室、河北大学历史学院承办的2019年形象史学与燕赵文化国际学术研讨会在河北省保定市举办。来自海内外高校、科研机构和文博单位的四十余位专家学者与会，他们围绕燕赵青铜文化、燕赵墓葬文化、器物与图像，以及区域与中外文化交流、历史理论与方法等议题展开了热烈讨论，现列述如下。

一是燕赵青铜文化。张文瑞（河北省文物研究所）《中山国出土青铜器所反映的鲜虞族文化因素及其华夏化进程再认识》分析了中山国出土青铜器器型和纹饰，指出中山国出土青铜器绝大多数属于中原文化系统，但部分又极具鲜虞族文化特色。苏辉（中国社会科学院古代史研究所）《从燕地两件龙纹鼎看纹饰的演变脉络》指出同一种顾首盘尾龙纹出现在不同的材质上，衔接而成完整的传承轨迹，西周时期青铜器上应该可以发现同类的顾首盘尾龙纹。并且，这类龙纹主要流行于中原文化的周边地区。吴磬军（河北大学历史学院）《论燕瓦当双龙饕餮与青铜饕餮、秦瓦当夔纹的文化关系》认为秦代夔纹瓦当是受到燕双龙饕餮纹瓦当直接影响演变、创新发展而成的，从商周青铜饕餮纹到燕瓦当的双龙饕餮纹，再到秦代夔纹，体现了龙文化的一脉传承。陈颖飞（清华大学出土文献研究与保护中心）《从"梁山七器"看大保器及早期燕侯世系》辨析了"梁山七器"中有争议的器，认为大保鸮卣、小臣艅犀尊、鲁公鼎等都不能列入其中，并通过"梁山七器"铭文，重新梳理了大保器及燕国早期燕侯世系。洪猛（河北大学历史学院）《冀北山地青铜文化述略》指出青铜时代的冀北山地是典型的北方草原文化分布区，其文化演进路径以替代为主，是商周时期北方戎狄部族兴衰更替的历史反映。胡嘉麟（上海博物馆青铜器研究部）《燕下都金器与欧亚草原的交流》分析了辛庄头M30出土金器中的卡拉纹、摩羯纹等特殊纹饰，认为卡拉纹造型特征应是直接来源于中亚草原地区，且公元前3世纪前后，古印度的摩羯纹已通过中亚草原传入中国北方地区。张翀（中国社会科学院古代史研究所）《河北涉县李家巷铜豆及其他问题》对李家巷铜豆做了重新检视，通过检讨类型学的利弊，并结合器形的特殊之处，来寻迹其发展的祖型，理清其发展的路线及对周边文化的影响。张振谦（河北大学文学院）《郾侯载豆铭文考正》考证了郾侯载豆铭文的字形、辞例及格式，认为从这几方面看，郾侯载豆铭文都符合燕系铭文特征，虽因个别文字残缺，铭文尚不能读通，但它绝非伪作。

二是燕赵墓葬文化。杨爱国（山东省石刻艺术博物馆）《东汉儒学在社会上的普及——河北东汉墓券顶文字的启示》对儒学普及在文物上的表现、儒学普及与汉代官私教育的关系、儒学普及背后的动力进行梳理和分析，认为儒学主要因为汉代选官制度的引导，以及儒学积极入世的态度和行动，成为汉代官私教育的主要内容，从而促进了儒学的普及。章义和、姚立伟（华东师范大学历史系）《汉人灵魂乘车出游的节点与终点——以西汉后期至东汉时期墓室画像为中心》认为在西汉后期至东汉时期，汉人死后灵魂乘车出游的两个重要节点是墓室与西王母仙境；在西汉后期至东汉前期，灵魂出游的终点为太一所在之处；而到了东汉后期，太一信仰衰弱，终点以祥瑞图像形式呈现。刘尊志（南开大学考古学与博物馆学系、南开大学中国社会史研究中心）《河北阳原西汉墓葬的两个问题》对阳原北关与三汾沟墓道上的建筑遗存和墓穴中的木构设施做了分析，指出这在很大程度上与墓葬等级及墓主身份、地位等较为相符。阳原地区西汉墓葬除传承自身地域特征外，还对匈奴文化有一定吸收，但吸收更多的是临近诸侯国及京师、中原等地区的丧葬文化。耿慧玲（台湾朝阳科技大学通识教育中心）《善律与再嫁——河北封子绘妻王楚英墓志初探》由"王楚英墓志中对女儿有详细而明确的记载"这一不常见的现象入手，探讨了墓志的体例、王楚英女的再嫁现象，并结合相关律法，认为王楚英墓志符合法律的要求，也顺乎中古人情。刘怡青（陕西师范大学历史文化学院）《由隋代墓志看河北地区墓志发展概况》指出目前出土的墓志以长安、洛阳为中心，河北地区的墓志数量居于第三位。通过分析北魏至隋的河北地区的墓志，足见政治中心在转移过程中对墓葬区的影响，并且此地多见个人墓志，可以看出墓志在发展过程中逐渐普及的现象。

三是器物与图像。朱天舒（澳门大学历史系）《神王图像与降魔变》认为神王组合作为六世纪中国佛教艺术里出现的特殊图像，专指一组自然神、动物神。它没有对应的梵文，在汉译佛经中指代各类印度神。降魔图与神王形象的形成有密切关系，同时代的降魔变中的魔众形象是创作神王形象的源泉。大西磨希子（日本佛教大学佛教学部）《金棺银椁形式舍利容器的传播》探讨了棺椁形制舍利容器与武则天之间的关系，认为显庆五年所造金棺银椁为武则天创制的可能性最大，并探讨了这一新形制舍利容器广泛传播的可能性。简佩琦（台湾静宜大学中文系）《定州白石双身造像之形成、发展与式微》对定州地区双身造像（双佛、双思惟、双观音）的形态、特质、发展历程与变化现象等进行了探析，并在此基础上，就三种双身造像间的关系做了说明。向珊（湖南大学岳麓书院）《赵孟頫传世信札中"德辅教授"考——兼论古书画的作伪》指出赵孟頫信札中的"德辅"应为松江人夏德辅，而与德俊父子相关的五幅作品应均为伪作。赵孟頫传世书信中出现如此多的与德辅父子三人相关的作品，是有人刻意为之；而作伪者很可能就是一位书画家，且对赵孟頫有颇多研究。吴若明（南开大学文学院）《元代燕赵地区磁州窑陶瓷装饰与南方地区的交流等问题研究》对北方燕赵地区磁州窑、南方景德镇窑与浙江龙泉青瓷的装饰技艺、纹样做了比较分析，讨论了元代燕赵地区陶瓷装饰技术与南方地区瓷器装饰技术的交流，并分析了其反映的时代审美转向和社会消费需求。赵生泉（河北师范大学美术与设计学院）《河北涿鹿屯兵堡〈善财童子五十三参〉壁画暨相关问题解析》对河北涿鹿屯兵堡《善财童子五十三参》壁画中榜题与画面不能严格对应、多次出现落字与错字，以及文殊菩萨在画面与榜题中均未出现的情况进行分析，认为壁画的绘制受到了民间信仰的影响。周喜锋（黑龙江大学历史文化旅游学院）《〈皇清职贡图〉中的东北渔猎民族》探析了《皇清职贡图》中的赫哲人、费雅喀人、鄂伦春人、库页人。

四是区域与中外文化交流。安子毓（中国社会科学院古代史研究所）《"李广难封"背后的汉廷对匈奴战略》详细分析了汉廷征匈奴"重西轻东"战略的形成、"重西轻东"战略对东部守军的影响、"主将集权"战术对李广的影响，指出"李广难封"很大程度上是汉廷大战略的后果，在该战略实施过程中，汉廷没有对原有的计功体系进行革新。汉廷计功体系对防守功绩不重视、对牵制性疑兵不重视，是"李广难封"最为核心的原因。尚永琪（宁波大学人文与传媒学院历史系）《作为汉唐盛世象征的汉马与唐马》对汉马、唐马的形象及时代背景进行了分析，认为汉马、唐马为帝国或文明的力量型形象塑造。图像、器物与装饰中，都蕴含着古代国家主动、有意识塑造强大形象的举措。杨宝玉（中国社会科学院古代史研究所）《晚唐敦煌著名文士张球崇佛活动考索》通过考证敦煌文书中的若干零星记录，梳理了晚唐敦煌著名文士张球崇佛活动的基本情况。纪雪娟（中国社会科学院古代史研究所）《北宋东京寺院功能探析》对北宋东京的寺院做了具体梳理，指出北宋东京寺院具有宗教功能，增加了文化功能、社会救济与慈善功能，还成为瓦肆市场、饮宴娱乐的场所。李锐（鄂尔多斯博物馆）《长河万里塞外来风——内蒙古西部历史文化漫谈》以时间为序，分四个部分对内蒙古西部的历史文化做了详细介绍，并重点介绍了部分遗址与文物。阮苏兰（越南社会科学翰林院汉喃研究院）《从〈大悲咒〉论在越南10~12世纪流传的观音形象》从"大悲咒"的角度厘清了观音中国化后在越南的传播与接受过程，讨论了10~12世纪中国观音在越南的多种形象。叶少飞（红河学院越南研究中心）《"明香"与"北国"：明清之际越南华人的身份转变》结合文献记载与碑志等资料，对明清之际越南南北政权下华人如何从"大明国人"转变为"明香"人与"北国"人进行了论析。

五是历史理论与方法。耿超（河北大学历史学院）《史料、方法与趋势——试论考古资料的思想史价值与意义》指出对考古资料进行思想解析是考古学研究的终极目的，而在运用考古资料进行思想解析时，不仅要结合文献记载，也要借鉴文化人类学、社会学、宗教学、民俗学、民族学、艺术学等学科的研究方法与理论。韩鼎（河南大学考古文博系）《早期艺术研究中多学科证据的使用问题》对考古学、文字学、人类学、民族学、历史学（艺术史）、神话学、美学等学科背景影响的证据优先级做了分析，认为应以考古学所提供器物的历时性和共时性关系为基础，在器物所属语境中展开研究，之后再结合多学科证据，同时要尽量避免各学科证据容易产生的问题。

从效果上看，本次研讨会紧紧围绕形象史学与燕赵文化所涉及的议题进行了充分的交流和探讨，是对多学科协同研究的一次有益尝试。

榆林市汉画馆新入藏墨描汉画像石简述

■ 赵延梅（榆林市汉画像石博物馆）

2011~2013年，陕西省榆林市汉画像石博物馆从榆林境内征集了一批用墨线描绘物像细部的汉画像石。2018年6月，陕西省文物鉴定委员会组织专家进行鉴定，确定其均为珍品。其中三组是墓门五石组、共15块，墓门三石组3块，均为二级文物；5块墓门五石组和1块横楣石为三级文物。这批画像石的入藏不仅丰富了陕北汉画的题材内容，而且为研究陕北汉画像石制作工艺流程提供了重要的实物资料。现分别介绍如下。

一　墓门面五石组画像石之一（图1）

从画面的构图来看，横楣石与左、右门柱的外栏边饰是整体设计后，才刻绘而成的。横楣左右两端的日月圆轮从奇禽瑞兽间如意云纹中升起，左云柱从左门柱边饰底之白虎背部生出，间有仙兔奔驰、羽人扶云直上，右云柱从右门柱边饰底之翼龙颈部生出，其间有牡鹿急驰，承接横楣外栏的羽人踏云向上。横楣外栏的云纹自左而右间翼龙、朱雀，与麒麟、青龙相对，漫步穿行。内栏左为狩猎图，一骑士满弓劲射逃遁的一兔、一鹿、一羊，一熊探出大半个身子踯躅而行。右为一导骑、一轺车、一执戟骑吏、一轺车、一从骑组成的车马出行图。两轺车形制相同，车舆内前有驭手执辔，后有头戴进贤冠的尊者跽坐，身后一衣角露在车舆外。

左、右门柱构图相同，物像对称。画面分上、下两格，上格分内、外两栏。外栏的边饰画面稍窄于主题画面的宽度，这样的布局占陕北门柱画像石的大多数。上格的上部，鸟喙双翼神和牛首双翼神高居仙山云柱之巅，青鸟、仙狐立于山尖；下部为执戟吏、拥彗吏。下格各刻绘一玄武，相对而行。特别引人注目的是绘有红彩的蛇身，非常鲜艳。

左、右门扉上刻戴冠朱雀，振翅欲飞；中为虎口獠牙的铺首，衔环从耳中穿过；下为左青龙，右翼虎，相对而行。

这组画像石的雕刻技法采用的是平面减地浅浮雕，减地面磨平鸽刻麻点，其

图1

1-1 横楣石：编号0063，横202厘米，纵39.5厘米，厚10厘米。
1-2 左门柱：编号0064，横38.5厘米，纵127厘米，厚8.5厘米。
1-3 左门扉：编号0066，横50.5厘米，纵121厘米，厚5.5厘米。
1-4 右门扉：编号0067，横51厘米，纵123.5厘米，厚5厘米。
1-5 右门柱：编号0065，横38厘米，纵121厘米，厚7厘米。

中熊、鸟喙神、玄武、牛首神、朱雀、铺首、青龙和翼虎等物像的眼睛用阴线刻就，而云纹、日月、山尖的轮廓、毛羽、双翼、眉毛、齿、须、车轮、人物的袍服冠带等细节均用墨线描绘，使物像更加生动形象，只是时间久远，保存环境不太适宜，以致墨线或隐或现、断断续续。

二 墓门面五石组画像石之二（图2）

这五石组画像石与上一组画像石的构图和刻绘技法基本相同，墨线描绘比上一组更精细，且保存状态更好。横楣石与左、右门柱的外栏图案是这组墓门面画像的边界框，主题内容在框内表达，

图2

2-1 横楣石：编号0073，横195厘米，纵45厘米，厚7.5厘米。
2-2 左门柱：编号0074，横40厘米，纵123厘米，厚7.5厘米。
2-3 左门扉：编号0076，横50厘米，纵114.5厘米，厚5厘米。
2-4 右门扉：编号0077，横50厘米，纵120.5厘米，厚5.5厘米。
2-5 右门柱：编号0075，横39.5厘米，纵120.5厘米，厚8厘米。

这是陕北、晋西北汉画像程式化的构图格套。

横楣石外栏的左、右两端刻日、月，圆轮内阴线刻金乌和蟾蜍轮廓，日、月之间的云纹中隐现羽人、立鸟、飞鸟、鹿、兔、羽人戏老虎、仙狐、麒麟等。内栏有一凹面刻一静卧的牡鹿，将画面分为左、右两部分，左为奇禽瑞兽图，有右向行走的三角鸟、翼虎、奔兔、立鸟以及左向行走的朱雀、飞行朱雀、双翼龙、二飞鸟。右为狩猎图，前一骑士身跨骏马满弓劲射惊慌逃遁的麂、狐、兔，后一骑士回身满弓瞄准急奔而来的牡鹿，下有一兔、一狐左向逃遁。

左、右门柱构图对称，外栏画面完全相同，且方向一致，均由一熊右掌撑地、左掌扬起卷云柱，云柱呈连缀式的"8"形分布，其间有三角牛形兽、羽人戏老虎、四角五足兽、伸颈垂首鸟、单翼长尾兽，有翼兽在云纹中向上穿行，云柱承接横楣外栏日月的下端云纹，云头生出两株仙草。内栏上为玉兔和羽人跪侍西王母、东王公于昆仑仙境，其间有仙狐、仙鹿、三青鸟、仙草等。下为执戟吏、拥彗吏。最下格各刻绘一玄武相对而行，蛇身从龟腹下绕行于足上，口口持平相接。门柱内外栏之间的分隔线直达玄武的背部，且这一格的上框线没有按照常规的设计，而是减地面，这与门吏所占画面过大有关。这种同中有异的变化设计，也独具匠心。

左、右门扉刻绘上为戴冠朱雀，张开双翅；中为铺首衔环，环从口部穿过；下为独角兽，或称灰兕，两兽同向右。

这组画像石的减地面打磨较平，阴线只刻了金乌、蟾蜍以及一个铺首的眼睛，其他物像从轮廓到细部均用墨线勾绘，具体到动物的五官四肢、毛羽、褶皱、肌理，人物的五官、袍服冠带，奇石山峰，马的鞍辔，环面等。尤其是用墨线描绘玄武背部的鳞片和在构图时留下的"十"字形底稿线，以及朱砂彩绘，均清晰可辨。让我们清楚地观察到墨描物像的技法，就是先构图再落笔，画像雕刻成型后，为了活灵活现地表达物像所具有的强大生命力，再用墨线描绘、彩色晕染、阴线勾勒等技法来加强（图3）。

3-1 墨描朱雀　　3-2 墨描铺首衔环　　3-3 墨描独角兽

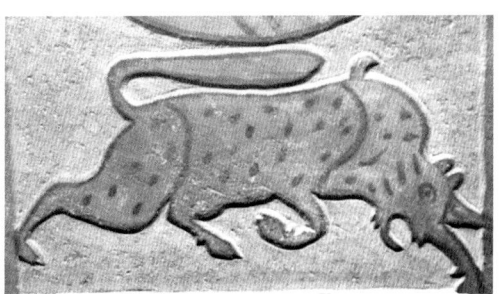

3-4 墨描戴胜的西王母、仙山神树　　　3-5 十字构图墨描玄武　　　3-6 彩绘玄武

图 3

三 三石组画像石（图4）

这一组墓门画像石缺左右门扉，构图和刻绘技法与以上画像类似，横楣石与左右门柱的边饰刻绘以连绵不断的卷云纹为整组画像的边界。横楣石外栏的左右两角刻日、月，圆轮内的蟾蜍和金乌用墨线绘就。内栏刻绘车马出行图。左端刻两头戴冠，躬身约45度，双手捧笏施中礼，迎接远方宾客。接着是前为携弓的导骑，三马各驾一轺车，车舆内前为扬鞭吆喝的驭手，后乘头戴冠的尊者，中间轺车似平行走在陡坡上，车盖向后倾斜且驭手所执鞭较前驭手所执鞭扬得更高一些，后一从骑身跨急驰的骏马，回身将箭劲射远方。

左、右门柱构图对称。内栏上为玉兔和羽人跪侍西王母、东王公于昆仑仙境，其间有仙狐、仙鹿、三青鸟、仙草等。下为拥彗吏、执戟吏。最下格各刻绘一玄武相对而行，龟蛇之口相接之态，与图3-5、图3-6相同。

这组画像石的减地面较平，鸰刻麻点精细绵密。云纹、日月的轮廓，人物的五官、冠服袍带，车的辐条、车轮、伞盖，马的鞍鞯、辔头，长鞭，以及彗首的枝齿等均保留着清晰的墨线描绘的痕迹。

四 车马临阙横楣画像石（图5）

画面分上下两栏。上栏刻四组变形云龙纹，云头右端各站一回首的鸟，似使用同一模板。类似这种"模板替样"技法，在陕北汉画像中使用频率较高。右上边棱处有两块、下栏中间有一块铁矿斑，类似现象在陕北汉画像石上常有发现。

下栏左起刻一杆栏式建筑，下有六根柱子支撑台基，台基上有四根楹柱撑起屋顶，围绕楹柱的四角砌有转角分隔墙，墙

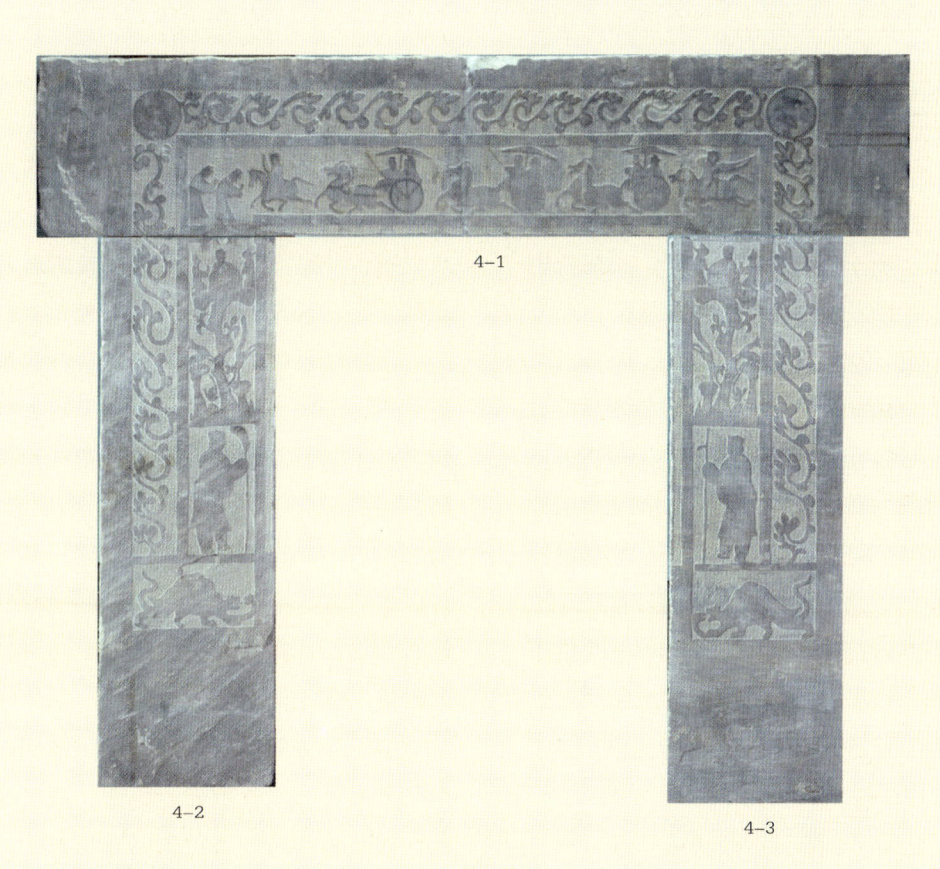

图 4
4-1 横楣石：编号 0078，横 188 厘米，纵 38.5 厘米，厚 6.5 厘米。
4-2 左门柱：编号 0079，横 38 厘米，纵 116 厘米，厚 6 厘米。
4-3 右门柱：编号 0080，横 38 厘米，纵 118 厘米，厚 6.5 厘米。

图 5
横楣石：编号 0086，横 181 厘米，纵 37 厘米，厚 10.5 厘米。

呈长方形，与今天供人休息纳凉的亭式建筑的围墙高度应该相当，其功能也是相同的。屋檐下有垂幔，当是供主人欣赏乐舞百戏的舞台。右为车马临阙图。杆栏式建筑前左右各立一子母阙，屋檐、墙面、台基等用墨线描绘。右面四分之三的画面刻绘车马出行，前有二导骑并行、一马拉轺车、三骑吏、一马拉辇车、二从骑，后一跪着的瑞兽手捧仙丹，作呈献状。

有一静卧的牡鹿安排在轺车之后，似乎有点另类，这种构图在汉画中不鲜见，如图2中横楣石内栏的卧鹿处在动图之中。在同一平面内要表现不同层次、不同环境的物像，可采取动静、大小、高低等不同的手法来实现立体透视的效果。正如李林先生的研究总结："陕北汉画上的人物很少出现遮盖掩挡现象，对物象的摆布方式总是采用近于视平线上的平置法，也接受了远近层次，物象立体的近小远大、近大远小和成角透视法则。工匠们打破视觉常规概念，把平面的物像正对观众而立置起来，在高度浪漫审美的驱动下敢于做着更新'视觉语言'的尝试，是对二维空间不满而做的大胆突破。"[1]这块汉画像石中的杆栏式建筑、子母阙是陕北首次发现的画像石题材，为研究陕北汉画题材内容的丰富性，提供了新的实物资料。画像的减地纹理为条形且磨平，与以上画像石的减地工艺相异，此种减地纹理在陕北汉画像石上也发现不少。

五　墓门面五石组画像石之三（图6）

这五石组画像石的横楣石与左、右门柱的纹饰相续且相同，从外到内依次为三角纹、水波纹、菱形纹，有学者释读为土、水、石，便是大地的横截面，其所展示的正是九泉之下的冥界。[2]门柱下格刻绘一玄武。不同的是蛇身绕龟背，蛇头伸向龟头后上方，即龟的颈部。左、右门扉上刻朱雀含丹、张开双翅悬空而立。中刻铺首衔环，铺首耳长且平，面部较小，略显沧桑，暴齿张口的高度与面部相当，环从鼻下穿过。下刻青龙和白虎，龙为单翼独角后扬，侧身行走；虎首正面，露略小半圆耳，张口瞪目，略显卡通。

这组画像石减地较深，用阴线刻出动物的五官、四肢、羽翅、肌理、褶皱等细部，用墨线勾绘缠绕龟背的蛇身轮廓、白虎的双眼、朱雀的眼睛等，朱彩也点染了动物的眼、口、齿等。粗中有细的勾勒增加了这组画像石的研究价值。

六　墓门面五石组画像石之四（图7）

这五石组画像石的横楣石与左、右门柱的纹饰及雕刻技法与上一组完全相同，

---

[1] 李林：《陕北两汉画像石及墓室保护研究半世纪》，陕西人民美术出版社，2015，第122页。

[2] 姜生：《汉帝国的遗产：汉鬼考》，科学出版社，2016，第88页。

图 6

横楣石：编号 0068，横 204.5 厘米，纵 33.5 厘米，厚 8.5 厘米。
左门柱：编号 0069，横 33 厘米，纵 113 厘米，厚 8.5 厘米。
右门柱：编号 0070，横 33.5 厘米，纵 112 厘米，厚 8 厘米。
左门扉：编号 0071，横 51 厘米，纵 125 厘米，厚 5.5 厘米。
右门扉：编号 0072，横 51 厘米，纵 124 厘米，厚 5 厘米。

图 7

横楣石：编号 0081，横 198 厘米，纵 38.5 厘米，厚 6.8 厘米。
左门柱：编号 0082，横 32.5 厘米，纵 111 厘米，厚 6.5 厘米。
右门柱：编号 0083，横 32.2 厘米，纵 117 厘米，厚 6 厘米。
左门扉：编号 0084，横 50 厘米，纵 125 厘米，厚 3.5 厘米。
右门扉：编号 0085，横 49 厘米，纵 125.5 厘米，厚 4 厘米。

不同的是门柱底格的物像。左下刻玄武，比较特别的是蛇头从龟颈上伸，与龟口相接。右下正中刻一鱼，鱼头上顶分隔线，线中刻一系，拴挂鱼头，鱼尾分叉刻在底格线中。左一人头戴钝角顶式冠，右侧面呈高鼻深目，左侧面也凿刻二小眼，似汉人面部轮廓，较右侧面短。身着过膝长袍，一手举斧，一手执钩形器，两腿呈弓箭步，有似为胜利者代言的态势；右一鹳，背覆羽翅未全张开，双腿曲折，双爪收缩。人、鱼、鹳鸟的眼睛均雕刻出来。此幅构图的元素与1978年河南汝州阎村出土的新石器时代的鹳鱼石斧近似。

右门扉的朱雀用鸽刻麻点的减地技法雕刻出头、颈的一小部分，三支冠用阴线刻出，其他物像与左门扉一样均用墨线勾勒，施加白彩、红彩描绘出上朱雀、中铺首衔环、下青龙白虎。彩绘虽然淡化，但还能看出用彩绘来创作完成没有承接雕刻朱雀的头冠。

仔细观察这组画像石门扉的刻绘痕迹，发现制作画像石的规律之一是：先减地刻出物像轮廓，后在凸起的阳面上细部加工。规律之二是：在石板上雕刻画像比绘画更费工费时。

科学发掘出土的画像石上也有清晰的墨描彩绘痕迹，如1996年神木大保当和2005年米脂官庄汉墓出土的画像石上均有墨描彩绘物像细部（图8）。

结 语

汉画像石是汉代地下墓室、墓地祠堂、墓阙和庙阙等建筑上雕刻画像的建筑构石。[1] 目前，据可考资料，陕北延安地区未曾出土汉画像石，榆林地区没有发现汉代墓地祠堂、墓阙和庙阙等建筑构石上的雕刻画像，只有墓室中有画像石出土，以绥德为最，其次是米脂，除了佳县、定边没有科学发掘画像石的出土报告外，其他十个县区均有出土，累计千余块。从已发掘的纪年画像石来看，最早的纪年是绥德县黄家塔出土的汉和帝永元二年（90），最晚的是米脂县官庄出土的顺帝永和四年（139）。这50年，是陕北纪年汉画像石的兴盛期，也是墨描彩绘阴线勾勒细部画像石的流行期，此技法占总出土数的55%以上。[2] 李林先生的研究表明，陕北汉画像石有初兴阶段、繁盛阶段和延续阶段。其数量众多、内容丰富、题材广泛，与晋西北汉画像石一起跻身全国汉画像石分区之一。

从以上新入藏的24块画像石来观察，发现横楣石与门柱石使用的石板要比门扉使用的石板厚实，显然具有承重功能。物像细部的造型均留下或浓或淡的墨线彩绘痕迹，这些墨线以及彩绘从汉代一直保留到现在，主要与原材料的质地和提取工艺，以及陕北黄土高原的土质和干燥少雨的气

---

1 信立祥：《汉代画像石综合研究》，文物出版社，2000，第4页。

2 李林：《陕北两汉画像石及墓室保护研究半世纪》，第82页。

图 8

左上、左中：神木大保当出土横楣画像石（局部）。
左下、右：米脂官庄出土的横楣画像石（局部）和门扉画像石。

候有关，当然与墓葬结构的密闭程度、墓葬所处的环境也有一定关系。

新入藏的24块画像石的组合结构、物像的墨描彩绘、平面减地的深浅、雕刻的半成品，以及首次发现杆栏式建筑和子母双阙画像题材，为研究陕北汉画像石墓葬的规模、图像内容的设计布局、石材厚薄、所处的位置和所采用的雕刻工艺流程、墓主人的喜好要求和财力等方面的探讨提供了新的资料支持。

二

造像、文本与图像

对印度神祇的格义：神王像研究

■ 朱天舒（澳门大学社会科学学院历史系）

　　神王组合是中国佛教艺术史上的独特图像，滥觞于5世纪，约6世纪成型，6世纪下半叶盛行，隋唐之际逐步消失。这种图像只见于北方，主要是在东魏和北齐之地，可称"东派"；西魏和北周相对较少，但很有特色，可称"西派"。每一组群当中，神王形象统一，通常以六、八或者十个为一组。根据东魏骆子宽造像碑的题榜，有珠神王、树神王、火神王、河神王、山神王、龙神王、狮子神王、鸟神王和象神王、风神王（图1），即以自然神、动物神为主。实际上神王像的种类远不止这些，还有牛、蛇等很多其他动物神，龙门有鬼子母、阿修罗；西派多雷神，还有电神。"神王"一词的定名，源于骆子宽碑神像的榜题，神王在汉译佛经中也频繁出现，是佛教的护法神，而佛教的护法神，其主体成员当是印度神祇，但是神王组合图像，印度没有，中亚也没有，这是中国人独创出来的图像组合。学界已初步完成对神王图像的识别，对于图像更进一步的研究着重于把中国的某神王像与印度的同类神或同样的形象联系起来。[1] 其实中国的神王像与印度同类神之间的差异往往很大，有些神王完全没有印度原型。要理清神王图像的产生，必须要澄清"神王"这个概念和神王们在护法神体系里的性质。本文先从佛教文献入手，探讨神王概念，然后再探讨图像的形成。神王组合中的神祇有十几位，甚至更多，造型也不止一种，还有地域差异和时代变迁。这样复杂的图像组群的图像渊源一定是多元的，本文强调多元因素的共同作用、正统异域的佛教图像和中国传统的相互呼应。另外，本文将神王

1　Emmy C. Bunker, "The Spirit Kings in Sixth Century Chinese Buddhist Sculpture," *Archives of the Chinese Art Society of America* 18 (1964): 26-37；神道明子：《巩县石窟の诸神王像について》，《早稻田大学大学院文学研究科纪要》别册第10卷，1983，第121~131页；常青：《北朝石窟神王雕刻述略》，《考古》1994年第12期，第1127~1149页；金申：《关于神王的探讨》，《敦煌学辑刊》1995年第1期，第55~62页；赵秀荣：《北朝石窟中的神王像》，《敦煌学辑刊》1995年第1期，第63~71页；八木春生：《いわゆる"十神王"像について》，《中国仏教美术と汉民族化——北魏时代后期を中心として》，法藏馆，2004，第41~70页；徐男英：《中国北朝期神王像の受容と変容について》，《鹿岛美术财团年报》2010年第28期，第406~417页。

图 1　骆子宽造像碑上的十个神王，东魏（543）

[Édouard Chavannes, *Six Monuments de la Sculpture Chinoise*, *Art Asiatica* Vol. II (1914), 图版 XX, XXV, XXVII]

组群作为一个整体概念和图像来研究，因为它们是以组合形式而不是以个体形式出现的。因篇幅有限，对个体神王的图像及含义，将来另外著文展开探讨。

一 "神王"一词及其概念

在今天的学界对神王组像的研究中，"神王"一词用来指代神王群像中出现的那些自然神和动物神等，无形中把神王当作了神祇中的一个类别。其实神王的含义和用法要复杂得多。

印度文化对从天到地的神魔鬼怪有自己独特的分类法，每一类有自己的专有名称。和汉字"神"比较接近的是deva，专指在天界的神。加上"王"字变成devarāja，可直译为"天神王"，这个词不能与其他类的神怪搭配，即不能有龙devarāja、夜叉devarāja，而中文有龙神王、夜叉神王。中文的"神王"可用来指代各类印度神祇，从这个意义上说，"神王"没有对应的梵文。佛教之前的中文文献中，也没有"神王"这个词。笔者所查到的最早的2世纪的译经里，最先出现的就是"天神王"，如安世高（2世纪）所译《佛说温室洗浴众僧经》提到"四天神王"[1]，再如支曜（185）所译《佛说成具光明定意经》提到"十二天神王"[2]。

基本上与此同时，Yakśa一神，音译为"药叉/夜叉"以前，被译为"鬼神王"，见竺大力、康孟详建安二年（197）翻译的《修行本起经》。[3]

很快，在3世纪的汉译佛经中"神王"一词的用法和含义发展出三种情况。首先，它可以用来统称所有印度神，如支谦（222~252）译的《佛说长者音悦经》中有"一切神王"，从上下文看，是指一切神怪。[4] 同时，"神王"也可用于其他类神，如"诸龙神王"，见竺法护（229~308）译的《修行道地经》。[5] 进而"神王"还可以作为对某一神的称呼，如竺法护所译《普曜经》，有"维摩神王"。[6]

"天神王""鬼神王"的翻译还是可以理解的。有了"天神王"和"鬼神王"，从汉语的词汇结构出发，以上这三种含义和用法，就变得合情合理。总之"神王"是一个在汉译佛经系统里衍生变异了的词语。

---

1 "从此因缘，或为人臣、或为帝王，或为日、月四天神王，或为帝释、转轮圣王，或生梵天，受福难量。"《大正藏》第16册，新文丰出版公司，1983，第803页上栏。

2 "于时十二天神王，及四天王大势龙王，承佛告教。"《大正藏》第15册，第452页。

3 "魔见三女还皆成老母，益大忿怒，更召鬼神王，合得十八亿，皆从天来下。"《大正藏》第3册，第471页上栏。

4 "是时四大天王，释梵天王，诸龙鬼王，阿须伦王，一切神王各与眷属。"《大正藏》第14册，第808页上栏。

5 《大正藏》第15册，第190页中栏。

6 《大正藏》第3册，第509页中栏。

"神王"一词除了见于神王群像的题记，5、6世纪它还出现在其他的一些题记中，其使用情况与佛经中的类似。它最早出现在北凉石塔的索阿后塔上，塔下层刻"天神王"，代指八个印度神（图2）[1]，学界对这八位神的身份尚无定论。作为统称，传世的北齐河清二年（563）的《阿鹿交村七十人等造石室像记》提到"八部神王"[2]，八部神王是"天龙八部"的另一种说法。陕西药王山北魏《谢永进造像碑》（512~535）上，刻"佛神王、道神王、魔神王、天神王、地神王、海神王、龙神王"[3]，"神王"在这里指代天上、地上各类神，甚至可以称呼"佛"和"道"。作为对具体的神的称呼，隋开皇九年（589）的大住圣窟门口刻有"迦毗罗神王"与"那罗延神王"题记。传世的北齐天统三年（567）《韩永义造像记》上也有"迦毗罗神王"与"那罗延神王"。[4]迦毗罗是一位夜叉的名字，那罗延即毗湿奴，印度教三大神之一，尤其后者不是与神王群像相类的神。这些题记印证，在神王群像流行的同时期，"神王"一词有多种含义和用法。

　　现存最早的神王群像见于一传世的拓片，原造像碑来自陇西郡，据李裕群推测此碑刻于承平元年（452）。[5]此碑基座上刻三身神王，并附榜题，分别是"树神之像""摩尼神""山神之像"（图3）。从形象和神的种类上看，这无疑是神王像，但是榜题只称"神"，没有用"神王"的称呼。说明至少在5世纪中叶时，"神王"没有成为这类神像的固定称呼。

图2　索阿后塔，北凉（435）

（克利夫兰艺术博物馆，CMA90.84，见殷光明《北凉石塔研究》，图63、64，第48、49页）

1　殷光明：《北凉石塔研究》，觉风佛教艺术文化基金会出版，2000，第47~51页。
2　颜娟英主编《北朝佛教石刻拓片百品》第1册，台北"中研院"，2008，第209页中栏。
3　李凇、白文、徐津：《药王山〈谢永进造像碑〉的年代与摩尼教信息解读》，《考古与文物》2008年第3期，第72~80页。
4　颜娟英主编《北朝佛教石刻拓片百品》第1册，第229页中栏。
5　李裕群：《神王浮雕石佛座拓本考释》，《文物》2010年第7期，第66~76页。

图3 树神、摩尼神、山神造像基座，北魏（452）拓本
（李裕群：《神王浮雕石佛座拓本考释》，《文物》2010年第7期，第66~76页）

在骆子宽石造像碑的供养人题记中，神王被统称为"登王"（图4）。沙畹认为是"凳王"的异体字，即坐在凳子上的王[1]，以别端坐或端立的佛、菩萨等。"登/凳王"一词未见于它处，不是广泛使用的术语。把神王群体归类为"登王"而非同样刻在这个碑上的"神王"，值得注意。说明当时没有形成神王这个类别。

总之，因骆子宽碑，当代学者将同类组群的神称作"神王"，无形中神王被当作佛教众神中的一个类别。这个类别概念，在过去不是那么明确。本质上，"神王"是一个中文词语，是一个中国人能理解的词语。不过虽然出现得很早，这个词

真正被频繁使用要到5世纪，如下一节所述，主要在陀罗尼经中，更倾向于用来指代夜叉等类神。神王群像所出现的5、6世纪，正是"神王"这一词语流行的时期，除了上文所列的各种题记，还见于佛曲和《魏书·释老志》（554）等。梁武帝（464~549）曾做过十篇佛曲，皆述佛法，其中一篇就叫《神王》。[2] 由北齐朝臣魏收（506~572）所著的《魏书·释老志》称老子为"神王之宗"。[3] "神王"一词在佛经之外被灵活使用，印证它在这个时期曾一度流行，这是其他时期所没有的。

二 佛经中的神王群体

所有佛教出现以前的印度神都被吸收进了佛教，原则上包括神王群体中的神，神王中的很多神在佛经中频繁出现。因此将某一神王与佛经联系起来并不难。过去学者能够轻易地指出一些相关的佛经，但是并没有把神王作为组群来考察，因此神王像的文献探讨工作远未完成。作为组群，神王主要出现在《大般涅盘经》《华严经》，以及5、6世纪盛行的咒经伪经，如《孔雀王咒经》《大通方广忏悔灭罪庄严成佛经》

1　Édouard Chavannes, "Une Sculpture Bouddique de l'Année, 543 P.C.," in *Six Monuments de la Sculpture Chinoise, Art Asiatica* Vol. II (1914):13-19.

2　"（梁武）帝既笃敬佛法，又制《善哉》、《大乐》、《大欢》、《天道》、《仙道》、《神王》、《龙王》、《灭过恶》、《除爱水》、《断苦轮》等十篇，名为正乐，皆述佛法。又有法乐童子伎、童子倚歌梵呗，设无遮大会则为之。"（唐）魏征、（唐）令狐德棻：《隋书》卷一三《音乐志上》，中华书局，1973，第305页。

3　"道家之原，出于老子。其自言也，先天地生，以资万类。上处玉京，为神王之宗。"《广弘明集》，《大正藏》第52册，第104页中栏。

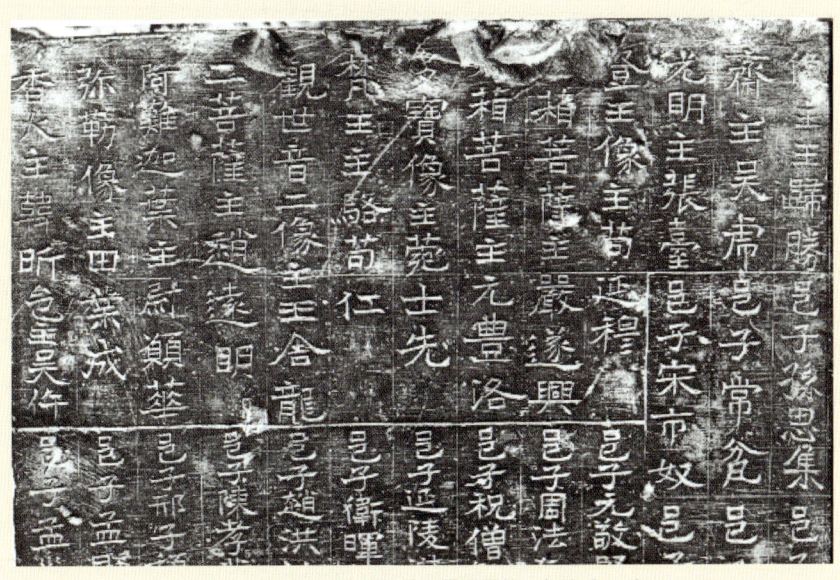

图4 骆子宽造像碑供养人题记局部，东魏（543）
[Édouard Chavannes, *Six Monuments de la Sculpture Chinoise*, Art Asiatica Vol. II (1914), 图版 XIII]

《佛性海藏智慧解脱破心相经》中。神王像的出现，应该与这些经及其相应的思潮与持咒的流行息息相关。

《大般涅盘经》是大乘核心经典，现存四个版本，三个汉译本与一个藏传本。《大般涅盘经》开篇第一品描述佛祖将入涅槃之时，众神前来礼拜。最早的法显（339？~420）的译本中，分别列举了无数恒河沙诸天、龙王、鬼神王、伽留罗王、乾闼婆王、紧那罗王、摩睺罗伽王、阿修罗王、陀那婆王、罗刹王、丛林主王、持呪王、欲色天女、负多王、四天王、风神王、云雨神王、象王、狮子王、鸟王、牛羊王、蜜蜂王、五通神仙、山神王、八大河大海大地诸神天子。接下来列举天界的神，从四大天王和帝释天开始，到其他诸天，以大自在天王收尾。[1] 其后的昙无谶（385~433）和慧严（363~443）译本，大体与此相同。[2] 骆子宽碑上有十神王，是神王中能确定的基本成员，与此十神王相比，《大般涅盘经》中出现了八个，缺失珠神王和火神王（见表1）。经中丛林主王，姑且对应图像中的树神王。此经只有非常少的几个神被称作神王，如风神王、云雨神王、山

---

1 （东晋）法显译《大般涅盘经》，《大正藏》第12册，第855页上栏~第856页上栏。

2 （北凉）昙无谶译《大般涅盘经》，《大正藏》第12册，第368页中栏~第369页中栏；（南朝宋）慧严译《大般涅盘经》，《大正藏》第12册，第607页下栏~第608页下栏。

佛经	经中出现的神王基本成员（骆子宽碑上的神王）	经中出现的其他神王	经中缺失的基本神王成员
大般涅盘经	1. 龙王 2. 丛林主王→树神王？ 3. 风神王 4. 象王 5. 狮子王 6. 鸟王 7. 山神王 8. 八大河诸神天子	大海大地诸神天子 牛羊王 ……	珠神王 火神王
华严经	1. 龙神 2. 树神 3. 河神 4. 火神 5. 风神 6. 主山神	海神 阿修罗	珠神王 狮子神王 象神王 鸟神王
孔雀王咒经	1. 山神王 2. 树神王 3. 河神王 4. 火神王 5. 风神王 6. 龙王	鬼子母 海神王	珠神王 狮子神王 象神王 鸟神王
大通方广忏悔灭罪庄严成佛经	同上	阿修罗 鬼子母 海神王	同上
佛性海藏智慧解脱破心相经	1. 山神王 2. 树神王 3. 河神王 4. 火神王 5. 风神王	天神王 地神王 海神王	珠神王 狮子神王 象神王 鸟神王 龙神王
尊胜菩萨所问一切诸法入无量门陀罗尼经	1. 山神王 2. 树神王 3. 火神王 4. 龙王	阿须伦王	珠神王 狮子神王 象神王 鸟神王 河神王 风神王

表1　各类佛经中列举的神王类的神

神王，河神海神称为"天子"。以上"神王""天子"正好也是中国传统中存在的神。其余神都称作"王"。

此经的作者试图通过集合三个组群以囊括所有的神，从天龙八部开始，中间为自然神、动物神，最后为天神。其结果是，名单冗长而混乱。比如第一组和第三组都包含天神，有所重复。四大天王提到两次。神王像中的神在这个庞大名单中显得等级低一些。

《大般涅盘经》的历史复杂，不过大家公认其最核心部分成文于1世纪南印度安得拉邦（Andhra）。此后传到各地，经历了一系列扩充整合，这个过程大概与大众部有关。早期的梵文本仅存一些残卷。现存四个《大般涅盘经》译自不同的梵文本。虽然开篇第一品属于最原始的核心部分[1]，但是汉译本中繁复的诸神名单，藏传本没有。因此这个名单应该是后来衍生出来的，也不是来自印度本土。

《华严经》是大乘核心巨著，由一些分散流传的单行本合集而成。420年佛陀跋陀罗译出完整的《华严经》，即《大方广佛华严经》六十卷（T.278）；699年，实叉难陀译《大方广佛华严经》八十卷（T.279）。此外，9世纪译出藏文本。

《华严经》第一章写释迦牟尼在摩揭陀的菩提树下成道后，无数佛、菩萨、诸神来到佛前，然后佛开始传法。与《大般涅盘经》相比，这个诸神名单更系统（见表2）。三个译本中对神的列举基本一致，也有逻辑：由金刚力士开始，然后是各种地仙，接着系统地列举不同天界的神。每一类神都是无量众。[2] 5世纪的译本中有三十三类神，而7世纪和西藏的译本中有三十九类神，后两个译本高度相似。[3] 在三十九类神的版本里增加的是山神王和水神王，这样佛教的四大元素和来自《梨俱吠陀》印度传统的代表八大元素的伐苏（Vasus）神就集齐了（表2藏译《华严经》栏下第5、6、13、14、15、16、28、29）。还增加了乾闼婆，这样天龙八部也完整了。[4] 表2《大方广佛华严经》八十卷和藏译《华严经》两栏下，第28以下皆是天神，第20、21、22、23、24、25、27为其他七部。除了按惯例夜叉译为"鬼神王"，没有其他神称为"神王"，而是大致以阿修罗为界，地上的称为"神"，天上的称作"王"。有一些印度神话里独有的魔怪，它们的名字对于中国人来说是比较奇异的，譬如八部鬼神中的罗刹、鸠盘荼、薜荔多等，就没有再被列举到了。总而言

---

1 Stephen Hodge, "The Mahāyāna *Mahāparinirvāṇa Sūtra*: The Text & its Transmission," presented at the Second International Workshop on the *Mahāparinirvāṇa Sūtra* held at Munich University, July 2010.

2 《大正藏》第9册，第395页下栏~第397页上栏。

3 几处略有差异的在表2中加背景色表示。

4 《大正藏》第10册，第3页中栏。

表2 《华严经》三个译本中的听法诸神比较

《大方广佛华严经》六十卷 T.278		《大方广佛华严经》八十卷 T.279		藏译《华严经》P.761		Eight Vasus	
1	金刚力士	1	执金刚神	1	执金刚神		
		2	身众神	2	身众神		
		3	足行神	3	足行神		
2	道场神	4	道场神	4	道场神		
3	龙神	5	主城神	5	天空神	1	Dyauṣ 天空神
4	地神	6	主地神	6	地神	2	Pṛthivī 地神
		7	主山神	7	山神		
5	树神	8	主林神	8	主林神		
6	药草神	9	主药神	9	药草神		
7	谷神	10	主稼神	10	稼神		
8	河神	11	主河神	11	河神		
9	海神	12	主海神	12	海神		
		13	主水神	13	火神	3	Agni 火神
10	火神	14	主火神	14	水神	4	Varuna 水神
11	风神	15	主风神	15	风神	5	Vāyu 风神
12	虚空神	16	主空神	16	主空神	6	Antarikṣa 主空神
13	主方神	17	主方神	17	主方神		
14	主夜神	18	主夜神	18	主夜神		
15	主昼神	19	主昼神	19	主昼神		
16	阿修罗神	20	阿修罗王	20	阿修罗王		
17	伽留罗王	21	迦楼罗王	21	迦楼罗王		
18	紧那罗王	22	紧那罗王	22	紧那罗王		
19	摩睺罗伽王	23	摩睺罗伽王	23	摩睺罗伽王		
		24	夜叉王	24	乾闼婆王		
		25	龙王	25	鸠盘荼王		
20	鸠盘荼王	26	鸠盘荼王	26	龙王		
21	鬼神王	27	乾闼婆	27	夜叉王		
22	月身天子	28	月天子	28	月天神	7	Chandra 月神
23	日天子	29	日天子	29	日天神	8	Sūrya 日神
24	三十三天王	30	三十三天王	30	帝释和无量三十三天王		
25	夜摩天王	31	夜摩天王	31	双生子神		
26	兜率陀天王	32	兜率陀天王	32	兜率陀天王		
27	化乐天王	33	化乐天王	33	化乐天王		
28	他化自在天王	34	他化自在天王	34	他化自在天王		
29	大梵天	35	大梵天王	35	大梵天王		
30	光音天子	36	光音天王	36	光音天王		
31	遍净天	37	遍净天王	37	遍净天子		
32	广果天子	38	广果天王	38	广果天王		
33	摩醯首罗天	39	大自在天王	39	大自在天子		

之，《华严经》中对神的列举比《大般涅盘经》中更具有逻辑性。由自然和组成世界的基本元素的神灵开始，接下来是天龙八部中的神，最后以不同天界的天王的名字结束。就5世纪的译本而言，五个神王像中的神被提及了，而之后的译本中又提及了神王像中的山神。但狮子神王、象神王、鸟神王和珠神王没有提及。

最早的两版汉译《华严经》的原本来自于阗，完整的《华严经》，即六十华严和八十华严并不是来自印度。印度有其中一些篇章作为单行本流传，主要是《十地经》和《入法界品》。因此，学者大多认为《华严经》在于阗编纂成书，流行开来。梵文原版已经失传。尽管庆吉祥在他的《至元法宝勘同总录》（1285~1287）中推测藏传本译自汉文本[1]，现已明确藏文本由印度大师 Jinamitra 和 Surendrabodhi 译自梵文[2]。此外，藏译本含汉译本没有的两品，和汉译本有较大不同。[3] 藏译本115卷，一卷300节句，与智俨（602~668）在大慈恩寺中看到的梵文原本极为相似。[4] 值得一提的是，在译出《华严经》的9世纪，西藏攻占了于阗，藏译的梵文原本有可能也来自于阗。如表2所示，7世纪汉译本与9世纪藏译本高度一致，两者可能译自两个相似的梵文本。如果是这样，说明神王类诸神在进入中国之前就已进入佛经，有可能产生于中亚一带。

同时期的其他汉译佛经也有类似的神祇混杂的现象，如鸠摩罗什所译《佛说弥勒大成佛经》（5世纪初）提到与神王有关的五位神，即龙王、山神、树神、风神、火神[5]，不及《大般涅盘经》和《华严经》涉及的神王多，而且这些经中"神王"一词用得很少。

"某某神王"这样的表达方式多见于以《孔雀王咒经》为代表的陀罗尼经伪经中。《孔雀王咒经》有四个版本，神王仅见于鸠摩罗什本（402~412）。此本中，神咒可招请诸神护身，经中混乱地列了两组神。第一组从无色界开始到忉利天各天界诸神，接着是四天王、日月五星、二十八宿、鬼子母、散脂、摩醯首罗、龙王等。第二组由大梵天王开始，依次是帝释天、四天王、三位梵天王、金刚密迹、摩醯首罗、大金色孔雀王、鸠盘荼王、大辩神王、那罗延王、韦提希子阿阇世王、山神王、树神王、河神王、海神王、地神王、水神王、火神王、风神王、夜叉大将、罗刹王，以及一

---

1 《大正藏》第99册，第190页中栏。

2 Imre Hamarthe, "History of the *Buddhāvataṃsaka-Sūtra*: Shorter and Larger Texts," *Reflecting Mirrors: Perspectives on Huayan Buddhism*, edited by Imre Hamar, Germany: Harrassowitz Press, 2007, pp. 139-159.

3 Marcelle Lalou, "Les textes bouddhiques au temps du roi Khri-srong-lde-bcan," *Journal Asiatique* (1953) 241: 313-353.

4 （唐）智俨：《华严经内章门等杂孔目章》，《大正藏》第1871册，第588页上栏~第589页中栏。

5 "时，诸龙王八部，山神、树神、药草神、水神、风神、火神、地神、城池神、屋宅神等，踊跃欢喜，高声唱言。"《大正藏》第14册，第431页下栏。

些具体的夜叉、罗刹的名字和仙人鬼大幻持呪王等。[1] 和《大般涅盘经》以及《华严经》相同，这个名单也试图系统囊括诸神。其中提到六个神王群像中的核心成员，但缺少狮子神王、象神王、鸟神王和珠神王（见表1）。尽管提到龙王，但它出现在第一组，而非众神王所在的第二组。此经还提及其他神王像中出现过的神王，如鬼子母和海神王。

鸠摩罗什本并不是译本，而是整合了《孔雀王咒经》和一些其他经文片段，文字混乱，还出现了二十八星宿等明显的中国元素，公认为伪经。Henrik Sørensen将此经断代到5世纪中[2]，吕建福断代到梁朝（502~557）[3]。那么，此经应该不出5世纪中至6世纪中。

《大通方广忏悔灭罪庄严成佛经》，简称《大通方广经》[4]，是以《大般涅盘经》为教义基础的在家人的忏法，被历代所有经录定为疑经、伪经，约6世纪初出现，其后三四百年广为流传[5]。经中有诸神向佛发愿护法此经和此经信徒，其中提到的神王与《孔雀王咒经》中的完全相同（见表1）。[6] 同样的神王还出现于《佛性海藏智慧解脱破心相经》，只是少了龙王。[7] 此经又名《佛性海藏经》，也是历代经录公认的伪经，估计是《大般涅盘经》的另一衍生本，7世纪编撰。[8] 另外如北齐译《尊胜菩萨所问一切诸法入无量门陀罗尼经》中的护法有龙王和三位神王（见表1）。[9]

---

1 《孔雀王咒经》，《大正藏》第19册，第482页下栏。

2 Henrik H. Sørensen, "The Spell of the Great, Golden Peacock Queen: The Origin, Practices, and Lore of an Early Esoteric Buddhist Tradition in China," *Pacific World: Journal of the Institute for Buddhist Studies (Special Issue: Honoring James H. Sanford)* 3 (2006): 89-123.

3 吕建福:《中国密教史》，中国社会科学出版社，1995，第124~125页。

4 又称《方广灭罪成佛经》《忏悔除罪得福》《三千人庄严成佛经》，藏本称《大解脱经》。

5 牧田谛亮:《疑经研究》，京都大学人文科学研究所，1978，第62~65页，第8章；木村清孝:《大通方广経》，《七寺古逸経典研究叢書2 中国撰述経典》，大东出版社，1996；木村清孝:《七寺本・偽経『大通方広経』卷中の資料的価值》，《印度哲学仏教学》第9册，北海道印度哲学仏教学会，1994，第209~223页；上山大峻:《敦煌出土『大通方広経』とそのチベット訳》，《龍谷大学論集》1995年总第445期，第53~89页；曾庆忠:《大解脱经》，东京大藏出版社，2003；周伯戡:《中世纪中国在家菩萨之忏法：对〈大通方广忏悔灭罪庄严成佛经〉的考察》，《台大佛学研究》2009年第18期，第1~32页。

6 所提诸神为：大梵天王、三十三天、四天王、金刚密迹、鬼神王、散脂、三位龙王、阿修罗王、迦楼罗王、大辨天王、九子母天王、诸山鬼神神王、树神王、河神王、海神王、地神王、水神王、火神王、风神王等无量诸神王。见《大通方广忏悔灭罪庄严成佛经》，《大正藏》第85册，第1340页中栏。

7 所提诸神为：天神王、地神王、海神王、河神王、山神王、树神王、风神王、火神王诸鬼神王。见《佛性海藏智慧解脱破心相经》，《大正藏》第85册，第1400页下栏。

8 Frederick Chen, "The Sutra on the Wisdom Stored in the Ocean of Buddha-nature," in Claudia Wenzel and Sun Hua (eds.), *Buddhist Stone Sutras in China: Sichuan Province*, Vol. 3, Wofoyuan Section C. Hangzhou, Wiesbaden: China Academy of Fine Art Press, Harrassowitz Verlag, 2016, pp. 97-106.

9 "三千日月诸天王、诸龙王、诸阿须伦王、主天地大鬼神及天魔王、火神王、山神王、树神王诸神王。"《大正藏》第21册，第848页下栏。

《大般涅盘经》《华严经》都是最具影响力的大乘教义核心著作。前者宣传佛性永恒，5世纪传入中国，便广为流传；6世纪后，中国佛性论思想发展起来，它成为佛性论理论的重要文献。[1]《华严经》在大乘佛教的地位更高。中国独特的教派——华严宗，就是围绕着《华严经》于6世纪末形成的。《华严经》5世纪译出，但它在中国真正盛行要到6世纪。[2]神王类神在这样的佛经里出现，被赋予了正统性。这两部经在中国的历史正好与神王像5世纪出现、6世纪流行的历史同步。

同时，同时期持咒的流行，"神王"一词在陀罗尼咒经中的频繁使用，"某某神王"在咒经中的直接出现，应该是神王像出现的直接契机。根据佛经所记，当时天上地上众神都皈依了佛祖，成为护法。佛弟子可以通过特定的咒语召唤他们，得到佑护。南北朝时，咒术盛行，大量咒经传入中国。[3]到僧祐（445~518）之时，他所记的佚失的咒经就超过80种。[4]从《高僧传》中可见，这个时期善咒术的高僧数不胜数。[5]前文提到的《大通方广经》，就曾广泛使用。

综合佛经中的相关描述，可以看出几个关乎神王性质的特点。其中一个特点是原文都是试图囊括从天上到地上的所有护法神众，但是体系混乱，神王只是其中一小部分，而且等级不高。等级不高这一点可以和神王群像出现的位置相对应。神王群像一般饰于基座，美国弗利尔博物馆所藏的隋代法界人中像上，在从天界、人间到地狱的系统里，神王组群在林间席地而坐，下面就是地狱。不过，神王中的自然神，在印度的神系中不是这样归类的。在印度传统里，地上主要有龙王和夜叉。龙王住在海里、河里，即可是某一海/河之神。夜叉住在树木、山石里，掌管一山一林或一城镇村落。所谓海神、河神、树神、山神与龙王、夜叉重复。海神、山神等是中国神系的说法，也是中国传统的祭祀对象。印度神系中，火神是阿耆尼（Agni），风神是伐由（Vāyu），最原始的《吠陀》里就有他们，延续至今，也有固定的图像。他们属于天神（deva），其地位远远高于地上的地域神。不用他们在印度的本名，而称火神、风神之类，正好是中国也有的神。这些名字就好像是不熟悉印度诸神的人插入的，又好似为不熟悉印度诸神的人可以看懂，神王就是这样一些神。经中到

---

1 汤用彤：《汉魏两晋南北朝佛教史》，北京大学出版社，1997，第482~485、600~602页。

2 汤用彤：《汉魏两晋南北朝佛教史》，第629~634页。

3 Paul Copp, *The Body Incantatory: Spells and the Ritual Imagination in Medieval Chinese Buddhism*, New York: Columbia University Press, 2014, pp. 1-27；吕建福：《中国密教史》，第157~188页。

4 （南朝梁）释僧祐：《出三藏记集》，中华书局，1995，第175~180页。

5 （南朝梁）释慧皎：《高僧传》，中华书局，1992，第383、424、464、485、515页。

底一共有多少神王、到底有哪些神王，全无定数，神王彼此也无顺序，这些都与神王图像的状态一致。

另外一个非常重要的特点是没有一部佛经与神王像吻合，本应关系最直接的咒经里完全没有动物神；《华严经》中也没有；《大般涅盘经》里有动物神，但没有火神。此外，珠神王不见于任何佛经（见表1）。龙王是印度神话里很重要的一类神，各经一般都会提及，但是称"龙王"，没有称"龙神王"的。

这样看来，神王像的产生，不是直接来源于一部经、几部经，抑或几组经。这个时代流行的教义给神王类神一席之地，咒经使"某神王"成为一个广为人知的说法。以这个格式，在图像里生出了珠神王、狮子神王、象神王、鸟神王、龙神王，在神王像里占了几近一半。兽类神王的产生，除了借助《大般涅盘经》，有可能还借力于同时期的佛教图像。

三　神王形象探讨

以往对于神王图像的研究着眼于个体，探讨其印度的渊源。但是形象相似的，往往含义不同；同类的神，又往往形象无甚关联。"神王"是印度没有的概念，其中很多神，中国在此之前也没有形成固定图像。虽然有些神王形象，明显是根据含义创造的，但是他们整体有一个模式，以兽头表示动物类神王、以手中持物代表身份、散发上扬如火焰等。就这种模式而言，笔者认为同时代的降魔变中的魔众形象为神王形象提供了创作源泉。这样的形象有佛教文字赋予他们正统性，又和中国传统中同时期的畏兽类神怪达成某种程度的契合。

降魔成道是释迦牟尼一生最重要的事迹之一，因此降魔图是佛教艺术里常见的题材。云冈石窟第5、6（图5）、8、10（图6）、29、35（图7）窟有北魏的降魔图。中原的这种降魔图样式，沿着河西走廊、丝路北道，一直可以追溯到印度犍陀罗。敦煌莫高窟北魏第254、260、263窟和北周第428（图8）窟有类似的降魔图，克孜尔第76、98、110、205等窟也有，其构图和人物形象与犍陀罗的几个降魔图如出一辙（图9、图10）。山神王、树神王、风神王、动物类神王等都能在这种降魔图中找到对应形象。

山神王，降魔图最上方，常有一魔众手举岩石，见于云冈第5、6、10窟，敦煌第263、428窟。犍陀罗的图像中，他出现在同样的位置。犍陀罗和克孜尔的岩石呈圆形，敦煌和云冈的岩石常作山峰状。山神王托举山峰的形态，有一种就是敦煌、云冈这样的。

树神王，云冈第6窟降魔图左上角一魔众手持树枝，是常见的树神王形象。云冈第35窟右上角也有。树枝不是常规武器，魔众中罕见这种形象，几例都只见于云冈。不过，树木是降魔图左右上角可能出现的背景，如果由此演变成手持树枝也不奇怪。

风神王，云冈第6窟降魔图佛右上方一魔众，焰发上扬，手持圆形物，状若风

图5 降魔图，云冈第6窟（《云冈石窟》第三卷，图版105）

图6 降魔图，云冈第10窟（《云冈石窟》第七卷，图版55）

图7 降魔图，云冈第35窟（《云冈石窟》第十五卷，图版72）

图8 降魔图，敦煌莫高窟，北周（428）

图9 降魔图（现藏柏林亚洲艺术博物馆）

图10 降魔图（现藏纽约弗利尔美术馆）

袋，总体形象如神王像中的风神。

人身兽头形象在降魔图中很多，常见的有牛、羊、猪、马、猴、狮子。象头出现于云冈石窟第6窟和第10窟（图5、图6）。神王中的狮皮帽见于犍陀罗的降魔图（图9）。披着狮子皮是犍陀罗、西域常见的金刚力士的一种形象。另外，巩义石窟神王中吐蛇的形象（图11），在降魔图中亦很常见，如云冈第6窟，阿旃陀第1窟。手中执蛇就更为常见，如云冈第35窟降魔图左上角第二排的魔兵，敦煌第428窟的有两个魔兵持蛇，图9、图10两例犍陀罗的降魔图也都有手握蛇的魔兵。云冈第35窟降魔图中还有怀抱其他动物的，怀抱一

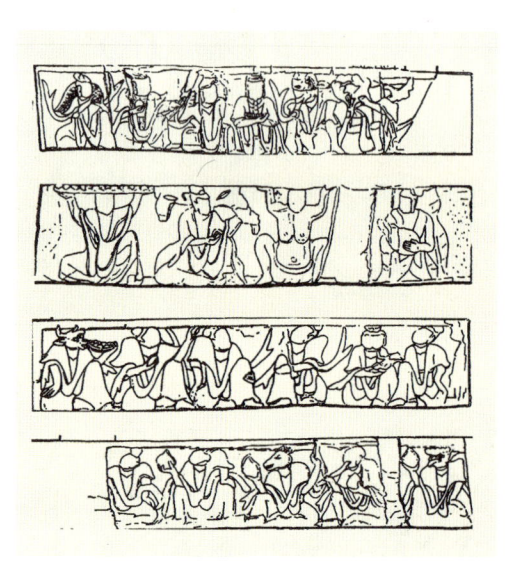

图11 中心柱基层四面神王像，巩义石窟第三窟

动物也是神王的一种图像表示方法。

印度本土较早的降魔图，如桑奇大塔（1世纪）的，也没有兽头人身的魔众。[1] 犍陀罗的降魔图其实大多比较简单，魔王手下魔兵为人形，手持武器。复杂的兽头的魔众不多，常为学界引用的是本文反复提到的弗利尔美术馆和柏林亚洲艺术博物馆所藏浮雕。图9佛头两侧有羊头、马头；图10佛右边有马头、羊头、猴头，佛左边有狮头，还有全兽型的猴骑马和大象。这两例，从其成熟的风格看，可以断代到3、4世纪，大约为这一样式的最早版本。阿旃陀壁画为5世纪，阿旃陀第1、26窟的降魔图里，都出现了各种兽类形象。

佛经对降魔成道的描述也是一个发展变化的历史，较早的文献中没有魔军容貌的细节，巴利语的佛传、《因缘记》（Nidanakat）中也没有。降魔细节在一些梵文佛传中剧增起来，同时出现了兽头形象的魔兵，见竺法护所译《普曜经》（西晋永嘉二年，308）；求那跋陀罗所译《过去现在因果经》（南朝宋元嘉二十三年，446）；马鸣撰、宝云译《佛本行经》（376~449）；马鸣撰、昙无谶译《佛所行赞》（414~427），以及《方广大庄严经》。《方广大庄严经》，唐地婆诃罗译，译出较晚，不过其梵文本成于3世纪。[2]

---

[1] 宫治昭:《インド古代初期美術の「降魔成道」の諸相》,《名古屋大学文学部研究論集》,1994,第189~212页；煤贺惠:《ガンダーラの降魔成道図に関する一考察》,《北陸宗教文化》2007年总第19期,第137~180页；永田郁:《南インドにおける「降魔成道」図の魔衆図像に関する一考察——ガナ型ヤクシャ図像の系譜》(上)(下),《仏教芸術》2002年总第260期,第13~32页；2002年总第261期,第101~116页。

[2] L. A. Waddell, "The So-Called 'Mahapadana' Suttanta and the Date of the Pali Canon," *The Journal of the Royal Asiatic Society of Great Britain and Ireland* (1914): 661–680.

《普曜经·降魔品第十八》中魔军变化为狮子、熊、罴、虎、兕、象、龙、牛、马、犬、豕、猴、猿之形,皆是凶猛之兽。[1]《过去现在因果经》卷三中提到各种兽头,如:猪、鱼、驴、马、狮子、龙、熊、罴、虎、兕。[2]

《佛所行赞》卷三中的魔军有猪、鱼、驴、马、驼、牛、兕、虎等形。[3]《太子瑞应本起经》是狮子、熊、罴、虎、兕、象、龙、牛、马、犬、豕、猴。[4]《佛本行集经·降魔品第十六》中人禽、鱼族形象结合:鸟面、摩竭龟鱼等首。此经专门提到执蛇吞蛇:"赤体以蛇缠身,或从眼耳鼻出诸蛇,其蛇黑色,以手执取,于菩萨前而口瞰食。"[5]《方广大庄严经》中魔军"一身能现多身、畜头人身、人头畜身",也有"执毒蛇而食、以蛇缠颈"。[6]前文提到的兽首、持蛇的形象都可以对应上了。

魔军攻击佛的方法,除了常规的兵器,《普曜经·降魔品第十八》还提到吐火、担山、雷电。[7]《方广大庄严经》有布黑云雷电霹雳、雨沙土瓦石、擎大山、放猛火、吐毒蛇。[8]在所持武器中,《佛本行集经》特别提到树,如:"或执弓箭、刀、矛戟,或戴山树、金刚杵。"[9]这样,擎山持树的形象也有了合理的依据。此外,《佛本行集经》中专门提到魔王幻化成风。看来,风神在降魔图中的出现也有来源。

对于佛经中魔军的怪异形象和种种恐怖,一种解释是六欲三毒等的化现。《佛本行集经》对此表述最完整——爱欲化火战具;恚毒召祸害化成满毒蛇虺;嫉嫌化箭;恶口化龙;憍慢化成象;妄言调戏化成风;悭贪吝恶化成雾;阴盖睡眠化成云;邪见化成邪冥。这个说法总该是在怪异形象产生之后。在怪异形象出现之前,魔兵又是什么呢?

另外一种通行的认知就是魔兵是夜叉类神。实际上,确切地说,在印度神系中,死神魔王统领的是鸠盘荼(Kumbhāṇ-ḍa),一种身如侏儒、大腹如瓮的神怪,见桑奇大塔上的鸠盘荼形象。《方广大庄严经》提

---

[1] 《普曜经·降魔品第十八》,《大正藏》第 3 册,第 520 页下栏~第 521 页中栏。

[2] 《过去现在因果经》,《大正藏》第 3 册,第 640 页中栏~第 640 页下栏。

[3] 《佛所行赞》,《大正藏》第 3 册,第 25 页下栏~第 26 页下栏。

[4] 《太子瑞应本起经》,《大正藏》第 3 册,第 477 页中栏~第 477 页下栏。

[5] 《佛本行集经·降魔品第十六》,《大正藏》第 43 册,第 7 页上栏~第 77 页下栏。

[6] 《方广大庄严经》卷九,《大正藏》第 3 册,第 593 页中栏~第 594 页下栏。

[7] 《大正藏》第 3 册,第 520 页下栏~第 521 页中栏。

[8] 《大正藏》第 3 册,第 593 页中栏~第 594 页下栏。

[9] 《大正藏》第 43 册,第 77 页上栏~第 77 页下栏。

到魔王率领的是夜叉、鸠盘荼和罗刹[1]，说明这一印度概念到该经成文的地区和时代时已经变得模糊，夜叉是由俱吠罗（Kubera）或毗沙门天统领的。夜叉、罗刹等类印度神，手持武器呈现种种包括兽形在内的恐怖怪异之状，这不是释迦牟尼成道降魔时独有的，《大吉义神咒经》中也有此类描述：

> 有诸夜叉罗刹鬼等作种种形，师子象虎鹿马牛驴驼羊等形，或作大头其身瘦小，或作青形或时腹赤，一头两面或有三面或时四面，粗毛竖发如师子毛。……以此异形为世作畏。或持矛戟并三奇叉，或时捉剑或捉铁椎或捉刀杖，扬声大叫，甚可怖惧。[2]

此经486年由昙曜译，昙曜领导修建了云冈最早的五大石窟。当年此经确有使用，上文所引可以代表时人对夜叉、罗刹类神的认识。

鸠盘荼也好，夜叉也好，都是印度传统里独有的对神怪的分类，其他文化的人不容易理解。在犍陀罗一带，人身兽头和散发上扬的魔怪开始出现在佛传故事里和图像里。这一类的文字和图像从中亚一路传到中原。我们不知道这种神怪观渊源的具体情况，但是，我们可以解释中原人为什么选择这样的形象来创造神王形象。神王所代表的是异域印度的神，在中国人眼里降魔图是正宗的印度图像，其中的形象就是正宗的印度神怪的样子。同时，他们正好也符合中国的神怪传统。[3]

以《山海经》为代表，在中国的文化传统里，神怪的形象是各种各样的人与禽兽的结合体。大量的墓葬里的神怪图像可为证，这种神怪观延续至汉代六朝。沂南汉墓画像石上的蚩尤，兽头鹰爪人身；与神王像同时期的北朝墓葬里，常有各种畏兽形象，兽头、发毛上扬、鹰爪。北魏正光三年（522）的元氏墓志上刻十八身畏兽，每个畏兽还被标出了名字，如护天、发走等，实为难得（图12）。[4] 这样

---

[1] Dharmachakra Translation Committee, 84000: Translating the Words of the Buddha (2013), A Play in Full: Lalitavistara, 84000, archived from the Original on 2016-09-24, 258, https://web.archive.org/web/20160924134751/http://resources.84000.co/browser/released/UT22084/046/UT22084-046-001.pdf（最近访问时间：2019年10月）。

[2] 《大吉义神咒经》，《大正藏》第21册，第575页中栏。

[3] 长广敏雄：《鬼神畫の系譜》，《六朝時代美術研究》，美术出版社，1969，第107~141页；小杉一雄：《鬼神形象研究》，《中國佛教美術史の研究》，新树社，1980，第253~316页；Susan Bush, "Thunder Monsters and Wind Spirits in Early Sixth Century China and the Epitaph Tablet of Lady Yuan," *Boston Museum Bulletin* 367 (1967): 24-55; "Thunder Monsters, Auspicious Animals, and Floral Ornament in Early Sixth Century China," *Ars Orientalis* 10 (1975): 19-33; 孔令伟：《"畏兽"寻证》，《考古与艺术史的交汇：中国美术学院国际学术研讨会论文集》，中国美术学院出版社，2009，第421~445页；来国龙：《汉晋之间劾鬼术的嬗变和鬼画的源流》，《艺术史中的汉晋与唐宋之变》，台湾石头出版股份有限公司，2014，第63~94页。

[4] 长广敏雄：《六朝時代美術研究》，第41~70页。

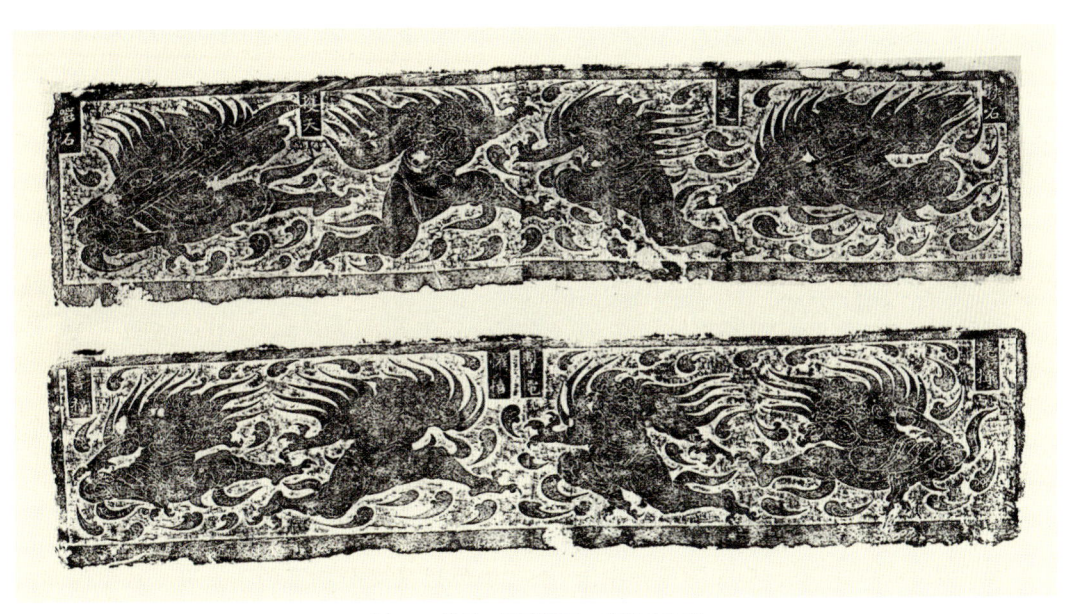

图12 畏兽，元氏墓志，北魏（522）

的畏兽形象还出现在巩义石窟底层，即传统的夜叉的位置。西安出土过一尊北周佛像（547），其基座上的九个神王像就完全是畏兽的样子。[1] 同时，北魏时代的墓葬图像中也出现了担山、抱鱼之类主题的图案，与神王像有共通之处。

如果不做这种具体的神王像，佛教建筑的基层部位，与神王图像相应的位置，有装饰神怪的传统，如印度那希克（Nāsik）石窟僧房窟第3窟的窟前底层装饰。但是更多的还是在中亚流行，如图13所示的哈达（Hada）地区Tapa Kalan寺院遗址出土的TK95号塔（4~5世纪）。

敦煌北魏石窟底层的夜叉像也反映了这一传统。在比神王像盛行的时间稍晚的7世纪，唐代著名法师道宣（596~667）在他的《关中创立戒坛图经》中记载了一座著名戒坛——位于北印度乌仗那国之东的一座三层石戒坛，并详细描绘了戒坛的结构和装饰。其中提到戒坛最下面一层"四面坛身并列龛窟，窟内安诸神王"。[2] 戒坛，在道宣此处笔下，"即佛塔也"。[3] 道宣所言说明塔基一层装饰神怪像被认为是一种正宗的印度传统，这种装饰在底层的神怪可以称为"神王"。在这样的底层装饰夜叉神王像的大传统里，中原创造了特殊的十神王像。

---

[1] 赵力光、裴建平：《西安市东郊出土北周佛立像》，《文物》2005年第9期，第76~90页。

[2] 《大正藏》第45册，第808页下栏。

[3] 《大正藏》第45册，第809页中栏。

图13　TK95号塔，Tapa Kalan寺院遗址，阿富汗哈达，4~5世纪，吉美博物馆藏

动物类的神王形象，和中国墓葬中出现的坐式生肖俑很像。以商甲骨文为证，中国古代发明了天干地支计数计时法。至少从战国开始，十二生肖便与地支相配。[1] 汉代，阴阳、五行乃至八卦这些在中国文化思想里构成造化运作的基本元素，都与地支对应起来。在这样的宇宙观里，天干地支不再只是计时的标识，而是代表了其所示时间段的宇宙能量，进而十二生肖成了掌管这股能量的神。6世纪中国北方墓葬中出现了动物形象的生肖俑。[2] 隋唐时期，生肖俑盛行，并出现了兽首人身坐相的生肖俑。[3] 是不是同时期对十二生肖的兴趣或多或少也影响了神王形象的形成？神王形象反过来又影响了兽头人形坐式生肖俑的形象。

结　语

神王像是6世纪中国佛教艺术里出现的特殊图像，专指一组自然神、动物神。其实，"神王"是一个中文词语，并没有对应的梵文，在汉译佛经中指代印度神。印度有自己独特的神怪体系，在佛经罗列的繁复而陌生的众神当中，神王系列是后来衍生的，不符合印度的观念，但他们是中国人能理解的。佛教传入中国的历史上有

---

[1] 李学勤：《干支纪年和十二生肖起源新证》，《文物天地》1984年第3期，第41~42页。

[2] 最早的例子见临淄北魏墓。苏玉琼、蒋英炬：《临淄北朝崔氏墓》，《考古学报》1984年第2期，第221~244页。

[3] Éduoard Chavannes, "Le Cycle Turc des douze annimaux," *T'oung Pao* ser. 2, Vol.7 (1907): 51-122；谢明良：《出土文物所见中国十二支兽的形态变迁——北朝至五代》，《故宫学术季刊》1985~1986年第5期，第56~105页；陈安利：《古文物中的十二生肖》，《文博》1988年第2期，第41~50页；Judy Chungwa Ho, "The Twelve Calendrical Animals in Tang Tombs," in George Kuwayama (ed.), *Ancient Mortuary Traditions* (Los Angeles: Far Eastern Art Council & Los Angeles County Museum of Art, 1987): 60-83；张丽华：《十二生肖的起源及墓葬中的十二生肖俑》，《四川文物》2003年第5期，第63~65页；卢昉：《隋至初唐南方墓葬中的生肖俑》，《南方文物》2006年第1期，第75~84页。

一个"格义"时代,即以中国的概念去理解阐释佛教概念。神王题材的选取、神王图像的产生就是一种格义。同时在正统和非正统之间,外来文化和本土思想的作用关系又是非常复杂和多重的。神王类中的有些神,在中亚一带,已进入佛经。"神王"一词在汉译佛经中的出现,使它在汉译佛经读者群取得了正统性身份。同时,这一词语在陀罗尼类伪经中被大量使用,神王成为能起到实际佑护作用的实体;随持咒流行,再广泛传播。

神王群像有相对统一的共同特征,多动物神。而动物类神王是众佛经中薄弱或完全缺失的。即神王群像的形成,与佛经不是完全对应的关系,而是有其相对独立的图像史上的历程。简而言之,作为组群形象,它们和传入中原的降魔图中的众鬼神接近,又和中国当时的各种神怪观暗合,在多重因素的作用下形成。这种图像上的创造,在正统和非正统、外来和本土之间,也是一种复杂的具有多重关系的"格义"。传入中原的降魔图,3世纪形成于犍陀罗地区,对应3世纪以后,佛经故事对降魔的演义。这种降魔图出现在中原的时候,已代表着印度正统的神怪形象。因此神王形象的大胆创造,有其在印度和佛教中的正统性,它们和中国固有的神怪图像较少直接关联。这种全新的神怪形象,同时又对中国后世的其他神怪形象产生了影响,不仅促成了以后的生肖俑形象,而且对佛教艺术里唐五代盛行的八部众形象的形成有一定作用。

在中国佛教艺术史上,神王群像的兴起与褒衣博带佛像风格同步。褒衣博带代表汉风,在这个时代背景下理解神王群像的产生,格外有意义。

论东汉儒学在社会上的普及

■ 杨爱国（山东省石刻艺术博物馆）

自西汉武帝采纳董仲舒"罢黜百家，独尊儒术"的建议后，儒学由先秦的诸子学之一，上升为汉代社会的主流意识，经西汉末王莽的助推，到东汉时期，儒学在社会各阶层普及开来，在留传至今和考古发现的文物上也多有表现。本文拟在对儒学普及在文物上的表现进行梳理的基础上，对儒学普及背后的动力进行分析，以期对这一问题给出合理的解释。

一 儒学普及在文物上的表现

汉简里留下了数量可观的儒学经典。最引人注目的是前几年江西南昌西汉海昏侯刘贺墓的发现，该墓出土简牍中的儒家经典有《诗经》、《礼记》、《论语》、《春秋》经传及《孝经》等。[1] 今天我们能见到的最早的孔子像是刘贺墓随葬的衣镜上的孔子画像，旁边的文字就有"圣人兮孔子"[2]，与司马迁所谓"至圣"一脉相承，由此可见孔子在汉代人心目中的地位。在海昏侯墓发现之前，已经有若干儒学经典汉简的发现。如甘肃武威磨嘴子6号东汉墓出土了《仪礼》简[3]，河北定县八角廊西汉墓出土了《论语》以及孔子及其弟子其他言论文字的简[4]，安徽阜阳西汉汝阴侯墓出土了《诗经》和《周易》简[5]。这些儒学经典简出

---

1 江西省文物考古研究院、北京大学出土文献研究所、荆州文物保护中心：《江西南昌西汉海昏侯刘贺墓出土简牍》，《文物》2018年第11期，第87~96页。

2 王意乐、徐长青、杨军、管理：《海昏侯刘贺墓出土孔子衣镜》，《南方文物》2016年第3期，第61~70页。

3 甘肃省博物馆、中国科学院考古研究所编《武威汉简》，文物出版社，1964。

4 河北省文物研究所：《河北定县40号汉墓发掘简报》，《文物》1981年第8期，第1~10页；国家文物局古文献研究室、河北省博物馆、河北省文物研究所定县汉墓竹简整理组：《〈儒家者言〉释文》，《文物》1981年第8期，第13~19页。

5 文物局古文献研究室、安徽阜阳地区博物馆阜阳汉简整理组：《阜阳汉简〈诗经〉》，《文物》1984年第8期，第1~12页；韩自强：《阜阳汉简〈周易〉研究》，上海古籍出版社，2004。

在不同的地点，从一个侧面显示了当时读儒经的人分布地域之广。考古发现的儒学经典简大多是西汉中晚期的，由此可见，东汉时期儒学在社会上的普及是有前期基础的。

河北两座东汉壁画墓顶文字不仅留下了儒学在此地流传的信息，还向人们展示了其在当时丧葬礼俗中的影响。望都所药村1号墓中室券顶中间的砖上全部用白粉写了"中"字，其余文字可分三部分：由东往西，第二道至第三十八道券间北侧由下往上写"孝弟之至通于神明"，南侧由下往上写"作事甚快与众异"；第三十九道至第五十一道券间北侧由下往上写"主人大贤贺口日千"，南侧由下往上写"酒肉日有师不爱手"；第五十二道至第七十七道券间北侧由下往上写"孝弟堂通于神明源"，南侧由下往上写"急就奇觚与众异"。[1] 中室南北两侧券门过道的顶券上则用数字和甲子编号。[2]

河北安平逯家庄墓的券顶上也用白粉写有用于编号的文字，保留下来的文字比所药村墓多。前室左侧室头北由西至东横书"西子曰爱亲者不敢恶人"，由北至南重复书写26行，前端的"西"标识方向，后面的文字是《孝经·天子章》中的"子曰：爱亲者，不敢恶于人"，少一个"于"字，是编号的需要。中室左侧室头北由西至东横书"晏平仲善与人交久而敬之"，由北至南反复书写13行；接着重复书写"东子曰孝子之丧亲哭而不哀"13行。前句是《论语·公冶长》中的"子曰：晏平仲善与人交，久而敬之"一句；后句是《孝经·丧亲章》中"孝子之丧亲也，哭不哀，礼无容"的前半句。[3] 后中室券顶文字有三种。先是头南由东至西横书"东孝子之丧亲哭不哀，无容言"，由南至北重复书写16行；接着重复书写"仲尼者吾字情性之表文德之玥立息"13行；接着重复书写"仲尼居曾子侍子曰先王有至德要道"65行。第一句的"东"标识方向，后面的文字为《孝经·丧亲章》中的"孝子之丧亲也，哭不哀，礼无容；言不文，服美不安，闻乐不乐，食旨不甘，此哀戚之情也"一句的前面部分。第二句出处不详。第三句为《孝经·开宗明义章》中"仲尼居，曾子侍。子曰：先王有至德要道，以顺天下，民用和睦，上下无怨。汝知之乎？"的前面部分。后室左侧室头北由西往东横写"东列侯封邑有土臣积学所"，由北至南重复书写26行。"东"标识方向，后面的文字是《急就篇》中"列侯封邑有土臣，积学所致

---

[1] 邢义田不同意这些文字是工匠书写，用来编号的观点，认为"仔细看看一号墓壁面文字的笔画，可以轻易发现许多字总有一笔向右拉得很长，跨过一块砖而写在邻砖上"，"这些字都是墓砌好后，才书写上去的，书写笔法流畅老练，似乎不宜简单地看成是工匠所书"。见《秦汉平民的读写能力》，载《今尘集》，中西书局，2019，第27、28页。笔者以为，邢先生指出的问题值得考虑。不过，从文字所写券顶的位置，以及重复的情形看，用来编号的可能性是存在的。有些字跨过邻砖可能是编号时，把砖排好书写所致。当然，这是猜测，是否属实，需要证据。

[2] 北京历史博物馆、河北省文物管理委员会编《望都汉墓壁画》，中国古典艺术出版社，1955，第9页。

[3] 河北省文物研究所编《安平东汉壁画墓》，文物出版社，1990，第8页。

非鬼神"之句的前面大部分。后室内门券顶上的文字头向西，由中间分南北两部分。南部由南往中间横书"仲尼居曾子侍"，北部由北往中间横书"子曰先王有至德"。南北两句相对，中间用白点间隔，由西往东重复书写9行。室顶的文字也是头向西，分东西两部分。西部的写法与门券同：南部由南向中间横书"仲尼居曾子侍"，北部由北向中间横书"子曰先王有至"，两句相对，由西向东重复书写32行。由西端起，在第8行至第11行的"先王"二字之间，竖写"惟熹平五年"题记。由西端起在第7行和第8行的"曾子"二字之间，竖写"主人"二字。东部的文字由南向北横书"仲尼居曾子侍曰先王有至"，向东重复书写13行。[1] 北后室顶上的文字头向西，由南往北横书"南列侯封邑有土臣积学所致"，由西向东重复书写45行。北后室后龛券边用数字编号。[2]

从券顶文字看，流传到今天的《孝经》中一些句子保留了东汉时期的传统，除了一些助词外，主体文字完全相同。当时文字尚无官方法定的版本，因此，同一个字，出现了多种写法。

除了比较少见的墓顶文字可见东汉时期儒学在社会上的普及外，其他文物上也有例证。

墓室壁画、画像石上的孔子见老子图和孝义故事图。如山东平阴实验中学墓出土祠堂后壁孔子见老子图[3]、邹城面粉厂画像石上的孔门弟子图[4]、山东嘉祥武氏祠[5]和内蒙古和林格尔小板申东汉壁画墓[6]上的孝义故事图等。对孔子见老子画像，学界有不同解释[7]，我们认为它的流行，不排除受儒学普及影响的可能性。

尊孔是尊儒的具体表现之一。自汉高祖十二年（前195）过鲁以太牢祀孔子以后，两汉时期的皇帝常有亲自到孔子故居阙里祭祀孔子的活动。自元帝初元元年（前48）诏令孔霸食邑八百户祀孔子起，以后奉祀孔子的专官，历代不绝。成帝绥和元年（前8）诏封孔子世为殷绍嘉公，平帝元始元年（公元1年）追谥孔子为褒成宣尼公，由此开启了追封孔子爵位的历程。东汉明帝永平二年（59）又开始在太学和郡国学校举行祭孔仪式，从此，祭孔便

---

1 河北省文物研究所编《安平东汉壁画墓》，第10页。

2 河北省文物研究所编《安平东汉壁画墓》，第11页。

3 乔修罡、王丽芬、万良：《山东平阴县实验中学出土汉画像石》，《华夏考古》2008年第3期，第32~36页。

4 刘培桂、郑建芳、王彦：《邹城出土东汉画像石》，《文物》1994年第6期，第32~36页。

5 蒋英炬、吴文祺：《汉代武氏墓群石刻研究》（修订本），人民美术出版社，2014。

6 内蒙古自治区博物馆文物工作队编《和林格尔汉墓壁画》，文物出版社，1978。

7 姜生：《汉画孔子见老子与汉代道教仪式》，《文史哲》2011年第2期，第46~58页；缪哲：《孔子师老子》，巫鸿、郑岩主编《古代墓葬美术研究》第一辑，文物出版社，2011，第65~120页；邢义田：《画外之意——汉代孔子见老子画像研究》，台湾三民书局，2018。

成为后来历朝官办学校的例行活动。在尊孔活动中,不仅孔子常享祭祀,孔门弟子和孔氏后裔也从中获益。如章帝元和二年(85)东巡狩时,于三月"庚寅,祠孔子于阙里,及七十二弟子,赐褒成侯及诸孔男女帛"[1]。如此之尊崇,天下无二。

尊孔在汉代文物上也有表现,最典型的莫过于山东曲阜孔庙留下的汉碑,如永兴元年(153)《孔庙置守庙百石孔龢碑》(又称《乙瑛碑》)载:"孔子作春秋,制孝经,□□五经,演易系辞,经纬天地,幽赞神明。"[2]永寿二年(156)《鲁相韩敕造孔庙礼器碑》载:"孔子近圣,为汉定道。"[3]永寿三年(157)《韩敕修孔庙后碑》载:"孔圣素工,受象乾坤。生兮周冲,匡政天文。……改画圣像如古图。"[4]这些碑刻都与祭孔有关。汉代的铜镜铭上虽然未见来自儒家经典的名称或文字,其中提到"大哉孔子志",亦应是儒学在社会上普及的表现之一。如洛阳道北西汉晚期墓博局纹铜镜铭文曰:"目(哉)□□思也,矗哉毛□偪也,苜哉□此字也,大哉孔子志也,美哉宣易负也,乐哉居毋事也,奸哉洟入异也,急哉下□记也。"[5]山东临淄南马墓地棠悦979号东汉墓出土四神博局镜上也有同类铭文,曰:"大哉孔子志也,美哉厨□食也,乐哉居无事,好哉□人异也,贤哉□掌吏也,喜哉负□□□,□□□文字也。"[6]铭文中的"圣人周公鲁孔子",更是儒学普及的明显表现,儒家最标榜的就是周公和孔子。如江苏宜兴文管会藏东汉时期一铜镜铭文云:"许氏作竟自有纪,青龙白虎居左右。圣人周公鲁孔子,作吏高迁车生耳。郡举孝廉州博士,少不努力老乃悔。吉。"[7]同铭镜的内容在《金石索》(卷六)和《古镜图录》(卷中)中亦有收录。

二 教育促进儒学普及

我们能看到上述东汉时期儒学普及在文物上的表现,与当时的官私教育有密切关系。

汉代人的学习途径主要有四:入官办学校、随私人问学、承袭家学和入伍从军。朝廷设立的太学是当时级别最高的官办学

---

1 (南朝宋)范晔:《后汉书》卷三《肃宗孝章帝纪》,中华书局,1965,第150页。

2 (宋)洪适:《隶释》卷一,中华书局,1985,第18页上。

3 (宋)洪适:《隶释》卷一,第19页下。

4 (宋)洪适:《隶释》卷一,第22页上。

5 刁淑琴:《洛阳道北西汉墓出土一件博局纹铜镜》,《文物》1999年第9期,第89页。

6 淄博市临淄区文物管理局编《山东临淄战国汉代墓葬与出土铜镜研究》,文物出版社,2017,第790、791页。

7 黄兴南、陈碧翔:《宜兴市文管会藏历代铜镜选析》,《文物鉴定与鉴赏》2013年第6期。原文定为魏晋时期,从镜式看,这类"半圆方枚神兽镜"东汉晚期就已经出现了。

校。通《春秋》的文翁在成都市修起的学官是典型的地方官办学校，这所官学教儒家经典，文翁"每出行县，益从学官诸生明经饬行者与俱，使传教令，出入闺阁"[1]。这里的"明经"是明儒家经典，而非其他经典。文翁的这所地方官学可能是汉代地方第一所官学，以至于"至武帝时，乃令天下郡国皆立学校官，自文翁为之始云"。按崔寔《四民月令》的说法，正月"农事未起，命成童以上入大学，学五经；师法求备，勿读书传，砚冰释，命幼童入小学，学书篇章"[2]。"五经"是大学的教科书，对儒学在社会上的普及起到积极的推动作用。私学自孔子创立之后，历代不绝，东汉时典型的私学例子是京兆挚恂在南山以儒术教授。他"不应征聘，名重关西"，将作大匠马严的儿子马融"从其游学，博通经籍"[3]。马融在当官的同时，也设私学教授诸生，本传说他"才高博洽，为世通儒，教养诸生，常有千数。涿郡卢植，北海郑玄，皆其徒也"[4]。郑玄先在太学受业，"以山东无足问者，乃西入关，因涿郡卢植，事扶风马融"。学成回家后，"家贫，客耕东莱，学徒相随已数百千人"[5]。承袭家学在当时是少数，其中最具代表性的是曲阜孔家。延熹七年（164）《泰山都尉孔宙碑》明确写到，孔子第十九代孙泰山都尉孔宙"少习家训，治严氏春秋"[6]。他儿子孔谦"修春秋经，升堂讲诵"[7]。另一个儿子孔融则"性好学，博涉多该览"[8]。本传未言他有外师，当是家传。西汉成帝时褒成侯孔霸的七世孙，东汉灵帝时曾任洛阳令的孔昱，也是"少习家学"[9]。孔昱与孔融一辈，传中未载是否为亲兄弟，即使不是亲兄弟，也是本家兄弟，所习家学，当有共通处。当然，孔家亦不都是家学，外出学习者亦有之。如孔僖"与崔篆孙骃复相友善，同游太学，习《春秋》"[10]。他儿子"长彦好章句

---

1 （汉）班固:《汉书》卷八九《循吏传》，中华书局，1964，第3626页。

2 （汉）崔寔著，缪启愉辑释《四民月令辑释》，农业出版社，1981，第2页。

3 （南朝宋）范晔:《后汉书》卷六〇上《马融列传》，中华书局，1965，第1953页。

4 （南朝宋）范晔:《后汉书》卷六〇上《马融列传》，第1972页。

5 （南朝宋）范晔:《后汉书》卷三五《张曹郑列传·郑玄传》，第1207页。

6 （宋）洪适:《隶释》卷七，第81页下。

7 （宋）洪适:《隶释》卷六，第76页下。

8 （南朝宋）范晔:《后汉书》卷七〇《郑孔荀列传·孔融传》，第2262页。

9 （南朝宋）范晔:《后汉书》卷六七《党锢列传·孔昱传》，第2213页。

10 （南朝宋）范晔:《后汉书》卷七九上《儒林列传·孔僖传》，第2560页。

学，季彦守其家业，门徒数百人"[1]。从文字看，家业也包括家学。

以上三种方式，一般平民基本享受不到，平民最有可能的机会是入伍从军，对此邢义田有过专门论述。他认为，在汉代地方郡国学校尚未普及以前，一般平民的识字率是不可能高的。地方学校设立以后，能入学的多半也是当地豪门或官吏的子弟。[2]他引用了西汉文翁和东汉任延设立学校的例子。景帝末，文翁为蜀郡守，起学官于成都市，招下县子弟以为学官弟子。县邑吏民见而荣之，争欲为学官弟子，"富人至出钱以求之"[3]。富人出钱求之，其结果必然是减少了一般平民的机会。东汉建武时，任延为武威太守，"造立校官，自掾史子孙，皆令诣学受业"[4]。这是专为掾史子弟设立的学校，一般平民并无机会。汉代的农人绝大多数只可能是文盲。汉代军队中的"籍"和"符"都使用文字，文盲自然没办法了解尺籍伍符为何物。由冯唐的话可以推想，入伍服役可能是汉代一般百姓识字和受教育的一个重要机会。[5]

学习首先是识字，对于想为吏的人，有明确的识字要求，自汉初就有《史律》以律令的形式确定之，著名的张家山汉简《二年律令》中就有。[6]汉代认字课本最常见的是《苍颉篇》和《急就篇》。识字之后，除了各种专业技能的学习，一些人主要学习的内容是儒家经典。

造墓工匠承袭家学的可能性较大，这里的家学与上文传授文化知识的家学不同，主要是传授专门的技能。当然，家长或师傅在把自己掌握的技术传授给子孙或徒弟的同时，也会把自己的文化知识、思想意识等传给他们。传世文献中未见工匠集团传授家学的记载，考古发现中也未见明确的文字记载，但有一些线索可以帮助我们做一些推测。山东嘉祥武氏墓群石刻中原有《从事武梁碑》，惜已不存。洪适《隶释》卷六中录有全文，其中说道："良匠卫改，雕文刻画，罗列成行，摅骋技巧，委蛇有章。"[7]卫改能成为良匠，应非仅靠天赋，还应学有所承，他也会把自己的知识和技能再传下去，虽然我们不知道他的师傅是谁，也不知道他传给了哪些人。碑文中没有提到武梁祠画像的具体内容，幸运的是武梁祠虽然倒了，但石材还在，我们

1　（南朝宋）范晔：《后汉书》卷七九上《儒林列传·孔僖传》，第2563页。

2　邢义田：《汉代边塞吏卒的军中教育》，《治国安邦》，中华书局，2011，第586页。

3　（汉）班固：《汉书》卷八九《循吏传》，第3626页。

4　（南朝宋）范晔：《后汉书》卷七六《循吏列传·任延传》，第2463页。

5　邢义田：《汉代边塞吏卒的军中教育》，《治国安邦》，第587页。

6　张家山二四七号汉墓竹简整理小组编《张家山汉墓竹简》（释文修订本），文物出版社，2006，第80~82页。

7　（宋）洪适：《隶释》卷六，第75页上。

还能看到上面的画像，其中就有儒家乐道的三皇五帝和经史故事。从事武梁去世的同一年，即东汉桓帝元嘉元年（151），今山东兰陵县城前村建了一座画像石墓，该墓中用两块立柱石刻了长篇题记。与武梁碑不同的是，这篇题记没有提到墓主和工匠，主体文字写的是墓里的画像内容与布局，从"后当"写到"堂盖"[1]，虽然原墓经后人改造利用，但大部分石材到考古发掘时，仍在原位[2]。这种以画像内容为主体的题记，用了"前有白虎青龙车，后即被轮雷公君"之类的文辞，既便于记忆，也便于建造同类画像石墓，更便于在同一工匠集团内部传授。山东嘉祥宋山永寿三年（157）许卒史安国祠堂题记中也提到画像内容，其中说道："上有云气与仙人，下有孝友贤仁。遵者俨然，从者肃侍。"[3]这样的文句也便于记忆和传授。由于许卒史安国祠堂早被古人拆毁，我们无从知道其中画像的具体内容，但"孝友贤仁"画像与儒家经史故事有关应无问题。总之，虽然总体上讲，汉代的工匠识字能力和文化水平有限[4]，但其中有少数不仅能识字，还受过一定的儒学熏陶，并能写简单的文字。

三 儒学在社会上普及的动力

教育促进儒学在东汉社会普及，而儒学成为汉代官私教育的主要内容是有原因的。我们认为主要有二：一是汉代选官制度的引导，二是儒学积极入世的态度和行动。

汉代选官制度中有一种叫"察举"，即选举，初见于文帝二年（前178）诏令，再见于十五年（前165）诏令，十五年对策时，晁错"为高第，由是迁中大夫"[5]。由于是临时下诏策问，可能尚未制度化。察举的制度化要等到武帝时期。武帝建元元年（前140）甫一登基，就下诏"举贤良方正直言极谏之士"，本来应从此制度化，因遭到窦太后的反对，次年即废止，直到元光元年（前134），窦太后死去，建元元年董仲舒在对策中的建议再次得以实行。于该年十一月"初令郡国举孝廉各一人"[6]。从此，察举作为一项选官制度被确定了下来。据载，察举有四科："一曰德行高妙，志节清白；二曰学通行修，经中博士；三曰明达法令，足以决疑，能按章覆问，文中御史；四曰刚毅多略，遭事不惑，明足

---

[1] 张其海：《山东苍山元嘉元年画象石墓》，《考古》1975年第2期，第124~134页。

[2] 杨爱国：《山东苍山县城前村画像石墓二题》，《华夏考古》2004年第1期，第45~49页。

[3] 朱锡禄：《山东嘉祥宋山1980年出土的汉画像石》，《文物》1982年第5期，第60~70页。

[4] 杨爱国：《幽明两界——纪年汉代画像石研究》，陕西人民美术出版社，2006，第135~139页。

[5] （汉）班固：《汉书》卷四九《爰盎晁错传·晁错传》，第2299页。

[6] （汉）班固：《汉书》卷六《武帝纪》，第160页。

以决，才任三辅令。皆有孝悌廉公之行。"[1]其中第二科"学通行修，经中博士"即指儒学。建元元年诏令后的丞相建议，更有明确说明："建元元年冬十月，诏丞相、御史、列侯、中二千石、二千石、诸侯相举贤良方正直言极谏之士。丞相绾奏'所举贤良或治申、商、韩非、苏秦、张仪之言，乱国政，请皆罢。'奏可。"[2]该年董仲舒对策中的"诸不在六艺之科、孔子之术者，皆绝其道，勿使并进"[3]也得到了武帝的首肯，从此，对策也好，察举也好，都要以儒学为依归。董仲舒的影响不可小看，班固就说："仲舒对册，推明孔氏，抑黜百家。立学校之官，州郡举茂材孝廉，皆自仲舒发之。"[4]

明经是武帝尊崇儒学之后察举及入仕的一个途径，西汉韦贤、韦玄成父子以明经先后为丞相，以至社会上出现了一句谚语："遗子黄金满籝，不如一经。"[5]至东汉章帝元和二年（85）诏令郡国岁贡明经而盛行，以经术试士的走向日益明显，如："令郡国上明经者，口十万以上五人，不满十万三人。"[6]质帝本初元年（146）对明经的年龄做了规定："令郡国举明经，年五十以上，七十以下，诣太学。"[7]总之，自汉章帝以后，明经入仕日益制度化、常态化，这对于儒学在社会上的普及是极为有益的。

儒学的主体内容与人们的日常生活密切相关。儒学是主张积极入世的，因此与人们的日常生活关系密切。儒学的积极入世在知行两方面都有明确的表现。孔子曾说"敬鬼神而远之""未知生，焉知死"。[8]孟子曾说"天未欲平治天下也，如欲平治天下，当今之世，舍我其谁也？"[9]《荀子》则有《王制》《富国》《王霸》《君道》《臣道》《致仕》《议兵》等多篇论入世的文章。汉儒董仲舒则积极参与对策，发表自己治国理政的观点，其中为世人熟知的就是"罢黜百家，独尊儒术"。与他的前辈不同的是，前辈的理论因为没有被统治者采纳而束之高阁，他的观点一经提出就被采纳并付诸实施。

以上所言是知，再看行。孔子本人是积极入世的，在鲁国做过中都宰、司寇，

---

1 （汉）应劭：《汉官仪》，引自（清）孙星衍等辑《汉官六种》，中华书局，1990，第125页。

2 （汉）班固：《汉书》卷六《武帝纪》，第155~156页。

3 （汉）班固：《汉书》卷五六《董仲舒传》，第2523页。

4 （汉）班固：《汉书》卷五六《董仲舒传》，第2525页。

5 （汉）班固：《汉书》卷七三《韦贤传》，第3107页。

6 （南朝宋）范晔：《后汉书》卷三《肃宗孝章帝纪》，第152页。

7 （南朝宋）范晔：《后汉书》卷六《孝顺孝冲孝质帝纪》，第281页。

8 《论语·雍也》《论语·先进》，《十三经注疏》本，中华书局，1980，第2479页中、第2499页上。

9 《孟子·公孙丑》，《十三经注疏》本，第2699页下。

因政见不合被排挤出鲁国政坛，周游列国，并不是为了访学，而是谋求为知己者用。孟子在齐国虽然只做了个客卿，但他是希望有大作为的，只是他的政见不被统治者喜欢，没有机会"平治天下"。荀子出生在赵国，不仅在齐国稷下学宫为祭酒，还到楚国做了兰陵令。董仲舒的天人三策没有白上，不仅观点被采纳，自己也做了江都王相和胶西王相。当然他的抱负不止于此，无奈政敌更强大，只能止步于此，但他接受了现实，直到晚年才辞官，回家著书。

结　语

东汉时期儒学在社会上普及是一个不争的事实，且由于朝廷的过度重视，它在很大程度上走向了反面，经学的谶纬化就是表现之一。在儒学普及的过程中，汉武帝、董仲舒、汉明帝等人的助推作用，是常被人提及的。另外，还有一个重要人物，也不应被忽视，就是实际掌控西汉成帝以后政权的王莽，他重用儒生，托古改制，乃至演禅让，取汉而自代，虽然遭到东汉统治者的痛批，但他推行的政策，深刻影响了东汉社会，包括儒学及其谶纬。从汉宣帝的名言"汉家自有制度，本以霸王道杂之，奈何纯任德教，用周政乎！且俗儒不达时宜，好是古非今，使人眩于名实，不知所守，何足委任！"[1]可以看出，汉武帝虽然采纳了董仲舒的建议，但在实际管理中，并没有只用儒术，至宣帝亦然。直到元帝即位后，儒生的地位才进一步提高，朝廷主要机构里充斥着儒生。到王莽掌控朝廷后，这一趋势进一步发展。这带来的后果是多方面的，儒学地位的提高是一个方面，儒学在社会上的普及也是一个重要方面。此外，还深刻影响了中国人的道德观念和价值取向。

---

1 （汉）班固：《汉书》卷八《元帝纪》，第277页。

棺椁形制舍利容器的传播与武则天[*]

[日] 大西磨希子（日本佛教大学）

序　言

随着佛教的传来，供养佛舍利的宗教活动也传入了中国。舍利供养的主要方式是将佛舍利盛放在舍利容器中并瘗藏于佛塔内或塔基下。文献中最早出现有关舍利的记载可上溯至三国东吴的孙权时期，康僧会因感应而获得舍利并造塔的故事。[1] 但目前所见有明确纪年的最早实物为河北定州静志寺佛塔地宫（建于太平兴国二年）出土的北魏兴安二年（453）石函（图1），以及河北定州华塔（建于咸平年间）遗址出土的，由北魏孝文帝太和五年（481）发愿修建的五级佛图石函（图2）。[2]

自20世纪50年代以来，中国各地陆

图1　定州静志寺佛塔地宫出土大代兴安二年（453）石函
（浙江省博物馆、定州市博物馆编《心放俗外：定州静志净众佛塔地宫文物》，中国书店，2014，第41页）

---

[*] 本文为日本科学研究费补助金项目"则天武后期の佛教美术に关する研究"（项目编号：19K00183）成果之一。本文又得到"台湾奖助金"2019年（编号：MOFATF20190053）的赞助与支持。中文校对得到日本早稻田大学文学学术院马歌阳博士生的协助，谨此致谢！

[1] 慧皎《高僧传》卷一《康僧会传》（《大藏经》五〇，第325页中~下栏），道宣《广弘明集》卷一（《大藏经》五二，第99页下栏），《广弘明集》卷一一（《大藏经》五二，第168页上栏），道宣《续高僧传》卷二四（《大藏经》五〇，第637页中栏）中均有相关记载。据《高僧传·康僧会传》记载，当康僧会请求感应时，安置的容器是"铜瓶"，经过三七日既入五更后，忽然在瓶中有声，果然获得舍利。

[2] 河北省文化局文物工作队（刘来成）：《河北定县出土北魏石函》，《考古》1966年第5期。在石函内藏有萨珊银币和金、银、玛瑙、水晶等一共5657件，其中包含小型的银瓶1件和琉璃瓶5件，但未发现舍利。

图 2　定州华塔遗址塔基出土大代太和五年（481）石函
［河北省文化局文物工作队（刘来成）：《河北定县出土北魏石函》，《考古》1966 年第 5 期，图版 5、2］

续进行了舍利塔基的发掘，并不断发现了舍利容器等瘗埋文物。据此，徐苹芳先生 1994 年在《中国舍利塔基考述》一文中，按年代顺序列举了舍利塔基，讨论了中国舍利瘗埋制度以及舍利塔基形制的演变。[1] 他关注《法苑珠林》卷三八中武则天在显庆五年（660）为了迎奉法门寺的真身舍利"皇后舍所寝衣帐，准价千匹绢[2]，为舍利造金棺银椁，雕镂穷奇"[3]的记载，并且根据考古发现中最早金棺银椁的实例，即甘肃泾川大云寺塔基出土的武周延载元年（694）舍利容器（图 3、图 4），首先指出到唐代武则天时期，瘗埋舍利的制度发生了划时代的变革，地宫正式出现，盛装舍利使用了金棺银椁。之后，杨泓先生也基于文献记载以及考古发掘的遗迹和获得的遗物，考察了舍利容器的形制变化，针对棺椁形制得出了与徐苹芳先生同样的看法：泾川大云寺舍利塔基地宫和舍利容器的发现，清楚地表明了这时瘗埋舍利的方式已经完全脱离了印度原来的方式，出现了效仿中国墓葬制度构筑模拟墓室的地宫，并用中国式的棺椁来进行瘗藏。[4] 究其根源，其由来是武则天的创新。此外，冉万里先生从考古学的角度，对中国早期至宋元明时期的古代瘗埋舍利制度进行了综合研究，也认为棺椁作为舍利容器始于武则天时期。[5]

---

[1] 徐苹芳：《中国舍利塔基考述》，《传统文化与现代化》1994 年第 4 期。

[2] "绢"，徐苹芳先生作"绡"，杨泓先生也同样作"绡"（杨泓：《中国佛教舍利容器艺术造型的变迁——佛教美术中国化的例证之一》，《艺术史研究》第 2 辑，2000）。

[3] 《大藏经》五三，第 586 页下栏~第 587 页上栏。

[4] 杨泓：《中国佛教舍利容器艺术造型的变迁——佛教美术中国化的例证之一》，《艺术史研究》第 2 辑，2000；杨泓：《中国隋唐时期佛教舍利容器》，《中国历史文物》2004 年第 4 期；杨泓：《中国古代和韩国古代的佛教舍利容器》，《考古》2009 年第 1 期。杨泓先生在 2004 年发表的论文中，指出除徐苹芳先生所举《法苑珠林》的记载之外，《集神州三宝感通录》中也有相同的记载。如后所述，对此"金棺银椁"，后者云："数有九重"，由此可见，此时武则天所制作的舍利容器，内外共达九重之多。此外，法门寺大历十三年《大唐圣朝无忧王寺大圣真身宝塔碑铭并序》亦记"二口亲造九重宝函"（《金石萃编》卷一〇一，《石刻史料新编》三，新文丰出版公司，第 1669 页上），《佛祖统纪》卷三九中"（显庆）五年，诏迎岐州法门寺护国真身释迦佛指骨至洛阳大内供养，皇后施金函九重，命宣律师送还法门寺"（《大正藏》四九，第 367 页中栏）可见相关记载。

[5] 冉万里：《中国古代舍利瘗埋制度研究》，文物出版社，2013，第 159~162 页。冉先生还指出，武则天时期所出现的变化只限于外套装，直接安置舍利的核心容器仍以琉璃瓶、金银瓶为主，核心容器采用棺的形式即瘗埋舍利方式的完全中国化到 9 世纪前半叶才完成。

图3　泾川大云寺塔基地宫出土延载元年（694）舍利容器
[李永良主编《河陇文化：链接古代中国与世界的走廊》，甘肃人民出版社、商务印书馆（香港），1998，第203图]

图4　泾川大云寺塔基地宫出土延载元年（694）石函
（浙江省博物馆编《佛影灵奇：十六国至五代佛教金铜造像》，文物出版社，2018，第294页，第256图）

目前，高宗显庆年间为盛装法门寺的真身舍利，武则天开始采用中国式的棺椁形制作为舍利容器的这一说法，已经成为中国考古学的通说，笔者也认为极为妥当。但是，其中仍有一些问题待商榷：其一，关于武则天在显庆五年为法门寺真身舍利所造金棺银椁形制的舍利容器，文献记载仅能说明是由她主持施造的而已，并未注明这种形制的舍利容器首创于武则天，因此需要进一步的考证。其二，通过以往的研究得知，至今所发现的最早棺椁形制的舍利容器是泾川大云寺的延载元年遗物，其后棺椁形制的舍利容器盛行于中国各地，在陕西、江苏、河北、山西、四川等地都有出土遗物。不过，对此现象的历史背景，学界尚未进行过深入考察。本文拟在前人之研究基础上，对以上两个问题进一步加以探讨。

一　棺椁形制舍利容器与武则天——以考古发现的实物为主

现在中国考古学界将武则天视为金棺银椁形制舍利容器的创制者，主要是依据如下记载。唐道宣《集神州三宝感通录》卷上"扶风岐山南古塔"条载：

> 显庆五年春三月，下敕取舍利往东都，入内供养。……皇后舍所寝衣帐直绢一千匹，为舍利造金棺银椁，数有九重，雕镂穷奇。以龙朔二年送还本塔。至二月十五日，奉敕令僧智琮、弘静[1]、京师诸僧与塔寺僧及官人等无数千人，共藏舍利于石室，掩之。[2]

1　"弘静"，《法苑珠林》作"慧辩"（《大正藏》五三，第586页中栏。全文下同）。

2　《大正藏》五二，第407页中栏。如前人所指出，唐道世《法苑珠林》卷三八也有同样记载，云："至显庆五年春三月，下敕请舍利往东都入内供养。……皇后舍所寝衣帐准价千匹绢，为舍利造金棺银椁，雕镂穷奇。以龙朔二年送还本塔。至二月十五日，京师诸僧与塔寺僧及官人等无数千人，下舍利于石室掩之。"（《大正藏》五三，第586页下栏～第587页上栏）。关于该记载的《法苑珠林》卷次，徐苹芳和杨泓两位先生均作"卷五十一"；据《大正藏》的校勘，明版作"卷五十一"。

显庆五年（660）三月，高宗下敕将闻名的法门寺佛真身舍利迎至东都洛阳宫中，而身为皇后的武则天则喜舍相当于绢一千匹的自用衣帐[1]，为佛舍利施造了极为讲究的雕镂九重金棺银椁。龙朔二年（662）二月十五日舍利送还法门寺佛塔，以智琮为代表的奉有敕令的僧人、京师诸僧、法门寺僧人及官人等共同瘗藏舍利至佛塔石室，即地宫之中。

由此可见，这条记载并未写明是武则天最早开始使用金棺银椁形制的舍利容器。不过从结论来说，可能性极高。由文献记载和出土文物可知，武则天时期之前未出现确认为棺椁形制的舍利容器。例如，隋文帝在仁寿年间先后三次将佛舍利颁布并在全国110多处造塔，其中关于仁寿元年（601）所造的舍利容器，《广弘明集》卷一七《舍利感应记》中有明确记录：

> 皇帝于是亲以七宝箱，奉三十舍利，……乃取金瓶、琉璃各三十，以琉璃盛金瓶，置舍利于其内，熏陆香为泥，涂其盖而印之。三十州同刻，十月十五日正午，入于铜函、石函，一时起塔。[2]

据此，一般认为，此时制作的舍利容器从外到内依次为石函→铜函→琉璃瓶→金瓶（内存放舍利）。[3]而仁寿年间的《舍利塔下铭》，在雍州仙游寺、定州恒岳寺、青州胜福寺等地都先后发现了方形盝顶盖石函和《舍利塔下铭》石志。至于仁寿四年（604），则有陕西耀州"宜州宜君县神德寺"塔地宫所出土的实物（图5）。[4]据考古报告，石函为盝顶方形，高119厘米、长宽各103厘米，函盖高52厘米，盖面上镌刻"大隋皇帝舍利宝塔铭"九字。石函口内平嵌《舍利塔下铭》石志（高10厘米、长宽各51.5厘米）。石函内，放有鎏金盝顶方铜函大小两件（大：高15厘米；小：高8厘米）和圆铜盒一件，其中小铜函内，放置绿色玻璃瓶和铜瓶各一件。可知，隋代尚不可见金棺银椁的舍利容器。

1990年，河北正定开元寺钟楼发现地宫，并出土了初唐时期的舍利容器（图6）。石函为盝顶方形，通高58.5厘米、长59.8厘米、宽58.6厘米，盖顶边长30.5厘米，内放置鎏金铜函（盝顶正方形，通高8.8厘米、边长7.7厘米）、木函（残件，考古报告中未注明尺寸）、金函（盝顶正方形，通高4.4厘米、边长2.5厘米，内

---

[1] 对于"皇后舍所寝衣帐直绢一千匹"，陈金华先生认为，武则天喜舍其所寝之衣帐，加之绢一千匹，恐不妥。Chen Jinhua, *Monks and Monarchs, Kinship and Kingship: Tanqian in Sui Buddhism and Politics*, Kyoto: Scuola Italiana di Studi Sull' Asia Orientale, 2002, p.120.

[2] 《大藏经》五二，第213页下栏。亦可参见《法苑珠林》卷四〇，《大正藏》五三，第602页。

[3] 琉璃瓶与金瓶的内外关系，抑或有相反的可能，即金瓶→琉璃瓶（内存舍利），姑且存疑。

[4] 朱捷元、秦波：《陕西长安和耀县发现的波斯萨珊朝银币》，《考古》1974年第2期。

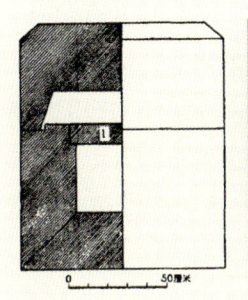

图5 神德寺出土舍利容器（非实物比例）

（朱捷元、秦波：《陕西长安和耀县发现的波斯萨珊朝银币》，《考古》1974年第2期，图2、图版拾—1、图6、图版拾—2）

图6 正定开元寺钟楼发现石函

（张秀生等撰文，樊瑞平摄影《中国河北正定文物精华》，文物艺术出版社，1998，第33页）

图7 太原晋阳古城唐龙泉寺塔基出土金棺与银椁

（国家文物局主编《2008中国重要考古发现》，文物出版社，2009，第129页）

存放舍利）。石函的浮雕内容以及布局与南北朝至隋代佛座上的雕饰接近，补助纹采用隋至初唐常见的忍冬纹和连珠纹，同时石函内还出土了武德年间铸造的"开元通宝"，可视其为初唐之作。由此可知，初唐时期亦尚未出现棺椁形制的舍利容器。

与此相比，目前所知最早的棺椁形制舍利容器是泾川大云寺出土的延载元年金棺银椁，其组合从外到内为石函→鎏金铜函→银椁→金棺→琉璃瓶（图3）。除此之外，虽然没有纪年但也被推测为武周时期遗物的，即山西太原晋阳古城唐龙泉寺塔基地宫出土的舍利容器，其组合为石函→鎏金铜饰木椁→木胎鎏金铜椁→木胎银椁→金棺（图7）。

如此看来，武则天在显庆五年为法门寺真身舍利施造的金棺银椁，虽不能说是该形制舍利容器的最初实例，但属于最早期实物之一。这点毋庸置疑。

二 棺椁形制舍利容器与武则天——有关金棺银椁的最早文献记载

显庆五年在何种情况下进行制作金棺银椁舍利容器？前面《集神州三宝感通录》卷上"扶风岐山南古塔"条详细记载了包含法门寺塔的传承、贞观年间出示舍利时所发生的感应故事、唐高宗为了询问可否取得真身舍利而派遣僧人到法门寺以及通过何种方法获得感应等内容。[1] 对于其中唐高宗迎接法门寺佛舍利的部分，以下依次加以考察。高宗在显庆四年九月开始迎接法门寺佛舍利：

> 显庆四年九月内，山僧智琮、弘静见追入内。……又传云："三十年一度出。前贞观初已曾出现，大有感应。今期已满，请更出之。"上曰："能得舍利，深是善因。可前至塔所，七日行道。祈请有瑞，乃可开发。"即给钱五千绢五十匹[2]，以充供养。[3]

智琮等僧人向高宗建议并请求开示法门寺舍利，理由有二：其一，舍利开示的年限为三十年一次，现这一年限已满；其二，在贞观年间进行的舍利开示大有感应。对此，高宗的响应颇为慎重，认为没有善因就无法取得舍利，因此应先到法门寺佛塔祈请七日，若有祥瑞就进行开示。于是给予钱五千和绢五十匹以充当供养。接下来记：

> 琮与给使王长信等十月五日从京旦发，六日逼夜方到。琮即入塔内，专精苦到，行道久之，未有光现。至十日三更，乃臂上安炭，就而烧香，懔厉专注，曾无异想。忽闻塔内像下振裂之声。往观乃见，瑞光流溢，霏霏上涌，塔内三像足各各放光，赤白绿色，缠绕而上，至于衡桶，合成帐盖。琮大喜踊，将欲召僧。乃睹塔内冥塞僧徒，合掌而立，谓是同寺。须臾既久，光盖渐歇，冉冉而下，去地三尺，不见群僧，方知圣隐。即召来使，同睹瑞相。既至像所，余光薄地，流辉布满，赫奕润滂，百千种光，若有旋转，久方没尽。及旦看之，获舍利一枚，殊大于粒，光明鲜洁。更细寻视，又获

---

[1] 关于法门寺塔的传承和贞观年间所发生的感应故事，有以下记载，如：法门寺塔，俗称为阿育王寺、阿育王塔。据传，此塔一旦关闭，需经过三十年才能打开。若将舍利向众人开示，则可以生出福分。贞观五年（631），太宗下诏开塔取出舍利之时，一位盲人忽然重获光明，故众人从都城内外涌向法门寺塔。那时有人因为看不见舍利，极为懊恼，但烧着拇指并绕塔，就能看见了。参见《大正藏》五二，第406页下栏。

[2] "绢五十匹"，《法苑珠林》作"绢五千匹"（《大正藏》五三，第586页中栏）。

[3] 《大正藏》五二，第406页下栏~第407页上栏。

七枚。总置盘水，一枚独转，绕余舍利，各放光明，炫耀人目。[1]

智琮和给使王长信等人，十月五日早上从长安出发，六日傍晚到达法门寺。智琮遂即进入塔内专心行道，但却一直得不到感应。到了十日深夜，智琮在臂上安置炭并烧香，加倍专注，于是塔内三像脚下放出奇异的光，寺僧和给使都目睹了祥瑞。第二天早上，查看光所灭尽之处，竟获得了八枚舍利。这八枚舍利也出现了放光等瑞相。

> 琮等以所感瑞具状上闻。敕使常侍王君德等送绢三千匹，令造朕等身阿育王像，余者修补故塔。仍以像在塔，可即开发，出佛舍利，以开福慧。僧以旧财多杂朽故，遂总换以柏，编石为基，庄严轮奂制置殊丽。又下敕僧智琮、弘静鸿胪给名，住会昌寺。[2]

智琮等人将所得到的祥瑞向高宗呈报。高宗就派遣敕使，打开塔基，取出佛舍利，并捐送绢三千匹，下令造与其等身的阿育王像，修补旧塔以安置其像。法门寺据此重修伽蓝，智琮和弘静蒙圣恩迁居于长安会昌寺。

> 初开塔日，二十余人，同共下凿，及获舍利。诸人并见，唯一不见。其人懊恼，自拔头发，苦心邀请，哀哭号叫，声骇人畜，徒自咎责，终不可见。乃置舍利于掌，虽觉其重，不见如初。由是诸来谒者恐不见骨，不敢见其光瑞。寺东云[3]龙坊人，敕使未至前数日，望寺塔上有赤色光，周照远近。或见如虹，直上至天。或见光照寺城，丹赤如昼。且具以闻。寺僧叹讶曰："舍利不久应开，此瑞如贞观不异。"其舍利形状如小指，初骨长寸二分。内孔正方，外楞亦尔。下平上圆，内外光净。余内小指于孔中恰受。便得胜戴，以示大众。至于光相变现，不可常准。于时京邑内外道俗，连接二百里间，往来相庆，皆称佛德一代光华。京师大慈恩寺僧惠满，在塔行道，忽见绮井覆海下一双眼睛，光明殊大。通召道俗，同视亦然。皆憱然丧胆，更不敢重视。[4]

当敕使等人打开塔基获得舍利之时，有一人无法看到舍利，亦有人在敕使到达法门

---

1 《大正藏》五二，第407页上栏。

2 《大正藏》五二，第407页上栏。

3 "云"，《法苑珠林》作"雲"（《大正藏》五三，第586页下栏）。

4 《大正藏》五二，第407页上～中栏。

寺前数日就看到了放光现瑞，这些奇异之事被一并报至高宗。法门寺的僧人相信舍利必将带来祥瑞，把舍利向大众开示。舍利放光不固定。于是长安和法门寺之间的路上挤满了来往庆拜的道俗，甚至在长安大慈恩寺也发生了奇瑞。关于法门寺舍利颇有灵验之事，上至皇帝下至普通老百姓，人尽皆知，还引起了社会广泛的狂热关注。

> 显庆五年春三月，下敕取舍利往东都，入内供养。时周[1]又献佛顶骨[2]至京师。人或见者，高五寸，阔四寸许，黄紫色，将往东都驾所。时又追京师僧七人，往东都入内行道。敕以舍利及顶骨出示行道。僧曰："此佛真身。僧等可顶戴供养。"经一宿还收入内。皇后舍所寝衣帐直绢一千匹，为舍利造金棺银椁，数有九重，雕镂穷奇。[3]

于是显庆五年三月，高宗下敕将法门寺舍利迎入洛阳宫内加以供养，武则天的金棺银椁舍利容器也就是在这种情况下所喜舍而制造的。

值得一提的是，上文包含高宗下令造"朕等身阿育王像"等有趣的记载，而且为此高宗捐送了"绢三千匹"，此外为了寻查是否能取得佛舍利高宗亦赐"钱五千绢五十（千）匹"，故武则天施舍"所寝衣帐直绢一千匹"可以认为是配合高宗的一系列喜舍而做出的行为。不难想象，武则天此时更加精心地设想如何能够制作出不同凡响的容器来盛放法门寺舍利，在沿用已有舍利容器的同时，还增添了仿照中国葬具的金棺银椁。因此，虽然因史料所限难以确论，但据如上记载认为武则天创制了崭新的金棺银椁舍利容器，应该无误。

三 仪凤年间的舍利颁布与棺椁形制舍利容器的普及

（一）长安光宅坊感得舍利及其颁布

目前所知最早的棺椁形制舍利容器是泾川大云寺出土的延载元年金棺银椁。之后，仿中国葬具棺椁形制的舍利容器被广泛地制作，在中国各地都发现了遗物（见附表），正如杨泓先生的描述，可谓"此风传开，各地仿效，一时建塔瘗藏佛舍利时，无不按照武后所创新制来制作舍利容器"[4]。可是，棺椁形制的舍利容器是如何普及至全国的尚待讨论。

值得注意的是，武则天曾在仪凤年间

---

1 "周"，《法苑珠林》作"西域"（《大正藏》五三，第586页下栏）。

2 "佛顶骨"，《法苑珠林》作"佛束顶骨"（《大正藏》五三，第586页下栏~第587页上栏）。

3 《大正藏》五二，第407页中栏。

4 杨泓：《中国古代和韩国古代的佛教舍利容器》，《考古》2009年第1期，第75页。

将佛舍利颁布天下。《唐会要》卷四八"光宅寺"条载：

> 光宅坊。仪凤二年，望气者言："此坊有异气。"敕令掘，得石碗[1]，得舍利万粒。遂于此地立为寺。[2]

又《宋高僧传》卷二六《周京师法成传》载：

> 释法成。本姓王，名守慎。……仪凤二年，望气者云："此坊有异气。"敕掘之得石函，函内贮佛舍利万余粒，光色粲烂而坚刚。敕于此处造光宅寺，仍散舍利于京寺及诸州府，各四十九粒。武后于此始置七宝台，遂改寺额。[3]

可知，仪凤二年（677）在光宅坊有"异气"，高宗敕命发掘，由此发现装有1万余粒舍利的石函，后将发现的舍利向在京诸寺及天下诸州府各颁布49粒。正如陈金华和高濑奈津子两位先生所指出的，潞州梵境寺的《大唐圣帝感舍利之铭》可作佐证。[4] 值得一提的是，他们都依据《山右石刻丛编》等清代书所著录的录文[5]，但该铭文的拓片仍然存在。据笔者目前所知，台湾"中研院"历史语言研究所傅斯年图书馆、日本京都大学人文科学研究所与中国国家图书馆各藏一张[6]（图8）。高63.5厘米、宽58.0厘米，有方形界格，行书，共21行，每行满格23字。依照拓片移录如下（省略空格）：

1. 大唐圣帝感舍利之铭
检校官人司马戴安业
2. 夫八相分容应物而弘[7]摄

1　"碗"，《文渊阁四库全书》作"留"（《景印文渊阁四库全书》第606册，台湾商务印书馆，1983~1986，第622页下栏）。

2　《唐会要》卷四八《寺》，上海古籍出版社，2006，第991页。《长安志》卷八也有相同的记载："横街之北，光宅寺。仪凤二年，望气者言，此坊有兴气。敕令掘得石函。函内有佛舍利骨万余粒。遂立光宅寺。武太后始置七宝台，因改寺额焉。"（《宋元方志丛刊》第1册，中华书局，1990，第113页下栏）。

3　《大正藏》五〇，第872页下栏~第873页上栏。

4　Chen Jinhua, *Monks and Monarchs, Kinship and Kingship: Tanqian in Sui Buddhism and Politics*, pp.118-126. 高濑奈津子：《则天武后による仪凤の舍利颁布-山西潞州の梵境寺仪凤三年舍利塔铭をてがかりに-》，气贺泽保规编《隋唐佛教社会の基层构造の研究》，汲古书院，2015。

5　陈金华先生依据《石刻史料新编》所著录《山右石刻丛编》卷四（台北新文丰出版公司编辑部辑《石刻史料新编》第一辑，新文丰出版公司，1977，第15012页）的录文。除此之外，高濑先生还指出顺治年间的《潞安府志》卷八《建置志》和光绪年间的《长治县志》卷四《金石志》也著录相关铭文。

6　傅斯年图书馆《梵境寺舍利塔铭》（编号：00920）；京都大学人文科学研究所《大唐圣帝舍利之铭》（编号：TOU0614X）；中国国家图书馆《舍利塔铭》（馆藏信息：章专863）。前者系"中研院"历史语言研究所颜娟英先生提示，谨致谢忱。

7　"弘"，乾隆二十八年吴九龄修，蔡履豫纂《长治县志》卷四《金石志》（以下略称《长治县志》）作"宏"，据此高濑先生也同作"宏"，但这应当是为了避清高宗弘历名讳。

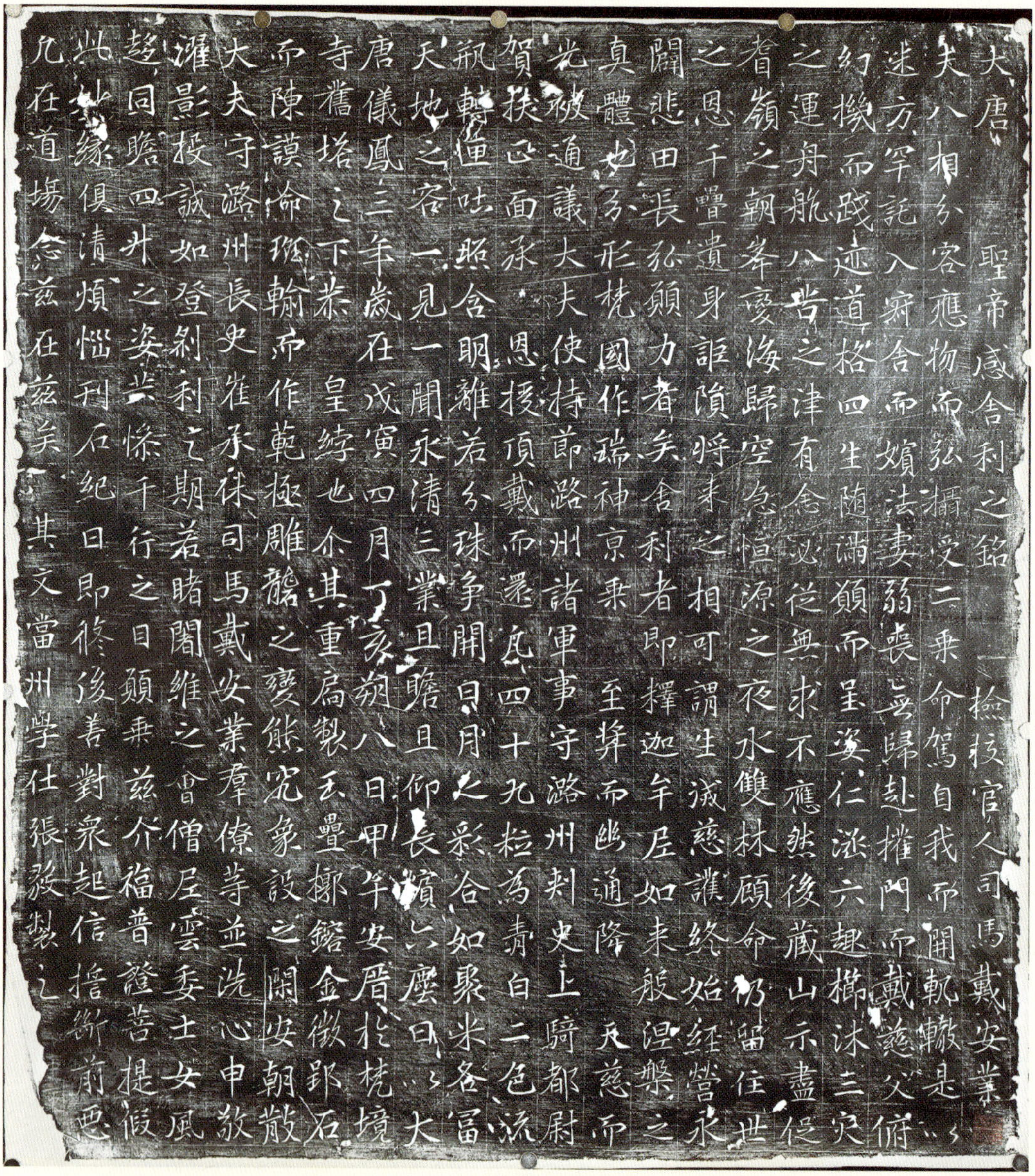

图8 潞州梵境寺《大唐圣帝感舍利之铭》拓本（"中研院"傅斯年图书馆藏）

受二乘命驾自我而开轨辙是以

3. 迷方罕托入寂舍而嫔法妻弱丧无归赴权门而戴慈父俯

4. 幻机而践迹道格四生随满愿而呈姿仁涵六趣枥沐三灾

5. 之运舟航八苦之津有念必从无求不应然后藏山示尽促

6. 耆岭之朝峰变海归空急恒源之夜水双林顾命仍留住世

7. 之恩千叠遗身讵陨将来之相可谓生灭慈护终始经营永

8. 辟悲田长弘[1]愿力者矣舍利者即释迦牟尼如来般涅槃之

9. 真体也分形梵国作瑞神京乘至奘而幽通降天慈而

10. 光被通议大夫使持节潞州诸军事守潞州刺史上骑都尉

11. 贺拔正面承恩授顶戴而还凡四十九粒为青白二色流

12. 瓶转匣吐照含明离若分珠争开日月之彩合如聚米各富

13. 天地之容一见一闻永清三业且瞻且仰长摈六尘曰以大

14. 唐仪凤三年岁在戊寅四月丁亥朔八日甲午安厝于梵境

15. 寺旧塔之下恭皇缔也尔其重扃[2]制玉叠樟镕金征郢石

16. 而陈谟命班输而作范极

雕茗之变态究象设之闲安朝散

17. 大夫守潞州长史崔承休司马戴安业群僚等并洗心申敬

18. 濯影投诚如登刹[3]利之期若睹阇维之会僧尼云委士女风

19. 趋同瞻四升之姿共惨千行之目愿乘兹介福普证菩提假

20. 此妙缘俱清烦恼刊石纪日即修后善对众起信誓断前恶

21. 凡在道场念兹在兹矣其文当州学仕张毅制之

据此进行句读如下：

《大唐圣帝感舍利之铭》检校官人司马戴安业

夫八相分容，应物而弘，摄受二乘，命驾自我而开轨辙。是以迷方罕托，入寂舍而嫔法妻；弱丧无归，赴权门而戴慈父。俯幻机而践迹，道格四生；随满愿而呈姿，仁涵六趣。枥沐三灾之运，舟航八苦之津。有念必从，无求不应。然后藏山示尽，促耆岭之朝峰；变海归空，急恒源之夜水。双林顾命，仍留住世之恩；千叠遗身，讵陨将来之相。可谓生灭慈护，终始经营；永辟悲田，

---

1 《长治县志》和高濑先生均作"弘"，可能理由同上。

2 "扃"，高濑先生作"局"。就此承蒙南华大学文学系的郑阿财先生的指正，特申谢忱。

3 《长治县志》和高濑先生均作"剥"。

长弘愿力者矣。

　　舍利者，即释迦牟尼如来般涅槃之真体也。分形梵国，作瑞神京。乘至奖而幽通，降天慈而光被。

　　通议大夫、使持节潞州诸军事、守潞州刺史、上骑都尉贺拔正，面承恩授，顶戴而还。凡四十九粒，为青白二色。流瓶转匣，吐照含明。离若分珠，争开日月之彩，合如聚米，各富天地之容。一见一闻，永清三业，且瞻且仰，长摈六尘。曰：

　　以大唐仪凤三年，岁在戊寅，四月丁亥朔八日甲午，安厝于梵境寺旧塔之下，恭皇绋也。尔其重扃制玉，叠椁镕金，征郢石而陈谟，命班输而作范，极雕砻之变态，究象设之闲安。朝散大夫、守潞州长史崔承休，司马戴安业，群僚等，并洗心申敬，濯影投诚，如登刹利之期，若睹阇维之会。僧尼云委，士女风趋，同瞻四升之姿，共慘千行之目。愿乘兹介福，普证菩提，假此妙缘，俱清烦恼。刊石纪日，即修后善，对众起信，誓断前恶。凡在道场，念兹在兹矣。其文当州学仕张毅制之。

由第 9 行至第 15 行得知，在印度分完的舍利因神瑞出现在长安，其中 49 粒由在长安拜谒皇帝的潞州刺史贺拔正受领后返回本州，于仪凤三年四月八日安置在梵境寺旧塔下。[1]

（二）潞州所制的舍利容器

　　潞州梵境寺《大唐圣帝感舍利之铭》的第 15 行至第 16 行，对于该寺院所进行的供养舍利，有如下记载：

　　尔其重扃制玉，叠椁镕金，
　　征郢石而陈谟，命班输而作范，
　　极雕砻之变态，究象设之闲安。

　　为了盛装佛舍利，以精湛的雕刻与铸造技艺，加工玉石和金而制造了多重容器。其中，载有"叠椁镕金"，尤其值得关注。据此可知，此多重舍利容器仿棺椁形制。《长治县志》卷四《金石志》所载清代按语[2]亦可作参考。据此按语，光绪五年（1879）为编纂县志发掘梵境寺址，挖到石甃后发现了四件古碑，其中一件是唐碑，其中云：

　　舍利青白二色，微莹，类玛瑙，大若豆瓣碎，或如米粒。以琉璃小瓶贮之，外韬铜盒二，装七宝，实以香屑，藏石函内。函绝大中，

---

[1] 此时将舍利安置的"旧塔"，如陈金华先生所指出，应为隋文帝在仁寿二年（602）颁布舍利而建造的塔。参见 Chen Jinhua, *Monks and Monarchs, Kinship and Kingship: Tanqian in Sui Buddhism and Politics*, p.125。关于此次颁布所含的意义，参见拙稿《则天武后と阿育王——仪凤年间の舍利颁布と〈大云经疏〉をめぐって》，《敦煌寫本研究年報》第 14 号，2020 年 3 月。

[2] 来新夏、赵波主编《中国地方志历史文献专辑·金石志》第 9 册，学苑出版社，2011，第 153 页。

别嵌一石刻。《沈藩记略》云:"王获舍利于梵境废寺,有隋唐石刻。隋仅存空器,唐所藏者四十九粒。为建铜塔于此,并瘗其原石。"云云。

可知,据《沈藩记略》记载,隋唐时期的两件石刻中,隋代的仅见容器,不见舍利,而唐代的容器内仍藏有舍利,且数目恰好是49粒。因此,这里写的唐代舍利与舍利容器均为仪凤三年的遗物。舍利容器的组合从外至内为石函→铜盒二,装七宝→琉璃小瓶。其中"铜盒二,装七宝"应是以金银、珍珠等珍宝装饰的两件有盖铜器。若与《大唐圣帝感舍利之铭》的"叠椁镕金"这一记载一并考虑,"铜盒二,装七宝"极有可能指的是铜棺和铜椁。再者,关于梵境寺的舍利容器,《大唐圣帝感舍利之铭》记"极雕奢之变态,究象设之闲安",清代按语载"装七宝",均表示这组器物是用珍贵材料、精湛的雕刻和镶嵌技艺而完成的精致杰作。这正符合泾川大云寺和太原龙泉寺址出土遗物的特征。因此,我们可以推测,梵境寺的舍利容器与泾川大云寺等遗物大致相仿。除此之外,有些学者推测法门寺地宫所出土的嵌宝水晶椁(图9)为武则天主持施造九重舍利容器中的一件。[1] 加之,虽然缺乏确证,但放置于其内的玉棺(图10),由质量极为

图9 法门寺地宫所出土嵌宝水晶椁

(陕西省考古研究院、法门寺博物馆、宝鸡市文物局、扶风县博物馆编著《法门寺考古发掘报告》下册,文物出版社,2007,彩版233)

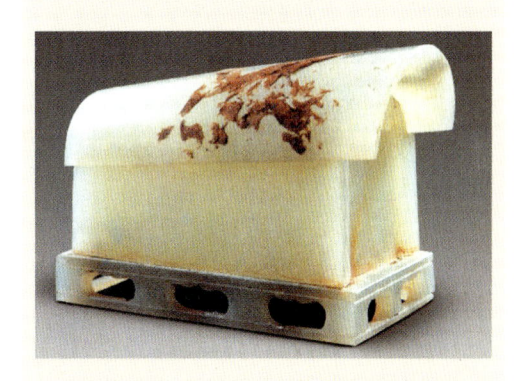

图10 法门寺地宫所出土壶门座玉棺

(陕西省考古研究院、法门寺博物馆、宝鸡市文物局、扶风县博物馆编著《法门寺考古发掘报告》下册,彩版236)

---

[1] I-mann Lai(赖依缦),*The Famensi Reliquary Deposit: Icons of Esoteric Buddhism in Ninth-century China*, Doctoral Dissertation, London University, 2006, pp.74-75. 赖依缦先生对笔者惠予指教,至于水晶棺椁是属于武则天朝所做的想法,是韦陀(Roderick Whitfield)先生口头所说,他的文章中并没有确切的论述,谨此敬致谢忱。见于薇《圣物制造与中古中国佛教舍利供养》,文物出版社,2018,第172~173页。

精良的水晶与白玉制成，工艺也非常高超，由此来看，亦为武则天主持施造的可能性相当高。

颇为有趣的是，仪凤年间舍利颁布在历史上所居的位置。如上所述，金棺银椁形制舍利容器的最早文献记载是有关显庆五年迎奉法门寺真身舍利的，而至今所发现的遗物中最早的则是延载元年的泾川大云寺舍利容器。二者之间有三十多年的时间空隙，而处在中间的仪凤年间舍利颁布正好可以填补这一历史的空白。仪凤年间的舍利颁布是由当时掌握实权的武则天主导，实施范围广至全国，其影响无疑巨大。因此，仪凤年间的舍利颁布不仅将武则天的威仪传至全国，对仿棺椁的新形制舍利容器的广泛传播也起到了重大作用。

小 结

本文对棺椁形制舍利容器的肇端与武则天之间的关系进行了探讨。

首先依据考古发现的舍利容器遗物，重新确认了棺椁作为舍利容器的出现始于武则天时期。

在此基础上，针对武则天在显庆五年施造法门寺真身舍利金棺银椁的记载，做了进一步的考证。可以看到，虽然文献上无法证实棺椁形制的舍利容器确实创制于武则天，但高宗为了迎奉法门寺的真身舍利进行了细心的安排和优厚的准备，真身舍利及其带来的祥瑞引发了全社会的狂热风潮，就在那时武则天喜舍制造九重金椁银椁舍利容器，因此武则天创制之说，可能性极大。

最后，关注了仪凤年间武则天将长安光宅坊所感得舍利颁布这一事件，依据潞州梵境寺《大唐圣帝感舍利之铭》，讨论了通过这项全国性活动，拟棺椁的新形制舍利容器广泛传播的可能性。

附表 考古发掘的唐代棺椁形制舍利容器

年代	出土地点	发现时间	舍利容器组合	参考文献
延载元年（694）	甘肃泾川唐大云寺塔基地宫	1964	盝顶石函、鎏金铜函、银椁、金棺、琉璃瓶、内舍利14枚	甘肃省文物工作队：《甘肃省泾川县出土的唐代舍利石函》，《文物》1966年第3期
武周时期	山西太原晋阳古城唐龙泉寺塔基地宫	2008	石函、鎏金铜饰木椁、木胎鎏金铜椁、木胎银椁、金棺、内舍利（据X光射线检测）	国家文物局主编《2008中国重要考古发现》，文物出版社，2009
开元十三年（725）	陕西周至仙游寺法王塔天宫	1998	【天宫】石棺、鎏金铜棺、葫芦形琉璃瓶、内舍利3枚	蒋福泉：《仙游寺、法王塔及地宫秘密》，《西安教育学院学报》1999年第1期（总第38期）；刘呆运：《仙游寺法王塔的天宫、地宫与舍利子》，《收藏家》2000年第7期

续表

年代	出土地点	发现时间	舍利容器组合	参考文献
开元十三年（725）	陕西周至仙游寺法王塔天宫	1998	【地宫】石函、鎏金铜棺、直颈琉璃瓶、内舍利10枚（隋仁寿舍利）	刘呆运：《仙游寺法王塔的天宫、地宫与舍利子》，《收藏家》2000年第7期
开元二十九年（741）	陕西临潼唐庆山寺塔基地宫	1985	石宝帐、银椁、金棺、铜莲座玻璃瓶、内舍利	临潼博物馆：《临潼唐庆山寺舍利塔基精室清理记》，《文博》1985年第5期
唐代中期偏早	江苏句容唐东霞寺塔基地宫	1975	铁盒、鎏金铜椁、银椁、鎏金铜棺、内舍利数粒（已散失）	刘建国、杨再年：《江苏句容行香发现唐代铜棺、银椁》，《考古》1985年第2期
长庆四年（824）	江苏镇江甘露寺铁塔塔基地宫	1960	李德裕重瘗长干寺舍利石函、银椁、金棺、内舍利11枚	江苏省文物工作队镇江分队、镇江市博物馆：《江苏镇江甘露寺铁塔塔基发掘记》，《考古》1961年第6期
大和三年（829）	江苏镇江甘露寺铁塔塔基地宫	1960	李德裕重瘗禅众寺舍利盝顶1石函、银函、金棺、内舍利156枚	江苏省文物工作队镇江分队、镇江市博物馆：《江苏镇江甘露寺铁塔塔基发掘记》，《考古》1981年第6期
贞观五年（631）至咸通十五年（874）	陕西扶风唐法门寺塔地宫	1987	【前室】彩绘阿育王石塔、鎏金单檐铜方塔、鎏金迦陵频伽纹银棺（内特4号指骨舍利1枚）；开元廿九年（741）盝顶石函 【中室】景龙二年（708）彩绘汉白玉灵帐、盝顶铁函、鎏金双凤纹银棺（内特2号指骨舍利1枚） 【后室】唐懿宗八重宝函（檀香缕金棱装铰函、银金花钑作函、素银函、金花钑作函、真金钑花函、真金函、珷玞石函、真金小塔子，内特1号指骨舍利1枚） 【后室秘龛】铁函、咸通十二年（871）比丘智英造银函、檀香木银包角盝顶函、水晶椁、壸门座玉棺（内特3号指骨舍利1枚）；智慧轮施银函、咸通十二年金函	陕西省法门寺考古队：《扶风法门寺塔唐代地宫发掘简报》，《文物》1988年第10期；陕西省考古研究院、法门寺博物馆、宝鸡市文物局、扶风县博物馆编著《法门寺考古发掘报告》，文物出版社，2007
不详	山西长治塔基地宫石椁室	1958	盝顶石函、石椁、银椁、金棺	山西省文物管理委员会、山西省考古研究所：《山西长治唐代舍利棺的发现》，《考古》1961年第5期
不详	河北定县宋静志寺塔基地宫	1969	大中十二年（858）石棺、龙纪元年（889）石棺	定县博物馆：《河北定县发现两座宋代塔基》，《文物》1972年第8期；浙江省博物馆、定州市博物馆编《心放俗外：定州静志净众佛塔地宫文物》，中国书店，2014

续表

年代	出土地点	发现时间	舍利容器组合	参考文献
不详	四川成都长顺中街塔基地宫	1980	盝顶石函、铜棺、小银罐	李思雄、冯先诚、王黎明:《成都发现隋唐小型铜棺》,《考古与文物》1983年第3期

定州白石双身造像之形成、发展与式微

■ 简佩琦（台中静宜大学中国文学系）

河北曲阳位于太行山东侧，太行山蕴藏丰富的大理石矿脉，因此自古以来便是中国最负盛名的石雕产地，与山东嘉祥、浙江青田、福建惠安，并称为中国四大石雕之乡。其中曲阳所采的大理石，俗称"汉白玉"，硬度在摩氏硬度表所列十级中仅第三级，特质为易于雕刻、洁白纯净、色润而有光泽。

1953年冬与1954年春，曲阳修德寺遗址出土了2200多件造像及残件，接着邻近地区陆续发掘出源自曲阳石材而于当地雕造或曲阳出产而流传至各地的造像。这些造像，李静杰将之名为"定州系白石佛像"，所分布区域与时间乃以曲阳为源点，沿华北平原西缘向南北方传播，并向东南方扩散，大体截止于黄河一线，滹沱河、滏阳河流域分布最为密集。定州系白石佛像自北魏神龟三年（520）迄唐天宝十一载（752）的230多年间，已知纪年佛像521件，其中502件集中在北魏神龟三年（520）迄隋大业七年（611）的92年间。[1]

本文针对定州白石佛中特殊的双身造像进行考索——包括双佛、双思惟像、双观音像。之所以说特殊，是因为其他地区亦多有双佛（二佛并坐）的形态，但思惟像、观音像在其他地区都是以单尊造像形态出现，从未见到如此大量的双思惟像与双观音像，其风行与式微的情况是本篇所欲探讨者。

一 尊像思考：双佛（二佛并坐）

鸠摩罗什（334~413）译《妙法莲华经·见宝塔品》，描述了一神异的场景：释迦牟尼佛前有七宝塔，从地涌出住在空中。面对此信众从未见过的奇景，佛陀解释：

> 此宝塔中有如来全身，乃往过去东方无量千万亿阿僧祇世界，

---

[1] 李静杰、田军：《定州白石佛像》，台北财团法人觉风佛教艺术文化基金会，2019，第27页。

国名宝净，彼中有佛，号曰 多宝 。其佛行菩萨道时，作大誓愿："若我成佛、灭度之后，于十方国土有说法华经处，我之塔庙，为听是经故， 踊现其前，为作证明，赞言善哉。"[1]

于是佛陀叮嘱："我今应往娑婆世界，释迦牟尼佛所，并供养多宝如来宝塔。"当佛陀各处分身集合于一处后，佛陀便以右指开七宝塔户，闻法众皆亲见此神异的场面：

多宝如来于宝塔中坐师子座，全身不散，如入禅定……尔时多宝佛，于宝塔中分半座与释迦牟尼佛，而作是言："释迦牟尼佛！可就此座。"实时释迦牟尼佛入其塔中，坐其半座，结加趺坐。尔时，大众见二如来在七宝塔中师子座上、结加趺坐。"[2]

佛陀提醒："谁能于此娑婆国土广说妙法华经，今正是时。如来不久当入涅槃，佛欲以此《妙法华经》付嘱有在。"

此段经文主要的作用是证明所说《法华经》真实不虚，故而能出现过去多宝佛穿越时空现身于佛陀说法的现在时空。但这段文字的描述，同时为我们展现了不少奇异之景，包括从地踊出的多宝塔、佛陀集合分身等，但最能表现此奇迹的则是佛陀开启此塔后，多宝佛让出半个座位，二佛并坐于塔中。此段经文被认定是"二佛并坐"造像的文本依据，因其明确指涉两尊佛并坐一处分别是"释迦"与"多宝"。

或许是二佛并坐图像太具有标志性了，此一定格切片之景就能完全说明前后一连串的神异，且能表征《法华经》的流传，也代表佛陀有在此处现身说法——是能将所有"现在"观者时空与"过去"多宝佛，甚且包括佛陀做联结。是以历来中国各地皆有二佛并坐像（立体雕造或平面壁画），如西秦420年炳灵寺第169窟（有榜题"多宝佛□□"）、北魏敦煌石窟259窟、北魏云冈石窟（特别是第一期"昙曜五窟"数量最多）、北魏龙门石窟、北齐天龙山石窟等，造像之多，不胜枚举，金铜佛中亦不乏此造像形态，而在河北曲阳出土的残件中，亦多可见。

二佛并坐，在5~6世纪初北魏时期较为盛行，此与《法华经》的流传有关。方广锠研究表明：盛唐以前，尤其在南北朝时期，《妙法莲华经》对我国佛教影响之大是不容低估的。[3] 而此与定州白石二佛并坐造像的发展时间大致符合：目前搜得的双佛造像，东魏纪年有8件、无纪年3件，

---

1 《妙法莲华经》第4卷，《见宝塔品》第十一（CBETA电子佛典集成，《大正新修大藏经》第九卷，经号262，第32b-c页）。
2 《妙法莲华经》第4卷，《见宝塔品》第十一（CBETA电子佛典集成，《大正新修大藏经》第九卷，经号262，第33b-c页）。
3 方广锠：《敦煌遗书中的〈妙法莲华经〉及有关文献》，《中华佛学学报》1997年第10期，第211~232页。

北齐9件、无纪年5件，隋代4件、无纪年2件或3件，唐代4件、无纪年1件。可以发现定州的二佛并坐造像发展与其他地区的发展时间是一致的。

（一）造像分析：东魏

东魏时期双佛造像，在整体上有相同的构造形态：碑体上部皆为舟形背光，下部皆为长方形台座，双佛以类似的姿态端坐于台上，舟形背光即位于双佛身后（图1~8）。

但仔细观察，双佛造像随着时间发展是有一些变化的，特别是手部的姿态。

（A）最早三件手部姿态全然相同：虽541年赵道成造像（图1）与546年比丘惠朗造像（图2）碑体上部残损，但可由造型完整的547年张同柱造像（图3）对照发现：此三件造像不但结构上碑体相似，台座也是多层阶中央有凹处设计，二佛本身的造型亦相同——皆采坐姿，右手皆上扬作"无畏印"，左手下伸作"与愿印"；佛衣相同为褒衣博带式——僧祇支于胸口处绑结，外披对襟袈裟、右领襟敷搭至左肘；双腿皆结跏趺坐，皆在盘坐中露出右脚。

（B）但到了547年程爱造像（图4）时，下方台座出现一整个大平台不再有层阶凹入的设计，更重要的是双佛的手部姿态不再一致了——其中一佛仍如前述右手"无畏印"、左手"与愿印"，但另一佛则两手置于胸前仿佛在紧紧抓住袈裟之姿。

（C）从547年王起宗夫妻造像（图5）开始，548年侯能仁造像（图6）、549年郭思显夫妻造像（图7），无论台座平或凹，双佛的手部都一致，都是未曾出现过的姿态——双手平行相叠于胸腹处。这种手势在后面北齐560年造像中还出现过（图10）。

可以说在东魏一开始发展的时期，双佛造像基本形态雷同——是以两尊一模一样的右手"无畏印"、左手"与愿印"作为造型的设定，但是在547年发生了两尊像手势不一致的情况，自此以后547、548、549年尚出现双手相叠于胸腹的新手势，但到550年又恢复了右"无畏印"、左"与愿印"手势。这些时间点都很接近，说明东魏时期双佛的造像形态尚处于尝试的状态。

（二）造像分析：北齐

北齐有纪年的定州白石双佛最早是559年王和三兄弟造像（图9），此件造像迥异于前述东魏双佛造像形态——无论是东魏最后有纪年的549年曲阳修德寺遗址出土造像（图7）或550年惠民沙河杨村出土造像（图8），显示出土地点不是问题，而是时间点进入北齐后，双佛造像形态大大改变。最大的改变是出现了整组的造像群，包括三部分构造：（A）下方长方形台座正面雕刻着莲花化生双手上托博山炉、两相向蹲坐狮子、两力士；（B）双佛两侧蟠龙双树、两弟子；（C）长方形台座层阶上方则为双佛，两尊像右手"无畏印"、左手"与愿印"全然相同，为"复制"手势的形态。

事实上，可以说北齐这件造像中，除

掉（A）与（B），单剩下（C）的话，就是东魏以来的双佛构造组件。特别是前述东魏双佛皆有的舟形背光，在此件造像中，双佛背后也有刻线雕凿出舟形背光的样式。只是由于此件造像增加了（A）（B）构件，因此（C）的舟形背光是与整组双树、弟子由一整片石材雕凿的，构件间并没有镂空区隔。在其后560年释迦多宝佛像（图11）、562年陈思业等造像（图12）都可以看到这种（A）+（B）+（C）成组的形态，到了562年此件更新发展为镂空雕刻的处理。

北齐的双佛造像同时并存着两种形态：一是从东魏延续而来的简单舟形背光形态，如560年李次兴造像（图10）、566年造像（图14）、571年张敬遵造像（图16）；另一种是北齐兴起的有"双树+弟子"繁复构件的形态，这种形态由559年王和三兄弟造像（图9）至562年陈思业造像（图12），也可以看出走向镂空的雕刻趋势。

北齐双佛造像似乎是一个开始崇尚繁复装饰的时期，即使同时并存着：（A）"简单舟形背光"与（B）"繁复双树弟子"构件两种形态，但是两种形态也逐渐复合，朝向繁复的装饰发展：如565年霍黑造像（图13）与570年菀元纂等造像（图15），可以看见在前者原先（A）简单舟形背光中也开始加起装饰配件，挪移来了（B）繁复双树弟子于主尊两侧；而570年菀元纂造像甚至在舟形背光上方出现了飞天托塔的雕刻（此应是受到青州造像的影响）。

最后关注北齐双佛造像的手部姿态。560年李次兴造像（图10）、566年造像（图14）、570年菀元纂等造像（图15），都是东魏出现过双手平行相叠于胸腹处的姿态。其中最特殊者莫过于562年陈思业等造像（图12），因为这是定州双佛造像中最早不再复制，而是首度出现镜像手势——两尊像外侧之手皆上扬作无畏印、内侧之手皆下垂至腿上安放，形成镜像对称的设计形态。

（三）造像分析：隋唐

隋代纪年双佛造像4件，数量上远远少于东魏、北齐，且出现惊人的转变，584年董晖宝造像（图17）首度出现"二佛并立"的姿态，非常不可思议，因为所有双身造像中，双佛有绝对的佛经依据，《法华经》明确记载二佛并"坐"姿态，绝非二佛并"立"，但在584年造像与600年董士敖造像（图19）中却出现变异的造像，非常值得关注。

隋代595年邑义造像（图18）中，可见诸前述北齐双佛舟形背光开始增加装饰的趋势，舟形背光双佛上方飞天托塔，两侧各一弟子，下方台面则有博山炉、两狮子，整体设计相当繁复。值得注意的是，双佛头上、飞天托塔间的三角形空间中，另外雕刻了一尊坐佛——此造像相当令人费解：二佛并坐之外，何来另一尊佛像？就设计角度而言，可以理解为在繁复设计意识趋势下，因为多出三角形的空间，有了小坐佛（刚好是三角形）的增添——但这也显示出此造像的设计意识超越了造像背后的佛法意涵。

值得关注的是隋代双佛的手部姿态。

特殊立姿的584年董晖宝造像（图17）与600年董士敖造像（图19）中，两尊造像手部皆已非复制形态，而是外侧之手下提净瓶、内侧之手则上持莲花，亦即乃以镜像对称的姿态呈现。而595年邑义造像（图18）也是镜像的状态，外侧之手上扬作"无畏印"、内侧之手则下垂至腿上安放。这是继北齐一件镜像之作后，隋代更多件镜像设计出现。

隋代最后一件纪年双佛是602年张信业兄妹三人造像（图20），此造像似乎恢复到东魏时期简单的舟形背光形态。但仔细观看，尊像雕造的手法十分粗糙，袈裟线条简单，衣着下摆已无东魏时期垂下繁复的雕琢，而是收得短短的，手部是出现过的双手相叠——因为这种雕刻最无立体感。整体造型都是采取最"简单了事"的方式处理，因此当然不再具有繁复台座上的种种雕刻，而是全平面的无雕刻。亦即，定州双佛发展至602年已呈现退化的状态。

唐代纪年双佛造像4件，657年比丘尼张惠观造像（图21）还有前代舟形背光的造型，此后665年比丘尼胡法□造像（图22）、722年刘三娘造像（图23）、750年姊妹等造像（图24）则已经完全舍弃定州双佛造像的背光形态（无论舟形或双树）。唐代的双佛身形较大，特别是背光被去除后，视觉主体就直接是双佛本身，因此也适合朝身形量感具足的形态发展。

此外，唐代双佛所致力的造型是在台座上做改变，台座大致上是再度复古东魏层阶凹进去的设计，或有博山炉雕造，或呈现镂空设计，或拉高台座阶层，变化多端，4件皆不相同。但是台座并非双佛的主体，设计聚焦于此，亦透露出式微之兆。

值得关注的是唐代双佛的手部姿态。唐代4件纪年双佛，从657年、665年、722年到750年造像，皆为镜像——且一律为外侧之手上扬作"无畏印"、内侧之手则下垂至腿上安放。亦即至唐代时，双佛已经全面改易为镜像设计形态，充分显示出对称设计当道。

二 尊像思考：双思惟像

（一）图像溯源：单尊思惟像的发展

在进行定州双思惟像分析之前，有必要先厘清单尊思惟像的发展脉络。

日本学者宫治昭认为，在印度时，尚未形成后来中国的思惟像意涵，而由后来流传于中国的思惟像回头找寻印度的图像，会发现在1~2世纪的犍陀罗地区，与之相关的图像是分别出现于"树下观耕"（插图1）、"告别驭者与爱马"（或称"告别车匿"）（插图2）中[1]：

"树下观耕"是指佛陀出家前仍是悉达多太子时，骑乘爱马犍陟出门，见耕者垦壤杀诸虫，心生悲恻，在树下深长地静思；雕刻"树下观耕"（插图1），显示出

---

1 〔日〕宫治昭：《半跏思惟像的演变形式——形象·原典·宗教实践》，贺小萍译，《吐峪沟石窟壁画与禅观》，上海古籍出版社，2009，第169~185页。

插图1　树下观耕

（[日]宫治昭：《半跏思惟像的演变形式——形象·原典·宗教实践》，贺小萍译，图2，《吐峪沟石窟壁画与禅观》，上海古籍出版社，2009，第169~185页）

插图2　告别车匿

（[日]宫治昭：《半跏思惟像的演变形式——形象·原典·宗教实践》，贺小萍译，图4，《吐峪沟石窟壁画与禅观》，第169~185页）

太子结半跏坐姿，手托额（或脸颊）思考状，用以表示"苦思冥想生死之苦"的形象。而"告别驭者与爱马"则是指悉达多太子决定出家，夜半逾城，最后当太子寻得修行处时，与驾者车匿、爱马犍陟告别的场景；雕刻"告别车匿"（插图2）中，太子（图中有头光者）并未呈现思惟半跏坐姿，是站立着，而爱马犍陟为此辞别亦有感，正悲伤舔舐太子足下。

事实上，佛教经典中并无名之为"思惟像"的记载。宫治昭以日本上品莲台寺出土《因果经》（8世纪中叶）"树下观耕"的插图中太子以半跏姿态坐于树下观耕（远处），而车匿跪下与爱马一同辞别（近处），认为此乃将犍陀罗"告别车匿"图像与"树下观耕"图像混淆，进而才形成中国独立的悉达多太子思惟像。

中国思惟像似乎分为两种。A类：伴随有驭者车匿、爱马犍陟的"太子思惟像"；B类：单独的"思惟像"。

A类：一件是北魏太和十六年（492）郭元庆造像塔（插图3），龛内区隔出一完整空间，中央为半跏坐姿的悉达多太子，其左右两侧分别是跪地的驭者（车匿）及舔舐太子足下的爱马（犍陟）。另一件是北魏释迦三尊像碑（插图4），其舟形背光的背面，浅浮雕刻画宫殿、山峦、树木、悉达多太子宫中生活、逾城出家、车匿送太子入山修道、犍陟告别、树下思惟等佛传故事的场景，其中"树下思惟"母题刻于画面最右侧，而"车匿告别"母题则刻于画面左侧，面对的是龛内结跏趺坐、具有头光者（出家后的太子），爱马并不舔舐足下，而是向着太子全身跪下，连马耳都下垂，表示悲伤至极。

南北朝也有这样的造像：南齐永泰元年（498）王敬则造弥勒像碑（插图5）。在此拓片中可见中央为榜题，区隔出上下两部分，上部是最主要的部分，左侧雕有一具有头光的思惟像，斜倚于树下、半跏坐于椅子上；下部则是一大马低头回盼着小屋内的人，应该也是犍陟告别的母题，

插图 3　北魏（492）郭元庆造像塔

（李静杰编著《石佛选粹》，中国世界语出版社，1995，图 154）

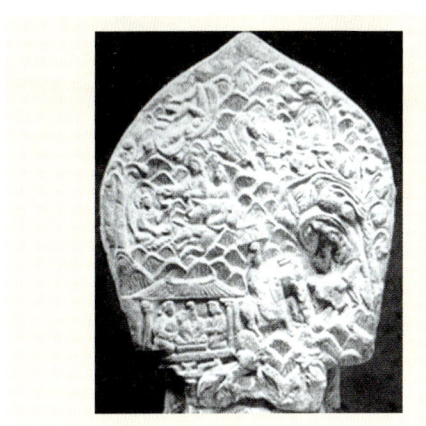

插图 4　北魏释迦三尊像（碑阴）

（李静杰编著《石佛选粹》，图 77）

只是稍有变化。北齐山东博兴出土的故事造像碑（插图 6），在造像碑的最上方，有表示菩提叶的九片树叶，每一叶中刻有一母题，正中央最上方为有左右胁侍的交脚弥勒，旁侧的叶子则雕刻着白马舐足与弯腰的车匿，却不见思惟像。北齐皇建二年（561）比丘惠蕆造像碑（插图 7），碑正面为坐佛，上方为交脚弥勒，在此交脚弥勒位置的正后方碑阴，则刻有一小龛，画面左侧是位于树下半跏坐于椅子上的思惟像，

白马正舔舐其足，两者中则站立正揩袖拭泪的车匿。龛外并有榜题，放大后图后仍可辨识：画面左侧为"太子像主祀惠丘"，右侧为"车匿共干直辞太子还国时"——"干直"即为太子爱马"犍陟"（《广韵》中"犍"与"干"同属"仙"韵；"陟"与"直"同属"职"韵，应为同音字，故通假使用）——是以，此铭文表示乃悉达多太子无误（铭文明确书写"太子"）。就图像而言，此件造像的图像与北魏 492 年郭元庆造像塔（插图 3）类似，只是更简化些，仅留下主要的角色：太子、车匿、犍陟。

从上述 A 类伴随有驭者车匿、爱马犍陟的"太子思惟像"中，可以发现几个问题。

（1）思惟像的形态不一：思惟像几乎皆于树下，但北魏 492 年郭元庆造像塔似乎无树；思惟像大致上有头光，但北魏郭元庆造像塔没有；思惟像半跏之腿，因为没有经典记载，不知有无限定右腿抑或左腿半跏？但前述造像中，思惟像有半跏右腿的（北魏 492 年郭元庆造像塔、北魏释迦三尊像碑），但也有半跏左腿的（南齐 498 年王敬则造像碑、北齐 561 年比丘惠蕆造像碑）。

（2）思惟像与白马（包含车匿）究竟是否为一组母题图像？（A）思惟像与白马为同一母题的是北魏 492 年郭元庆造像塔、北齐 561 年比丘惠蕆造像碑；（B）分为两个母题的是北魏释迦三尊像碑、南齐 498 年王敬则造像碑；（C）只有白马与车匿，不见思惟像的则是北齐山东博兴故事造像碑。

插图 5　南齐永泰元年（498）王敬则造弥勒像碑
（李静杰编著《石佛选粹》，图 4）

插图 6　北齐山东博兴故事造像碑
（李静杰编著《石佛选粹》，图 37）

插图 7　北齐皇建二年（561）比丘惠蒇造像碑
（台北历史博物馆编辑委员会《佛雕之美·北朝佛教石雕艺术》，台北历史博物馆，1997，图 45）

（3）思惟像似乎与"弥勒"关系密切：南齐498年王敬则造像碑只见上方思惟像与下方白马，但题记却写"齐永泰元年大司马王敬则为父□□康健造弥勒像一躯感蒙斯福"，令人怀疑铭文中"弥勒像"或可能是思惟像。北齐561年比丘惠蒇造像碑，思惟像（碑阴）正相对的就是交脚弥勒（碑阳），连所开的龛形大小、位置都几乎相同，可能有某种关系。

思惟像还有一种，就是将之视为弥勒。但思惟像与弥勒的问题比较复杂，本文在此不论，可参见水野清一与李玉珉先生的研究。[1] 而这几件有着白马（车匿）伴随的思惟像，整体凸显出：思惟造像本身的形态不是很明确，分置两个母题也凸显出"思惟像"与"白马（车匿）"之连接性可能有薄弱的趋势。

B 类单独思惟像则多有之：石窟造像如北凉敦煌石窟第 275 窟主尊交脚弥勒菩萨北壁上层的龛内（插图 8），便有思惟像，右腿半跏趺坐；金铜佛如北魏太和十三年（489）阿行造金铜观音立像，背面即是思

---

[1] 水野清一是以"树下半跏思惟像一定就是太子思惟"来认定（水野清一：《中国の佛教美术》，东京：平凡社，1986，第 243~250 页）；李玉珉师则以为"龙树思惟是弥勒思惟的可能性很大"，并认为中国"半跏思惟像"似应代表"悉达多太子"在先，而象征"弥勒"在后（李玉珉：《半跏思惟像再探》，《故宫学术季刊》1986 年第 3 卷第 3 期，第 41~57 页）。

插图 8　北凉敦煌石窟第 275 窟北壁上层龛
（敦煌文物研究所编《中国石窟敦煌莫高窟第一卷》，文物出版社，1982，图 19）

插图 9　北魏太和十三年（489）阿行造金铜观音立像
（金申：《中国历代纪年佛像图典》，文物出版社，1994，图 47）

插图 10　东魏元象二年（538）比丘尼惠照造像
（故宫博物院编《故宫博物院藏品大系·雕塑编 7：河北曲阳修德寺遗址出土佛教造像》，紫禁城出版社，2011，图 146）

惟像（插图 9）；当然定州系石佛曲阳出土亦不少，如东魏元象二年（538）比丘尼惠照造像（插图 10）。

B 类单独出现的思惟像，或有在树下，或无树；或半跏右腿，或半跏左腿，不一而足。此 3 件单独思惟像都有头光，且服饰虽略异（有无披肩），但基本上是袒裸上半身的，北魏 489 年阿行造像甚且还露点无遮蔽。可见半跏坐姿、头光、袒裸上身，似乎是在告别白马图像后，成为单尊思惟像的图像特征了。

（二）造像分析：定州双思惟像的发展

定州的双思惟像，最早只见北齐造像，与之前所述最早的东魏造像的双佛相比，恐怕双思惟像的发展是比双佛更晚才开始的。

1. 北齐

北齐纪年的双思惟像中，最早一件是 561 年邸洛姬造像（图 25），此件虽残损但透过后来系列双思惟像无一例外的对称可知，定州双思惟像一开始便采取镜像对称的方式来设计主尊。而透过前已述及的单尊思惟像溯源，可知中国思惟像在发展过程中并没有限定半跏的是左腿或右腿，一直以来左右的半跏思惟像都成立——这或许对双思惟像的成立提供了很好的养分。

562 年昙藉造像（图 26）是一整组的造像，包括：（A）下方长方形台座正面雕刻着莲花化生双手上托博山炉、两相向蹲坐狮子、两神王；（B）台座上两侧蟠龙双树、两弟子；（C）台座上两镜像对称的双思惟像。这两件现存数一数二早的造像都显示出后来整个定州双思惟像的特征：镜像对称、镂空雕刻。

繁复的设计后来转向台座部分：564年法练造像（图27）台座开始加高，除化生童子上托博山炉、两狮子、两神王外，还出现两供养人；567年邸含妃造像（图30）也强化台座部分：包括两化生童子上举博山炉之炉顶、两狮子之狮头、两神王之头光，台座上雕塑物的顶端都雕凸出台座框面。

比起台座，双思惟像的变化更主要的是台座之上。观察可以发现，定州双思惟像台座上的雕造对象，有以下的发展过程。

（1）一开始561年邸洛姬造像雕造的是：双思惟像、双树，是两种对象；562年昙藉造像与564年法练造像则再加上：双弟子，是第三种对象；567年邸含妃造像（图30）甚至弟子的体积感更大；直到569年邑义十三人造像（图33）除了双思惟像、两侧双树、两弟子之外，最外侧竟还出现第四种对象：两胁侍菩萨，算是达到台座上对象量的高峰。附带一提的是，569年邑义十三人造像（图33）最外侧两胁侍菩萨的设计并不合法义。因为有外侧胁侍菩萨的话，意味着中间的尊像就是"佛"的尊格，但思惟菩萨本身是"菩萨"的尊格，照理说不应该安排胁侍菩萨的雕造才是。

（2）但与此同时，在566年高市庆造像（图29）上出现了一种极简的设计——台座上就单纯双思惟像，其余什么都没有——形成双圆形头光两尊思惟像半跏镜像对称的设计形态。这种极简造像对后来产生了影响：572年靳早造像（图37）、573年比丘尼请谱造像（图38）、577年高罗候造像（图40），甚至到了隋代李卢生造像（图41）、594年刘士则造像（图42）、596年张天保造像（图43）、602年曹买造像（图44），都是台座上双思惟像为体积感大的主体，其余顶多配上高度仅达思惟像肩膀的小体积的双弟子而已，且更有台座部分全平面无雕刻的情况，如此更凸显主尊。

（3）576年邸文举兄妹四人造像（图39）是极简路线，稍微不同的设计——双思惟像两侧搭配的不是双弟子，而是盘龙的双树；台座前方也仍有雕刻，但已简化为双狮对着博山炉。此种设计对后来隋代的双思惟像有所影响。隋代5件纪年造像中，两尊思惟像的中央皆有X形树枝缠绕，其所表征的就是原本双思惟造像会搭配的双树；而台座前4件皆为简单双狮对博山炉的浅浮雕（仅594年刘士则造像旁侧多了神王）。以上，台座上的雕造对象，有着"简→繁→极简"的发展过程。

而其中双思惟像"镂空"的雕造方式非常值得关注，有两种镂空的方式。

（1）单层雕造对象间类直线条的镂空方式。565年刘村邑人造像（图28），镂空的部分仅止于两思惟像间、两侧双树间、两侧弟子间，镂空的宽度不是最大，是一种条似直线的方式在镂空；567年邸含妃造像（图30），也是在两思惟像间、双树间、弟子间有些直线条空间的镂空处理。在台座上物件最多的是569年邑义十三人造像（图33），双思惟像、双树、两弟子外，再加上两胁侍菩萨——而在这么多的雕造对象之间，由于对象增加、可镂空的空间减少，就更采取直线的镂空设计。

（2）极尽繁复的双层镂空方式。双思惟造像中，最极尽繁复镂空之能事的莫过于这两件双思惟造像——568年贾干德妻造像（图31）、570年贾兰业兄弟造像（图35），这两件造像的镂空已经不是一个平面了，而是前后两层都采取镂空的技法，这种镂空最大的特色是，除了具体形象物（双思惟像、双树、二弟子、飞天与其飘带、台座）外，其他地方都是镂空的。这两件作品是藁城北贾同村出土，而非出自曲阳修德寺——显然在定州石造像中，这两件作品表征着强化镂空手法的地区风格。而在整个定州双思惟像的发展历程中，前段就台座上雕造对象排列出"简→繁→极简"的发展过程时，是排不进568年、570年这两件非曲阳修德寺的造像的。因为此两件造像似乎对整个双思惟像的发展构不成影响，只是单纯保持藁城北贾同村一地的繁复雕造之风而已。

如果考察藁城同一时间的其他造像，与568年贾干德妻（图31）造像同年的菀方州造像（图32），为蠡县出土，但两件造像风格样式明显不同，菀方州造像采取的是更简的设计。而比570年贾兰业兄弟造像（图35）早一年的杜伯和等造像（图34），造像上方亦有双树与飞天，但整个处理成一个平面，并不强调镂空特效（此件出土地不明）；晚一年的邱清供造像（图36），沿承的是同为曲阳修德寺邑义十三人造像（图33）的风格样式（只是没有两侧的胁侍菩萨）。

2. 隋代

隋代的双思惟像，已走向简化，几乎都倾向于放弃双树的雕造了。放弃双树意味着整个双思惟造像上方都不必雕刻了，造像仅需要台座与其上方的双思惟像，顶多加上两侧身材瘦小的弟子（高度仅及坐着的思惟像的肩膀）。而放弃雕刻双树的造像，其主尊的双思惟像的头光就会变大：一则是取代原先上端双树空间的概念；一则是不增大的话，主体会变成体积较大的台座，为了上下平衡，两尊思惟像的体积必须增大，其头光更是必须加大，如602年曹买造像（图44）。而588年李卢生造像（图41）、594年刘士则造像（图42）、596年张天保造像（图43），其两侧所雕造对象已残损，但对照完整的曹买造像，所残对象应为"弟子"无误。一直到最后一件隋代有纪年双思惟像——606年杜善才造像（图45），皆是如此的形态。

那么双树去哪儿了呢？前文北齐时已略提及两尊思惟像的中央皆有X形网片树枝缠绕——两尊双思惟像中间有"大X形"连相+两思惟像分别与旁侧弟子间有"半X形"相连——其所表征的就是原本双思惟造像会搭配的双树。我们可以在隋代任何省略实质双树雕刻、简化为大圆头光的双思惟造像上皆可发现两尊双思惟中间"大X形"连相+旁侧与弟子间"半X形"相连的设计（完整造像者，如图44、图45，但事实上两侧残损者，如图42、图43亦皆有之），而在隋代少数可找到的仍保有双树雕造的隋双思惟菩萨像A（图46）中，可清楚地看到两尊造像中间，宁愿空出一大空间，也不会雕刻出 X 形（旁侧也没有半个 X 形），乃因此件作品已实际雕刻出两棵"双树"，而"X = 双树"，不需要重复雕刻。

那么，接下来的问题是：何以不在简化的同时直接放弃双树，还需要以 X 形树干作为双树的表征符号呢？这是因为原先从单尊思惟像开始，"树"便一路伴随（树下思惟），"思惟尊像与树"一直以来是同一母题的元素，是有其意涵的。因此就算简化两侧大大的双树，树也不能任意消失，于是就改为在两尊像中以 X 形树干呈现。

只是隋代双思惟像将双树简化，以 X 形网片（中央的大 X 形 + 两侧的半 X 形）象征之后，随着时间发展，X 形网片的形式意义（就只是 X 形）可能会逐渐大过实质意义（双树）。隋双思惟菩萨像 B（图 47）中，原先应该作为胁侍意义放在两侧的"弟子"，在此件中只雕出一尊置于两思惟尊像的中间；原本象征双树中央的大 X 形则映衬于弟子身后，配合弟子做出弯曲的幅度，已经不太像 X 形。从此件造像我们可以得知，弟子身后的曲线 X 来源为何，但放在这里时，它已然装饰化，双树意涵荡然无存。特别是，此件造像将最中央的重要位置由（双）主尊像让给弟子，造像本身不合法义，此设计更意味着此时对形式的追求大过对意义的追求了。

最后在隋双思惟菩萨像 C（图 48）中，我们看到了连两尊思惟像"中央大 X 形"都消失的情况。我们发现了此件一种有趣的设计线条：两尊思惟像间彼此相触碰的手肘与脚尖，两尊思惟像的内侧手臂，整个看来就是个 X 形的造型！所以非常有可能的就是，在设计上两思惟像紧紧相黏、手脚接触点造成的 X 形手臂直接取代中央大 X 表征的双树。何以有如此推测？比对非常相似的两件作品即可得知其差异：606 年杜善才造像（图 45）与隋双思惟菩萨像 C（图 48）形态相仿，也都是简化了的样式，但是在两尊像中间的区块，606 年杜善才造像是前面双思惟像手肘接近、脚尖相抵触类，前面一层有手臂形成的类 X 形，后面一层则有着双树树干意涵的 X 形——即前后双层的雕造手法，前层为双尊像肢体交叉处，后层则为双树；但隋双思惟菩萨像 C 却只留下双主尊手肘与脚尖接触点所形成的手臂 X 形，也就是只有单层（前面一层）的雕造，后层不见了。

这件隋双思惟菩萨像 C 是否是一种衰退呢？其实，就两尊像间表征双树的 X 形消失还看不出来，因为所消失的只限于两尊像间中央的大 X 形消失，在两旁半个 X 形还是存在的——但这应该解读为很明确知道思惟像必须伴随着"树"而保留呢，抑或应理解为只是方便固定住两侧单薄瘦小的"弟子"而依然采用了此造型（其实不明白 X 形表征双树的意涵）呢？此作品还有一个可探讨之处，就是简化后的大圆头光。在此，头光竟然出现了类似舟形的处理！我们知道，定州双思惟造像在尚未简化前，有两侧向上伸延的双树时，的确有过舟形的设计，但是之后简化为顶端是两个大圆形头光时，根本就与舟形的发展没关系了。而如今在此件造像上，我们所看到的不合理的舟形头光，只是更传达出对造型的渴求。而若从此点来看，前述两思惟像间所消失的大X形，恐怕并不是很了解造像背后的法义，所考虑的更多的是视觉造型罢了。顺带一提的是，如此退化的发展结果，表明此件无纪年的双思惟像时间点有可能是更晚于606年的。

最后关注手部姿态。定州双思惟造像一开始在北齐（561年邸洛姬造像）的发展就是两尊像相对称的镜像形态，一直到隋代（606年杜善才造像），前后约半个世纪从未改变其镜像对称的设计，这可以视为定州双思惟造像最大的特点。究其原因，首先，是其基本上符合法义——从前述单尊造像溯源可知，思惟像半跏左脚、右脚皆有，这替定州双思惟造像奠定了良好的对称基础；其次，就设计的审美观点而言，双思惟造像的确造型优美——有两个圆形头光，有两两相对的半跏坐姿高浮雕立体感，更有双思惟像半跏对称的脚尖在中心点聚拢……这些多元的尊像设计元素完全能成为观者视觉焦点，而如果再加上双树（盘龙与否都对称）、两弟子以及下方的台座除了博山炉外都两两相对的设计等，双思惟像整组琳琅满目的对象设计，可以说是定州双身造像中造型最为精彩繁复的款式。

三　尊像思考：双观音

关于双观音的成立，林保尧认为，法华会上，无尽意菩萨赞叹观世音菩萨的广大功德，要供养观世音菩萨宝珠璎珞，但观世音菩萨却不肯受；经过佛陀说项，观世音菩萨于是将此璎珞"分作二份，一份奉世尊，一份奉多宝佛塔"——因此笔者认为双菩萨造像所指涉的应是"无尽意菩萨"与"观世音菩萨"，认为此分二奉佛乃延伸"一乘法身"的思想。[1] 作者在解释"二佛并坐"的法意部分发人深省，但笔者认为其将双观音的成立解释为"无尽意菩萨"与主角"观世音菩萨"，却无法说明双思惟像的成立原因（经文中一点都没提及），因此笔者倾向于回归造像本身的形态，再行探究。

定州地区双观音像造型相较前述双佛、双思惟像，显得较为一致：通常是下方长方形台座、上方舟形背光，而双观音雕造于舟形背光中，且几乎百分百采取立姿（仅一件例外）。相较于前述双佛、双思惟像极尽所能找到纪年造像并分析描述，此节因所搜集定州双观音像高达百件，因此无法一一形诸文字讨论，仅能举隅说明之。

（一）造像分析：北齐

北齐的定州双观音造像，造型相似度高：皆为下方长方形台座、上方舟形背光，双观音雕造于舟形背光中。此时期双观音皆采取立姿设计，无一例外。背光部分，除了少数几件下方台座正面与上方背光另做雕刻外，其余舟形背光是平面无镂

---

[1] 林保尧：《法华造像研究：嘉登博物馆藏东魏武定元年石造释迦像考》，台北艺术家出版社，1993，第237~269页。

空的。必须说明的是，目前图版高清放大所见舟形背光是全素面，亦即单看图版会误以为双观音造像是极简风格的背光设计，但若参访过定州博物馆亲见实物，可以发现平面的舟形背光上尚留有淡淡的描绘线条（或红或黑）。因此目前图版上似乎是全素面的舟形背光上，当时其实是采取塑（双观音塑像）绘（背光描绘）结合的方式处理的。

目前所搜集造像中最早的一件双观音像为552年刘延姿造像（图49），其手势相同，右手皆上扬持莲（花苞），左手皆下伸提瓶（净瓶）。此件比较有趣的是，两观音服饰并不相同——虽头部发式头带类似，下半身全然相同，上半身服饰也是交叉飘带，但交叉的位置与形态并不相同，左侧观音X形飘带在腹部上方交叉，但两飘带只是上下相叠的关系；而右侧观音X形飘带是上下两飘带交叉穿绕出来的（不仅是上下相叠关系而已）。此双观音衣着的差异在后代较少见，之后无论双观音的手势是相同复制或镜像相对，基本上两尊造像其他部分相同。那么这也显示出，552年的此件现存最早双观音像一开始的设计意识，并没有让两尊造像采取相同的造型。

552年此件舟形背光上完全无雕造的形态，也是定州大部分双观音像的形态。552年此件舟形最上面尖端处已残损，但不影响对此舟形背光造型的认定，毕竟定州上百件双观音像，舟形背光是其绝对的形态，之后或有镂空等雕造手法上的变化，但基本形态未变。北齐时期，双观音像的舟形背光变化不大，舟形背光或宽些（图49、53、56、58）或窄些（图51），尖端处或平面些（图50、53、58）或稍微曲前倾些（图51、54），大抵造型一致。于背光上进行对象雕造相对较少，562年刘仰造像（图52）舟形上半部为残损再接回，从其他图版可见侧面对接相当密合，应属原件无误。背光上方雕刻飞天托塔的造型，下方台座中央雕刻博山炉、两侧狮子、最外两侧胁侍弟子。568年张藉生造像（图57）背光上方雕刻的则是飞天托桃子造型，台座亦做雕刻但无胁侍弟子、博山炉，狮子较不立体。这两件都是曲阳修德寺出土无误，但背光上的雕造手法可能与青州地区流行有关。因为青州不乏雕刻托塔之作，曲阳作品亦有可能受到邻近地区流行影响。而背光雕造者，其台座也多半有所雕造，是同一种设计意识；但也有仅下方台座雕刻，上方背光维持无雕造的设计，这可以看作是混搭的效果。因此570年张茂仁造像（图59）下方台座有雕刻、上部背光残损，并不好进行推测。因为虽上下雕刻一致性作品居多，但混搭亦有之，特别是在观看定州博物馆双观音实物背光上遗存线描痕迹，此件亦有可能是塑绘结合的混搭。

北齐时期各种造像都比较贴体，此乃北齐风格。而双观音造像的贴体形态，贴体的衣着相对较易呈现出尊像身形较为浑圆、身体的量感较凸出（特别是腹部）的特质。虽然刚好双观音的服饰上腹部正是交叉穿环（带）的所在，会有此腹部凸起处乃其衣着所致的错觉（图49、54、56），但事实上或有非常浅薄的交叉穿环（带）雕刻，却仍体现出其腹部量感者（图

51、53），或有衣着上根本无腹部上交叉穿环（带）的设计，而是一片平坦的服饰，此种造像最能体现北齐时身体的量感（图55、57）。

关于北齐双观音的手部姿态，最早的552年刘延姿造像为复制的设计（图49），才相隔一年的553年韩阿妃造像（图50）又变成镜像对称的设计——这反映出定州双观音造像一开始出现时还没有固定设计形态，仍处于发展变动中。纵观北齐双观音像的形态，复制与镜像的手势是轮替出现的，而且延续至北齐末皆如此，但两者有消长的情况，复制形态的双观音在前十四年（552~566）中较受青睐，此后十年（566~575）更大量的则是镜像形态的双观音（参见表4）。

值得注意的是，复制形态的双观音造像，手势一直都是右手上持莲、左手下提瓶的姿态，整个北齐时代无一例外。事实上，在定州的单尊观音像，其手势也无一例外如此，这也显示出定州的双观音像由单尊造像发展过来时，的确是复制两尊而成。

而镜像相对手势的双观音造像也相当值得玩味。553年韩阿妃造像（图50）是第一件镜像手势的双观音，其设计内手皆下提净瓶、外手皆上持莲花；但到了566年的六件双观音（参见表4），只有一件是延续553年相同的镜像形态，其余的镜像却换了内外手（外手皆下提净瓶、内手皆上持莲花），这一换就延续到北齐结束（甚至延续到隋代结束），几乎再也没有改变。看来，镜像"外提瓶、内持莲"才是北齐

双观音的主流趋向。但何以产生这种变动，值得进一步思索。

（二）造像分析：隋代

隋代定州双观音造像，造型也延续了北齐样式：皆为下方长方形台座、上方舟形背光，双观音雕造于舟形背光中。但此时期开始出现了背光镂空的雕造手法，甚至出现了容易令人混淆的"坐姿"双观音（图72）。

隋代双观音造像的舟形背光有比较大的变化。隋代大致上还是沿袭北齐以来无雕造居多的形态，但显然比北齐在背光与台座上多了一些变化：576年牛氏造像（图62）背光上方有浅浮雕"塔"（不见所托的飞天），但下方台座无雕刻；"新40359"造像虽无确切纪年，但确定是北齐之作（图63），此件最不可思议——整个背光以透雕手法处理，若非主尊为双观音，其设计手法与双思惟造像几无差异；608年两件作品——阿张造像（图67）与文如兄弟造像（图69）都是下方台座雕刻、屏风上方尖端处无雕造，值得注意的是，608年阿张造像延续的已经不是北齐时舟形背光尖端处的雕造，而是主尊双观音像两侧多了胁侍弟子，且仔细观看可见双主尊与双胁侍弟子间有着小孔洞透雕，这种手法也很类似于双思惟像的雕造。无纪年的苏宝意造像（图68）形态与前述608年阿张造像设计类似（但没有小孔洞透雕），此件作品从图版上即可眼见舟形背光上的彩绘线条，因此更能理解前述透过定州双身造像实物上浅浅的线条的真确性，可知

当时确实存有彩绘，只是彩绘比雕刻更不容易保存而消失了。而所有定州双观音造像中，背光最为繁复的应该是657号隋双菩萨像（图71），其舟形背光上繁复的尊像（双观音、双胁侍菩萨、双胁侍弟子、中央一尊坐佛像）及背光上的物件（两侧成排的飞天托塔，两侧各三身天人、塔、缠枝相连的枝叶、花朵、兽首），这些背光上的繁复设计，着实与双思惟像的设计相似。若拿掉此双观音主尊，即宛若双思惟造像——是以我们不能不思考彼此的关系，不同主题造像间的相互模仿，是否正是造成此件迥异于其他双观音造像的原因？

隋代双观音造像形态，比之前述北齐时的浑圆量感，隋代身形普遍显拉长，呈现出垂直线条的圆柱桶状感。其实从北齐末的几件作品中，我们就已经看到这种发展趋势：北齐574年刘□贵母造像（图60），可以看到双观音身体从手臂至脚部全身被雕造为一直线的形态，手部整个被贴合于身体的改变最为明显；北齐575年王贰□造像（图61）虽未如574年造像那么拉直，但身体也具拉成稍具弧度的直线感。到了隋代，608年阿张造像（图67）、无纪年的苏宝意造像（图68）、609年张男长造像（图70），皆可见直桶状的身形雕造。而将整体造型类似、尊像也较具量感的两时代作品比对——北齐563年张伯仁夫妻造像（图54）、568年杜进礼造像（图58）与隋代584年张寿□夫妻造像（图65）、606年董长妃姐弟造像（图66）相比——可以发现其都是主尊高浮雕（主尊距离背光凸出的距离）的造像，但明显看

出北齐563、568年（图54、58）两件尊像本身头、手、身部位间高低起伏；而到了隋代584、606年两件（图65、66），就算尊像是高浮雕，但自身部位间的起伏则趋于平板化。此外，两尊像间的空间有异：北齐563、568年（图54、58）两件双观音中间的空间较大，保留了一些距离，563年之作（图54）特殊设计了双观音相对上持的双莲花在两尊像中间交叉缠绕，这是需要空间才办得到的；但隋代584、606年两件（图65、66）两尊像间相当贴近，中间空间大大减少。

最后关注手势问题。双观音的复制手势，在前述北齐一直都是右手上持莲、左手下提瓶的姿态，但到了隋代，前十年（584~593）大约还有复制形态的双观音，但之后（593~610）几乎都是镜像相对造型的天下（参见表7）。纵有复制手势的双观音，也不一定固定哪一手上持莲、下提瓶，如606年董长妃姐弟造像（图66）是维持北齐以来右手上持莲、左手下提瓶的脉络，但609年张男长造像（图70）右手改为下提瓶、是左手才上持莲（此件是复制中唯一左右手交换持物的例外之作）。

而如同前面北齐，此隋代复制与镜像手势的双观音也是轮替出现。隋代最早584年有两件双观音造像，就是一复制、一镜像。但是复制形态发展约12年后（596），又开始转向镜像形态的设计且占大多数。直至隋代结束，几乎就是镜像形态的天下，此后纪年造像中仅几件复制造像零星散落（599年1件、606年1件、609年1件），无纪年造像中甚至一件复

制手势也没有。显然，定州双观音造像的发展，时代之初或有十年左右的复制形态，但之后都还是被镜像形态主导，直至北齐末、隋末都呈现镜像对称的主流形态。

四　年代思考

（一）东魏（复制）

东魏时期，8 件有纪年、3 件无纪年造像中，只有 1 件纪年双佛两主尊手部姿态设计不同（另 1 件无纪年"立姿"双佛属于特例，俟后讨论），其余整个东魏，双佛的设计都是复制的形态（参见表 1）。

东魏时期，定州造像只见双佛造像，并未见到双思惟像与双观音像的出现，因此双佛是定州系双身造像中最早的形态无误。

（二）北齐

1. 双佛（复制）

北齐时期，9 件有纪年双佛造像中，只有 1 件是镜像设计；5 件无纪年造像中，则有 4 件为镜像设计（参见表 2）。

上表显示，北齐时，双佛还是以复制形态为主，但从 562 年尝试进行镜像相对性的设计后，已有开始朝镜像发展的趋势。

2. 双思惟（镜像）

定州双思惟造像无论纪年之有无、无论造像体积之高低（大小），其尊像一律采取坐姿姿态，并且两尊像的手势自始至终都忠实于镜像相对性设计（参见表 3）。

据上表，目前搜集最早的 561 年造像因其中一尊像残无法比对，但若按照整个定州其余双思惟像无一例外皆采取镜像设计的情况而言，可以认定从 561、562 年开始，镜像就已经成为双思惟像的绝对设计形态了。

3. 双观音（复制→镜像）

双观音造像是三种双身造像中数量最多的，同时也是造型最为复杂的。单尊观音造像本身就有不同手持莲花、提净瓶的差异——通常持莲花的手朝上、提净瓶的手朝下。定州现存最早的单尊观音像——北魏 533 年赵曹生夫妻造像，上持莲花的是右手、下提净瓶的是左手；而查核最早双观音 552 年之前，所有的单尊观音像全都是右手上持莲花、左手下提净瓶，无一例外。

双观音像的复杂在于，两主尊左右手的变化性不只是简单的复制与镜像。复制部分，必须观察是否全然复制单尊的形态"右上莲、左下瓶"。镜像部分，则更有两种相对称的方式：一是两尊像的"外手上持莲、内手下提瓶"；另一种则是"外手下提瓶、内手上持莲"（参见表 4）。

据上表，北齐时，有纪年 42 件、无纪年 6 件中，有复制形态，也有镜像形态。首先，复制部分，相对单纯，全都是延续单尊观音造像"右上莲、左下瓶"的方式雕造，最早的一件 552 年双观音像就是复制形态，一直到最晚一件 576 年也是复制形态。但其间却有消长——566 年以前，都还维持复制的形态，偶尔穿插镜像设计而已；但 566 年以后，复制形态开始大量被取代，到北齐结束前只有 5 件零星之作。

表1 双佛：东魏

编号	年代	名称	坐/立	手部	高（厘米）
039号	541	曲阳修德寺遗址出土东魏兴和三年（541）赵道成造释迦多宝佛像	坐	复制（右↑施无畏印、左↓与愿印）	残高21
093号	546	曲阳修德寺遗址出土东魏武定四年（546）比丘惠朗造释迦多宝佛像	坐	复制（右↑施无畏印、左↓与愿印）	残高26
096号	547	曲阳修德寺遗址出土东魏武定五年（547）王起宗夫妻造释迦多宝佛像	坐	复制（双手掌心朝内迭合于腹部）	残高23
097号	547	曲阳修德寺遗址出土东魏武定五年（547）程爱造释迦多宝佛像	坐	不同：右佛（右↑施无畏印、左↓与愿印），左佛（双手交迭合于胸口）	残高26
100号	547	曲阳修德寺遗址出土东魏武定五年（547）张同柱等造释迦多宝佛像	坐	复制（右↑施无畏印、左↓与愿印）	全高45
114号	548	曲阳修德寺遗址出土东魏武定六年（548）侯能仁造释迦多宝佛像	坐	复制（双手掌心朝内迭合于胸口下）	残高33
121号	549	曲阳修德寺遗址出土东魏武定七年（549）郭思显夫妻造释迦多宝佛像	坐	复制（双手掌心朝内迭合于腹部）	残高18
129号	550	惠民沙河杨村出土东魏武定八年（550）比丘尼昙□等造释迦多宝佛像	坐	复制（右↑施无畏印、左↓与愿印）	残高28.5
584号	534~550	曲阳修德寺遗址出土东魏释迦多宝佛像	坐	复制（右↑施无畏印、左↓与愿印）	?
585号	534~550	曲阳修德寺遗址出土东魏释迦多宝佛像	坐	复制（右↑施无畏印、左↓与愿印）	全高34.5
550号	534~550	曲阳修德寺遗址出土东魏双身立佛像	立	镜像（外↑与愿印、内↓施无畏印）	残高24.5

表2 双佛：北齐

编号	年代	名称	坐/立	手部	高（厘米）
244号	559	曲阳修德寺遗址出土北齐天保十年（559）王和兄弟3人造释迦多宝佛像	坐	复制（右↑施无畏印、左↓与愿印）	残高31
253号	560	曲阳修德寺遗址出土北齐乾明元年（560）李次兴造并坐二佛像	坐	复制（双手掌心朝内迭合于腹部）	残高14.9
254号	560	曲阳修德寺遗址出土北齐乾明元年（560）释迦多宝佛像	坐	复制？（一佛残损、但脚部相同）	残高38
267号	562	曲阳修德寺遗址出土北齐太宁二年（562）陈思业等造并坐二佛像	坐	镜像（外↑、内↓腿）	残高34.5
296号	565	曲阳修德寺遗址出土北齐河清四年（565）霍黑造并坐二佛像	坐	复制（右↑施无畏印、左↓腿）	残高28.5
302号	566	曲阳修德寺遗址出土北齐天统二年（566）并坐二佛像	坐	复制（双手掌心朝内迭合于腹部）	残高21
339号	570	蠡县北齐武平元年（570）苑元纂等造并坐二佛像	坐	复制（双手掌心朝内迭合于胸口下）	高36.5

续表

编号	年代	名称	坐/立	手部	高（厘米）
348号	571	曲阳修德寺遗址出土北齐武平二年（571）张敬遵造并坐二佛像	坐	复制（右↑施无畏印、左↓腿）	残高15
390号	575	北齐武平六年（575）郭季遵造并坐二佛像	坐	复制（双手掌心朝内迭合于腹部）	残高18
586号	550~577	曲阳修德寺遗址出土北齐并坐二佛像	坐	复制（双手掌心朝内迭合于腹部）	残高23
587号	550~577	曲阳修德寺遗址出土北齐并坐二佛像	坐	镜像（外↑与愿印、内↓施无畏印）	残高13
589号	550~577	曲阳修德寺遗址出土北齐并坐二佛像	坐	镜像（外↑、内↓腿）	?
590号	550~577	曲阳修德寺遗址出土北齐并坐二佛像	坐	镜像（双手交迭·掌心朝内置于腹部）	残高43
588号	550~577	北齐比丘道悦造并坐二佛像	坐	镜像（外↓与愿印、内↑施无畏印）	全高35.5

表3 双思惟：北齐

编号	年代	名称	坐/立	手部	高（厘米）
259号	561	曲阳修德寺遗址出土北齐皇建二年（561）邸洛姬造双思惟菩萨像	坐	?	残高18
270号	562	曲阳修德寺遗址出土北齐河清元年（562）比丘尼昙藉造双思惟菩萨像	坐	镜像（外↑腮、内↓腿）	残高49.2
272号	562	藁城北贾同村出土北齐河清元年（562）比丘尼员度门徒造双弥勒佛像	坐	镜像（外↑腮、内↓腿）	全高77
293号	564	曲阳修德寺遗址出土北齐河清三年（564）比丘法练造双思惟菩萨像	坐	镜像（外↑腮、内↓腿）	残高33
294号	564	北齐河清三年（564）郑□□造思惟菩萨像		（无图）	残高41.5
297号	565	北齐河清四年（565）刘村邑人等造双思惟菩萨像	坐	镜像（外↑腮、内↓腿）	全高95.4
305号	566	曲阳修德寺遗址出土北齐天统二年（566）高市庆兄弟妹造双思惟菩萨像	坐	镜像（外↑腮、内↓腿）	残高37
319号	567	曲阳修德寺遗址出土北齐天统三年（567）邸含妃造双思惟菩萨像	坐	镜像（外↑腮、内↓腿）	残高40.5
329号	568	蠡县北齐天统四年（568）苑方州等造双思惟菩萨像	坐	镜像（外↑腮、内↓腿）	全高26
334号	569	藁城北贾同村出土北齐天统五年（569）贾干德夫妻等造双思惟菩萨像	坐	镜像（外↑腮、内↓腿）	全高36
336号	569	曲阳修德寺遗址出土北齐天统五年（569）邑义13人等造双思惟菩萨像	坐	镜像（外↑腮、内↓腿）	残高40
345号	570	藁城北贾同村出土北齐武平元年（570）贾兰业兄弟造双思惟菩萨像	坐	镜像（外↑腮、内↓腿）	全高65.5

续表

编号	年代	名称	坐/立	手部	高（厘米）
355号	571	曲阳修德寺遗址出土北齐武平二年（571）邸清供等造双思惟菩萨像	坐	镜像（外↑腮、内↓腿）	残高23
365号	572	曲阳修德寺遗址出土北齐武平三年（572）靳早造双思惟菩萨像	坐	镜像（外↑腮、内↓腿）	残高31.8
371号	573	正定拐角铺北齐武平四年（573）比丘尼请谱造双思惟菩萨像	坐	镜像（外↑腮、内↓腿）	残高37.6
384号	575	曲阳修德寺遗址出土北齐武平六年（575）双思惟菩萨像		（无图）	高约35
392号	576	曲阳修德寺遗址出土北齐武平七年（576）邸文举兄妹4人造双思惟菩萨像	坐	镜像（外↑腮、内↓腿）	残高31
397号	577	曲阳修德寺遗址出土北齐承光元年（577）高罗侯造双思惟菩萨像	坐	镜像（外↑腮、内↓腿）	全高26.5
688号	550~577	曲阳永宁寺遗址出土北齐双思惟菩萨像	坐	?	残高25
689号	550~577	曲阳修德寺遗址出土北齐双思惟菩萨像	坐	镜像（外↑腮）右残	残高26.5
690号	550~577	曲阳修德寺遗址出土北齐双思惟菩萨像	坐	镜像（外↑腮）右残	全高42.5
693号	550~577	曲阳修德寺遗址出土北齐双思惟菩萨像	坐	镜像（外↑腮、内↓?）	残高18

表4 双观音：北齐

编号	年代	名称	坐/立	手部	高（厘米）
168号	552	曲阳修德寺遗址出土北齐天保三年（552）刘延姿造双菩萨像	立	复制（右↑莲、内↓瓶）	残高20.5
177号	553	曲阳修德寺遗址出土北齐天保四年（553）韩阿妃造双观音菩萨像	立	镜像（外↑莲、内↓瓶）	全高29
181号	553	赵县北齐天保四年（553）宋景邕造双菩萨像	立	?	高约28
187号	554	唐县寺城涧村出土北齐天保五年（554）邸六王造双菩萨像	立	复制（右↑莲、内↓瓶）	?
188号	554	曲阳修德寺遗址出土北齐天保五年（554）孔伯兰造双菩萨像	立	复制（右↑莲、左↓瓶）	全高39
189号	554	蠡县北齐天保五年（554）郁市显等造双菩萨像	立	复制（右↑莲、左↓瓶）	残高31.5
190号	554	曲阳修德寺遗址出土北齐天保五年（554）比丘僧定造双菩萨像	立	复制（右↑莲、左↓瓶）	残高25.5
198号	555	曲阳修德寺遗址出土北齐天保六年（555）刘氏造双菩萨像	立	?（一菩萨残损）	残高19.5
228号	557	曲阳修德寺遗址出土北齐天保八年（557）□延和造双菩萨像	立	复制（右↑莲、左↓瓶）	残高33
242号	559	曲阳修德寺遗址出土北齐天保十年（559）杨仲良造双观音菩萨像	立	镜像（外↑莲、内↓瓶）	残高27.5
266号	562	曲阳修德寺遗址出土北齐太宁二年（562）刘氏造双观音菩萨像	立	镜像（外↑莲、内↓瓶）	全高55

续表

编号	年代	名称	坐/立	手部	高（厘米）
269号	562	曲阳修德寺遗址出土北齐太宁二年（562）吴子汉造双菩萨像	立	复制（右↑莲、左↓瓶）	全高32
277号	563	曲阳修德寺遗址出土北齐河清二年（563）张伯仁夫妻造双菩萨像	立	镜像（内↑莲、外↓瓶）	全高27.5
284号	563	曲阳修德寺遗址出土北齐河清二年（563）双菩萨像	立	复制（右↑莲、左↓瓶）	残高?
295号	565	北齐河清四年（565）比丘道待造双观音菩萨像	立	复制（右↑莲、左↓瓶）	残高35.3
299号	566	曲阳修德寺遗址出土北齐天统二年（566）陈怙儿造双菩萨像	立	镜像（外↑莲、内↓瓶）	残高21.5
300号	566	曲阳修德寺遗址出土北齐天统二年（566）刘氏造双观音菩萨像	立	镜像（内↑莲、外↓瓶）	残高22
303号	566	曲阳修德寺遗址出土北齐天统二年（566）杨道姬造双观音菩萨像	立	镜像（内↑莲、外↓瓶）	残高23
307号	566	曲阳修德寺遗址出土北齐天统二年（566）邸氏造双菩萨像	立	镜像（内↑莲、外↓瓶）	残高18.5
301号	566	蠡县北齐天统二年（566）菀礼宾造双观世音菩萨像	立	镜像（内↑莲、外↓瓶）	残高26
308号	566	曲阳修德寺遗址出土北齐天统二年（566）刘元景夫妻造双菩萨像	立	镜像（内↑莲、外↓瓶）	残高23
318号	567	唐县寺城涧村出土北齐天统三年（567）邸道洛造双观音菩萨像	立	镜像（外↑莲、内↓瓶）	全高?
330号	568	曲阳修德寺遗址出土北齐天统四年（568）杜进礼造双菩萨像	立	镜像（内↑莲、外↓瓶）	全高29.3
323号	568	曲阳修德寺遗址出土北齐天统四年（568）张藉生造双菩萨像	立	复制（右↑莲、左↓瓶）	全高36.5
333号	569	曲阳修德寺遗址出土北齐天统五年（569）□磨造双菩萨像	立	镜像（外↑莲、内↓瓶）	残高20.5
343号	570	昔阳静阳村出土北齐武平元年（570）比丘尼净治造双菩萨像	立	拓片（仅碑文）	高约25
347号	570	曲阳修德寺遗址出土北齐武平元年（570）张茂仁造双观音菩萨像	立	镜像（外↑莲、内↓瓶）	残高32.5
349号	571	曲阳修德寺遗址出土北齐武平二年（571）邸受造双观世音菩萨像	立	镜像（内↑莲、外↓瓶）	残高24.2
350号	571	曲阳修德寺遗址出土北齐武平二年（571）张土杰造双菩萨像	立	镜像（内↑莲、外↓瓶）	残高23
351号	571	南宫后底阁遗址出土北齐武平二年（571）比丘尼惠元造双菩萨像		（无图）	残高19.4

续表

编号	年代	名称	坐/立	手部	高（厘米）
353号	571	曲阳修德寺遗址出土北齐武平二年（571）段银美造双菩萨像	立	镜像（内↑莲、外↓瓶）	残高22.3
363号	572	曲阳修德寺遗址出土北齐武平三年（572）□姬造双菩萨像	立	镜像（内↑莲、外↓瓶）	残高27.3
366号	572	曲阳修德寺遗址出土北齐武平三年（572）比丘惠化造双观音菩萨像	立	镜像（内↑莲、外↓瓶）	残高19.4
369号	573	曲阳修德寺遗址出土北齐武平四年（573）赵秀造双观世音菩萨像	立	镜像（内↑莲、外↓瓶）	残高24.5
374号	574	曲阳修德寺遗址出土北齐武平五年（574）赵敬伯造双菩萨像	立	复制（右↑莲、左↓瓶）	残高22.5
375号	574	曲阳修德寺遗址出土北齐武平五年（574）刘□贵母造双观世音菩萨像	立	镜像（内↑莲、外↓瓶）	残高23.2
377号	574	曲阳修德寺遗址出土北齐武平五年（574）赵□族造双菩萨像	立	镜像（内↑莲、外↓瓶）	残高19.8
378号	574	曲阳修德寺遗址出土北齐武平五年（574）杨僧保夫妻造双菩萨像	立	镜像（内↑莲、外↓瓶）	残高26.5
382号	574	曲阳修德寺遗址出土北齐武平五年（574）李斑姜姊妹造双菩萨像	立	镜像（内↑莲、外↓瓶）	残高25
386号	575	曲阳修德寺遗址出土北齐武平六年（575）智秤造双菩萨像	立	镜像（内↑莲、外↓瓶）	残高20.7
389号	575	北齐武平六年（575）王贰□造双菩萨像	立	镜像（内↑莲、外↓瓶）	残高28
396号	576	黄骅旧城村出土北齐武平七年（576）牛氏造双菩萨像	立	复制（右↑莲、左↓瓶）	全高40
655号	550–577	唐县寺城涧村出土北齐双菩萨像	立	复制（右↑莲、左↓瓶）	全高33
656号	550–577	曲阳修德寺遗址出土北齐双菩萨像	立	镜像（内↑莲、外↓瓶）	残高35
657号	550–577	曲阳修德寺遗址出土北齐双菩萨像	立	镜像（内↑莲、外↓瓶）	全高43
659号	550–577	曲阳修德寺遗址出土北齐双菩萨像	立	复制（右↑莲、左↓瓶）	?
658号	550–577	曲阳修德寺遗址出土北齐双菩萨像	立	镜像（外↑莲、内↓瓶）	全高23
660号	550–577	曲阳修德寺遗址出土北齐双菩萨像	立	复制（右↑莲、左↓瓶）	残高26.5

其次，镜像部分相对复杂。双观音像第二早的553年之作，就出现镜像形态的设计，但此时出现的镜像是A型（外手持莲、内手提瓶），出现的时间点是在566年之前，566年之前双观音像16件中仅出现4件。566年有6件双观音像，仅1件是上述A型，于此年开始出现B型（内手持莲、外手提瓶）的镜像形态。B型镜像似乎是一种更强势的设计形态，566年出现之后一直到北齐结束，有纪年与无纪年双观音像共33件，其中B型镜像高达20件。显见在此时镜像设计中，后出现的B型是更强势的主流形态。

值得注意的是，双观音像一开始的552年是复制形态，553年是镜像A型，这显示出双观音造像在一开始的时候，其设计形态尚未很确定。到了566年镜像B型出现，自此虽仍有复制或镜像A型零星交替出现，但镜像B型俨然成为趋势。似乎从566年出现镜像B型（内莲外瓶）之后，双观音的造像形态就逐渐定型了。

4. 双身造像小结（北齐）

北齐时，定州双身造像中最早出现的双佛，延续东魏时期的复制形态雕造。而第二种出现的双身造像应该是双观音，双观音出现之时，恐怕是受到双佛影响的，所以一开始多半是以复制的形态进行雕造。而双身造像中最晚出现的应该就是双思惟像。由于单尊思惟像在各地的发展脉络上，就已经自由展开向左、向右皆可半跏的姿态，为双思惟造像提供养分，所以双思惟像出现的时候，左右半跏都合乎法义，设计就径以对称镜像方式雕造，而且非常坚定，完全不受双佛或双观音的影响，一尊都没有离开镜像相对的方式。

这种对称的尊像安排，摒除了单一重复的无聊单调，整体造型上相当优美，非常能吸引视觉关注。因此虽然双思惟像是最晚出现的，但双身造像的发展，相信很有可能回过头来影响双佛、双观音的设计。

（三）隋代

1. 双佛（镜像）

隋代，4件有纪年、2件无纪年双佛中，复制只剩下1件，其余全是镜像相对设计（参见表5）。

上表显示，双佛发展至隋代，复制的造像形态已经式微，几乎全是镜像对称设计的天下了。

2. 双思惟（镜像）

隋代，双思惟像延续北齐时期，从一而终全部都是坐姿且镜像的设计。隋代的双思惟像有纪年的较少（5件），无纪年的反而较多（11件），我们可以就双思惟像有纪年的最后一件606年作为下限。亦即从北齐561、562年至隋代606年，绝对是镜像设计的全面发展时期（参见表6）。

3. 双观音（复制）→（镜像）

隋代，纪年双观音像有51件、无纪年有7件。隋代的双观音像仍有复制与镜像两种形态，但前述北齐时镜像还有A、B两种形态，但到了隋代只剩下后来更强势主流的B型（内莲外瓶）。因此，隋代双观音虽仍有复制与镜像轮替出现，但各自都只有一种形态，相对单纯（参见表7）。

表 5　双佛：隋代

编号	年代	名称	坐/立	手部	高（厘米）
400 号	584	隋开皇四年（584）董晖宝造双多宝石像	立	镜像（内↑莲、外↓瓶）	高约 20
441 号	595	隋开皇十五年（595）邑义造并坐二佛像	坐	镜像（外↑、内↓腿）	全高?
455 号	600	曲阳修德寺遗址出土隋开皇二十年（600）董士敖造双佛像	立	镜像（内↑莲、外↓瓶）	残高 25.5
466 号	602	曲阳修德寺遗址出土隋仁寿二年（602）张信业兄妹 3 人造并坐二佛像	坐	复制（双手掌心朝内迭合于腹部）	全高 3.5
591 号	581~619	曲阳修德寺遗址出土隋并坐二佛像	坐	镜像（外↑、内↓腿）	?
592 号	581~619	曲阳修德寺遗址出土隋并坐二佛像	坐	镜像（外↑、内↓腿）	残高 39.4

表 6　双思惟：隋代

编号	年代	名称	坐/立	手部	高（厘米）
413 号	588	曲阳修德寺遗址出土隋开皇八年（588）李户生造双思惟菩萨像	坐	镜像（外↑腮、内↓腿）	残高 26.3
437 号	594	曲阳修德寺遗址出土隋开皇十四年（594）刘士则造双思惟菩萨像	坐	镜像（外↑腮、内↓腿）	全高 41.7
444 号	596	曲阳修德寺遗址出土隋开皇十六年（596）张天保造双思惟菩萨像	坐	镜像（外↑腮、内↓腿）	残高 22
458 号	581~600	曲阳修德寺遗址出土隋开皇年间（581~600）张孝□等造双思惟菩萨像		（拓印碑文，无图）	残高 18
464 号	602	曲阳修德寺遗址出土隋仁寿二年（602）曹买造双思惟菩萨像	坐	镜像（外↑腮、内↓腿）	全高 40.3
479 号	606	曲阳修德寺遗址出土隋大业二年（606）杜善才造双思惟菩萨像	坐	镜像（外↑腮、内↓腿）	全高 44
691 号	581~619	曲阳修德寺遗址出土隋双思惟菩萨像	坐	镜像（外↑腮、内↓腿）	残高 32.5
692 号	581~619	曲阳修德寺遗址出土隋双思惟菩萨像	坐	镜像（外↑腮、内↓腿）	残高 25
694 号	581~619	曲阳修德寺遗址出土隋双思惟菩萨像	坐	镜像（外↑腮、内↓腿）	全高 28
695 号	581~619	曲阳修德寺遗址出土隋双思惟菩萨像	坐	镜像（外↑腮、内↓腿）	残高 30.5
696 号	581~619	蠡县出土隋双思惟菩萨像	坐	镜像（外↑腮、内↓腿）	
697 号	581~619	曲阳修德寺遗址出土隋双思惟菩萨像	坐	镜像（外↑腮、内↓腿）	残高 31
698 号	581~619	曲阳修德寺遗址出土隋双思惟菩萨像	坐	镜像（外↑腮、内↓腿）	残高 21.5
699 号	581~619	曲阳修德寺遗址出土隋双思惟菩萨像	坐	镜像（外↑腮、内↓腿）	残高 25.5
700 号	581~619	曲阳修德寺遗址出土隋双思惟菩萨像	坐	镜像（外↑腮、内↓腿）	?
701 号	581~619	蠡县隋双思惟菩萨像	坐	镜像（外↑腮、内↓腿）	

表7 双观音：隋代

编号	年代	名称	坐/立	手部	高（厘米）
399号	584	曲阳修德寺遗址出土隋开皇四年（584）邸长由造双菩萨像	立	复制（右↑莲、左↓瓶）	全高26
401号	584	曲阳修德寺遗址出土隋开皇四年（584）张寿□夫妻造双观音菩萨像	立	镜像（内↑莲、外↓瓶）	残高23
410号	586	曲阳修德寺遗址出土隋开皇六年（586）双菩萨像	立	镜像（内↑莲、外↓瓶）	残高？
415号	589	曲阳修德寺遗址出土隋开皇九年（589）张景仲造双菩萨像	立	复制（右↑莲、左↓瓶）	残高28
416号	589	曲阳修德寺遗址出土隋开皇九年（589）皇子良造双菩萨像	立	（一菩萨残损）	残高25.5
421号	591	曲阳修德寺遗址出土隋开皇十一年（591）马光相造双观音菩萨像	立	复制（右↑莲、左↓瓶）	残高21.5
426号	592	曲阳修德寺遗址出土隋开皇十二年（592）兰伏回造双观音菩萨像	立	复制（右↑莲、左↓瓶）	全高28
428号	592	曲阳修德寺遗址出土隋开皇十二年（592）李买造双菩萨像	立	镜像（内↑莲、外↓瓶）	残高22
429号	592	曲阳修德寺遗址出土隋开皇十二年（592）张洪礼造双菩萨像	立	复制（右↑莲、左↓瓶）	残高24.5
431号	593	曲阳修德寺遗址出土隋开皇十三年（593）□礼造双菩萨像	立	复制（右↑莲、左↓瓶）	残高28.5
434号	593	曲阳修德寺遗址出土隋开皇十三年（593）段英洛造双菩萨像	立	镜像（内↑莲、外↓瓶）	全高25.5
438号	594	曲阳修德寺遗址出土隋开皇十四年（594）高白玉造双观音菩萨像	立	（腿部以上残）	残高11
439号	595	正定隋开皇十五年（595）张正道造双观世音菩萨像	立	（拓片）	？
440号	595	曲阳修德寺遗址出土隋开皇十五年（595）张晖妃等造双观音菩萨像	立	复制（右↑莲、左↓瓶）	残高24.5
442号	596	曲阳修德寺遗址出土隋开皇十六年（596）杜达摩夫妻造双观世音菩萨	立	镜像（内↑莲、外↓瓶）	残高28
445号	596	曲阳修德寺遗址出土隋开皇十六年（596）比丘尼智庆造双菩萨像	立	镜像（内↑莲、外↓瓶）	残高25.5
446号	596	曲阳修德寺遗址出土隋开皇十六年（596）白子休造双菩萨像	立	镜像（内↑莲、外↓瓶）	残高20
448号	598	曲阳修德寺遗址出土隋开皇十八年（598）王稀有造双观世音菩萨像	立	镜像（内↑莲、外↓瓶）	残高24.5
449号	599	曲阳修德寺遗址出土隋开皇十九年（599）张士良造双菩萨像	立	镜像（内↑莲、外↓瓶）	全高34
450号	599	曲阳修德寺遗址出土隋开皇十九年（599）段元伯夫妻造双菩萨像	立	复制（右↑莲、左↓瓶）	残高19
453号	599	曲阳修德寺遗址出土隋开皇十九年（599）贾外宾兄弟造双菩萨像	立	镜像（内↑莲、外↓瓶）	全高42

续表

编号	年代	名称	坐/立	手部	高（厘米）
456号	600	曲阳修德寺遗址出土隋开皇二十年（600）张子休造双菩萨像	立	镜像（内↑莲、外↓瓶）	全高25
457号	600	曲阳修德寺遗址出土隋开皇二十年（600）张苌仁造双菩萨像		（拓片碑文，无图）	全高26.5
459号	600	曲阳修德寺遗址出土隋开皇二十年（600）张长仁造并坐双菩萨像	坐	复制（左↓瓶、右↑莲）	全高28.5
460号	601	曲阳修德寺遗址出土隋仁寿元年（601）寇妃造双菩萨像		?	全高25
461号	601	曲阳修德寺遗址出土隋仁寿元年（601）李户生造双菩萨像	立	镜像（内↑莲、外↓瓶）	全高20
462号	602	曲阳修德寺遗址出土隋仁寿二年（602）邸须摩造双菩萨像	立	镜像（内↑莲、外↓瓶）	残高24.5
463号	602	隋仁寿二年（602）造双菩萨像	立	镜像（内↑莲、外↓瓶）	残高26
465号	602	曲阳修德寺遗址出土隋仁寿二年（602）邸二□造双菩萨像	立	镜像（内↑莲、外↓瓶）	残高21.5
467号	603	曲阳修德寺遗址出土隋仁寿三年（603）杨贵和夫妻造双观世音菩萨像	立	（图像只有侧拍）	残高23
468号	603	曲阳修德寺遗址出土隋仁寿三年（603）刘□国造双菩萨像		（无图）	残高33
469号	603	曲阳修德寺遗址出土隋仁寿三年（603）邸子才造双菩萨像		（拓片碑文，无图）	残高25.3
470号	604	曲阳修德寺遗址出土隋仁寿四年（604）□素造双菩萨像	立	镜像（内↑莲、外↓瓶）	残高24.5
471号	604	曲阳修德寺遗址出土隋仁寿四年（604）来子荣造双菩萨像	立	镜像（内↑莲、外↓瓶）	残高28.5
473号	604	曲阳修德寺遗址出土隋仁寿四年（604）双菩萨像	立	镜像（内↑莲、外↓瓶）	残高24
474号	605	曲阳修德寺遗址出土隋大业元年（605）赵善业造双菩萨像	立	镜像（内↑莲、外↓瓶）	残高21
476号	606	曲阳修德寺遗址出土隋大业二年（606）阿□造双菩萨像	立	镜像（内↑莲、外↓瓶）	残高20.5
477号	606	曲阳修德寺遗址出土隋大业二年（606）霍双造双菩萨像	立	镜像（内↑莲、外↓瓶）	残高26
478号	606	曲阳修德寺遗址出土隋大业二年（606）董长妃姐弟造双菩萨像	立	复制（右↑莲、左↓瓶）	残高28.5
482号	607	曲阳修德寺遗址出土隋大业三年（607）韩□造双菩萨像	立	镜像（内↑莲、外↓瓶）	残高30.5
484号	607	曲阳修德寺遗址出土隋大业三年（607）李德仁造双菩萨像	立	镜像（内↑莲、外↓瓶）	残高30.5
489号	608	曲阳修德寺遗址出土隋大业四年（608）张子荣造双菩萨像	立	（腿部以上残损）	残高21.2
490号	608	曲阳修德寺遗址出土隋大业四年（608）邸修礼造双菩萨像		（拓片）	残高15.5

续表

编号	年代	名称	坐/立	手部	高（厘米）
491号	608	曲阳修德寺遗址出土隋大业四年（608）双观世音菩萨像	立	镜像（内↑莲、外↓瓶）	残高29.5
492号	608	正定隋大业四年（608）张贰母子造双观音菩萨像	立	（拓片）	高约29
495号	608	曲阳修德寺遗址出土隋大业四年（608）阿张造双菩萨像	立	镜像（内↑莲、外↓瓶）	残高33.5
497号	608	曲阳修德寺遗址出土隋大业四年（608）土镇造双菩萨像	立	镜像（内↑莲、外↓瓶）	残高21
498号	608	曲阳修德寺遗址出土隋大业四年（608）四兴造双菩萨像	立	（腿部以上残损）	残高6
496号	608	曲阳修德寺遗址出土隋大业四年（608）文如兄弟4人造双菩萨像	立	镜像（内↑莲、外↓瓶）	残高29
500号	609	曲阳修德寺遗址出土隋大业五年（609）张男长造双菩萨像	立	复制（左↑莲、右↓瓶）	残高22.8
501号	610	曲阳修德寺遗址出土隋大业六年（610）巨车仁造双观音菩萨像	立	（腿部以上残损）	残高8

据表7双观音造像在隋代一开始和在北齐一开始是一样的情况，都是短暂以"复制"形态为主，但后来就转为镜像的形态。北齐最早是552~566年向镜像发展，约14年；而隋代最早584~596年转向镜像形态居多，约12年。

这个时期是双观音造像的发展期，以单尊观音像的复制形态为基础，但也尝试相对称的设计。以隋代而言，最早584年有两件：一件复制、一件镜像，显然隋代一开始就承接北齐双观音后来发展到镜像对称的脉络，一开始就有一件亦作镜像设计。这12年间的14件双观音像中，除3件残损外，复制7件、镜像4件，不知何故，还是坚持维持了约12年的复制形态。但596年后，镜像设计的趋势基本上已经无法抵挡，直至隋末，有纪年加无纪年共44件双观音中，扣除残损10件，复制只剩下3件，其余全是镜像的天下了。

目前尚无法知悉隋代一开始何以又短暂（共12年）复古流行复制的设计，但北齐时后来的主流"镜像B型"终究强势回归。特别是，双观音造像数量高达106件（北齐48件、隋代58件），显示出后来朝向镜像（B型）的发展，更显示出镜像（B型：内莲外瓶）的流行风尚。

4. 双身造像小结（隋代）

隋代时，双佛只有一件采复制形态雕造，其余皆为镜像相对的形态。而一向很稳定的二佛并坐形态，隋代出现两尊二佛并立；但是在检视过双观音造像全部皆作两尊观音并"立"的形态之后，则似乎可以理解，这种双观音并立的形态很可能回头影响二佛并"坐"的造像，因而产生出二佛并"立"。

而双思惟像，从北齐至隋代一直都是镜像相对，这点自始至终都没改变过。这种稳定（自始至终无一例外）的镜像对称设计，潜移默化至其他两种双身形态，因此在双佛与双观音造像上，才从各自复制的形态逐渐都被镜像形态收编。双思惟像变动的是简化其上半部复杂的雕造，但镂空的特色一直保持着，这原本只属于双思惟像的雕造手法，也影响到其他两种双身的形态。此皆显示出双思惟造像的设计魅力与感染力。

（四）唐代（镜像）

唐代只有双佛，双思惟与双菩萨像都消失。4件有纪年、1件无纪年双佛中，已全面成为镜像设计，往昔复制形态的双佛已完全消失，被镜像影响取代了（参见表8）。

据上表，到了唐代，定州造像中只有双佛尚存，曾经盛极一时的双思惟像与双观音像，在唐代都消失了。这种消失估计不是保存的问题。以数量而言，所搜集到的双佛数量最少（38件），唐代却有5件；而双思惟像数量也一样多（38件），双观音像数量最多（107件），数量相同的双思惟与数量将近三倍的双观音，在唐代却都没有半件遗存，估计就不是保存方面的问题了。

结论与余绪

（一）结论：从法华系统出发→设计当道的影响转换

1. 双身造像的发展脉络

定州双身造像的出现，最早是东魏双佛（541年赵道成造像，图1），北齐才开始出现双思惟与双观音。双佛的形态是从法华系统出发，因此更正确的说法应该是二佛并坐。那么，双思惟与双观音何者先产生呢？目前数据显示：双思惟最早是北齐561年（邸洛姬造像，图25），而双观音最早是552年（刘延姿造像，图49）。就有纪年造像而言，似乎双观音发展得早些；若考虑进无纪年造像，定州双观音像与双思惟像的发展时间可能接近，都在北齐中叶。

定州三种双身造像，在发展过程中是相互影响作用的。

（1）二佛并坐在前，一开始的二佛并

表8 双佛：唐代

编号	年代	名称	坐/立	手部	高（厘米）
503号	657	曲阳修德寺遗址出土唐显庆二年（657）比丘尼张惠观造释迦多宝佛像	坐	镜像（外↑、内↓腿）	全高39.5
506号	665	唐麟德二年（665）比丘尼胡法囗造并坐二佛像	坐	镜像（外↑、内↓腿）	残高34
514号	722	曲阳修德寺遗址出土唐开元十年（722）刘三娘姊妹等造双阿弥陀佛像	坐	镜像（外↑、内↓腿）	残高35.5
520号	750	曲阳修德寺遗址出土唐天宝九载（750）姊妹等造并坐二佛像	坐	镜像（外↑、内↓腿）	全高46.5
767号	618–713	曲阳修德寺遗址出土唐前期并坐二佛像	坐	镜像（外↑、内↓腿）	残高39

坐是复制翻版的形态，在北齐至隋间出现二佛并"立"的造型，这很可能是受到北齐发展全是"并立"双观音像的影响，进而产生变化。

（2）太子思惟像，在传入中国时，单尊形态就已经不固定半跏之腿是左是右，这为定州双思惟造像提供了有利的条件，因此双思惟造像可以自由设计出镜射的形态；而这种对称的造型设计，也影响双佛、双观音。

（3）双观音造像除了对称之外，在北齐"新40359"造像（图63）中也可看到与双思惟造像类似的透雕手法（包括双树、双胁侍的构造设计），显示出受到双思惟像影响的痕迹，只是这种双观音造像非常少，更多的是不透雕的舟形背光——这原本就是定州单尊观音造像的形态。亦即，定州双观音造像沿用自身单尊造像的元素，比受到双思惟造像的元素更多，究其原因，很可能是双观音像发展时，双思惟像尚未出现或尚未蔚为风气，所以北齐一开始时，采用的是原来单尊观音像的造像元素。但是，随着时间发展，自始至终坚定采取镜像对称设计的双思惟像形态，也影响了双观音像，后来皆以镜像为流行（参见表9）。

从上述诸表可以发现，无论双佛、双观音原先是何种形态出现，似乎在一贯以镜像设计的双思惟造像现身后，本身形态都开始改变。双思惟像一开始出现的时间点是561年，若此作品因两思惟像残损其一而不完全能作为例证的话，562年之作就显示出自始至终、无一例外的镜像相对称设计——此一时间点，正是双佛最早出现镜像形态的时间点；四年后（566），原先以复制形态为主的双观音，竟然也开始趋于镜像形态雕造。是以，双思惟像镜像优美精致充满设计感的形态，很可能就是影响造成双佛与双观音改变其形态的原因所在。

2. 双身造像的多元设计

定州的双身造像在北朝的佛教造像中，可以说是充满设计感的作品，而且是相当多元的设计。双佛主要是"坐姿"的形态；双观音则是"立姿"形态；双思惟是对称"半跏之姿"，甚至加上双树成荫，整体设计最为繁复。

定州双身造像的尺寸，双佛全高35~55厘米、双观音25~50厘米、双思惟像25~50厘米（一件高达95.4厘米是例外），双佛尺寸略大，但从尺寸可知是作为家中供养之用。而前述三种双身形态的多

表9　定州双身造像"复制""镜像"形态最早出现时间点一览

双身形态	复制（最早）	镜像（最早）	备注
双佛	东魏541年	北齐562年	
双思惟	×	北齐561年（一尊像残损）	562年（完整镜像）
双观音	北齐552年	北齐566年	

元设计，对供养人而言，意味着在市场供需机制上，供应端出现多元化的商品设计，将刺激消费者（供养人）购买需求；而供养人的消费需求，也会回过头来刺激供应端出现更繁复、更多元的设计。

本文所讨论的双身造像多半出土于曲阳修德寺，曲阳就是擅长雕刻的地区，可以拥有更精致更多元的造像选择，消费者应该不会摒弃，因此在双思惟造像上，我们甚至可以见到繁复精致的雕造。不知在供养人意识中，这种炫技是否更能尊显崇佛之效。我们甚至不知道，离开经典依据的双观音与双思惟，是否有着消费意识上买一送一的双倍功德之效。唯一可确知的是，定州地区双身造像曾经在北齐至隋代间大大流行，供养人订制购买双佛、双观音或双思惟像，新颖设计与佛教造像功德在此时间段显然并不冲突。

3. 双身造像的式微

入唐以后，双佛仍有出现（盛唐750年仍有遗存之作），但双观音、双思惟已销声匿迹。曾经风靡一时的双身造像，何以式微呢？如前所述，双身造像中只有双佛，是有《法华经》中"二佛并坐"的依据，而双观音、双思惟造像的基础并非佛教经典，很可能是受到双尊佛像的影响而开展其设计的。

一般设计的商品畅销持久与否，依据的多半是设计本身。当所设计的主体是佛教造像，而佛教造像所依存的是佛教经典中寓载的佛教思想，消费者（供养人）造像的终极目标是有功德，这比什么（设计）都重要。设计毕竟不是佛教造像的主体思维，而当尊像并非源自经典所认可的，就造像传播信仰层面上，多少会考验信仰者对功德的信任程度——信仰者会担心如此造像之举并无功德，甚或造像发展过程中损及功德。而在定州双身造像华丽繁复设计的背后，亦会面临这样的问题。这很可能就是双观音与双思惟像式微的原因所在。

（二）余绪：双身设计相互影响的混搭→混乱

1. 双佛与双观音的混淆（类双观音版）

隋董晖宝造双多宝造像（插图11），题记："开皇四年九月十五日，/佛弟子清信士女董/晖宝、妻徐岭，知身不□，/为见存二息敬造双多/宝石像一区（躯）。又为七世父母、/因□□属、有形，共同成佛。"表明所造为双尊"多宝佛"，亦即二佛并坐（双佛）之像，但以其形态则非常类似于双观音。

另一件隋董士敖造双佛像（插图12），题记："开皇廿（廿）年/正月十五/日，佛弟/子董士/敖为亡/父敬造/白玉象（像）/一区（躯）。上为/黄（皇）帝陛/下、有为法界众/生俱登/正道。"题记所书的"白玉象"，在曲阳出土的造像中，双佛、双观音、双思惟造像题记也都使用，算是泛称，并不特别指涉何种尊像，而李静杰、田军《定州白石佛像》定义为"双佛"，恐怕是因为其衣着为佛装。

但定州系双佛历来皆为坐姿之像，"立"姿并不合于《法华经》（见宝塔品）

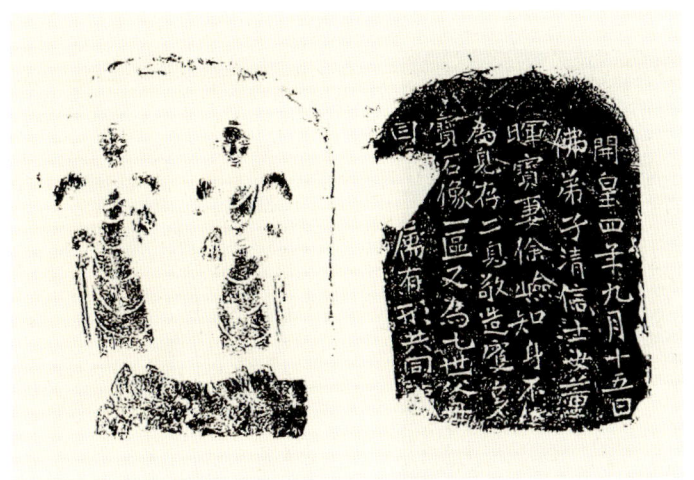

插图11　隋开皇四年（584）董晖宝造双多宝石像

（李静杰、田军：《定州白石佛像》，台北财团法人觉风佛教艺术文化基金会，图519）

插图12　隋开皇二十年（600）董士敖造双佛像

（《定州白石佛像》，图570）

明确记载的二佛并"坐"像的指涉。此两尊造像都是隋代之作，距离最早（北齐552年）以立姿雕造的双观音像已三十、五十年，很可能在相互影响下，对于尊像的本体也产生了混淆。

2. 双佛与双观音的混淆（类双佛版）

隋代有一件无纪年的造像（图72），亦无题记，因此我们无从得知其雕造时所认定的尊像形态。此尊造像若被认为是双佛，原因是两尊像并"坐"之姿——毕竟二佛并"坐"已成为辨识双佛的基础；而若被认为是双观音，乃因两主尊像身上的衣着为观音的服饰形态。正因其混搭得不伦不类，《定州白石佛像》只好名之"二菩萨并坐像"，事实上我们都知道二菩萨并"立"才是。

此尊造像雕造的比例相当不好，腿部瘦小得尤其不合理，若将腿部遮住，会错以为这是立姿双观音。所以其根本就是以双观音为范本，硬生生将其站立的腿部改为双佛的坐姿而已。此像令人颇有雕造到一半才临时更改之感，是糟糕的模仿、粗糙的混搭。

3. 全部混搭

最后，来谈一下曲阳修德寺出土隋开皇二十年（600）张苌仁造像（插图14）。此像造型奇特、属性亦有疑义，《故宫博物院藏品大系》特别注记："此像罕见，头戴宝冠、手持莲蕾一般为菩萨特征，而身披袈裟结跏趺坐多为佛像。"

此件造像有着舟形背光，台座上双身造像为类似"双佛"的盘坐姿态，所穿着的袈裟亦为佛装，但奇特的是，双方像右手皆上托莲花花苞、左手置于腿上，则又类似于"双菩萨"的形态。而最奇怪的是，舟形背光中央、两尊造像的中间，竟透雕出一个菱形格来，这是完全不见于双佛造像或双观音的。

插图 13　隋开皇二十年（600）张子休造双菩萨像

（《定州白石佛像》，图 456）

插图 14　隋开皇二十年（600）张苌仁造像

（《故宫博物院藏品大系·雕塑编 7：河北曲阳修德寺遗址出土佛教造像》，图 65）

插图 15　隋仁寿二年（602）曹买造双思惟菩萨像

（《定州白石佛像》，图 464）

　　此造像究竟应定义为双佛抑或双菩萨？根据本文前述的分析，可以发现双观音全为立姿的形态，双佛才有坐有立，是以此造像就呈现的坐姿形态而言，不可能是双观音像。

　　此件张苌仁造像制作时间点是隋600年，考察与此时间点相近的双佛与双观音像：同为600年的双佛造像董士敖造像（图19），正是双佛造像中易坐为立者，同样都是处于姿态变动的时期；而与此同为600年的双观音造像则是张子休造双菩萨像（插图13），一样是舟形背光的设计。此外，与此接近的双思惟造像则为602年的曹买造双思惟菩萨像（插图15），双方像间同样有着透雕的菱形格。可以说，张苌仁造像在定州此时间点的造像发展中，同时吸收了双佛、双观音、双思惟像三种双身的形态，因此才产生如此令人费解的造像。

　　此特殊造像也确实反映出：定州双佛、双观音、双思惟三种不同形态的双身像，彼此间的造型是相互影响渗透的。

附图

双佛图版

图1　东魏兴和三年（541）
　　赵道成造像

（《故宫博物院藏品大系·雕塑编7：河北曲阳修德寺遗址出土佛教造像》，图58）

图2　东魏武定四年（546）
　　比丘惠朗造像

（《故宫博物院藏品大系·雕塑编7：河北曲阳修德寺遗址出土佛教造像》，图59）

图3　东魏武定五年（547）
　　张同柱造像

（《故宫博物院藏品大系·雕塑编7：河北曲阳修德寺遗址出土佛教造像》，图60）

图4　东魏武定五年（547）
　　程爱造像

（《定州白石佛像》，图97）

图5　东魏武定五年（547）
　　王起宗夫妻造像

（《定州白石佛像》，图96）

图6　东魏武定六年（548）
　　侯能仁造像

（《定州白石佛像》，图114）

图7　东魏武定七年（549）
　　郭思显夫妻造像

（《定州白石佛像》，图121）

图8　东魏武定八年（550）比丘尼
　　昙口等造像

（《定州白石佛像》，图129）

图9　北齐天保十年（559）
　　王和三兄弟造像

（《故宫博物院藏品大系·雕塑编7：河北曲阳修德寺遗址出土佛教造像》，图61）

图 10　北齐乾明元年（560）李次兴造像

（《定州白石佛像》，图 253）

图 11　北齐乾明元年（560）释迦多宝佛像

（《定州白石佛像》，图 254）

图 12　北齐太宁二年（562）陈思业等造像

（《故宫博物院藏品大系·雕塑编 7：河北曲阳修德寺遗址出土佛教造像》，图 62）

图 13　北齐河清四年（565）霍黑造像

（冯贺军：《曲阳白石造像研究》，紫禁城出版社，2005，图 8）

图 14　北齐天统二年（566）造像

（《定州白石佛像》，图 302）

图 15　北齐武平元年（570）蒐元纂等造像

（《定州白石佛像》，图 339）

图 16　北齐武平二年（571）张敬遵造像

（杨伯达：《埋もれた中国石仏の研究——河北省曲陽出土の白玉像と編年銘文》，松原三郎译《东京艺术》，1958，图 30）

图 17　隋开皇四年（584）董晖宝造双多宝石像

（《定州白石佛像》，图 400）

图 18　隋开皇十五年（595）邑义造像

（《定州白石佛像》，图 441）

图19　隋开皇廿年（600）董士敖造像

（《埋もれた中国石仏の研究——河北省曲陽出土の白玉像と編年銘文》，图51）

图20　隋仁寿二年（602）张信业兄妹三人造像

（《定州白石佛像》，图441）

图21　唐显庆二年（657）比丘尼张惠观造像

（《埋もれた中国石仏の研究——河北省曲陽出土の白玉像と編年銘文》，图54）

图22　唐麟德二年（665）比丘尼胡法口造像

（《定州白石佛像》，图506）

图23　唐开元十年（722）刘三娘造像

（《埋もれた中国石仏の研究——河北省曲陽出土の白玉像と編年銘文》，图56）

图24　唐天宝九载（750）姊妹等造像

（《故宫博物院藏品大系·雕塑编7：河北曲阳修德寺遗址出土佛教造像》，图69）

双思惟图版

图 25　北齐皇建二年（561）邸洛姬造像

（《曲阳白石造像研究》，图 38）

图 26　北齐河清元年（562）昙藉造像

（《曲阳白石造像研究》，图 39）

图 27　北齐河清三年（564）法练造像

（《曲阳白石造像研究》，图 42）

图 28　北齐河清四年（565）刘村邑人造像

（《定州白石佛像》，图 294）

图 29　北齐天统二年（566）高市庆造像

（《故宫博物院藏品大系·雕塑编 7：河北曲阳修德寺遗址出土佛教造像》，图 168）

图 30　北齐天统三年（567）邸舍妃造像

（《故宫博物院藏品大系·雕塑编 7：河北曲阳修德寺遗址出土佛教造像》，图 169）

图 31　北齐天统四年（568）贾干德妻造像

（万树勋、王丽敏编著《曲阳石雕》，科学出版社，2011，第 101 页）

图 32　北齐天统四年（568）葂方州造像

[《曲阳石雕》，第 57 页（左下图）。1969 年河北蠡县（保定市南部）出土]

图 33　北齐天统五年（569）邑义十三人造像

（《定州白石佛像》，图 336）

图 34 北齐天统五年（569）杜伯和等造像

（台北历史博物馆编辑委员会：《佛雕之美·北朝佛教石雕艺术》，台北历史博物馆，1997，图 38）

图 35 北齐武平元年（570）贾兰业兄弟造像

（《曲阳白石造像研究》，图 49）

图 36 北齐武平二年（571）邸清供造像

（《定州白石佛像》，图 355）

图 37 北齐武平三年（572）靳早造像

（《定州白石佛像》，图 365）

图 38 北齐武平四年（573）比丘尼清谱造像

（《定州白石佛像》，图 371）

图 39 北齐武平七年（576）邸文举兄妹四人造像

（《定州白石佛像》，图 392）

图 40 北齐承光元年（577）高罗侯造像

（《定州白石佛像》，图 397）

图 41 隋开皇八年（588）李卢生造像

（《故宫博物院藏品大系·雕塑编 7：河北曲阳修德寺遗址出土佛教造像》，图 171）

图 42 隋开皇十四年（594）刘士则造像

（《定州白石佛像》，图 437）

图 43 隋开皇十六年（596）张天保造像
（《定州白石佛像》，图 444）

图 44 隋仁寿二年（602）曹买造像
（《故宫博物院藏品大系·雕塑编 7：河北曲阳修德寺遗址出土佛教造像》，图 172）

图 45 隋大业二年（606）杜善才造像
（《故宫博物院藏品大系·雕塑编 7：河北曲阳修德寺遗址出土佛教造像》，图 173）

图 46 隋双思惟菩萨像 A
（《定州白石佛像》，图 692）

图 47 隋双思惟菩萨像 B
（《定州白石佛像》，图 698）

图 48 隋双思惟菩萨像 C
（《定州白石佛像》，图 701）

双观音图版

图49 北齐天保三年（552）
刘延姿造像

（《定州白石佛》，图168）

图50 北齐天保四年（553）
韩阿妃造像

（《定州白石佛》，图177）

图51 北齐天保五年（554）
邸六王造像

（《定州白石佛》，图187）

图52 北齐太宁二年（562）
刘氏造像

（《故宫博物院藏品大系·雕塑编7：河北曲阳修德寺遗址出土佛教造像》，图129）

图53 北齐太宁二年（562）
吴子汉造像

（《定州白石佛》，图269）

图54 北齐河清二年（563）
张伯仁夫妻造像

（《定州白石佛》，图277）

图 55 北齐天统二年（566）杨道姬造像

（《定州白石佛》，图303）

图 56 北齐天统三年（567）邸道洛造像

（《定州白石佛》，图318）

图 57 北齐天统四年（568）张藉生造像

（《故宫博物院藏品大系·雕塑编7：河北曲阳修德寺遗址出土佛教造像》，图132）

图 58 北齐天统四年（568）杜进礼造像

（《定州白石佛》，图330）

图 59 北齐武平元年（570）张茂仁造像

（《定州白石佛》，图347）

图 60 北齐武平五年（574）刘囗贵母造像

（《定州白石佛》，图375）

图61　北齐武平六年（575）
王贰囗造像

（《定州白石佛》，图389）

图62　北齐武平七年（576）
牛氏造像

（《定州白石佛》，图396）

图63　北齐"新40359"造像

（《故宫博物院藏品大系·雕塑编7：河北曲阳修德寺遗址出土佛教造像》，图135）

图64　隋开皇四年（584）
邱长由造像

（《定州白石佛》，图399）

图65　隋开皇四年（584）张寿囗
夫妻造像

（《定州白石佛》，图401）

图66　隋大业二年（606）
董长妃姐弟造像

（《定州白石佛》，图478）

图 67 隋大业四年（608）
阿张造像

（《定州白石佛》，图 495）

图 68 隋苏宝意造像

（台北历史博物馆编辑委员会：《历代佛雕艺术之美》，台北历史博物馆，2006，第 25 页。震旦艺术博物馆藏）

图 69 隋大业四年（608）
文如兄弟四人造像

（《定州白石佛》，图 496）

图 70 隋大业五年（609）
张男长造像

（《定州白石佛》，图 500）

图 71 657号隋双菩萨像

（《定州白石佛》，图 657）

图 72 隋二菩萨并坐像

（《定州白石佛》，图 709）

赵孟頫传世信札中"德辅教授"考[*]
——兼论古书画的作伪

■ 向 珊（湖南大学岳麓书院）

赵孟頫（1254~1322）是元代著名的文士官僚，"书画绝伦"[1]，在书法艺术史上占据重要地位。在他传世的书画中，约有70件信札作品，内容多属问候叙情、约会托求等家常琐事，为我们研究赵孟頫的书法艺术、个人经历提供了丰富资料，深受艺术界和史学界重视。[2] 赵孟頫传世书信中，至少有三封公认的真迹是写给德辅的，分别是《李长帖》、《奉答帖》和《近来吴门帖》。其中，《李长帖》作"德辅教授"，《奉答帖》和《近来吴门帖》作"德辅教谕"。[3] 从赵孟頫询问"所发去物"是否"已脱手"等信文看，德辅时常帮赵孟頫处理一些书画作品的售卖事务，兼职其书画经纪人，有儒学教谕、教授的身份。

此前的著录和研究认为，这位"德辅"是段思温之子段辅。如《石渠宝笈三编》云："德辅，盖段辅字。辅尝以司业教国子，故或称教授，或称教谕。"[4] 徐邦达先生据《元诗选》的介绍，推测德辅"可能是段辅，河东（今山西省）人。曾作司业，教国子生，正合教谕的称呼"。[5] 王连起先生对徐先生的观点做了极大的补充。首先，用排除法将元人著述中"字德辅"且

---

[*] 本文撰写及修改过程中，蒙湖南大学岳麓书院毛海明副教授和厦门大学历史系刁培俊教授指正，谨致谢忱！

1 （元）杨载：《大元故翰林学士承旨荣禄大夫知制诰兼修国史赵公行状》，《赵孟頫集》附录三，钱伟强点校，浙江古籍出版社，2012，第523页。

2 参见单国强《赵孟頫信札系年初编》，《故宫博物院院刊》1995年第2期，收入《赵孟頫研究论文集》，上海书画出版社，1995，第544~545页。

3 《李长帖》《奉答帖》现藏台北"故宫博物院"，《近来吴门帖》现藏北京故宫博物院，见王连起主编《赵孟頫书画全集》卷六《行书致德辅教授尺牍册页（李长帖）》、《行书致德辅教谕尺牍册页（奉答帖）》，卷四《行书楷书翰札集册页》，故宫出版社、安徽美术出版社，2017，第80~81、82~83、116~117页。

4 （清）张照等编《秘殿珠林石渠宝笈汇编·延春阁》，北京出版社，2004，第1557页上。

5 徐邦达：《古书画过眼要录·元明清书法（一）》，紫禁城出版社，2006，第111、120、122页。此书初版于1987年，由湖南美术出版社出版。

相对符合标准的人确定为段辅；其次，结合虞集撰写的《稷山段氏阡表》，进一步确定了《元诗选》关于段辅事迹记载的史源；最后，从段辅之父段思温的年龄推断，"段辅应小于子昂十几或二十几岁"，"德辅是赵孟頫的晚辈无疑"。[1] 单国强先生在编写《赵孟頫信札系年初编》时，也认为《奉答帖》中的"德辅"即"段辅"，"曾以司业教国子生，故称'教授'，赵之亲戚，小赵一二十岁"。此观点得到了邓淑兰教授和任道斌先生的支持。[2]

那么，赵孟頫传世书信中的"德辅教谕""德辅教授"，究竟是不是段思温之子段辅呢？

一　"德辅"与段辅的身份特征不符

首先，前人对段辅的职任理解有误。《石渠宝笈三编》认为段辅担任过国子司业，因此可称为教授或教谕，显然这是因不熟悉古代教育制度而产生的误解。国子司业并不能称为教谕、教授。依照元代教育制度，在中央设立集贤院，下辖国子监和国子学，掌管教育与教学事务。[3]《元史·百官志三》载国子监设官：

> 祭酒一员，从三品，司业二员，正五品……监丞一员，正六品……典簿一员，令史二人，译史、知印、典吏各一人。

国子学设官：

> 博士二员……助教四员……大德八年（1304）……增置助教二员、学正二员、学录二员。……典给一员。[4]

这两个机构中均没有设立教授一职。教授、教谕是地方教育机构中才有的教学官员。据《元史·选举志一》：

> 凡师儒之命于朝廷者，曰教授，路府上中州置之。命于礼部及行省及宣慰司者，曰学正、山长、学录、教谕，路州县及书院置之。路设教授、学正、学录各一员，散府上中州设教授一员，

---

[1] 王连起：《赵孟頫伪书丛考》，初刊于《书法丛刊》1992年第4期，收入氏著《赵孟頫书画论稿》，故宫出版社，2017，第160页。

[2] 单国强：《赵孟頫信札系年初编》，《故宫博物院院刊》1995年第2期，第552页。邓淑兰《〈赵孟頫系年〉补正》，收入《跌宕在历史的漩涡：赵孟頫生命表情的解读与还原》，中山大学出版社，2012，第241页；任道斌主编《赵孟頫书画全集》卷五《书法·尺牍碑文》"图版说明"，浙江摄影出版社，2017，第252页。

[3] 参见陈高华《元代的地方官学》，原载《元史论丛》第5辑，收入氏著《元史研究新论》，上海社会科学院出版社，2005，第389~390页。

[4]《元史》卷八七《百官志三》，中华书局，1976，第2193页。参见王建军《元代国子监研究》第3章第1节"元代国子监职官的设置"，澳亚周刊出版有限公司，2003，第163~168页。

下州设学正一员，县设教谕一员，书院设山长一员。中原州县学正、山长、学录、教谕，并受礼部付身。各省所属州县学正、山长、学录、教谕，并受行省及宣慰司札付。[1]

可见，教授设于地方上的路与散府、上中州，教谕设于县一级的教育机构。[2]国子司业与教授、教谕，分属不同的教育系统和机构，不可混淆。职品上，国子司业是正五品的内任官，教授为从八、正九品的外任官，教谕则不入流品。司业与教授、教谕之间地位悬殊。[3]清人案语无疑是错误的。

其次，段辅并无任职教谕、教授的经历。判断段辅是否为"德辅"的关键，还在于他是否做过教谕、教授。案语中"（段）辅尝以司业教国子"的史源，当来自元人虞集撰写的《稷山段氏阡表》。[4]《阡表》是泰定四年（1327）虞集应段辅的请求而作。其中有一段是关于段辅的仕宦经历，云：

> 其九人（按指段辅与兄弟、堂兄弟）皆仕有禄位，独辅最显。以文行，选应奉翰林，三为御史，遍历陕西、江南及中台，以司业教国子生，判太常礼仪院，寻贰天官。誉名日盛，君子有望焉。[5]

虞集与段辅是同僚，对其仕履应当熟悉。这一段文字详细记录了段辅入仕以来至泰定四年的升迁过程，当出自段的亲述，相对而言应该是可信、无误的，但其中并未记载段辅曾任过教谕、教授。

在虞集之前，名儒吴澄曾应段辅之请为其父段思温撰写《墓表》。其中也提到段辅的仕宦经历，云：

> 子辅由应奉翰林，历西台、南台、中台三御史，佥燕南河北道肃政廉访司事，入为国子司业、太常礼仪院判官。[6]

---

[1] 《元史》卷八一《选举志一·学校》，第 2032~2033 页。

[2] 陈高华：《元代的地方官学》，第 391~392 页；申万里：《元代教育研究》，武汉大学出版社，2007，第 429、444 页。

[3] 《元典章》卷七《吏部一·官制一·职品》，陈高华等点校，中华书局、天津古籍出版社，2011，第 200、219、222 页。按：各路儒学教授从八品，散府上中州儒学教授正九品。

[4] （元）虞集：《稷山段氏阡表》，（元）苏天爵编《国朝文类》卷五六《墓表》，《四部丛刊初编》影印元至正二年杭州路西湖书院刊大字本，第 21 页 a~第 23 页 a。按：此文收入《国朝文类》，较其他有关段辅的资料（如下文引及的《平原阡表》和《元赠奉议大夫骁骑尉河东县子段君墓表》）为易得。此文又见于（金）段克己、段成己《二妙集》卷首，题为《河东段氏世德碑铭》，收入（清）吴重憙辑《石莲盦汇刻九金人集》，清光绪中海丰吴氏刊本，第 3 页 a~第 5 页 a。

[5] （元）虞集：《稷山段氏阡表》，第 21 页 b~第 22 页 b。

[6] （元）吴澄：《吴文正公集》卷三四《元赠奉议大夫骁骑尉河东县子段君墓表》，《元人文集珍本丛刊》影印明成化刊本，新文丰出版公司，1985，第 13 页 b~第 14 页 a。

在虞集之后，至元二年（1336）前后，段辅本人又撰写了《平原阡表》，缅怀其父。其中叙及自己早年的仕宦经历：

> 辅不敏，起家应奉翰林文字，三台为御史，凡六除至国子司业……由司业判奉常，又三除为吏部侍郎……侍郎又五迁为尚书。

段辅后为湖广行省参知政事，未几，除西台侍御史。[1]

这两条材料与虞集《阡表》所载几无二致，不论是吴澄还是段辅本人，都未曾提及段辅有过任职教谕、教授的经历。

假如段辅确曾任过教谕、教授，哪怕任职非常短暂，这三条材料或会留下蛛丝马迹。这不能不让人怀疑，段辅其实没有做过教谕、教授，他并不是赵孟頫传世信札中的"德辅"。

再次，退一步讲，即使依案语所言，段辅因担任过国子司业，便可称为教谕、教授，他任此职之时与信札体现的赵孟頫书法风格也对应不上。据上引三条材料，他在任国子司业之前，曾"三台为御史"。

《元史·英宗纪一》载：

> 延祐三年（1316）十二月丁亥，（英宗）立为皇太子，授金宝，开府置官属。监察御史段辅、太子詹事郭贯等，首请近贤人，择师傅，帝嘉纳之。[2]

《至正金陵新志》载江南行御史台监察御史题名：

> 段辅，征事，延祐三年上。[3]

由这两条材料可知，延祐三年底，段辅时为南台监察御史。那么他任国子司业，必在延祐三年之后。而研究者王连起根据赵孟頫书法风格判断，《近来吴门帖》《李长帖》《奉答帖》为至大二年、三年（1309~1310）间所书。[4] 单国强、邓淑兰则依据信札内容和赵孟頫行实，判断《李长帖》略早于《奉答帖》，前者书于大德二年（1298）初春，后者书于同年四月十一日。[5] 且不说单、邓判断有一个明显错误，即教谕职位低于教授，《奉答帖》肯定要早于《李长帖》。即使依三位研究者的意见，

---

[1] （元）段辅：《平原阡表》，（明）李侃、胡谧修《（成化）山西通志》卷一五《集文·陵墓类》，《四库全书存目丛书》影印山西大学图书馆藏1933年影钞明成化十一年刻本，齐鲁书社，1996，第174册，第28页b。

[2] 《元史》卷二七《英宗纪一》，第597页。

[3] （元）张铉：《至正金陵新志》卷六《官守志·题名·行御史台·监察御史》，田崇点校，南京出版社，1991，第280页。

[4] 王连起：《赵孟頫伪书丛考》，第162页。

[5] 单国强：《赵孟頫信札系年初编》，《故宫博物院院刊》1995年第2期，第552页；邓淑兰：《〈赵孟頫系年〉补正》，第241~242页。

这个"德辅"在大德二年,或至大二年、三年[1],是教谕或教授,距离段辅能够当上国子司业的最早时间——延祐四年(1317)也有着近十年的时间差。事实上,他也不可能在一年内从正七品的监察御史跃至正五品的国子司业。[2]这个任职时间上的差异,只能说明段辅不是"德辅"。

经过以上讨论,相信大家都会同意,段辅绝非赵孟頫传世信札中的"德辅"。

二 德辅教授应为松江人夏德辅

德辅在传世文献中的痕迹较少,历史形象也较为单薄,主要是被赵孟頫写信催问书画交易的进展。如赵孟頫在《李长帖》中询问"发去物想已脱手,望疾为催促,并前项余钞付下为感";《奉答帖》中"所发去物,不审已得脱手未耶。急欲得钞为用,望即发至",有询问亦有叮嘱。此外,还有请求德辅帮忙处理与庆长老之间的房产纠纷,转告其弟德俊来取完工的《老子》作品的内容。[3]想必通信双方非常熟悉,信中没有透露更丰富的信息。

而赵孟頫书画之作名满天下,历代伪作层出不穷,甚至有专业伪造赵氏书画者。事实上,作伪者应该也注意到了相关资料,以便能以假乱真。这位与赵孟頫曾有书信往来的"德辅",便多次成为大家关注的对象。在《近来吴门帖》中,赵孟頫称德俊为德辅"令弟"。[4]可见,德辅的弟弟名(或字)德俊这个信息是可靠的。据此,有人给德辅安排了一位弟弟"德俊"和一位父亲"夏七提领",多件传世伪品中都出现了一位与赵孟頫相熟的松江(今上海)士人夏德俊。因"夏德俊"全部出现在伪作中,故前人研究几乎全盘否定了德辅兄弟姓"夏"这个信息。[5]前文已排除了德辅教授为段辅的可能性。那么,让德辅、德俊兄弟姓"夏",真的只是作伪者率意而为吗?

事实上,传世文献中真有一位生活在元朝中后期的松江人夏德辅,他应该就是赵孟頫传世信札中的"德辅教授"。

元末天台士人赖良选编的时人诗集《大雅集》中,收录有郑昕的两首诗,题名作"夏德辅荷亭会卫叔刚仝饮值雨二首"[6],是在雨天与卫叔刚共饮时所作,地点为夏德辅的"荷亭"。

---

1 大德二年与至大二年、三年本身就有着十多年的时间误差。
2 监察御史正七品,见《元史》卷八六《百官志二》,第2178页。
3 王连起主编《赵孟頫书画全集》卷六《行书致德辅教授尺牍册页(李长帖)》《行书致德辅教谕尺牍册页(奉答帖)》,第114~117页。
4 王连起主编《赵孟頫书画全集》卷四《行书楷书翰札集册页》,第114~117页。
5 王连起:《赵孟頫伪书丛考》,第160~164页。
6 (元)赖良编《大雅集》卷八,《景印文渊阁四库全书》第1369册,台湾商务印书馆,1986,第576页下。

郑昕是松江华亭人，卫叔刚即卫仁近。卫氏亦为华亭人，是宋元时期松江著名的文化世族，在江南学术圈占据重要地位。卫仁近祖父卫谦与赵孟頫、邓文原、张之翰等人有直接交往，卫仁近本人也善楷书，有着"良好的家学素养和名族风范"以及"极高的文学素养和艺术品位"。[1] 郑、卫二人均为华亭人，其饮酒作诗的荷亭极可能在松江府，或者缩小范围至华亭县。而在《近来吴门帖》中，当时身在苏州的赵孟頫提到"长兴刘九舍亦在此，德辅可来嬉数日"[2]。德辅当与湖州长兴的刘九舍熟识，且他的住址应距离苏州不远，活动圈主要在浙西一带，似从侧面佐证了他其实是松江人。

此外，浙东文士戴良为元末一位著名的江湖郎中周贞撰写的传记文字中，也提到了夏德辅。

周贞，字子固，晚号玉田隐者。其先为汴梁人，宋南渡后居仪真，父祖皆不仕。周贞在元成宗年间开始自习医学，不久"隐隐名动西浙"。他医术精湛，治愈过许多奇疾，其中包括松江望族卫德嘉的寒疾。巧合的是，这位卫德嘉正是与郑昕在夏德辅荷亭饮酒的卫仁近的父亲。周贞为人颇有侠义之风，"为义若嗜欲"，视利如粪土。例证之一便是他对夏德辅女儿的救助：

> 故人夏德辅有女欲度为尼。贞曰："以女为尼，独吝遣嫁耳。"乃育为己女，命故人子李嗣宗为赘婿。贞无子，以嗣宗之子稷为之后。嗣宗事贞甚谨，而贞遇之颇严厉。苟有小过，必危坐终日不与言。嗣宗偕其妻盛服立左右，惴惴莫敢仰视。贞领之去，乃肉袒谢罪而退。[3]

周贞活动的范围主要在浙西，且与夏德辅有共同交往的对象——华亭卫氏的成员，故其传记中的"故人夏德辅"，应该就是拥有荷亭、接待过卫仁近和郑昕的夏德辅。从传文的记载来看，此时夏德辅当已去世，其家族的其他家长"吝遣嫁"，想让德辅的孤女出家为尼。周贞将德辅之女收为养女，并为其招故人之子李嗣宗为赘婿。夫妻二人事养父周贞至谨，并以子稷为周贞之后。周贞卒于至正十五年（1355）七月五日，享年八十三岁[4]，可反推其生于南宋度宗咸淳九年（1273）。夏德辅为其故人，可能年龄也相仿，故可推测夏德辅确为赵孟頫的晚辈。

综上，赵孟頫信札中的"德辅"，并非担任过国子司业的段辅，而是松江人夏

1　孔妮妮：《宋元时期江南文化世族华亭卫氏的崛起及其特征》，《史林》2015年第2期。

2　王连起主编《赵孟頫书画全集》卷四《行书楷书翰札集册页》，第116~117页。

3　（元）戴良：《九灵山房集》卷一九《周贞传》，《四部丛刊初编》影印常熟瞿氏铁琴铜剑楼藏明正统间戴统刊本，第4页a~第6页a。

4　（元）戴良：《九灵山房集》卷一九《周贞传》，《四部丛刊初编》影印常熟瞿氏铁琴铜剑楼藏明正统间戴统刊本，第6页a。

德辅。从年龄来讲,德辅是赵孟頫的晚辈,主要生活在元朝中后期。从职业来说,他曾在地方儒学校中做过县学教谕,后升任某上中州或散府甚至是某路学的教授,这在元代江南士人的履历中颇为常见。从交往圈来说,他应该与江南的士大夫群体交往颇多。这一点可以从郑昕、卫仁近的诗作中得到印证。事实上,这一特点也方便他打理赵孟頫的书画售卖事宜。

三 伪作中的德俊及夏七提领

笔者极尽搜讨钩稽后,寓目所见,涉及德俊的史料主要有五条,作者均为赵孟頫。分别是《与德俊茂才札》《蚕织诗册》《赵孟頫书〈金丹四百字〉》《元赵孟頫九歌图并书》《初六日至吴帖》。可惜的是,前四种史料和写给德辅教授的《留杭数十日帖》,均被徐邦达、王连起等学者判定为伪书[1],《初六日至吴帖》曾在2002年和2016年先后由佳士得香港有限公司和北京匡时国际拍卖有限公司拍卖。该帖和另外五件作品一起装裱,被命名为《赵孟頫书〈札六帖〉卷》。[2]

《留杭数十日帖》可与《近来吴门帖》对照解读,其中对德辅、德俊兄弟的关系体现得较为充分。我们先来看《近来吴门帖》:

> 孟頫记事顿首,德辅教谕仁侄足下:近来吴门,曾附便寄书与德俊令弟,不见回报。不审前书得达否。昨令弟求书《老子》,今已书毕,带在此,可疾忙报令弟来取。长兴刘九舍亦在此,德辅可来嬉数日。前发至观音,已专人纳还宅上,至今不蒙遣还余钱,千万付下以应用。颙俟、颙俟。老妇附致意堂上安人,不宣。十四日。孟頫记事顿首。[3]

这封信有三个关键信息。第一,德辅的弟弟是德俊。第二,赵孟頫曾给德俊写过信,尚未收到回信。第三,他告诉德辅,德俊请托的《老子》已写毕,并且带到了苏州,让德辅转告弟弟来取。此外,另一件重要事务是告知对方已经将观音"纳还宅上",叮嘱他将余钱退还。这件事也和德辅书画经纪人的身份直接相关。最后是信末代夫人问候德辅的母亲。

应该是根据这封信里德俊的信息,伪书《留杭数十日帖》特意提及了赵孟頫书《老子》这件事:

---

[1] 王连起:《赵孟頫伪书丛考》,第156~165页;徐邦达:《德俊茂才等六帖册》,《故宫博物院院刊》1994年第3期,第62~63页;任道斌:《赵孟頫系年》,河南人民出版社,1984,第193~194页。

[2] 图录已出版,收入李英健编《赵孟頫〈札六帖〉、文徵明〈自书七言律诗〉、任询草书〈古柏行〉原迹并明拓本合卷》,万卷出版社,2007,第16~17页。

[3] 王连起主编《赵孟頫书画全集》卷四,第116~117页。

孟頫顿首，德辅教授仁弟足下：须留杭数十日，专俟吾弟之来，既而得书，知月末方可来，故且还吴兴。抵舍得所惠毛段，并都下刘彦方所寄物，甚感、甚感。但颙望售画之钞，及未售之画，千万早发至，乃大幸也。承报令弟输烟等已辨，尤以为感。令弟发至青纸欲金书《老子》未曾写得，想不怪耳。拙妇有新姜五十斤，果饼二百枚，纳堂上孺人，并冀留顿，不宣。孟頫顿首。[1]

值得一提的是，《留杭数十日帖》现藏北京故宫博物院，却又厕身于 2016 年被拍卖的《赵孟頫书〈札六帖〉卷》之中，二者字体一模一样，差别仅在于拍卖会上的这幅少了"拙妇有新姜五十斤，果饼二百枚，纳堂上孺人，并冀留顿"数字，且鉴藏印章略有不同。可见这是一件批量生产的伪品。从信文来看，作伪者假设这封信写在《近来吴门帖》之前。信中呈现的信息几乎与《近来吴门帖》完全一致，顺序稍有调整。第一件事和德辅的书画经纪业务相关。赵孟頫原计划与德辅在杭州相见，后得到消息对方要月末才来，遂先返回吴兴。回家后收到了德辅送来的毛段（可能是书画作品的报酬之一），感谢之余特别叮嘱将"售画之钞，及未售之画"早日发还。第二件事是感谢德辅的弟弟帮忙置办物品，对尚未书写《老子》表示抱歉。最后，照例以管夫人的名义赠送德辅的母亲一些礼物，以示问候。这封信里，还有两个信息引人注意：一是德辅送给赵孟頫毛段时，还顺带捎来了"都下刘彦方"寄来的物品；二是《近来吴门帖》中提到的《老子》，此处明确为"金书"。

刘彦方的确与赵孟頫有交往。赵孟頫在大都时，曾于田师孟处观赏过唐代著名宰相画家韩滉的《五牛图》。此卷当时为赵伯昂所藏。至元二十八年（1291）七月，赵孟頫托刘彦方从赵伯昂处求得此图，并于次年六月携归吴兴。[2] 在一封入选了《三希堂法帖》的写给田师孟的信中，身在济南的赵孟頫还特意托田师孟感谢刘彦方和赵伯昂。[3]《留杭数十日帖》加入这一情节，有增强书信可信度的意图和作用。而将《近来吴门帖》中提到的《老子》强调为"金书"，若传世作品中真有一幅赵孟頫款的金书《老子》，无疑可以卖得高价。

《李长帖》，得名于这封写给德辅教

1　王连起主编《赵孟頫书画全集》卷四，第 114~115 页。

2　韩滉《五牛图》现藏北京故宫博物院。赵孟頫题跋见袁杰主编《故宫博物院藏品大系·绘画编：晋隋唐五代》，紫禁城出版社，2008，第 70 页。

3　此札不见传世，亦有可能为后世伪造。（清）梁诗正等编《御刻三希堂石渠宝笈法帖》第 21 册《与师孟札》，湖北美术出版社，2012，第 1537 页；（清）陈焯编《三希堂法帖释文》卷一一《元赵孟頫书·与师孟四札》，中国书店，1987，第 9 页 a。

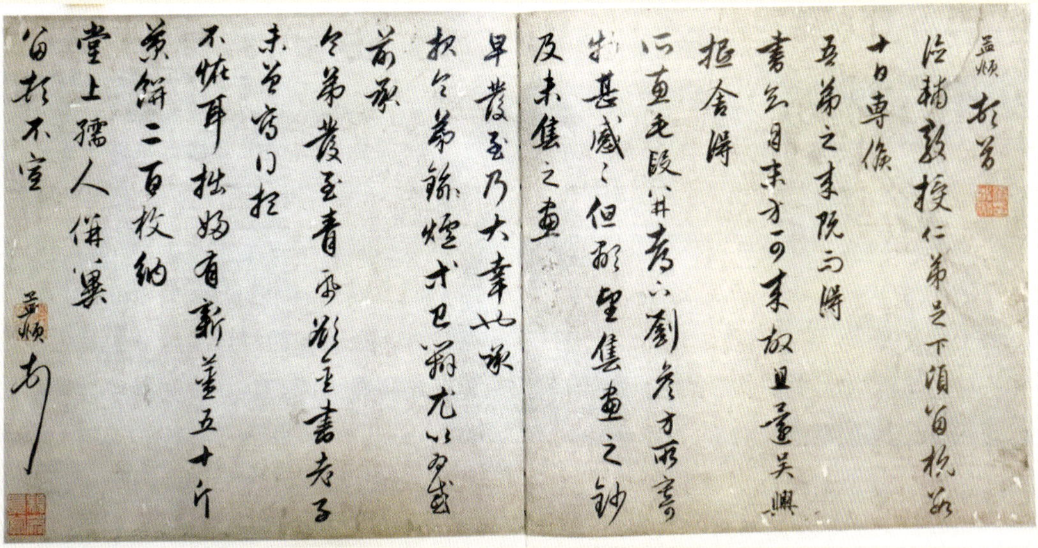

图1　北京故宫博物院藏《留杭数十日帖》

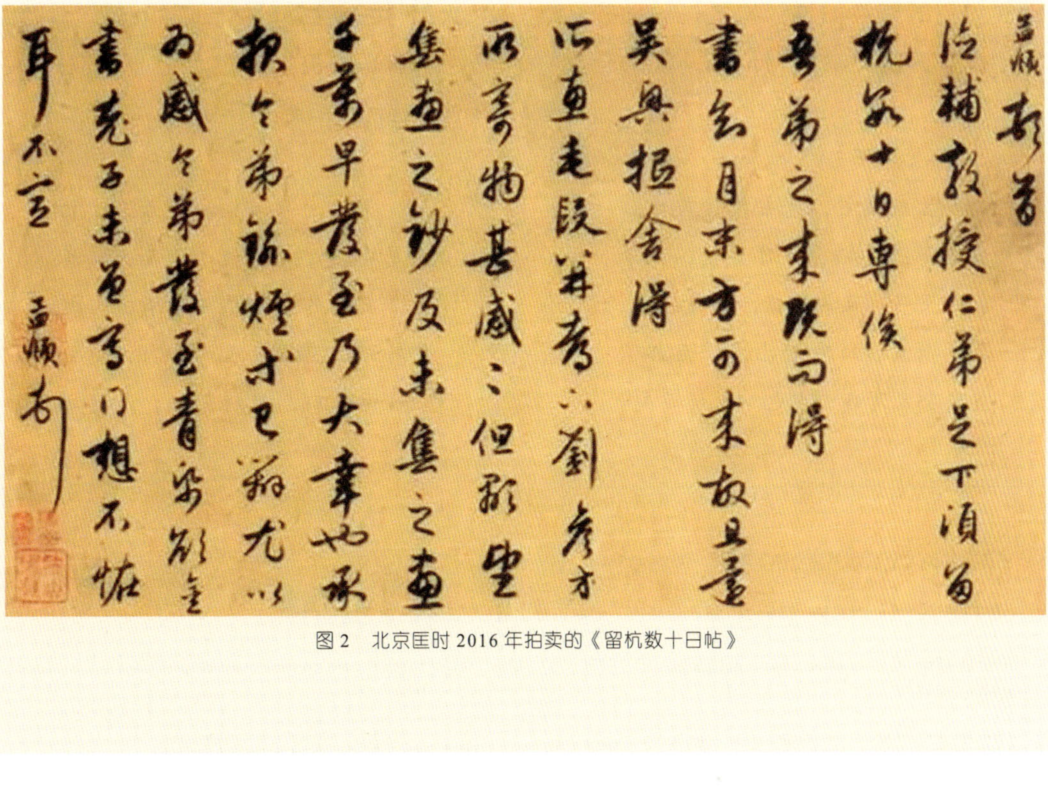

图2　北京匡时2016年拍卖的《留杭数十日帖》

授的信里，赵孟頫提及"李长去后，至今不得答书"[1]。李长显然是赵孟頫和德辅之间的联络人。李长的名字再次出现，则是在2016年被拍卖的《初六日至吴帖》中。该帖由英和、翁广平、叶志诜、查莹、张谨夫、刘问涛递藏，有英和的题跋。索绰络·英和为满洲正白旗人，生于乾隆三十六年（1771），乾隆五十八年（1793）进士，官至军机大臣、户部尚书、协办大学士，卒于道光二十年（1840）。英和"尤工书，笔法类吴兴，终日临池不辍"，对赵孟頫的书法颇有研究。[2] 题跋的时间为"己巳六月廿一日"，即嘉庆十四年（1809），当时英和三十九岁。但此帖不见于任何著录，藏家都是清朝中期后人，书写笔法也与伪帖《留杭数十日帖》和《与德俊茂才札》相类，故尽管有满洲贵族英和的题跋加持，笔者仍倾向于认为《初六日至吴帖》为伪书。该帖全文如下：

孟頫顿首，复书德俊茂才仁侄足下：孟頫初六日至吴，见李长送至书，且蒙厚馈，如数领次，甚感盛意。所喻者已悉，至都下当与令兄商略文书也。人还百欠，草草具复渐远，唯加爱不具。孟頫顿首。孟頫封。
□事奉复，□□舍人友爱足下。[3]

赵孟頫感谢德俊托李长送来书信并馈赠礼物，"所喻者已悉"，可能是应德俊之请创作书画作品，并表示去大都后与其兄（德辅）"商略文书"。此前人们认为德辅是段辅，在大都教授国子生，故认为此处赵孟頫将有大都之行，能与德俊之兄接触合情合理，并推断此信写作于大德二年春赵孟頫在苏州养病期间。[4] 且伪书《留杭数十日帖》中提及，德辅"所惠毛段"和都下刘彦方的物品一起抵达，会让人认为德辅的活动范围可能也在大都。但前文我们已经否定了德辅为段辅的论断，故赵孟頫去大都与德辅会面的情节颇为可疑。

德辅、德俊兄弟姓"夏"的信息，明确体现在《蚕织诗册》中：

至治元年（1321）六月，松江夏提领之子德俊尝顾余，持卷索余旧所作耕作诗十二首，与其尊府评其可否。至十一月，德俊又过访，曰：男耕女织，治家之

1　王连起主编《赵孟頫书画全集》卷六，第84~85页。

2　（清）叶衍兰：《叶衍兰集·传记》，谢永芳点校，上海古籍出版社，2015，第313~314页。

3　拍卖信息见 http://auction.artron.net/paimai-art18750053/；http://www.council.com.cn/pmResult/resultCon.php?ArtCode=art0062081859。

4　《匡时秋拍：畅怀——赵孟頫〈书札六帖卷〉》，https://mp.weixin.qq.com/s/ST2qqrEEfrtaAltiWHWOQg。

方不可偏废，今我有耕无织，是偏废矣，恳书攸，为之录十二首云。吴兴赵孟頫记。[1]

其中提到德俊是"松江夏提领之子"。王连起先生判定此帖的结体、用笔、风格特点与《与德俊茂才札》完全相同，均为明人詹僖伪作。王先生认为，以"松江夏提领之子德俊"为上款，在赵孟頫的真迹中还没见过，且其中"持卷索余旧作……与其尊府评其可否"有悖于求人作书之礼，整段文字不像为人书后的款识之语，而是像专门为观者作的说明。此外，王先生还注意到，《与德俊茂才札》的封皮上有"松江夏七提领宅间五官人"[2]字样，似可与《蚕织诗册》互相印证"德俊"确实是"松江夏提领之子"，但"这种画蛇添足式的说明，只能起到反证的效果"。最后，王先生又从书法艺术本身来分析比较，断定《蚕织诗册》和《留杭数十日帖》均为伪书。[3]

德俊姓"夏"，其父为"松江夏七提领"的身份设定，还出现在另外两件伪品中。

据《秘殿珠林》著录，清代宫廷所藏佛、道书画作品中，有一卷《赵孟頫书〈金丹四百字〉》，为磁青笺本泥金行楷书。上有赵孟頫款识，提到了这幅金丹书的缘起：

> 松江夏德俊天资秀敏，读儒书，有名于时。近遇真人吴全节指示《金丹四百字》，用工之序，似乎有得而甚保之。至大四年七月望后四日，烂金为泥，特顾余于水精宫求书，以传万世。是余同道者，乐为书一过也。三教弟子赵孟頫顿首识。[4]

这件伪作讲述了一个更为丰满的故事。夏德俊为松江人，虽"读儒书"，但热衷于修道。在至大四年（1311）七月十五后四日，即七月十九日之前的一段时间，因吴全节解释了被金丹南宗奉为"入道之阶梯，修真之路径"[5]的《金丹四百字》，德俊对炼丹的"用工之序"颇有心得，"而甚保之"，于是请赵孟頫用泥金书写了这篇道教名作，以求能够传之万世。赵孟頫自称"三教弟子"，引夏德俊为"同道者"，故欣然书之。

1　《蚕织诗册》今已下落不明，款书原文转引自王连起《赵孟頫伪书丛考》，第156页。

2　原文作"松江夏七提领宅，问五官人投上"。

3　王连起：《赵孟頫伪书丛考》，第164页。

4　《秘殿珠林》卷一六《名人书道氏经卷》，见（清）张照等编《秘殿珠林石渠宝笈汇编》（1），第181页。

5　（南宋）黄自如：《〈金丹四百字〉后序》，《道藏·太玄部》第24册，文物出版社、上海书店、天津古籍出版社，1988，第164页。现有学者推测，《金丹四百字》极有可能是白玉蟾所作，通过马自然为中介而托于张伯端。盖建民：《道教金丹派南宗考论——道派、历史、文献与思想综合研究》，社会科学文献出版社，2013，第106页。

有趣的是，伪作《与德俊茂才札》信里所述之事正与此《金丹四百字》直接相关：

> 孟頫顿首，德俊茂才友爱足下：昨便中承惠书，兼寄码磁界尺并纸卷，欲书《金丹四百字》，当时写毕，附便寄还矣。今兹便中得书，乃云未至，殊以为骇！但失记何人寄去，昏忘忆不得，殊以惭愧。若旦夕思想得是何人，当报去追取；或记忆不起，当别写一卷奉纳也。不肖不幸书颇好，凡寄书与人，多是为寄书者所匿，甚苦！甚苦！棕笠之惠，极仞厚意，感激无喻。因吴宣使便，专此奉答，时中善保，不具。孟頫启事顿首，五月十七日。[1]

赵孟頫向德俊诉说，此前收到了来信和"码磁界尺并纸卷"，当即为其写完《金丹四百字》，"附便寄还"，应该是让德俊派来的信使顺便带回。结果今日"便中得书"，得知这幅字并未送到德俊手中，而是被送信的中间人所匿，甚为惊骇。信使可能不是赵氏熟悉的人，所以他一时也记忆不起，希望德俊能想起是何人，以便追还；如果实在记忆不起，他也会为德俊另写一卷。后面还为自己的好书法经常"为寄书者所匿"表示了苦恼。

两相对照，由《赵孟頫书〈金丹四百字〉》可知，松江夏德俊请赵孟頫作金丹书之事发生在至大四年七月中旬，而《与德俊茂才札》的写作时间在"五月十七日"，很容易引发读者联想，使其认为收入《秘殿珠林》的这幅《金丹四百字》是赵孟頫在追还无果后为德俊重书的。

《与德俊茂才札》归于乾隆内府后，著录于《石渠宝笈续编》，后又刻入《三希堂石渠宝笈法帖》，且曾被乾隆临摹。[2] 徐邦达先生曾睹此帖原迹，上有明代项元汴、张镠的收藏印，但未明言断其为伪书的依据。王连起先生将该札与《留杭数十日帖》《蚕织诗册》一起，形成证据链，判定其为伪书。

事实上，从叙述内容看，《与德俊茂才札》和《赵孟頫书〈金丹四百字〉》也存在史实上的硬伤。这两书的时间，分别是"五月十七日"和"至大四年七月望后四日"，求《金丹四百字》的地点在"水精宫"。众所周知，赵孟頫又号"水精宫道人"。"水精宫"也作"水晶宫"，原为湖州的别称。[3] 至大四年（1311）五月，刚刚即位两个月的元仁宗擢升赵孟頫为集贤侍讲学士、中奉大夫。用从二品例，推恩

1　徐邦达：《德俊茂才等六帖册》，《故宫博物院院刊》1994年第3期，第62~63页。

2　（清）张照等编《石渠宝笈续编》卷六五《淳化轩藏四·列朝名人书画二》，《秘殿珠林石渠宝笈汇编》（6），第3214页下；（清）梁诗正等编《御刻三希堂石渠宝笈法帖》第21册《与德俊帖》，第1471~1474页。

3　据宋人吴曾记载："杨汉公守湖州，赋诗云：'溪上玉楼楼上月，清光合作水晶宫。'其后遂以湖州为水晶宫。"（宋）吴曾：《能改斋漫录》卷九《地理》"蓬莱何似水晶宫"，上海古籍出版社，1979，第271页。

二代。赵孟頫趁此机会请假南归,半年后回京。[1] 赵孟頫和夫人管道升请假回乡为先人立碑的具体时间是皇庆元年(1322)五月十三日[2],可见至大四年的五月和七月,赵氏尚在大都,不可能在湖州为德俊书写《金丹四百字》。

因《与德俊茂才札》上并无具体的年份,只有写信的日期"五月十七日",似还不能直接断言其为伪书。从信札的描述来看,赵孟頫收到德俊送来的玛瑙界尺和纸卷,当场书写了价值贵重的《金丹四百字》后,直接托信使捎还,不久就得到了作品丢失的消息,且已不记得信使的名字,似乎有悖常理。毕竟,在《近来吴门帖》中,他在书完了《老子》之后,是写信给德辅时顺便通知德俊来取,而非草率地交给一个不熟悉的信使。而对作品经常"为寄书者所匿"的强调,也显得过于刻意,似乎导向于产出更多的伪作。

与此件伪作几乎作于同一时间的,还有被《式古堂书画汇考》收录的赵雍作《茅山西墅图》,后有赵孟頫跋:

昨自杭回,道经茅山西墅,时夕阳也。松如偃盖,水若鸣琴,青山万里,白云千顷,山下有乘骏马者,出没于其间,乃天然一图画。心有所得,以目疾未愈,不能举笔,因命子雍代之。至大四年五月既望识于鸥波亭。[3]

即至大四年五月十六日作于鸥波亭,为写作《与德俊茂才札》的前一天。此跋被任道斌、邓淑兰认定为伪作,亦是基于至大四年五月赵氏尚在大都,并未归乡。[4] 和前述两件伪作一样,跋语文字也颇具情境感。赵孟頫一行在茅山览胜,因眼疾未愈,故让赵雍代为作画。此图与《金丹四百字》相关的两件伪作呈现的时间都是至大四年五月和七月,或许出于同一批作伪者之手。作伪者应该是对赵孟頫的履历资料有所研究,但未考虑周全。毕竟,在杨载为赵孟頫撰写的行状中,赵孟頫在仁宗即位后请假南还立碑的时间较为模糊,仅有"尝谒告上冢归,及半载,复召"[5] 数字,作伪者将其事误为至大四年也是很有可能的。

《与德俊茂才札》的信封上书"松江

---

1 (元)杨载:《大元故翰林学士承旨荣禄大夫知制诰兼修国史赵公行状》,第 523 页。

2 《赵孟頫集·外集·碑铭》之《魏国夫人管氏墓志铭》,第 293 页;《赵孟頫集》卷九《大元封赠吴兴郡公赵公碑》,第 229 页。

3 (清)卞永誉:《式古堂书画汇考》卷四六《赵仲穆茅山西墅图》,《景印文渊阁四库全书》第 829 册,台湾商务印书馆,1986,第 43 页下。

4 任道斌:《赵孟頫系年》,第 147 页;邓淑兰:《〈全元文〉所收赵孟頫文辨误四则》,《暨南学报》2008 年第 1 期。

5 (元)杨载:《大元故翰林学士承旨荣禄大夫知制诰兼修国史赵公行状》,第 523 页。

夏七提领宅，问五官人投上"[1]，清楚地表明德俊的身份是松江夏七提领第五子。这一关系也体现在伪作《元赵孟頫九歌图并书》中。此图被收录于《石渠宝笈》，有赵孟頫多枚印章和鉴书博士柯九思的印鉴，但仍不能证实其为真品。《九歌图》卷后款识云："延祐六年四月十八日画并书，子昂。"又自跋云：

> 《九歌》，屈子之所作也。忠以事君，而君或不见信而反疏，然其忠愤有不能自已，故假神人以寓厥意。观其末章，则显然昭然矣。夏七提领有感于心，命其子德俊持此卷图其状，意恳恳也。故揆闲一一画之以酬之，然不能果中提领之目否？因重识之。是年四月晦日也，孟頫书于鸥波亭中。[2]

该图现藏台北"故宫博物院"，为行书的诗画合璧册页，共十图。从跋语可知，此《九歌图》是德俊代其父夏七提领求赵孟頫所作，题材是屈原的《九歌》。赵氏对此事非常重视，语气很是谦逊，称"然不能果中提领之目否"。因为"画并书"发生在四月十八日，故此次"四月晦日"的题跋是"重识之"，地点则是"鸥波亭中"。

和前述《赵孟頫书〈金丹四百字〉》一样，此《九歌图》也存在史实上的漏洞，任道斌先生业已指出。延祐六年（1319），因管道升脚疾恶化，赵孟頫请旨还乡，从大都出发的时间是四月二十五日，五月十日行至山东临清，管夫人逝于舟中。[3] 赵孟頫夫妇伉俪情深，人所共知。很难想象，在携病妻南还途中，赵孟頫还能分身至湖州的鸥波亭中，于四月十八日为夏七精心绘制《九歌图》，并在四月三十日管夫人病重期间重新题跋。

综上，与德俊父子相关的五幅作品均为伪作。书画作品造假无疑，那是否意味着伪作呈现出的德辅的社会关系也是假的呢？当然不是，从前文的考述来看，德辅极可能是松江夏德辅，他姓"夏"的概率很高。相对后世的研究者，作伪者距离赵孟頫生活的时代更近，或许能看到更多的材料，力图使伪作逼真。故伪作固然是伪作，但也体现了一些真实的信息。

---

[1]《与德俊茂才札》见于《江村销夏录》和《石渠宝笈》著录，并被刻入《三希堂法帖》。《江村销夏录》未录书封文字，据《石渠宝笈》，书封文字为"德俊茂才友爱足下。启事奉复。松江夏七提领宅，问五官人投上。赵孟頫就封"。（清）张照等编《石渠宝笈续编》卷六五《淳化轩藏四·列朝名人书画二》，《秘殿珠林石渠宝笈汇编》（6），第3214页下；（清）梁诗正等编《御刻三希堂石渠宝笈法帖》第21册《与德俊帖》，第1474~1475页；（清）陈焯编《三希堂法帖释文》卷——《元赵孟頫书》，第1页；（清）高士奇：《江村销夏录》卷二《赵文敏公二札卷》，《景印文渊阁四库全书》第826册，台湾商务印书馆，1986，第526页下~567页上。

[2]《元赵孟頫九歌图并书》，收入台北"故宫博物院"编辑委员会编《故宫书画图录·十七》，台北"故宫博物院"，1998，第177~179页；（清）张照等编《石渠宝笈》卷二《列朝人书画·贮重华宫》，《秘殿珠林石渠宝笈汇编》（2），第788页。

[3]《赵孟頫集·外集·碑铭》之《魏国夫人管氏墓志铭》，第293页；任道斌：《赵孟頫系年》，第193~194页。

余论　书画作伪的现实基础

明中期的邓钹曾说："赵魏公书世多伪笔，予闻浙东西江东仿公书者四百余家。"[1] 可以说，由于不菲的利润，伪造赵孟𫖯的书画作品早已形成一个庞大的产业，累代不绝。通过以上考察，我们知道作伪者为赵孟𫖯的通信人德辅教授安排了一位姓夏的弟弟和一个叫夏七的父亲。以虚假文字构建的夏德俊，是一个天资秀敏的松江儒生，得到过玄教大宗师吴全节的亲身指点。为了纪念这次授教的成果，夏德俊请赵孟𫖯用金粉书写《金丹四百字》，还曾因中间人藏匿而导致赵孟𫖯为其重书。此外，德俊还曾请赵孟𫖯书《老子》，这个信息本来是真实的，但伪作强调该幅《老子》为"金书"，显然是为了增加它的价值。德俊的父亲夏七提领，看起来和赵孟𫖯交情颇深，至少两次托德俊向赵孟𫖯求画作，一为《蚕织诗册》，一为《九歌图》，均为书画合璧的册页。

从前人研究来看，传世的伪作《金丹四百字》和《九歌图》都不止一件。除了上文引述的为《秘殿珠林》著录过的《金丹四百字》之外，徐邦达先生还曾见过另外一幅，著录于《过云楼书画续记》，"乌丝栏，凡楷书百廿八行，后署'松雪道人书'"，被判定为元末明初伪物。[2] 署名为赵孟𫖯的《九歌图》至少有三件。除前述台北"故宫博物院"藏《书〈九歌〉并绘图自跋》外，还有两幅现藏于美国。一幅在美国大都会艺术博物馆，被王连起先生命名为《小楷九歌图册页》，上书"大德九年八月廿五日，吴兴赵孟𫖯画并书"，画上无款印。此图曾见于张大千之手。据徐邦达先生考证，实为元末张渥的真迹，"后来为人拆去对页原题，改作赵书并说画亦自作"，作伪时间可能在明初。[3] 另一幅今藏弗利尔美术馆，卷首有"赵松雪九歌图神品"八字，在《东君》图左有"大德三年八月，吴兴赵子昂画"款识。除《小楷九歌图册页》卷首有屈原像外，这三幅《九歌图》所收的人物图像在构图的布局、素材方面都与张渥传世的《九歌图》高度相似。[4] 而前文所述的《留杭数十日帖》更是流传至今的"一信两书"的生动案例。可见，作伪不仅有对真迹的逼真临摹，更有生造且批量生产者。

古书画的作伪，从古至今都是一个专门化的产业。从业者须具备较高的专业素

1　赵孟𫖯：《行书致季宗源札卷》后题跋，收入王连起主编《赵孟𫖯书画全集》卷四，第 100 页。

2　徐邦达：《赵孟𫖯书画伪讹考辨》，原载《古书画伪讹考辨》，江苏古籍出版社，1984，收入《赵孟𫖯研究论文集》，第 124 页。

3　徐邦达：《赵孟𫖯书画伪讹考辨》，《赵孟𫖯研究论文集》，第 133 页。徐先生记载此图藏在美国纽约市美术馆。该图被收入王连起主编《赵孟𫖯书画全集》卷九（第 30~31 页），收藏地点是"美国大都会艺术博物馆"。

4　《书〈九歌〉并绘图自跋》的《湘夫人》为二女像，《云中君》与大都会艺术博物馆藏的《大司命》相似，但与弗利尔美术馆藏的《云中君》一致，其余 8 幅则与大都会艺术博物馆的《九歌图》几乎完全一致。《神品》收入了两幅《少司命》，缺少《国殇》，其余 8 幅的构图布局、素材与大都会艺术博物馆的《九歌图》高度一致。

图3 台北"故宫博物院"藏《书〈九歌〉并绘图自跋》中的东君 　图4 美国大都会艺术博物馆藏《小楷九歌图册页》中的东君 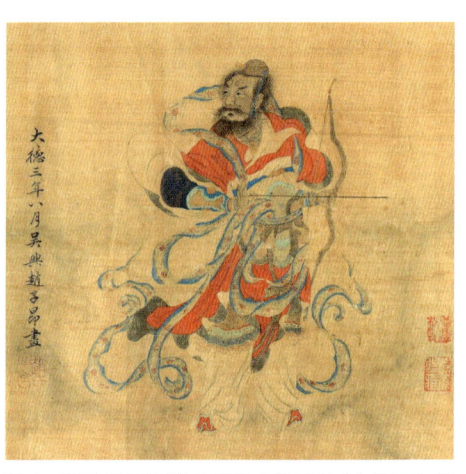　图5 美国弗利尔美术馆藏《赵松雪〈九歌图〉神品》中的东君

图6 《三希堂法帖》所收《与德俊茂才札》

养，方可以伪作真，获取高额利润。

最低层次的作伪在于技术，即作伪者对被仿对象的笔法特征、书画习惯仿冒逼真。与之配套的还有纸卷、印鉴（含后世收藏家印鉴）等细节的伪造。仿品上有收藏名家的印鉴，无疑会增加可信度。此外，如《与德俊茂才札》，从《三希堂法帖》呈现的状况看，信文"或记忆不起，当别写一卷奉纳也"一句，并不在信文正文内，而像是写完信后随手添加于文缝之中。这种处理看起来更接近常人写信的习惯。而比《石渠宝笈续编》更早的著录——康熙年间的《江村销夏录》和《大观录》二书中，均没有录入这一句。[1]是二书的作者漏录，还是康熙年间流传于世的版本中还未加上这一句？这也许涉及一个再次作伪的问题，因证据缺乏，暂且存疑。

第二层次的作伪，要求作伪者细致研

---

[1] （清）张照等编《石渠宝笈续编》卷六五《淳化轩藏四·列朝名人书画二》，《秘殿珠林石渠宝笈汇编》(6)，第3214页下栏；（清）梁诗正等编《御刻三希堂石渠宝笈法帖》第21册《与德俊帖》，第1471~1474页；（清）高士奇：《江村销夏录》卷二《赵文敏公二札卷》，第526页下栏~567页上栏；（清）吴升《大观录》卷八《书翰十帖》之九，《国家图书馆古籍文献丛刊》，全国图书馆文献缩微复制中心，2001，第223页。

究被仿对象的生平履历,切不可出现史实上的硬伤。如前述《赵孟頫书〈金丹四百字〉》《元赵孟頫九歌图并书》和《赵仲穆〈茅山西墅图〉》三件伪作存在作品创作的时间、地点与赵孟頫人生履历不符的硬伤,显然是作伪不精。而有些被仿对象的特点,也会成为后世观者鉴真的依据。如赵孟頫与儒释道三教人士均有交往,也曾在别的作品中自称"三教弟子",故其为德俊书写《金丹四百字》还是很有可能的。[1] 赵孟頫中晚年时期健康状况不佳,屡屡在与亲人、朋友的通信中提及,故伪书《与二哥总管贤婿书》中"半月来痔疮大发,痛楚无聊"也颇有现实感。[2] 此外,赵孟頫也的确有人情往来,托人处理一些俗世关系。如写给崔晋的《数日帖》中除了提到自己"数日来心腹之疾大作,作恶殊甚"之外,还感谢收到西洋布等礼物,又委托晋之成就侄子赵仲美的事务,叮嘱"沈提领处绫亦望催促"。[3] 伪书也是受到了真迹的启发,在创作时加入赵孟頫与人互赠礼物的情节,请收信人帮忙处理房产纠纷,或是代为催收夏教谕处钱钞,都显得颇为自然。絮絮叨叨的家常之语出现在书信中并不奇怪,反能增加读者的乐趣,也更容易卖出好价钱。

第三层次的作伪,在与被仿对象书画技法、生平履历皆相合的基础上,若能选取现实中切实存在过的人物、经历,却又史载有限的题材来自由创作,则更容易产出精品。如上述与德俊和其父夏七提领相关的几件伪作,通过信文和题跋内容,读者对夏家父子的性格状况有了大致了解。相当于作伪者讲了一个故事,构建出一个丰富的社交圈。故事的编排也体现了草蛇灰线、伏脉千里的原则,如《金丹四百字》的遗失,无疑为再次书写该作品埋下了伏笔。伪作内容的趣味性可为作品增值。而成套出现的作品无疑会使价格倍增。如《行书十札合装卷》为赵孟頫致好友石民瞻和高仁卿的十封信札合卷,《赵氏一门法书册》为赵孟頫、管道升夫妇及子赵雍致中峰明本的书信合集,《致季宗源二札卷》则包含了两封赵孟頫写给亲家季宗源的信函,[4] 这些作品在流传过程中已由藏家有意识分类装订。在收藏市场,成体系的套件显然比失群的散件价值更高。夏七提领委托德俊请赵孟頫创作的《蚕织诗册》和《九歌图》,本身就是内容丰富的大件——前者有诗十二首,后者含画十幅。若这两幅书画作品能与德辅、德俊兄弟的信札相配合,则夏家父子与赵孟頫的交往细节将会得到完整的呈现,伪套件的价格也必定不菲。

1　(清)张照等《石渠宝笈·御书房》卷三下《列朝人书卷上等·元赵孟頫书苏轼古诗一卷》署名"三教弟子赵孟頫",《秘殿珠林石渠宝笈汇编》(2),第914页上栏。

2　参见叶言都《由故宫博物院现藏赵孟頫的私人信件看他晚年的生活》,收入《宋辽金元史研究论集》,大陆杂志社,1975,第269页;(清)高士奇《江村销夏录》卷三《八札》之三,第562页下栏。

3　《致晋之〈数日帖〉》,见王连起主编《赵孟頫书画全集》卷六,第76~77页。

4　任道斌主编《赵孟頫书画全集》卷五《书法·尺牍碑文》"图版说明",第1~104页。

总之，赵孟頫传世书信中出现如此多的与德辅父子三人相关的作品，显然是有人有意为之。作伪者对赵孟頫的书法、绘画笔法和生平事迹深有研究，本身就可能是书画家，对赵氏的人生履历颇为熟悉，如此才能鱼目混珠，以假乱真。此前王连起先生考证出《蚕织诗册》和《与德俊茂才札》的作伪者是明朝人詹僖，其颇符合这个特点。[1] 而且，随着研究的深入，后来的作伪者还会根据主流研究成果更新知识。《留杭数十日帖》和《初六日至吴帖》，作伪者或是吸收了学术界或艺术界如《石渠宝笈》的研究成果，认同德俊之兄德辅人在大都的说法，故增添了德辅捎回大都刘彦方的礼物以及"至都下"与德辅"商略文书"的情节。

假作真时真亦假。这些伪作在后世流传过程中，如若为书画目录如《式古堂书画汇考》《江村销夏录》《大观录》等著录，可信度无疑会再度增加。假如再有幸跻身宫廷秘藏，则距离以假乱真的目标就更近了。上文与夏德辅兄弟相关的几件伪品中，《金丹四百字》《九歌图》《与德俊茂才札》《与二哥总管贤婿书》均为《秘殿珠林》《石渠宝笈》著录，部分被刻入《三希堂法帖》，显然已经是国宝级别的伪作精品了。

附表　与德辅家族相关的作品

编号	标题	收藏及著录	信文及题款	备注
1	李长帖	赵孟頫《七札册》之六，现藏台北"故宫博物院"；《石渠宝笈三编·延春阁》著录	顿首奉记，德辅教授友爱足下。孟頫就封。 孟頫顿首奉记，德辅教授仁弟足下。孟頫。李长去后，至今不得答书，中间亦尝具记，不审得达否。发去物想已脱手，望疾为催促，并前项余钞付下为感。乡间大水可畏，虽水来稍早，未知可救否。米又大贵，未知何以卒岁。因便略此，专俟报音。不宣。 孟頫顿首奉记	致德辅教授。图片见王连起主编《赵孟頫书画全集》卷六，第80~81页
2	奉答帖	赵孟頫《七札册》之七，现藏台北"故宫博物院"；《石渠宝笈三编·延春阁》著录	德辅教谕友爱足下。孟頫顿首谨封。 孟頫记事顿首，德辅教谕友爱足下：自盛仆回，奉答字后，至今未得书。想即日体候安胜，所发去物，不审已得脱手未耶。急欲得钞为用，望即发至。为荷、为荷。专等、专等。又不知何日入京，或且少迟留为佳。庆长老庵屋，今已有人成交，但珍和不令庆长老知会。今庆长老遣小徐去，中间或有争讼，望德辅添力为地。切祝、切祝。专此。不具。四月十一日。孟頫顿首	致德辅教谕。图片见王连起主编《赵孟頫书画全集》卷六，第82~83页
3	近来吴门帖	《行书楷书翰札集册页》，现藏北京故宫博物院；《石渠宝笈·重华宫》著录	孟頫记事顿首，德辅教谕仁侄足下：近来吴门，曾附便寄书与德俊令弟，不见回报。不审前书得达否。昨令弟求书《老子》，今已书毕，带在此，可疾忙报令弟来取。长兴刘九舍亦在此，德辅可来嬉数日。前发至观音，已专人纳还宅上，至今不蒙遣还余钱，千万付下以应用。显俟、显俟。老妇附致意堂上安人，不宣。十四日。孟頫记事顿首	致德辅教谕。图片见王连起主编《赵孟頫书画全集》卷四，第116~117页

1　参见王连起《赵孟頫伪书丛考》，第165页。

续表

编号	标题	收藏及著录	信文及题款	备注
4	留杭数十日帖	现藏北京故宫博物院，同时装入《赵孟頫书〈札六帖〉卷》，被北京匡时拍卖（信文略有差异）	孟頫顿首，德辅教授仁弟足下：须留杭数十日，专俟吾弟之来，既而得书，知月末方可来，故且还吴兴。抵舍得所惠毛段，并都下刘彦方所寄物，甚感、甚感。但颙望售画之钞，及未售之画，千万早发至，乃大幸也。承令弟俞烟等已辨，尤以为感。令弟发至青纸欲金书《老子》未曾写得，想不怪耳。拙妇有新姜五十斤，果饼二百枚，纳堂上孺人，并冀留顿，不宣。孟頫顿首	伪品。图片见王连起主编《赵孟頫书画全集》卷四，第114~115页
5	留杭数十日帖	装入《赵孟頫书〈札六帖〉卷》，被北京匡时拍卖	孟頫顿首，德辅教授仁弟足下：须留杭数十日，专俟吾弟之来，既而得书，知月末方可来，故且还吴兴。抵舍得所惠毛段，并都下刘彦方所寄物，甚感、甚感。但颙望售画之钞，及未售之画，千万早发至，乃大幸也。承令弟俞烟等已辨，尤以为感。令弟发至青纸欲金书《老子》未曾写得，想不怪耳。不宣。孟頫顿首	伪品。图片见拍卖网站
6	书《九歌》并绘图自跋	现藏台北"故宫博物院"，《(台北)故宫书画图录》收录；《石渠宝笈·重华宫》著录	《九歌》，屈子之所作也。忠以事君，而君或不见信而反疏，然其忠愤有不能自已，故假神人以寓厥意，观其末章，则显然昭然矣。夏七提领有感于心，命其子德俊持此卷图其状，意恳恳也。故撰闲一一画之以酬之，然不能果中提领之目否？因重识之。是年四月晦日也，孟頫书于鸥波亭中	伪品。图片见台北"故宫博物院"编辑委员会编《故宫书画图录·十七》，第177~179页
7	九歌图	现藏美国大都会艺术博物馆，曾为张大千所藏	大德九年八月廿五日，吴兴赵孟頫画并书。未见著录	伪品。图片见王连起主编《赵孟頫书画全集》卷九，第30~31页
8	赵松雪《九歌图》神品	现藏美国弗利尔美术馆	大德三年八月，吴兴赵子昂画	伪品
9	与德俊茂才札	赵孟頫《尺牍六帖》，《江村销夏录》《大观录》《石渠宝笈续编·淳化轩》著录，刻入《三希堂法帖》	孟頫顿首，德俊茂才友爱足下：昨便中承惠书，兼寄码磶界尺并纸卷，欲书《金丹四百字》，当时写毕，附便寄还矣。今兹便中得书，乃云未至，殊以为骇！但失记何人寄去，昏忘忆不得，殊以惭愧。若且夕思想得是何人，当报去追取；或记忆不起，当别写一卷奉纳也。不肖不幸书颇好，凡寄书与人，多是为寄书者所匿，甚苦！甚苦！棕笠之惠，极仞厚意，感激无喻。因吴宣使便，专此奉答，时中善保，不具。孟頫启事顿首，五月十七日	伪品。图片见徐邦达《德俊茂才等六帖册》、王连起《赵孟頫伪书丛考》
10	赵孟頫书《金丹四百字》	《秘殿珠林·乾清宫》著录	松江夏德俊天资秀敏，读儒书，有名于时。近遇真人吴全节指示《金丹四百字》，用工之序，似乎有得而甚保之。至大四年七月望后四日，烂金为泥，特顾余于水精宫求书，以传万世。是余同道者，乐以书一过也。三教弟子赵孟頫顿首识	伪品
11	金丹四百字	《过云楼书画续记》著录，徐邦达寓目	松雪道人书	伪品
12	蚕织诗册	今下落不明	至治元年（1321）六月，松江夏提领之子德俊尝顾余旧所作耕作诗十二首，与其尊府评其可否。至十一月，德俊又过访，曰：男耕女织，治家之方不可偏废，今我有耕无织，是偏废矣，恳书攸，为之赋十二首云。吴兴赵孟頫记	伪品。图片（局部）见王连起《赵孟頫伪书丛考》
13	初六日至吴帖	《赵孟頫书〈札六帖〉卷》，被北京匡时拍卖	孟頫顿首，复德俊茂才仁侄足下：孟頫初六日至吴，见李长送至书，且蒙厚馈，如数领次，甚感盛意。所喻者已悉，至都下当与令兄商略文书也。人还百欠，草草具复渐远，唯加爱不具。孟頫顿首。孟頫封。 □事奉复，□□舍人友爱足下	伪品。图片见拍卖网站

清宫绘画中"洋菊"来源考辨*

■ 王　钊（四川大学文化科技协同创新研发中心）

18世纪的清帝国正处于最为鼎盛的时期，帝国的财富和宫廷文化都有了长足的积累，尤其是随着全球贸易体系的完善，清代宫廷已经成为世界各地物质交流的展示场所。作为对全球农林业有着重要影响的园艺作物也在这种大交流中出现在宫廷中。宫廷出现的这些域外植物主要集中在园林观赏植物方面，这与康、雍、乾三代帝王乐于在北京及周边地区建设各种园林景观有着莫大的关系。这些皇家园林的景观设计中需要大量本土的观赏植物，此外为了配合西洋园林景观的营造，乾隆时代曾通过欧洲在华传教士等途径为宫廷引种了不少域外观赏植物。[1] 这类域外观赏植物不同于中国传统的观赏花卉，因具有鲜明的异域特色而受到皇帝的关注，许多被描绘进了当时创作的清宫绘画之中。在今天缺少此类植物文献记载的情况下，这些绘画将是我们研究域外观赏植物流入清宫的重要材料，它也将对18世纪中国与世界的植物交流研究提供重要的线索。除了这些明确记载的引自欧洲的观赏植物外，在这些描绘域外观赏植物的绘画中，清宫"洋菊"图是一个很引人注目的门类，它们集中出现在乾隆帝统治的前期，是对当时宫廷流行的菊花花艺时尚的鲜活记录，但长久以来，研究者对这些"洋菊"的产地并不是很清楚。本文将对这些图像的创作以及画中"洋菊"进行园艺学的比对辨识，以厘清这批"洋菊"的真正来源地，这也将有助于人们了解当时清宫园艺发展和交流状况。

一　清宫"洋菊"产地的讨论现状

乾隆时期"洋菊"流入清宫，这在许多文献中均有记载，邹一桂（1666~1772）所著《洋菊谱》中记载了自己在乾隆

---

* 本文系教育部人文社会科学研究青年基金项目"博物学视野下的清宫自然题材绘画研究"（19XJC770010）成果。

1　王钊：《殊方异卉：清宫绘画中的域外观赏植物》，《紫禁城》2018年第10期，第74~89页。

二十一年（1756）闰九月奉旨入宫廷描绘这些"洋菊"的经历[1]。此外，乾隆帝也在当年作诗《命邹一桂画洋菊成题句》一首来记录此事，在这首诗中乾隆提到这种"洋菊""本是东篱种，谁教冒海西"[2]，在其作于乾隆二十四年乙卯（1759）深秋的另一首《洋菊》诗中也有"海西奇种晚秋丛，标节含芳迥鲜同"之句。[3] 这两首诗中提到的"海西"是清代人对欧洲地区的称呼，由此可知乾隆帝认为这些"洋菊"产自欧洲地区，这种说法长久以来都被认为是对这些"洋菊"产地的合理解释，许多研究者也认为乾隆时期的这些"洋菊"原产欧洲、波斯等地，明末清初从日本传入中国。[4] 也有学者认为"洋菊"是中国原产的菊花，由日本传入欧洲后，明末清初回流到中国。[5] 不过以上这些说法都受到了质疑，李约瑟否认这批"洋菊"产自欧洲的说法，他认为它们有可能来自日本、波斯或菲律宾，因为欧洲人在1688年才对菊花有所关注，当时的荷兰人从中国引种栽培了6个品种[6]，直到1789年布朗卡尔才从中国带回了3个菊花品种，遗憾的是只有一个紫花品种成活，而中国菊花首次在英国开放的时间是1795年。[7] 欧洲各国在18~19世纪才陆续从中国南方沿海城市引进菊花，直到19世纪中叶以后才培育出较多的菊花新品种。[8] 由以上可知，与乾隆时期同时代的欧洲能够选育出菊花新品种并流入中国的可能性并不大。

实际上，邹一桂早在《洋菊谱》写作时就提出当时所见的"洋菊"："或曰蒿本，人力所接，冒以洋名，实出中国。"[9] 这种说法可以理解为他认为当时见到的"洋菊"是中国人利用蒿属植物嫁接所成，可能菊花种苗产自国外，但整个生产是在中国完成的；还可以理解为这些"洋菊"本身就是中国所产，只是冒用洋名而已。近来，也有学者对清代成书的各类菊谱进行分析比较，他们认为清代菊谱文献中所提到的"洋菊"，既有本土种，也有域外引进的品种，但该研究并没有具体指出域外引

1　（清）邹一桂：《小山画谱》，王其和校，山东画报出版社，2009，第155页。

2　（清）弘历：《御制诗二集》卷六五，乾隆四十三年《钦定四库全书荟要》本。

3　（清）弘历：《御制诗二集》卷九〇。

4　聂崇正：《御制题洋菊四十四种》，文物出版社，2010，第1~4页。

5　李湜：《丹青流芳〈石渠宝笈〉著录的钱维城〈洋菊图〉卷》，《紫禁城》2016年第9期，第57~63页。

6　[英]李约瑟：《中国科学技术史·植物学》第6卷第1分册，袁以苇等译，科学出版社，2006，第353页。

7　张树林、戴思兰主编《中国菊花全书》，中国林业出版社，2013，第17~20页。

8　罗桂环：《近代西方识华生物史》，山东教育出版社，2005，第343~344页。

9　（清）邹一桂：《小山画谱》，第155页。

进的"洋菊"来自何处。[1]张树林、戴思兰认为清代皇帝喜爱菊花,"洋菊"由日本引入中国是存在可能性的,但基于材料阙如,他们也没有深入研究下去。[2]卢庆滨教授也持有"洋菊"来自日本的观点,而且他在1838年顾禄所著的《艺菊须知》中找到了当时中国人从日本引入菊花的证据。[3]

二 清宫"洋菊"绘画概览及花型辨析

综合上述研究我们可知,当时流入清宫的"洋菊"有一部分来自日本,有一部分可能就是本土菊花,但对于具体哪些菊花可能来自日本,我们无从知晓。幸运的是,乾隆时期清宫创作了一批"洋菊"图保存至今,我们可以基于图像的比对分析,鉴别出来自日本的"洋菊"品种,区分出当时本土菊花与日本"洋菊"的差别,这将对研究中日间菊花交流的历史大有裨益。上文提到,乾隆创造的两首"洋菊"诗分别完成于乾隆二十一年(1756)和二十四年(1759),那么这批"洋菊"图的创作时间大约就集中在18世纪50~60年代(见表1)。[4]

从表1可知,乾隆年间曾经有数位画家创作过"洋菊"图,其中多数画家都是乾隆身边的词臣画家,比如钱维城、邹一桂、汪承霈、关槐;而从绘制的主题来看,有7幅作品是配合乾隆帝的"御制题洋菊四十四种诗"绘制的,乾隆帝共为四十四种"洋菊"创作御制诗谱,他在每首诗前都对相应的"洋菊"的花色、花型进行了简要描述[5],完整的文字部分也可见于弘旿所画的《洋菊图册》和邹一桂创作的《御制洋菊诗谱图册》。[6]以这四十四种"洋菊"为主题的绘画、文字记录是清宫中对"洋菊"较全面的资料汇总,其他有关"洋菊"的绘画保存的信息均过少,因此笔者将以这四十四种"洋菊"为研究重点进行讨论,首先对它们的信息进行统计(见表2)。

对照钱维城、汪承霈、弘旿和李秉德所绘的"洋菊"四十四种图卷和册页,我们会发现在这些图像中有一类单层或多层

---

1 何小兰、魏露苓:《中国传统菊谱中的"洋菊"探析》,《中国农业文明史论丛》(一),江西人民出版社,2013,第136~148页。

2 张树林、戴思兰主编《中国菊花全书》,第17~20页。

3 卢庆滨:《传统文人、帝王与菊花谱录》,《铜仁学院学报》2015年第6期,第9~21页。

4 乾隆帝在1759年创作的《洋菊》诗出现在钱维城所绘制的《菊花图轴》之上,此幅作品图像收录在1930年8月8日的《北洋画报》和保利艺术博物馆所编的《宋元明清中国古代书画选集》(二)第129页。

5 (清)弘历:《御制诗二集》卷八二。

6 弘旿的《洋菊图册》共16开,每开绘洋菊2~3种,画面右上角先题洋菊名称,再题写菊花的形态、颜色的描述,最后附上乾隆帝的对应洋菊诗。邹一桂的《御制洋菊诗谱图册》已不可见,但画面题写文字部分完整地收录在《石渠宝笈续编》中,内容与弘旿的《洋菊图册》一致。

表1 清宫"洋菊"图统计

序号	画作名称	创作者	清宫旧藏地点	现存或出现地点	著录情况	画中"洋菊"种类数	创作时间
1	洋菊图卷	钱维城	养心殿	北京故宫博物院	石渠宝笈续编	44	
2	洋菊图轴	钱维城	乾清宫	台北"故宫博物院"	石渠宝笈续编	5	
3	菊花图轴	钱维城	未知	2010年保利秋拍	无	12	1759年
4	御题洋菊四十四种图卷	钱维城	乾清宫	吉林省博物院	石渠宝笈续编	44	
5	御制题洋菊四十四种横幅	李秉德	未知	文物出版社图录	无	44	
6	弘历洋菊四十四种诗意图	佚名	未知	北京故宫博物院	内务部古物陈列所书画目录	44	
7	御制洋菊诗谱图卷	汪承霈	重华宫	北京故宫博物院	石渠宝笈续编	44	
8	洋菊图轴	汪承霈	未知	台北"故宫博物院"	无	8	
9	洋菊图册（十六开）	弘旿	避暑山庄*	北京故宫博物院	内务部古物陈列所书画目录	44	
10	洋菊四十四种二册	弘旿	避暑山庄	北京故宫博物院	内务部古物陈列所书画目录	44	
11	洋菊十六种图册	关槐	避暑山庄*	北京故宫博物院	内务部古物陈列所书画目录	16	
12	洋菊图册（八开）	关槐	避暑山庄*	台北"故宫博物院"	内务部古物陈列所书画目录	9	
13	洋菊图轴	郎世宁	御书房	台北"故宫博物院"	石渠宝笈续编	3	
14	洋菊图轴	邹一桂	养心殿	可能佚失	石渠宝笈续编	8	1756年
15	御制洋菊诗谱图册	邹一桂	宁寿宫	可能佚失	石渠宝笈续编	44	
16	洋菊图册（拟）	邹一桂	未知	可能佚失	洋菊谱	36	
17	九秋图卷	钱维城	宁寿宫	中国三峡博物馆	石渠宝笈续编	1	1768年
18	行庐清供	钱维城	避暑山庄	2011年保利春拍	石渠宝笈三编	1	1774年

* 以上三件"洋菊"图作品著录于《内务部古物陈列所书画目录》，此目录是民国时期编修的沈阳故宫与避暑山庄旧藏书画目录，但上述作品未出现在著录沈阳故宫书画的《盛京故宫书画录》之中，所以初步推断它们可能是避暑山庄旧藏。

表2 四十四种"洋菊"信息统计（依据乾隆御制诗次序编号）

序号	菊花名称	花型*	花色	花径	备注
1	金佛座	匙瓣莲座型	舌状花黄色，筒状花微绿色		见于《洋菊谱》《西吴菊略》
2	绒锦心	桂瓣管桂型	舌状花淡紫色，筒状花黄色		见于《洋菊谱》
3	绶带紫	平瓣翻卷型	舌状花淡紫色，筒状花正黄色		
4	承露盘	管瓣单管型	舌状花淡黄色	约一尺	
5	万点红	管瓣单管型	舌状花背面粉红色，正面红色；筒状花正黄色		见于《洋菊谱》，《弘皎菊谱》称"落红万点"
6	珊瑚枝	平瓣芍药型	舌状花铁红色，筒状花黄色		见于《洋菊谱》《弘皎菊谱》
7	檀心晕	平瓣平盘型	舌状花复色，从内之外由淡绿至淡黄再至老黄色	三寸	见于《洋菊谱》
8	雪莲台	平瓣荷花型	舌状花纯白色，舌状花淡紫色；筒状花黄色，筒状花淡黄色		见于《洋菊谱》《弘皎菊谱》
9	紫云球	平瓣芍药型	舌状花深紫色		
10	蜜蜡莲	匙瓣莲座型	舌状花蜡黄色，有深浅变化	六至七寸	

续表

序号	菊花名称	花型*	花色	花径	备注
11	佛手黄	桂瓣平桂型	舌状花淡黄色，筒状花金黄色		见于《洋菊谱》《弘皎菊谱》
12	红伞盖	?	舌状花绀红色，筒状花金黄色	约一尺	筒状花有变异为舌状花的小瓣
13	桂丛紫	桂瓣管桂型	舌状花紫色，筒状花正黄色	约一尺	见于《洋菊谱》
14	杏子黄	匙瓣蜂窝型	舌状花杏黄色		《弘皎菊谱》称为"杏黄球"
15	麝香盂	桂瓣平桂型	舌状花正黄色，筒状花深黄色	七至八寸	香味郁烈
16	搓粉妆	平瓣翻卷型	舌状花淡胭脂色		
17	紫流苏	匙瓣雀舌型	舌状花紫色，筒状花黄色		
18	卷云绡	平瓣叠球型			
19	玉井莲	匙瓣莲座型	舌状花白色，筒状花正黄色	五至六寸	《洋菊谱》称为"银佛座"
20	金背红	平瓣芍药型	舌状花正面红色，背面黄色		《洋菊谱》称为"锦背红"
21	粉玉环	平瓣叠球型			
22	碧霞剪	?	舌状花红色，筒状花黄色		
23	荔枝台	桂瓣平桂型	舌状花赤黄色，筒状花从内及外由绿色变为深黄色		
24	鹤翎素	平瓣翻卷型	舌状花粉红色	六至七寸	
25	赛姚黄	平瓣芍药型	舌状花赭黄色		
26	月露团	匙瓣蜂窝型	舌状花白色，筒状花黄色		
27	簇银针	管瓣单管型	舌状花纯白色，筒状花淡黄色	四寸以上	
28	海红莲	桂瓣匙桂型	舌状花正面红色，背面粉白色；筒状花黄色	三寸	见于《洋菊谱》《弘皎菊谱》
29	蒨牙盘	管瓣单管型	舌状花正面淡黄色，背面象牙微红色；筒状花正黄色	三寸	《洋菊谱》《弘皎菊谱》称为"七宝盘"
30	夺锦标	平瓣平盘型	舌状花正红色		
31	紫霞觞	?	舌状花紫色，筒状花黄色		见于《弘皎菊谱》
32	蝶翅丛	匙瓣匙盘型	舌状花纯白色		
33	胭脂带	管瓣单管型	舌状花胭脂红色，筒状花黄色	一尺	描述似《弘皎菊谱》中的"胭脂瓣"
34	金玉相	平瓣芍药型	舌状花白色，筒状花金黄色		
35	青玉案	平瓣芍药型	舌状花白色，筒状花正蓝色		
36	胜芙蓉	桂瓣平桂型	舌状花红色，筒状花淡黄色	七至八寸	
37	镂琼杯	?	舌状花正面褪红色，背面白色；筒状花黄色	四至六寸	
38	玉燕翎	管瓣单管型	舌状花正面粉红色，背面白色；筒状花黄色		
39	鹤头丹	桂瓣平桂型	舌状花朱砂红色，筒状花黄色		
40	秋水霞	?	舌状花淡红色，筒状花微黄色		
41	颤红翘	?	舌状花初开粉红色，渐变为紫色；筒状花黄色	约一尺	
42	缕金葵	管瓣单管型	舌状花淡黄色，筒状花正黄色		
43	晚酣霜	平瓣翻卷型	舌状花橙红色，筒状花黄色		
44	舞绛丝	管瓣单管型	舌状花正面红色，背面白色；筒状花黄色		

* 菊花是典型的头状花序，每个正常发育的头状花序都由舌状花和筒状花组成，舌状花为花序外围花瓣状的花朵，筒状花则是花序中央的管状合瓣花朵。舌状花一般被视作"花瓣"，按其形态变化来划分花型，舌状花有三种形态：平瓣、匙瓣和管瓣。平瓣是指花瓣完全展开；匙瓣是指花瓣下端有一段管状结构，花瓣先端展开如汤匙，匙的长度是花瓣总长的1/3~1/2；管瓣是指花瓣有1/3以上是管状结构，管的先端较小。表中花型分类参考张树林、戴思兰主编的《中国菊花全书》花型分类标准。

图 1　李秉德绘《御制题洋菊四十四种》横幅中的洋菊"万点红"

（聂崇正：《御制题洋菊四十四种》，文物出版社，2010）

图 2　李秉德绘《御制题洋菊四十四种》横幅中的洋菊"红伞盖"

（聂崇正：《御制题洋菊四十四种》）

管瓣、匙瓣花型的菊花使人印象深刻，这类菊花因为花瓣较少、花心外露，围绕菊花头状花序排列，呈环状结构。有些种类比如"万点红""舞绛丝""玉燕翎"等管瓣花的先端展开一段很短且鲜艳的匙状结构，颜色对比形成一种星星点点的美感（图1）；有些种类如"红伞盖""颤红翘"在长的管状花先端深处较长的平展或下弯的匙状结构，花瓣环列成伞盖状（图2）；还有如"蒨牙盘""镂琼杯"管瓣的先端匙状结构内弯上翘，为盘状或杯状结构（图3），这些花型就是邹一桂在《洋菊谱》中所说的：

　　近来洋菊，花事一变，锯叶筒瓣，为圆为扁，烁如星悬，簇如针攒，如轮如盖，如钵

图 3　李秉德绘《御制题洋菊四十四种》横幅中的洋菊"镂琼杯"

（聂崇正：《御制题洋菊四十四种》）

如盘……[1]

另外，从邹一桂的《洋菊谱》和乾隆帝的御制洋菊诗谱中可以获得部分"洋菊"的花径尺寸，从表2可知花径在一尺左右的菊花就有5种，这种花径达到30厘米的菊花在今天看来也是很大花型的菊花。五

---

[1]（清）邹一桂：《小山画谱》，第155页。

至八寸的菊花也有6种，属于大、中花型的菊花。由此看来，这批"洋菊"中许多花型都较大，超过清代菊花花径大致在三至四寸的平均水平。[1]

按照上述花型特征，在中国现代的菊花花型分类标准中并没有符合这些"洋菊"的花型，即便有一些可以归于管瓣单管型花型，但多少有些结构不相符（因此笔者在表2中对这类不能用中国现代菊花花型分类的品种标注问号）。出现这种情况的原因可能就是这些菊花本身就不是中国培育的菊花品种，所以自然没有它们的分类标准，要搞清楚这些菊花的来源问题，最直接的方法就是从日本江户时期的菊花文献中寻找答案。

三 日本江户时代菊花花型流变

菊花原产自中国，传入日本不会早于奈良时代（710~784），到了平安时代（794~1185），菊花被视为宫廷特权和贵族的象征，直至桃山时代（1574~1602）菊花主要被限定在宫廷和贵族的庭院栽种赏玩，民间少有种植；菊花种类也较少，多是从中国传来的一些品种。江户时代（1603~1867），随着日本町人阶层的崛起和商品经济的快速发展，菊花开始在日本民间快速推广，这一时期以江户为中心，在其近郊已经形成了一定规模的菊花栽培育种区域，商业化的花农和园艺家等专业艺菊群体的形成为整个江户地区的市民阶层提供了众多的菊花品种。[2] 江户时期是日本菊花品种培育蓬勃发展的时期，至今保存了大量有关菊花品种记录、栽培的文献著作，这其中不乏对当时菊花进行图像记录的图谱。现存较早的菊谱是元禄四年（1691）由八尾恭丰等出版的《画菊》，这本菊花谱是由东山润甫撰写菊花诗，再由画工描绘菊花形态的一部花谱。花谱为线装书籍，每页描绘一到两种菊花，在页面空白处添写对应的咏菊诗，这种创作格式类似于中国传统的画谱。书中描绘的100个菊花品种多属于平瓣型重瓣、半重瓣品种以及一些小菊品种，这说明在江户前中期，日本的菊花仍以平瓣型重瓣、半重瓣花型为主，匙瓣、管瓣等花型在那时还不常见。元禄八年（1695）伊藤伊兵卫所著的《花坛地锦抄》记载了当时日本230种菊花品种名称，其中有许多菊花品种在《画菊》中出现过，而且该书对收录的大部分种类都有简要的描述：大花型50种、中花型43种、小花型18种，还有119种没有提到花型大小。[3]

从江户中期开始，菊花的培育活动逐

---

[1] 王子凡：《中国古代菊花谱录的园艺学研究》，博士学位论文，北京林业大学，2010，第51~52页。
[2] 野间晴雄：《17～19世紀江戸・東京近郊の花き園芸の発達と空間的拡散：グローバル／ローカルな視点からの菊の歴史地理》，《東アジア文化交渉研究》2010年第3期，第395~431页。
[3] 伊藤伊兵卫：《花壇地錦抄》，《京都園藝倶樂部叢書》第2辑，京都園藝倶樂部，1937，第120~127页。

渐从贵族、武士等上层人群向普通庶民阶层扩散，从正德、享保时代开始日本社会进入一种狂热追捧菊花的热潮，这就促成了江户中后期日本菊花园艺事业的空前繁荣。进入18世纪后有关菊花的专著不断问世，这些书从菊花花型、栽培技巧、鉴赏、病虫害防治等多方面对当时的菊花园艺知识进行总结，较早出现的是正德三年（1713）霁月堂丈竹所著的《后花集》，这部书对后世的菊花园艺书籍影响很大，它以插图丰富著称，在第一章就有19幅插图来介绍当时的菊花花型和花瓣结构，其中有许多花型都是单瓣花型，筒状花发达。正德五年（1715），志水闲事的《花坛养菊集》和友霜等人的《犹存录》相继出版。享保二年（1717），养寿轩等出版了《花坛菊花大全》。这三部菊花园艺著作体例大致与《后花集》类似，都详细记录了当时的菊花种类、花型、品鉴、栽培技术等园艺学知识，但每种著作均有其突出特点，《花坛养菊集》对当时菊花花型的记录较为完备，共描绘了48种花型，从图上看除了少部分为重瓣平瓣花型外，更多的是各种管瓣和匙瓣半重瓣花型，许多品种花心部都具有发达的筒状花，这应该是当时日本菊花最新的培育成果。《犹存录》最大的特征是对菊花花瓣结构进行了详细描述并附有示意图，它对菊花花型的展示采用了花序的剖面图（书中称为"一刀叶"），这不同于当时常见的用正面示意图来展示的做法，这种展示法更能反映出当时流行单瓣或半重瓣的盘状花型。《花坛菊花大全》最大的特色是对当时见到的各种菊花花瓣进

行了图绘分类，书中出现的舌状花的分类就有平瓣、管瓣、鸟茎瓣（类似于现在的匙瓣）、袋瓣等五种，对筒状花的外形和聚生形式也进行了细致的分类，这远远比现代中国和日本的菊花分类复杂得多。享保二十一年（1736），百鞠亭儿素仙编著了手绘着色版的《扶桑百菊谱》，这部书中描绘的菊花品种比起最早出版的《画菊》有了很大的变化，绘者以侧面照的形式描绘了许多菊花品种，这些菊花大多花瓣细长、披散，以管瓣花型和匙瓣花型居多，花序的中央露出发达的花心（筒状花）。这部《菊花谱》已经能反映出江户中期民众对菊花审美的变化：菊花花型以花瓣修长飘逸为美，花瓣排列有序地环绕着花心部聚集成丛的筒状花。之后松平赖宽又在宝历五年（1755）和六年（1756）陆续出版了用汉文书写的《菊经国字略解》和《郦园百菊谱》，前一本主要讲述菊花种植技法，后一本主要记录菊花品种名称和花朵特征，其中名称与中国菊花的命名很相似，从作者的汉语行文风格及参考的大量汉文文献来看，这两部书深受中国同类著作影响。

到了江户后期，江户（东京）地区不仅汇聚了全国丰富的菊花园艺品种和优秀的菊细工（艺菊专业园艺师），而且也逐渐出现了规模盛大的菊花展览会和菊花评比活动。基于江户时代庶民阶层对奇花异卉的狂热追求和专业化的菊花培育竞选，日本的菊花新品种层出不穷，从弘化二年（1845）浮世绘画家歌川国芳所绘的《百种接分菊》中，我们就可以感受到当时江户市民踊跃观

赏数百种菊花嫁接于一体的盛况。弘化三年（1846），菅井菊叟出版了幕末最为重要的一本菊花园艺著作《菊花坛养种》，此书对当时的艺菊成就进行了总结，记载的菊花多是大、中型花，部分新品种的菊花图像出现在了书中，比如堆叠如球的大菊品种"黄宝珠"，这是现代日本菊花中一个重要的花型类别（日本称之为"厚物"），当时已经作为新培育的珍稀品种出现在菊展中。此书中还描绘了当时用于菊花坛展览所栽植的菊花形象，据作者称，这些菊花株高在二尺左右，花的直径从六七寸到一尺多长不等，[1]当时流行将大花型菊花制作成标本菊进行展览。书中插图描绘的菊花品种除保留之前流行的花心发达的盘状花型外，已经出现了许多花瓣向内反卷或管瓣的重瓣大菊品种。安政二年（1855），文溟所绘的《竹室园中造菊数》描绘了21种菊花花型，其中许多是重瓣管瓣花型和宽平瓣花型（现代日本"一文字菊"雏形）。以上这些江户后期新出现的菊花花型已经逐渐向日本现代菊花花型过渡。

明治以后日本现代所见的菊花花型逐渐出现，按照花径大小分为三类：大花型（花径在18厘米以上）、中花型（花径在9~18厘米）、小花型（花径在9厘米以下）。大花型包括厚物（中国称为叠球或匙球型）、管物（中国称为管瓣型）和广物（中国称为宽带型或荷瓣型）三大类，这三大类花型是现今日本菊花的主流观赏种类，

图4 日本古典菊品种肥后菊
（笔者摄于北京世界花卉大观园）

因为日本有着严格的菊花评定传统，所以这类主流的菊花花型都具有花型整齐，花瓣粗细一致、排列清楚的特征，整体上具有很强的几何对称美感；中型花主要包括日本特有的古典菊种类，它们花型多样，都是江户时期保留并不断选育的菊花种类，许多都继承了江户时期流行的菊花花型特点。如肥后菊、嵯峨菊、伊势菊等都明显具有花瓣纤细多变、半重瓣以及花心外露的特征（图4、图5），而丁子菊（中国称为桂瓣花型）花心发达的筒状花聚集如堆（图6），这明显是江户时代这类花型的进一步发展；小型花在历史上伴随着大花型的选育而出现，它们在日本常被用来制作菊花盆景。

---

[1] 岩佐亮三：《園芸文化史より見た菊作り》，《定本菊花大観》，主婦の友，1976，第266~277页。

图5 日本古典菊品种伊势菊
（笔者摄于北京世界花卉大观园）

图6 日本古典菊品种丁子菊
（笔者摄于北京世界花卉大观园）

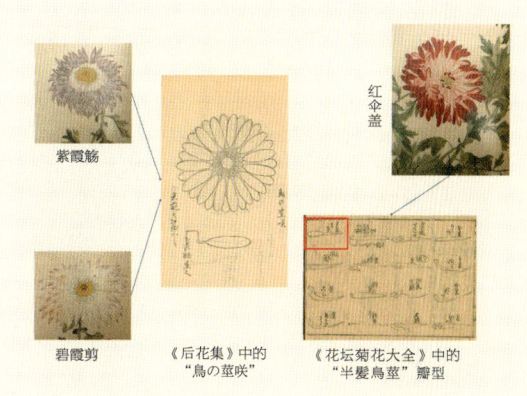

图7 清宫洋菊与《后花集》中"鳥の茎咲"花型以及《花坛菊花大全》中的"半髪鳥茎"瓣型对比

图8 清宫洋菊与《后花集》中的"管咲"花型对比

四 清宫"洋菊"与日本江户时代菊花花型比较

通过对上述日本菊花花型发展的分析，我们不难发现，大约在乾隆时代早期（约18世纪50年代之前）进入清宫的这批"洋菊"很多都具有日本江户时代中期流行的花型特征。《后花集》中有一幅典型的"管咲"（管瓣单管型）花型正面示意图，管状瓣的先端露出很小的平展匙瓣，这个开口被称为"銚子口"，即水壶口，其中"洋菊"中的"万点红"、"玉燕翎"和"舞绛丝"就完全可以与此对应（图7）；书中"鳥の茎咲"的意思是花瓣开放时如同鸟羽一样有后端较细的羽根和先端宽大的羽片（图8），可以与图中花型对应的有"碧霞剪""紫霞筋"；《花坛养菊集》中的"半髪咲"花型为半重瓣，花瓣为细管状，每

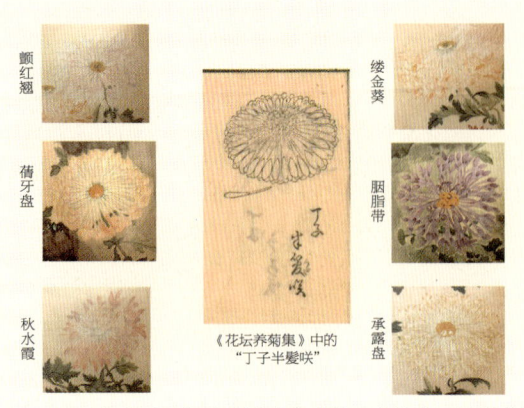

图9 清宫洋菊与《花坛养菊集》中的"半发咲"花型对比

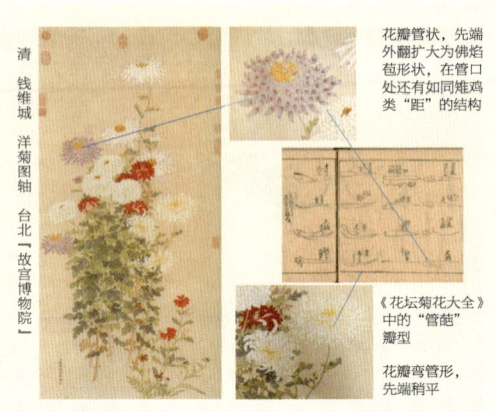

图10 清宫洋菊与《花坛菊花大全》中相关花瓣结构对比

片花瓣的先端展开较长的平展匙瓣（图9），与此可以对应的就有"承露盘""蕾牙盘""胭脂带""镂琼杯""秋水霞""颤红翘""缕金葵"；《花坛菊花大全》中一种称为"半髪鸟茎"的花瓣结构与"半髪咲"结构类似，但先端平展的匙瓣更长类似羽毛，"洋菊"中的"红伞盖"正是这一结构。钱维城所画的《洋菊图》轴中有一种花瓣奇特的紫色"洋菊"，这种菊花花瓣为管状，先端外翻扩大为佛焰苞形状，在管口处还有如同雄性雉鸡类"距"的结构，这种花瓣至今已经很难见到，它也没有出现在乾隆所选的四十四种"洋菊"之内，不过在《花坛菊花大全》中出现过对这类花瓣造型（图10）的描述，由此可知这类菊花曾经在日本江户时代出现。这本书中的许多花瓣类型今天已经很难见到，钱维城此幅画中的紫色"洋菊"为我们留下了难得的图像资料。

江户时代各类菊花园艺书中都详细提到过菊花筒状花的结构和各种聚集形态，这类筒状花发达的菊花被称为"丁子菊"，名称源自菊花中央像丁香花一样聚集成堆的筒状花，当时培育的菊花多数并非重瓣，而是特别留心花心部筒状花的培养，这样培育出的菊花既具有外轮鲜艳的舌状花，也具备中央金黄色发达的筒状花，这类造型的菊花在流入清宫的"洋菊"中也有所体现，比如绒锦心、佛手黄、桂丛紫、麝香盂、海红莲、胜芙蓉、鹤头丹等。实际上这类筒状花发达的菊花在中国被称为"桂瓣"，早在宋代就出现了，范成大的《范村菊谱》中就有一种称为"佛顶菊"的桂瓣型菊花，南宋朱绍宗的《菊丛飞蝶图》清晰地描绘了当时培育的桂瓣型菊花，但中国并没有刻意培育这类菊花，所以桂瓣型菊花种类较少且多为小型。清宫栽培的这类筒状花发达的"洋菊"花径约在三寸以上，属于中型花，这正是日本江户时代流行的丁子菊花径的大致尺寸，由此可见，清宫引入了不少当时日本流行的丁子菊花型品种。

除了上述提到的种类，清宫"洋菊"中仍有不少重瓣平瓣花型，这类花型是中国古代菊花的主流花型，明代《德善斋菊谱》中出现的菊花花型多数属于重瓣平瓣花型，之后清代菊花花型有了较大发展，但是从栽培数量和种类来说重瓣平瓣花型仍占有很大的优势，从清代恽寿平、邹一桂、余省等花鸟画家写实的菊花绘画多描绘这种花型菊花也能看出这一点。日本早期菊花也多是重瓣平瓣型，到了江户时代这类花型应该仍占有一些优势，据史料载，正保年间（1644~1647）日本从中国引入5种菊花——醉杨妃、御爱、玉牡丹、鹅毛和太白，[1]结合江户时期这些菊花的图像来看，这几种菊花均属于重瓣平瓣花型。因此，清宫"洋菊"中的这类重瓣平瓣型菊花来源就很复杂，很难将其归为中国所产还是日本所产，结合邹一桂在《洋菊谱》中提到的"冒以洋名，实出中国"说法以及何小兰、魏露苓所做的考证，我们有理由相信，在这些重瓣平瓣型的"洋菊"中实际混入了不少中国本土菊花品种。

结　语

综上所述，清宫的"洋菊"品种实际上包含了当时日本流行的菊花品种和部分可能来自中国或日本的重瓣平瓣型品种。时至今日，江户时代流行的菊花种类已经很少保留下来，通过由这些菊花选育的日本古典菊，或多或少还能一窥当时流行菊花的特点，尤其是保存至今的古典菊品种肥后菊继承了那个时代日本菊花的很多特点。除此之外，关于这些菊花的信息只能依托于江户时代流传下来的各种菊花园艺书籍，但这类书籍中对菊花花型的描述偏重于结构分类，更精细的图像资料已经很难找到。清宫的这批"洋菊"绘画，以当时细致写实的宫廷风格很好地保存了久已消失的日本江户时期菊花的形象，这不仅弥补了日本相关文献中图像资料的不足，而且对于深入研究江户时代日本菊花培育史具有重要的参考价值。从全球化交流的层面来看，这批"洋菊"绘画也为18世纪中日间的物质文化交流提供了宝贵的图像资料，很值得两国重视。

18世纪的清宫正在不断地建设和扩充，各种奇珍异宝都陆续荟萃于此。相比其他物品，流入清宫的域外观赏植物似乎微不足道，仅仅用来装点皇帝的庭院，但似乎又不限于此，善于汇聚图像信息的清代统治者已经在拥有这些观赏植物的同时命画师将它们描绘下来，所画图像或是用于收藏，或是陈设于各处——我们从《石渠宝笈续编》中记载的众多"洋菊"绘图分散收藏于各个宫殿就可以看出这一点。许多未收录于此书而至今仍保存于各大博物馆的"洋菊"图很有可能是当年京外离宫中的藏品——反复大量地描绘同一主题又置于帝国的各处宫殿，这不仅是出于审美的需要，而且反映了清帝已经开始重视

1　［日］大庭修：《江户时代日中秘话》，徐世虹译，中华书局，1997，第129页。

图11 邹一桂绘《联芳谱图》册之"洋茶·番菊"
（北京故宫博物院藏）

图12 汪承霈绘《春祺集锦》卷（局部）
（图中红色菊花为洋菊品种，台北"故宫博物院"藏）

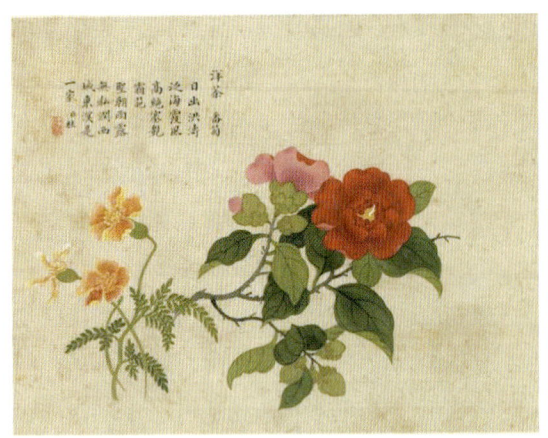

对天下万物的拥有。

清宫整合域外植物展示皇权的方式在乾隆时代的宫廷绘画中多次出现，乾隆时代的词臣画家邹一桂为乾隆皇帝绘制了一套《联芳谱图》册，其中一幅就将来自日本的洋茶（山茶）和墨西哥的番菊（孔雀草）（图11）描绘在一起，邹一桂在画中题诗："圣朝雨露无私润，西域东溟是一家。"画家以域外花卉图像象征性的寓意，展示出乾隆帝拥有天下万物和统御四方的浩荡气魄。无独有偶，另一位乾隆时代的词臣画家汪承霈在乾隆四十九年（1784）也创作了一幅汇聚一百种中外花卉的长卷《春祺集锦》，这其中就有"洋菊"（图12）的身影。画家通过此卷试图歌颂清帝国的一派祥和，这在一定程度上也迎合了乾隆帝通过雄厚的国家实力见证自己处于"五福五代"的统治鼎盛时期的诉求。[1] 清帝对引入清宫的域外观赏植物进行具有中国特点的命名，使其具有了中国文化的烙印。对其进行绘图，采用各种不同的形式、风格将其融入中国式的图画场景中，展现出一派中华风貌，这实则是清帝利用自己的权力为域外的植物重新构建中国式的秩序，通过此种手段以彰显清帝四海一家的统治气魄。

乾隆帝并不像当时的欧洲人那样热心于图绘自然以探究其中所隐藏的科学知识，他所关心的是以这种二维图像永久保存的方法，象征性地展示皇权对疆域内外万物的拥有和支配。这一点实际上在胡思德讨论中国古代帝王期望广收天下动植物的思想时即已指出：将这些异域生物汇集一处（或是实物集于御苑，或是图像藏于内府），超越它们实际的地域限制，从而对自己实权所不及的治外区域确立象征性的控制。[2]

---

[1] 林莉娜：《百花呈瑞·盛世升平：清汪承霈春祺集锦及画万年花甲考略》，《故宫文物月刊》2017年第6期，第87页。

[2] ［英］胡思德：《古代中国的动物与灵异》，蓝旭译，江苏人民出版社，2016，第8~9页。

三

汉画研究

汉人灵魂乘车出游的节点与终点
——以西汉后期至东汉时期墓室画像为中心

■ **章义和**（华东师范大学历史学系） **姚立伟**（华东师范大学历史学系）

车马出行图和神兽牵引车辆前行图像在汉画中大量存在。先行研究对此提供了多元解释，丰富了观察视角，但各种解释又存在相互矛盾的现象。在既有研究成果基础上，通过阅读图像和相关文献，我们尝试复原汉人亡故后灵魂乘车出行的过程。大致说来，这一过程由三段旅程构成：第一段为墓主从生前生活的家中至墓室，这段旅程中所使用的交通工具主要为轺车、軿车、辎车组合，牵引车辆前行的生物则以马为主；第二段为自墓室出发驶向西王母昆仑仙境，这段旅程中所用的车辆与前段旅程差别不大，牵引车辆前行的生物却有所不同，除了马以外，还可见带翼的飞马、鸟、鱼、鹿等灵异生物；第三段为从昆仑仙境升入天界，这段旅程中的车辆车轮多为旋涡状云气，牵引车辆前行的多为鱼、龙等神兽。在灵魂乘车出游的整个过程中，存在两个重要的仪式空间：一为象征太阴的墓室，这是墓主择选与之同行鬼神的空间；一为西王母所在的昆仑仙境，为墓主领受不死仙药的空间。整个旅程的终极之点为天，其在不同历史时期表现形式有所差异，两汉之际为太一所在之地，东汉后期为代表天界的瑞应图像等。若将西汉后期至东汉时期墓室画像石中所表现的汉人灵魂乘车出行的过程与西汉前期马王堆汉墓T形帛画中所展现的"远游北极"过程对比，则可发现灵魂远游的观念在汉代墓室画像中长期存在，在社会发展、民间信仰等因素的作用下，墓室画像的内容和表现方式有一个局部调整和变易的过程。

一　学术史回顾与问题提出

全国各个地区出土的汉代祠堂、石阙、石棺、墓室画像石或画像砖中多有车马出行场面。车马出行图在不同结构的汉墓中均有出现，如椁墓形制的长沙马王堆三号汉墓中出土有《车马仪仗图》（或《军阵送葬图》）和《车马游乐图》[1]，陕西东汉墓室壁画中绘有车马出行图。[2] 车马出行图为汉画重要题材之一，且图像数量众多[3]，因此相关研究颇为丰富，部分学者在进行研究时已对先行研究有所列举。[4] 众多的研究呈现出三种不同的诠释思路：一是车马出行图反映的墓主仕宦经历；二是车马出行图所展现的汉代社会生活；三是通过图像配置规律探讨车马出行的目的地。[5] 对第三种诠释思路，学界一直存在诸多争议。信立祥认为，祠堂画像石中下层车马出行图表现的是祠主夫妇自地下世界乘车马前来受祭。[6] 佐竹靖彦认为，下层车马是"'升车下征'进入黄泉的下降的运动"。[7] 赵殿光、袁曙光通过考察四川地区画像砖、画像石棺、鎏金铜牌的布局，认为其可分为以西王母为中心的天国图景和墓主车骑进入天门并在其中享受美好生活两部分。[8] 李立、谭思梅注意到车马出行前进方向多为左向的特点，认为其中所蕴含的方位趋向是西向行进，车马出行的目的是到达掌管不死药的西王母所在的西方，以寻求生命的再生与永生。[9] 在众多的争议中，巫鸿的观点颇为异类。他强调汉墓中的车马出行图展现的是一个"连续性过程"，先是送葬行列前往墓地，"随后是想象中来世的出行"。[10] 受此启发，通过图像和文献的阅读，我们认为汉人亡故之后灵魂乘车所展示的内涵确实具有连续性，灵车出游是一个精心安排的过程，在这个过程中有两个非常重要的仪式空间——墓室（太阴）和昆仑西王母仙境，但出游的终极归宿并非一般所认为的西王母仙境，而是更高层次的天。

1　湖南省博物馆、湖南省文物考古研究所编著《长沙马王堆二、三号汉墓》第1卷，文物出版社，2004，第109~111页。

2　叶磊、高海平：《汉墓丹青——陕西新出土四组东汉墓室壁画车马出行图比较浅探》，《湖北美术学院学报》2010年第4期，第16~21页。

3　如李宏统计，汉代石刻画像中有近2000幅车骑出行图。李宏：《永恒的生命力量：汉代画像石刻艺术研究》，台湾历史博物馆，2007，第57页。

4　可参看叶磊、高海平《汉墓丹青——陕西新出土四组东汉墓室壁画车马出行图比较浅探》，《湖北美术学院学报》2010年第4期，第16~17页；庄蕙芷《论汉代车马出行图的形式与墓室结构的关系》，《中国美术研究》2016年第19辑，第13页。

5　吴旻旻：《汉画像石"车马出行图"之帝国想象》，《汉学研究》第28卷第4期，2010，第6~15页。

6　信立祥：《汉代画像石综合研究》，文物出版社，2000，第115页。

7　〔日〕佐竹靖彦：《汉代坟墓祭祀画像中的亭门、亭阙和车马行列》，朱青生主编《中国汉画研究》第1卷，广西师范大学出版社，2004，第69页。

8　赵殿增、袁曙光：《"天门"考——兼论四川汉画像砖（石）的组合与主题》，《四川文物》1990年第6期，第10页。

9　李立、谭思梅：《汉画车马出行画像的神话学诠释》，《理论与创作》2004年第6期，第117页。

10　〔美〕巫鸿：《从哪里来？到哪里去？——汉代丧葬艺术中的"柩车"与"魂车"》，〔美〕巫鸿著，郑岩、王睿编《礼仪中的美术：巫鸿中国古代美术史文编》，郑岩等译，生活·读书·新知三联书店，2005，第260页。

二　入墓：选鬼神于太阴

汉人去世后，逝者家人在举行一系列祭奠活动后，会将逝者送入坟墓，这是汉人亡故后的第一段旅程。汉人在送逝者入墓之前，会预先准备所用车辆，其中有两辆车专为逝者所用，一是运输棺椁的柩车，一是死者生前的所用车辆，时人称此为"魂车"[1]。巫鸿、唐琪等认为，山东地区所出土的汉代画像石中有与此相对应的图像，如沂南东汉墓中室北壁车马画像（图1）、临沂白庄东汉墓车马画像（图2）、福山东留公东汉车马画像（图3）等。[2]三幅汉画像中均依次排列着三种车，最前一辆为四面敞开、上有伞盖的轺车，具陈引作用；中间一辆带有帷幔的车为辒车，输送死者的灵魂；第三辆是一种长而窄并带有卷篷的车叫輀车，运载死者的躯体，为柩车。《说文解字》曰："輀，丧车也"[3]，《释名·释丧制》云："舆棺之车曰輀。……其盖曰柳。柳，聚也，众饰所聚，亦其形偻也。亦曰鳖甲，似鳖甲然也。"形偻、鳖甲之状为中央高、四周低[4]，由此可见文献所载輀车的形状与三幅汉画像中第三辆车的形状颇多类似。山东微山县微山岛乡所出西汉晚期石椁画像石中有一幅学界较为公认的送葬图（图4），其中亦有輀车[5]，形状与三幅汉画像中的第三辆车相仿，只不过东汉时期的车辆刻画技法更为成熟。

巫鸿认为，山东兰陵东汉元嘉元年（151）墓前室东壁横额画像石（图5）刻画了逝者妻妾乘坐车辆到达墓地的场面。[6]确实，这幅图像更为清晰地展现出送葬队伍所前往的逝者之墓："大屋，庑殿顶，柱头斗栱作一斗二升。门扇一闭一开，门上刻有铺首衔环，环系绶带。门内刻二人，左拄杖、右执扇。房旁一人捧盾恭迎车骑。"旁边题记的内容是"使坐上，小车軿，驱驰相随到都亭。游徼候见谢自便，后有羊车象其槥，上即圣鸟乘浮云"[7]。汉墓内各室门扉之上画像石多见有绘制铺首者，如南阳地区的朱雀铺首衔环（图6）、白虎

1　《十三经注疏》整理委员会整理《仪礼注疏》，北京大学出版社，2000，第843页。

2　〔美〕巫鸿：《从哪里来？到哪里去？——汉代丧葬艺术中的"柩车"与"魂车"》，〔美〕巫鸿著，郑岩、王睿编《礼仪中的美术：巫鸿中国古代美术史文编》，第264~266页。

3　（汉）许慎撰，（清）段玉裁注《说文解字注》，凤凰出版社，2015，第1267页。

4　王国珍：《〈释名〉语源疏证》，上海辞书出版社，2009，第337~338页。

5　朱存明：《汉画像的象征世界》，人民文学出版社，2005，第181~182页。

6　〔美〕巫鸿：《从哪里来？到哪里去？——汉代丧葬艺术中的"柩车"与"魂车"》，〔美〕巫鸿著，郑岩、王睿编《礼仪中的美术：巫鸿中国古代美术史文编》，第261页。

7　张其海：《山东苍山元嘉元年画象石墓》，《考古》1975年第2期，第127页。

图 1　山东沂南东汉墓中室北壁车马画像

（曾昭燏、蒋宝庚、黎忠义合著，南京博物院、山东省文物管理处合编《沂南古画像石墓发掘报告》，文化部文物管理局，1956，图版 50 拓片第 39 幅）

图 2　山东临沂白庄东汉墓车马画像

（山东省博物馆、山东省文物考古研究所编《山东汉画像石选集》，齐鲁书社，1982，图版 164，图 366）

图 3　山东福山东留公东汉车马画像

（山东省博物馆、山东省文物考古研究所编《山东汉画像石选集》，图版 240，图 585）

图 4　山东微山县微山岛乡西汉晚期送葬画像

（马汉国主编《微山汉画像石选集》，文物出版社，2003，第 244~245 页）

图 5　山东兰陵东汉墓前室东壁横额画像石

（张其海：《山东苍山元嘉元年画象石墓》，《考古》1975 年第 2 期，第 129 页）

图 6　河南南阳唐河汉郁平大尹冯君画像石墓墓门北门扉正面画像

（南阳汉画馆编《南阳汉代画像石图像资料集锦》，中州古籍出版社，2012，第 170 页）

铺首衔环（图7）图像[1]，陕西绥德地区还见到朱雀与铺首的衔环组合[2]。至于题记所见地下官吏，汉墓中亦常见。如河北望都二号东汉晚期墓所出土买地券中所记地下官吏有"地下二千石、墓主、墓皇、墓鸟、东仟、西仟、南佰、北佰丘丞墓伯"以及"魂门亭长、冢中游徼、佰门卒史"[3]。魂门亭长，还见于《光和二年（179）王当等买地券》《熹平二年（173）张叔敬瓦缶丹书镇墓文》[4]。另外，买地券中也记有"墓门亭长"一职，如《延熹四年（161）钟仲游妻买地券》[5]。河北望都一号墓中南壁墓门两侧壁画绘有"寺门卒""门亭长"[6]，南阳画像砖中还同时绘有白虎铺首衔环与门亭长（图8）。在汉人的想象中，这些冢中游徼、魂门亭长或墓门亭长之类，皆为管理墓室的吏员。依据上述几点，确定兰陵墓前室东壁横额画像石中送葬队伍所去之处为墓室，应该没有什么问题。

山东博物馆藏有两块画像石（图9、图10）：于1956年在肥城栾镇汉墓出土，一块为盖顶石板，一块在前室东壁。[7]两块画像石构图相仿，上部为车马出行与胡汉战争图，下部为柏树和双阙，阙内刻有一些人物，展现送葬队伍进入墓室后的场景。汉人有在墓地树柏立阙的习俗，如《风俗通义》佚文载："墓上树柏，路头石虎。《周礼》：'方相氏，葬日入圹，驱魍象。'魍象好食亡者肝脑，人家不能常令方相立于墓侧以禁御之，而魍象畏虎与柏，

图7　河南南阳熊营墓西墓门东门扉画像
（南阳汉画馆编《南阳汉代画像石图像资料集锦》，第184页）

1　南阳汉画馆编《南阳汉代画像石图像资料集锦》，中州古籍出版社，2012，第170~197页。
2　绥德汉画像石展览馆编《绥德汉代画像石》，陕西人民美术出版社，2000，第5页。
3　张勋燎、白彬：《中国道教考古》第一卷，线装书局，2006，第201~203页。
4　鲁西奇：《中国古代买地券研究》，厦门大学出版社，2014，第55页。
5　鲁西奇：《中国古代买地券研究》，第28页。
6　北京历史博物馆、河北省文物管理委员会编《望都汉墓壁画》，中国古典艺术出版社，1955，第12页。
7　邢义田：《汉代画像胡汉战争图的构成、类型与意义》，《画为心声：画像石、画像砖与壁画》，中华书局，2011，第328~329页。

图 8　刻有白虎铺首衔环、门亭长与柏树的南阳画像砖

（赵成甫主编《南阳汉代画像砖》，文物出版社，1990，拓本 17）

图 9　山东肥城栾镇汉墓画像一

（邢义田：《汉代画像胡汉战争图的构成、类型与意义》，《画为心声：画像石、画像砖与壁画》，第 329 页）

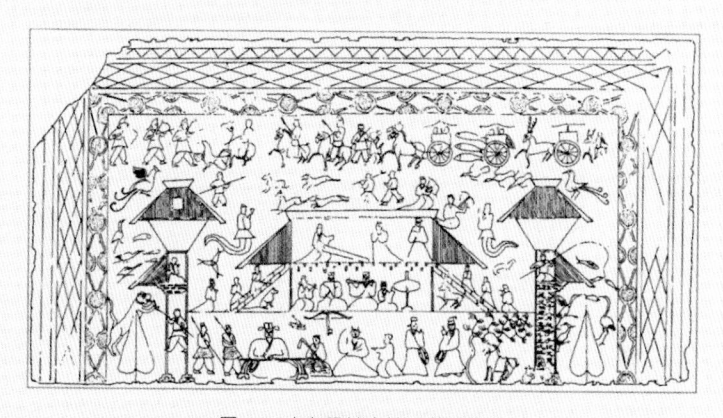

图 10　山东肥城栾镇汉墓画像二

（邢义田：《汉代画像胡汉战争图的构成、类型与意义》，《画为心声：画像石、画像砖与壁画》，第 328 页）

故墓前立虎与柏。或说：秦穆公时，陈仓人掘地，得物若羊，将献之，道逢二童子，谓曰：'此名为蝹，常在地中食人脑，若杀之，以柏东南枝插其首。'由是墓侧皆树柏。"[1] 由于年代久远，汉代墓阙遗存较少。徐州北洞山西汉楚王墓的墓道前、中段间有左右对称的一对长方柱形土墩，有专家认为这是双阙的象征。[2] 四川雅安的东汉高颐墓阙为目前所存较为完整者，东西两阙相距13.6米，东阙仅存阙身，西阙子母阙身和阙顶完整，呈仿木结构高楼式样，距离墓碑、坟墓较远，相对独立。[3] 上述肥城栾镇汉墓画像一（图9）下部有一列车马，前为导骑，后为从骑，中间为三辆軿车[4]，所展现的应为进入墓地的送丧队伍。在南阳地区的一幅画像砖图像（图11）中，可以看出墓主车马经过双柏而到达两阙之前，两阙之间有亭长出迎，为柏树所环绕的两阙与楼阁显然为墓地的象征。在汉人的观念中，双柏两阙之内的墓室便是"鬼廷"，里面的人物就是鬼神，如《汉书·东方朔传》所言："柏者，鬼之廷也。"颜师古注：

图11 刻有车马、双柏、两阙、亭长的南阳画像砖
（赵成甫主编《南阳汉代画像砖》，图版66）

---

1 （东汉）应劭撰，王利器校注《风俗通义校注》，中华书局，1981，第574页。
2 徐州博物馆、南京大学历史学系考古专业编著《徐州北洞山西汉楚王墓》，文物出版社，2003，第6页。
3 仪平策：《大风起兮：秦汉卷》，上海古籍出版社，2017，第197页。
4 《中国画像石全集》编辑委员会编《中国画像石全集》第3卷《山东画像石》，山东美术出版社，2000，第73页。

"言鬼神尚幽暗，故以松柏之树为廷府。"[1] 汉代人视墓室为太阴。[2] 在此太阴鬼府之中的人物，肥城栾镇汉墓画像二（图10）中有着详细的描绘："楼上三人歌舞弹琴，楼下四人击鼓、吹笙、吹排箫、横吹"，"楼前，主人凭几而坐，旁有执兵器的侍卫与仆人"，右侧"树下系一马"。[3] 这种楼上歌舞奏乐的场面，在临沂金雀山九号汉墓帛画中也有出现（图12）。金雀山九号汉墓帛画中第二组人物（图13）为鼓瑟者、吹笙乐师、中间舞女及左边"面对乐舞而坐，正按着节奏伴唱"的二人[4]，与《楚辞·远游》所载"张《咸池》奏《承云》兮，二女御《九韶》歌。使湘灵鼓瑟兮，令海若舞冯夷"[5] 相对应，鼓瑟之人为湘灵，伴唱之人为御《九韶》歌的二女，所谓舞女为海若。[6] 另外，墓主、仆人、树下系马组合（图14），在武梁祠画像石（图15）中也可看到。金雀山九号汉墓帛画中乐舞场景与武梁祠楼阁拜谒图中的墓主、仆人和树下系马组合图像，均为汉代较为普遍的"选鬼神于太阴"场景的体现。[7] 那么，肥城栾镇汉墓画像所刻画墓室之内的场景也当为这一信仰的具象化展现。当送葬队

图12　金雀山九号汉墓帛画乐舞场景

（刘家骥、刘炳森：《金雀山西汉帛画临摹后感》，《文物》1977年第11期，第30页）

图13　肥城栾镇画像墓画像乐舞场景

---

[1] （汉）班固：《汉书》卷六五，《东方朔传》，中华书局，1962，第2845~2846页。

[2] 姜生：《汉墓的神药与尸解成仙信仰》，《四川大学学报》2015年第2期，第30页。

[3] 《中国画像石全集》编辑委员会编《中国画像石全集》第3卷《山东画像石》，第73页。

[4] 刘家骥、刘炳森：《金雀山西汉帛画临摹后感》，《文物》1977年第11期，第30页。

[5] （汉）王逸注，（宋）洪兴祖补注《楚辞章句补注》卷五，吉林人民出版社，2005，第174~175页。

[6] 姚立伟：《马王堆汉墓T形帛画与"远游"北极》，《中国美术研究》2017年第3期，第29页。

[7] 姚立伟：《汉画中"选鬼神于太阴"信仰的演变》，《美术学报》2018年第6期，第5~14页。

伍将逝者送入墓室之后，逝者在其出游的第一个节点——太阴举行选鬼神的仪式，为其远游做准备。山东兰陵东汉墓墓门正面横梁画像石（图16）所刻画的就是墓主车马离开墓室开始出游的场景，故对应的题记这样写道："堂砗外：君出游，车马导从骑吏留，都督在前后贼曹，上有虎龙衔利来，百鸟共持至钱财。"[1]

图14 肥城栾镇画像墓画像墓主、侍从、护卫与树下系马场景

图15 武梁祠画像石
（朱锡禄编著《武氏祠汉画像石》，山东美术出版社，1986，第60页）

图16 山东兰陵东汉墓墓门正面横额画像石
（张其海：《山东苍山元嘉元年画象石墓》，《考古》1975年第2期，第128页）

---

[1] 〔美〕巫鸿：《从哪里来？到哪里去？——汉代丧葬艺术中的"柩车"与"魂车"》，〔美〕巫鸿著，郑岩、王睿编《礼仪中的美术：巫鸿中国古代美术史文编》，第262页。

三　西王母仙境：领受不死药

汉画像中有一定数量的车马出行图显示行进队伍的目的地为西王母仙境。南阳画像砖中有一幅完整展现了车马进入墓地象征的双阙，然后驶离墓地，继续向前行进，进入西王母所在之所的场景（图17）。这幅画像虽分为上下两部分，但其内在逻辑为车马驶离双阙所象征的墓地后，折而向左行进，进入西王母仙境，其中有戴胜的西王母与捣药兔、凤凰。南阳汉代车马行进画像中此种从下格折而向左者，在唐河针织厂所出汉画像石墓南主室南壁左上方的图像中也可见到（图18）。安徽阜阳汉墓中曾出土一枚"升仙图"铜镜（图19），背面绘有四幅图式，分别为车马出行、恭迎队列、乐舞场景、楼阙拜谒。杨玉彬认为，恭迎队列为西王母及众仙，乐舞场景为仙人生活场面，楼阙为升仙所需经过的天门，后三幅图式中踞坐的高大人物为西王母或东王公。[1] 楼阙图中值得关注的是"阙门为柱状双阙结构，四阿顶盖，顶上部有'十'字形发光体饰物"。[2] 如前所论，汉代墓地常树立双阙，沂南车马图前方也为顶部呈十字形的双阙，巫鸿认为这是墓地象征。如此，铜镜上的楼阁图显非天门，而是墓地的象征。其中的内涵是墓主乘坐双马轺车离开墓地，前有白虎导行，接着是众仙出迎，而后拜见西王母、东王公。恭迎队列、乐舞场景图式中，西王母侧身踞坐、束发高髻，后有一只长尾兔[3]，具有西王母仙境的特征。铜镜铭文中有"上有仙人不知老，渴饮玉泉饥食枣，浮游天下遨四海"[4] 的描述，也显示出所刻图式为出游场景，且图像中有仙人。因此，我们认为这枚铜镜的四幅图像完整地展现了墓主车辆离开墓地、驶向西王母仙境的场面。

山东省滕州桑村镇西户口村出土的延光元年（122）小祠堂左壁画像石（图20）图

图17　南阳画像砖中车马进入双阙又离去、进入西王母仙境的场景

（赵成甫主编《南阳汉代画像砖》，图版59）

1　杨玉彬：《阜阳汉代铜镜研究》，合肥工业大学出版社，2017，第259~266页。

2　杨玉彬：《阜阳汉代铜镜研究》，第260页。

3　杨玉彬：《阜阳汉代铜镜研究》，第261~262页。

4　杨玉彬：《阜阳汉代铜镜研究》，第259页。

图 18　南阳唐河针织厂汉画像石墓南主室南壁左上方车马行进图像

（南阳汉画馆编《南阳汉代画像石图像资料集锦》，第 277 页）

图 19　安徽阜阳东汉"升仙图"画像镜

（杨玉彬：《阜阳汉代铜镜研究》，合肥工业大学出版社，
2017，铜镜彩图最后一幅）

图 20　山东滕州桑村镇西户口村出土延光元年小祠
堂左壁画像石

（信立祥主编《中国美术全集·画像石画像砖》，黄山书社，
2009，第 160 页）

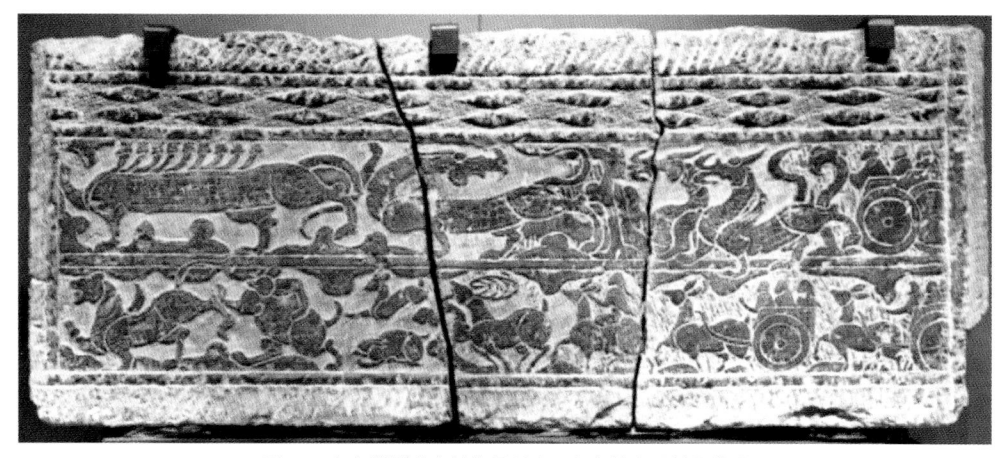

图 21 山东滕州黄安岭东汉延光元年九头人面兽画像石
(卢昉:《图像印记与时代精神:两汉"人虎母题"图像研究》,三秦出版社,2015,第5页)

像分为七层,自下而上分别为门吏与踏弓蹶张、牛车出行、人物、持筝、格斗、鹿车出行、九头人面兽。[1] 牛车出行表示送葬队伍进入墓地,其上三幅画像——人物、持筝、格斗显示的是于墓室(太阴)择选随行鬼神的活动,离开墓室的墓主灵魂乘坐鹿车出行,其前方为九头人面兽。《山海经·海内西经》载"海内昆仑之虚,在西北,帝之下都。……面有九门,门有开明兽守之","昆仑南渊深三百仞,开明兽身大虎类而九首,皆人面,东向立昆仑之上"[2],那么,九头人面兽似为开明兽,如此,鹿车出行的前方当为昆仑。滕州黄安岭出土延光元年(122)九头人面兽画像石(图21)中,下层为鹿车出行、羽人导行,前有虎、熊、鹿、兔,上层为龙车出行,前有龙与九头人面兽[3],表现的也是远游队伍进入昆仑的场景。

汉代画像中,牵引墓主灵魂所乘车辆进入昆仑西王母仙境的生物除了普通的马外,还有带翼飞马、鸟、鱼、鹿等。巫鸿指出,山东嘉祥武氏祠左石室顶部画像(图22)显

图 22 山东嘉祥武氏祠左石室顶部画像
(蒋英炬、吴文祺:《汉代武氏墓群石刻研究》,山东美术出版社,1995,图版36,第157页)

---

[1] 信立祥主编《中国美术全集·画像石画像砖》,黄山书社,2009,第160页。

[2] 袁珂校注《山海经校注》,北京联合出版公司,2013,第258、261页。

[3] 卢昉:《图像印记与时代精神:两汉"人虎母题"图像研究》,三秦出版社,2015,第5页。

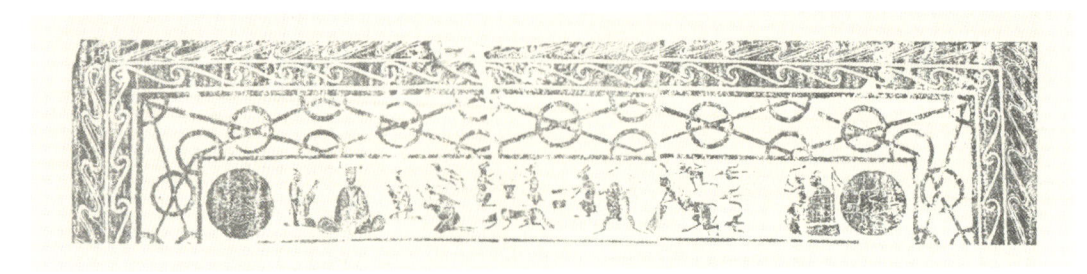

图23 陕西绥德刘家沟出土墓门横额上石墓主乘鸟拉云车拜见西王母场景
(绥德汉画像石展览馆编《绥德汉代画像石》，陕西人民美术出版社，2000，图版74)

示了男女墓主灵魂分别乘坐带翼马所拉车辆驶向东王公、西王母的场景。[1] 陕西绥德刘家沟汉墓所出土的墓门横额上石正中画像（图23），有一"墓主人升天会见西王母"场面，其中"西王母戴胜跽坐左边，墓主乘鸟拉云车，三足鸟、玉兔、蟾蜍、九尾狐、斑豹等各行其是，侍候左右"。[2] 山东肥城栾镇画像墓画像上部车马出行图（图24）也为墓主灵魂率领所选鬼神离开墓室出游的场景，与一般的车马出行图不同，画像中在马车之后有鱼车、鹿车。学界一般认为汉画中的鱼车出行具有强烈的升仙意味，如王煜就明确指出，鱼车出行的目的地，就是昆仑和西王母或天界星象。[3]

汉人普遍认为，西王母掌握着不死之药，并通晓长生之道。《淮南子·览冥训》中说："后羿请不死之药于西王母，姮娥窃以奔月。"[4] 在西汉哀帝建平四年（公元前3）所发生的西王母运动中，有传书曰："母告百姓，佩此书者不死。不信我言，视门枢下，当有白发。"[5]《太平御览·道部三·真人下》引《尚书帝验期》说："王母之国在西荒。凡得道授书者，皆朝王母于昆仑之阙。王褒字子登，斋戒三月，王母授以琼花宝曜七晨素经。茅盈从西城王君诣白玉龟台，朝谒王母，求长生之道，王母授以玄真之经，又授宝书，童散四方。"[6] 汉画中西王母仙境中多配有玉兔捣药、九尾狐、

图24 山东肥城栾镇画像墓画像一中的鱼车与鹿车
(邢义田：《汉代画像胡汉战争图的构成、类型与意义》，《画为心声：画像石、画像砖与壁画》，第328页)

---

1 〔美〕巫鸿：《从哪里来？到哪里去？——汉代丧葬艺术中的"柩车"与"魂车"》，〔美〕巫鸿著，郑岩、王睿编《礼仪中的美术：巫鸿中国古代美术史文编》，第271页。

2 绥德汉画像石展览馆编《绥德汉代画像石》，第138页。

3 王煜：《也论汉代壁画和画像中的鱼车出行》，《考古与文物》2013年第3期，第70~71页。

4 刘文典：《淮南鸿烈集解》，中华书局，1989，第217页。

5 （汉）班固：《汉书》卷二七《五行志》，第1476页。

6 （宋）李昉等撰《太平御览》，中华书局，1960，第2951页。

跪拜者等形象，似为墓主灵魂进入仙境后跪拜西王母求得不死之药的情景。姜生认为，汉画中西王母面前常设置的丹鼎盛有不死药，西王母身边的酒尊、酒缶等器物"用以象征昆仑丹水或玉浆"[1]。汉画中马车或飞马车、鱼车、鹿车、飞鸟车、龙车等驶入昆仑西王母仙境，显示的是墓主灵魂已经到达了昆仑西王母仙境，墓主灵魂要在这里向西王母跪拜以获得不死之药，进而得以永生。

四　天之象征：太一之所

有意思的是，汉画中还有车马驶离西王母仙境的场景。如一块南阳画像砖中所刻画的场景（图25），上部有西王母和捣药玉兔，下部有一辆车马，显然自西王母仙境驶出。邹城博物馆所藏一幅"开明兽、玉兔、河伯出行画像"（图26），其中鱼车后方为九头人面兽，即开明兽，据《山海经·海内西经》所载可知，鱼车后方为昆仑，其中还有玉兔捣药的场景。[2] 那么，鱼车后方当为昆仑和西王母仙境。

驶离昆仑西王母仙境的车马或鱼车的去向又是哪里呢？我们认为是天帝（太一）所在，这才是墓主灵魂乘车远游的终点，或者说汉人升仙的终极归宿。《淮南子·坠形训》载："昆仑之丘，或上倍之，是谓凉

图25　南阳画像砖车马驶离西王母仙境
（赵成甫主编《南阳汉代画像砖》，图版57）

---

[1] 姜生：《汉墓的神药与尸解成仙信仰》，《四川大学学报》2015年第2期，第34~37页。

[2] 胡新立：《邹城汉画像石》，文物出版社，2008，图版第28页。

风之山，登之而不死。或上倍之，是谓悬圃，登之乃灵，能使风雨。或上倍之，乃维上天，登之乃神，是谓太帝之居。"太帝即天帝。[1] 自昆仑向上经凉风之山、悬圃可至天帝所居的天界。江苏徐州铜山区洪楼村东汉晚期祠堂顶部天井石画像（图27）中右侧有两车，下部为龙车，上部为鱼车，龙车上有建鼓与怪神，鱼车上驾车者为羽人，乘车者头戴鱼形冠，两车车轮为旋涡状云气，左侧人物中有握喇叭状物作吹气状的风伯、拖着五连鼓的雷公、两手各持一瓶向下倾倒的雨师等。[2] 该画像所展现的可能就是经过悬圃后，乘车者掌握"能使风雨"能力，于是由风伯、雷公、雨师等

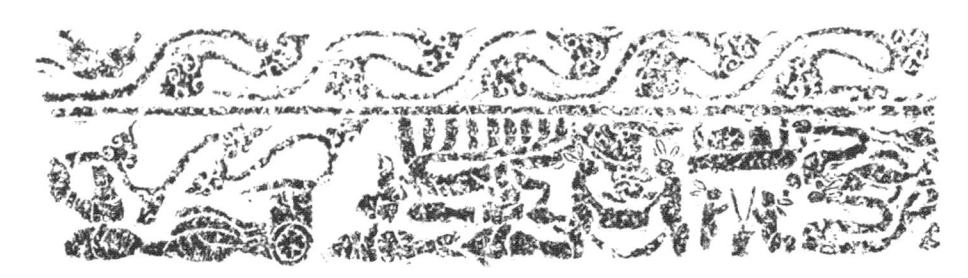

图26 山东邹城鱼车驶离西王母仙境的场景

（胡新立：《邹城汉画像石》，文物出版社，2008，图版第71页）

图27 江苏徐州铜山区洪楼村东汉晚期祠堂顶部天井石画像

（武利华主编《徐州汉画像石精选》，线装书局，2001，第128页）

---

1 刘文典：《淮南鸿烈集解》，第135页。

2 王煜：《也论汉代壁画和画像中的鱼车出行》，《考古与文物》2013年第3期，第69页。

为其开道,乘坐云气作轮的鱼车继续向天帝所居之处进发的场景。

新莽至东汉早期的陕西定边郝滩M1汉墓,在墓室西壁南部有一幅壁画(图28)。在该壁画中,左侧有西王母及其侍女侧坐于蘑菇形状的平台上面,位于下方的是龙、豹等神兽乐舞场面,显示的可能是昆仑仙境的情形;右侧有一鱼车,上有两人,自右向左行进;高于西王母、位于画面中间偏左的是一神船,船上有四人,神船上方有帷帐,其上为写有"大一坐"的红旗。由于鱼车前方既有西王母仙境,又有象征太一的红旗,其目的地有两种可能:一为墓主灵魂乘鱼车先进入西王母仙境,尔后换乘神船进入太一所在之处;一为墓主灵魂已在昆仑朝拜王母,复又乘坐鱼车驶向太一所在之处。无论哪一种可能,其最终目的地均为太一所在之所。

陕西靖边杨桥畔M1东汉墓前室东壁下层前段壁画(图29)右侧上部的双层云舟,"云舟上层立一华盖,饰以黄、白二色流苏,下层坐三位仙人",自左方向右行进的仙人或乘云车、白色翼虎车、象车、龙车等,或乘神兽、鹤、龙、兔等。[1]王煜认为,壁画中的华盖与郝滩M1墓中的帷帐意义相同,是太一之位,整幅壁画中的神兽前进的目的地为右侧上端华盖所象征的太一之处。[2]

图28 陕西定边郝滩新莽至东汉早期的M1壁画墓中鱼车、西王母仙境、大一坐壁画

(陕西省考古研究院编著《壁上丹青:陕西出土壁画集》,科学出版社,2009,第76页)

图29 陕西靖边杨桥畔M1东汉墓前室东壁下层前段壁画

(陕西省考古研究院编著《壁上丹青:陕西出土壁画集》,第88页)

河南南阳麒麟岗汉画像石墓前室墓顶有一幅由九块石板组成的巨大天象画像(图30),"画像中部,上刻朱雀,下刻

---

[1] 陕西省考古研究院、榆林市文物研究所、靖边县文物管理办公室:《陕西靖边东汉壁画墓》,《文物》2009年第2期,第34~36页。

[2] 王煜:《汉代太一信仰的图像考古》,霍巍、李映福主编《川大史学(第二辑)·考古学卷》,四川大学出版社,2016,第172~173页。

图 30 南阳麒麟岗汉画像石墓前室墓顶天象图
（黄雅峰、陈长山编著《南阳麒麟岗汉画像石墓》，三秦出版社，2008，第 163 页）

玄武，东刻青龙，西刻白虎"，四神中间为"戴'山'形冠跽坐者"，青龙右侧为抱日的日神羲和，日中有三足乌，白虎左侧为抱月的月神常羲，月中有蟾蜍，图像左右边缘刻有北斗、南斗。[1] 对于图像中央头戴山形冠人物的身份，有黄帝与太一神两说。黄雅峰、陈长山根据张衡《灵宪》《河图》《淮南子·天文训》的记载，认为居于中央者为黄帝。[2] 巫鸿认为其为太一神。[3] 王煜认为这是"四象为四帝的化身夹辅中宫大帝——北极星，与画像上的天象配置完全相合"。处于图像中央者为中宫大帝——北极星，在汉人的观念中，太一、天极星、北极星、北极、北辰、最高上帝、上帝、太帝、皇天上帝、天皇大帝、昊天上帝可相互指代，居于图像中央者亦为太一。太一居中制四方的观念，早在先秦道家著作《鹖冠子》中已出现，《泰鸿》中说："东方者，万物立止焉，故调以征。南方者，万物华羽也，故调以羽。西方者，万物成章焉，故调以商。北方者，万物录藏焉，故调以角。中央者，太一之位，百神仰制焉，故调以宫。"其中太一是指北极星。[4] 王煜还指出麒麟岗汉墓墓门门楣之上有一幅图像为龙车出行图（图 31），图中羽人驾驶龙车左行，羽人之后坐于车内者为主人，龙车的最终目的地为太一所在的天界。[5]

---

1 黄雅峰、陈长山编著《南阳麒麟岗汉画像石墓》，三秦出版社，2008，第 13 页。

2 黄雅峰、陈长山编著《南阳麒麟岗汉画像石墓》，前言第 2 页，第 74 页。

3 〔美〕巫鸿：《汉代道教美术试探》，〔美〕巫鸿著，郑岩、王睿编《礼仪中的美术：巫鸿中国古代美术史文编》，第 471 页。

4 罗炽：《〈太一生水〉辨》，《湖北大学学报》2004 年第 6 期，第 659 页。

5 王煜：《汉代太一信仰的图像考古》，霍巍、李映福主编《川大史学（第二辑）·考古学卷》，第 178~180 页。

图 31 南阳麒麟岗汉画像石墓墓门门楣龙车出行图
（黄雅峰、陈长山编著《南阳麒麟岗汉画像石墓》，第 137 页）

在汉代，太一兼具天文学的极星、哲学上的道和最高天神天帝的多重内涵，[1] 其地位经历了走向至上神又不断下降的过程。汉武帝元鼎五年（前 112）十一月冬至，"天子始郊拜太一"[2]，这标志着汉王朝"正式将太一作为国家祀典中最高的天帝来祭祀"[3]，其后"为伐南越，告祷太一。以牡荆画幡日月北斗登龙，以象太一三星，为太一锋，命曰'灵旗'"[4]。在汉武帝之后的西汉王朝国家祭祀中，太一长期居于独尊地位，但在西汉末新莽时期，太一的地位开始下降，东汉建国后，太一在国家祭祀体系中不再具有突出地位。尽管如此，在汉末至东汉早期民间信仰的神仙世界之中，太一仍然居于"仙界和鬼神世界的最高主宰"地位。[5] 对于东汉中后期太一地位下降的趋势，刘屹认为从相关图像中可以明显看出。[6] 前举陕西定边郝滩 M1 墓为新莽至东汉早期墓，靖边杨桥畔 M1 墓时代大致与郝滩 M1 墓相同[7]，南阳麒麟岗画像石墓年代在东汉早期或中期偏早[8]，那么，在三座墓葬所处时代，太一神依然为民间信仰最高神。因此，这三座墓葬壁画中乘神兽所拉车辆或神船所要前往的地方应当就是太一的所在。

1　刘屹：《敬天与崇道：中古经教道教形成的思想史背景》，中华书局，2005，第 151 页。

2　（汉）司马迁：《史记》卷二八《封禅书》，中华书局，2014，第 1675 页。

3　刘屹：《神格与地域：汉唐间道教信仰世界研究》，上海人民出版社，2010，第 26 页。

4　（汉）司马迁：《史记》卷二八《封禅书》，第 1676 页。

5　刘屹：《敬天与崇道：中古经教道教形成的思想史背景》，第 189~191 页。

6　刘屹：《神格与地域：汉唐间道教信仰世界研究》，第 49 页。

7　王煜：《汉代太一信仰的图像考古》，霍巍、李映福主编《川大史学（第二辑）·考古学卷》，第 172 页。

8　黄雅峰、陈长山编著《南阳麒麟岗汉画像石墓》，第 33 页。

余 论

通过考察汉墓室画像中由马或神兽所牵引车辆前行图的节点、终点，我们大体可以勾勒出西汉后期至东汉前期汉人亡故后灵魂出游的过程：丧葬车队进入墓地—墓主于墓室进行择选随行鬼神活动—远游车队驶离墓地—进入昆仑西王母仙界—墓主向西王母跪受不死药—离开昆仑向天界进发—进入太一所在之地。灵魂乘车远游的旅程主要有三段，三段旅程中所乘车辆有较为明显的区别：送灵魂进入墓室的丧葬车队一般由辂车、𫐓车与辒车组成；离开墓室向昆仑仙境进发的车队更为浩大，甚至会改换马车为飞马、鸟、鱼、鹿、龙等神兽所牵引车辆；驶离昆仑向天界进发的车辆多为鱼车、龙车，车轮会被旋涡状云气所代替。在灵魂乘车出游的整个过程中，有墓室和昆仑西王母仙境两个重要的节点，这两地分别为举行选鬼神于太阴和领受不死仙药的仪式空间。

随着东汉中后期太一地位下降，汉画中描摹墓主出游终极归宿的图像也有变化。建于东汉元嘉元年（151）之后的武梁祠画像（图32）中，屋顶之上图画有各种祥瑞形象，可以确定的为24个：浪井、神鼎、麒麟、黄龙、蓂荚、六足兽、白虎、玉马、玉英、赤罴、木连理、璧流离、玄圭、比翼鸟、比肩兽、白鱼、比目鱼、银瓮、后稷诞生、巨畅、渠搜献裘、白马朱鬣、泽马、玉胜。巫鸿认为此为天界。[1] 屋顶之下的东壁、西壁山墙，锐顶画像分别为东王公、西王母仙境。[2] 武梁祠山墙所刻图像颇为丰富，其中后壁中央楼

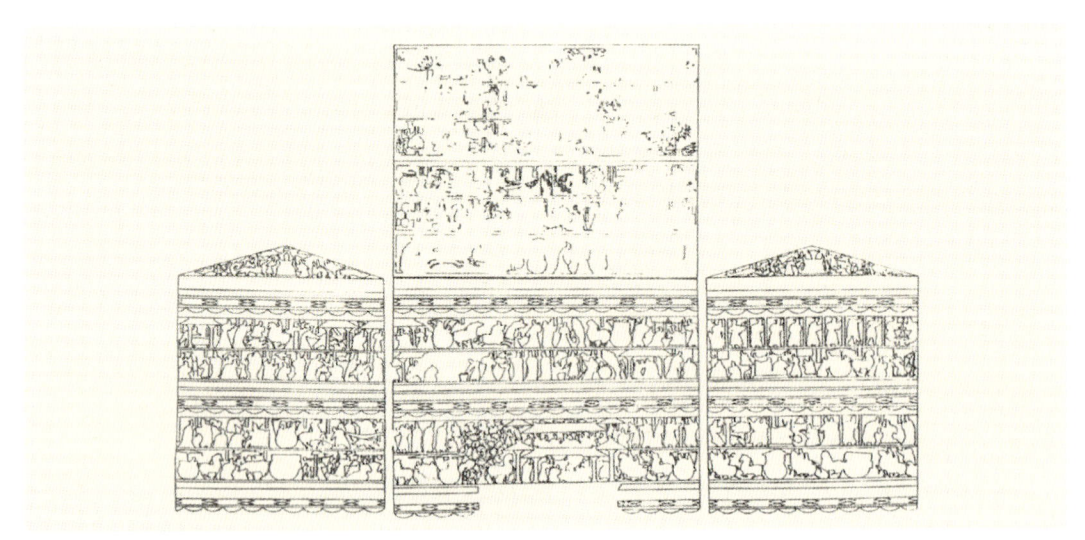

图32 武梁祠山墙、锐顶、屋顶画像
［［美］巫鸿：《武梁祠：中国古代画像艺术的思想性》，柳杨、岑河译，生活·读书·新知三联书店，2015，第202页］

---

1 ［美］巫鸿：《武梁祠：中国古代画像艺术的思想性》，柳杨、岑河译，生活·读书·新知三联书店，2015，第92~93页。

2 ［美］巫鸿：《武梁祠：中国古代画像艺术的思想性》，第125页。

阁拜谒图与东、西、后壁之一、二、三层所刻画的古代帝王、列女、孝子、忠君者共同构成了汉人"选鬼神于太阴"的信仰表达。[1] 西壁四层和后壁四层部分为车马出行图（图33），其中有卷棚车一辆、軿车一辆、轺车一辆、导从七骑、持鞭步卒一人等。[2] 轺车、軿车、卷棚车三种车辆组合与沂南东汉墓中室北壁车马画像、临沂白庄东汉墓车马画像、福山东留公东汉车马画像中驶向墓地的送葬车辆组合配置一般无二，因此可以确定武梁祠中的车马出行图的性质也应与之类似。那么，我们可以认为武梁祠山墙、锐顶、屋顶画像石内容展现了东汉后期汉人亡故后出游的完整历程：送葬队伍进入墓地—墓主于墓室（太阴）择选与之远游的鬼神—进入西王母、东王公仙境—到达上天所在之地。

马王堆汉墓T形帛画与朱地彩绘棺、黑地彩绘棺、黑漆素棺共同展现了西汉前期汉人亡故后远游的想象，其历程为"'远游'北极、周游神乡、与道并存"，其中游北极的过程包括游北海、经太阴、入玄阙、至蒙谷。[3] 在先秦和汉代古人的神学、哲学、巫术概念中，北极、太一、道可以互通互译。[4] 太一、道，在一定意义上又代表着天。那么，汉画所见汉人远游的终极追求无疑是一致的，均为天，但由于时代差异，分别以不同的形式表现为西汉前期的道、西汉后期至东汉前期的太一、东汉后期的祥瑞图像等。在具体的远游过程中，由于时代不同，也表现出较大的差异性，如表1所示。

表1　不同时代汉画所见汉人亡故后灵魂出游历程的差异

时代	灵魂远游历程					
西汉前期	"远游北极"				周游神乡	与道并存
^	游北海	经太阴	入玄阙	至蒙谷	^	^
西汉后期至东汉前期		入墓室（太阴）择选鬼神		昆仑与西王母仙境	太一所在	
东汉后期		入墓室（太阴）择选鬼神		昆仑与西王母仙境	天降祥瑞	

图33　武梁祠山墙西壁、后壁车马出行图
（朱锡禄编著《武氏祠汉画像石》，第14、17页）

1　姚立伟：《汉画中"选鬼神于太阴"信仰的演变》，《美术学报》2018年第6期，第12~13页。

2　朱锡禄编著《武氏祠汉画像石》，山东美术出版社，1986，第104、108页。

3　姚立伟：《马王堆汉墓T形帛画与"远游"北极》，《中国美术研究》2017年第3期，第25、31页。

4　葛兆光：《众妙之门——北极与太一、道、太极》，《中国文化》1990年第3期，第61页。

不同时代汉墓室画像所展现的灵魂远游历程的差异，是社会发展和民间信仰变迁的反映。随着太一信仰的增强，其形象在西汉后期至东汉前期的汉墓室画像中得以具象化，而随着其信仰的弱化，东汉后期为瑞应图等其他象征天的图像所取代。西汉后期昆仑与西王母仙境取代西汉前期马王堆帛画中的玄阙与蒙谷，工匠通过改造马王堆帛画玄阙中二人而成西王母形象[1]，与同一时期西王母信仰的不断强化关系紧密。虽然具体过程由于时代变迁而在汉画中有所调整和变易，但是汉人希望通过灵魂远游的方式得道升仙、与天相始终的终极追求一直未变。

---

1 姚立伟：《汉画中西王母形象原型探析》，《美术学报》2019年第4期，第3~10页。

山东嘉祥徐敏行墓"宴乐图"再析

周 杨（厦门大学历史系）

北朝至隋代的墓室壁画中，常涉及"宴乐"题材。此类题材继承汉魏传统，将宴饮元素与音乐元素结合在一起。其表现形式因文化传统的不同与时代语境的变换而有所差别，其间细节往往关乎墓主人的文化与政治认同。山东嘉祥徐敏行墓位于当时南北朝交界地区，其独特的地缘位置，决定了其同时受到南朝、北齐晋阳与北齐邺城三种文化传统的交织影响。那么，这些影响是如何作用于其壁画"宴乐图"之中的呢？这些细节上的表现又揭示出怎样的历史进程呢？以往研究多停留在介绍层面，本文将在此基础上进一步深入探析。

一 徐敏行墓的形制特点及壁画布局

徐敏行墓位于山东省嘉祥县杨楼村西南英山脚下，又称"英山一号隋墓"。[1] 该墓是一座长斜坡墓道单室砖墓，墓室平面成椭圆形，南北径长 4.8 米，东西径长 3.2 米。墓中设置石墓门，墓中各壁及穹顶上绘制壁画。据其墓志可知，墓主为徐敏行及其夫人，墓葬年代为隋开皇四年（584）。该墓在地缘区位上，以北朝时期汉人士族聚集的青齐之地为中心。该地区墓葬自北朝至唐代常采用圆形或椭圆形为基本形制，这一形制常为汉人士家大族所独有，在一定程度上成为其区别于主流体制的身份标识。受其影响，徐敏行墓所采用的椭圆形形制，体现出其对汉人群体中家族和门阀的认同与遵循。位于该墓一侧的徐敏行父亲徐之范墓[2]，同样采用椭圆形形制，进一步表现出其家族对于区域传统的继承。

徐敏行墓壁画在布局上可分为两个部分。第一部分绘于穹顶之上，西面分别绘制日月星辰，其下面一周绘制四神图像。

---

1 山东省博物馆：《山东嘉祥英山一号隋墓清理简报——隋代墓室壁画的首次发现》，《文物》1981 年第 4 期，第 28~33 页。
2 嘉祥县文物管理所：《山东嘉祥英山二号隋墓清理简报》，《文物》1987 年第 11 期，第 57~60 页。

第二部分绘于墓室四壁及门洞内、外壁。其中，墓室南壁绘制持剑武士。东、西壁分别绘制以鞍马、牛车为中心的"出行图"。墓室北壁则绘制以墓主夫妇并坐宴飨为中心的"宴乐图"，即本文所论重点。

二 徐敏行墓壁画中的"宴乐图"

徐敏行墓壁画"宴乐图"绘于墓室北壁，以墓主夫妇图像为中心（图1-1）。墓主夫妇并坐于绛帐之下的榻上，榻上铺毯，身后设山水屏风。二人各执酒杯，面前果榹中盛放瓜果食品。墓主面前正中，一人盘足腾跃，作"蹴鞠之戏"。其旁有乐伎三人，两人所持可辨识，分别演奏竖箜篌、横笛为之伴奏。第三人因画面残破不可辨识，结合范粹墓出土黄釉乐舞扁壶图像（图1-2）看，推测其或为击掌和歌者。

关于画面中的器物、装饰及舞蹈，罗丰先生曾有详细考证，并指出其中的酒杯应为波斯萨珊朝制品，其中的"蹴鞠戏"之舞姿当与西域乐舞有关。[1] 这些考证有其依据，所言也大体不差。除此之外，凭几、榻、案、山水屏风，无疑都是汉魏传统下的日常家居用具，但其表面皆装饰有波斯、粟特美术中常见的联珠纹图案。凡此种种，皆可体现出传统因素与胡化之风的交融。在这种碰撞与交融的时代背景下，我们不妨进一步对其中的"宴乐"之"乐"作更为细致的考察。

从组合形式来看，"蹴鞠戏"应当属于汉代以来的"百戏组合"。"蹴鞠"源于战国时期，至汉代时日渐观赏化，进而纳入"百戏"系统之中。《盐铁论·国疾》记载平民人家"里有俗，党有场，康庄驰逐，穷巷蹋鞠"。又《汉书·东方朔传》云："董君贵宠，天下莫不闻，郡国走马、蹴鞠、剑客辐凑董氏。常从游戏北宫，驰逐平乐，观鸡鞠之会，角狗马之足，上大欢乐之。"由此可见，"蹴鞠之戏"至汉代中期已经完全世俗化与娱乐化，流行于社会

图1-1 山东嘉祥徐敏行墓壁画"宴乐图"所见"蹴鞠戏"与伎乐组合　　图1-2 北齐范粹墓出土黄釉乐舞扁壶
图1 徐敏行夫妇墓壁画"宴乐图"与北齐范粹墓扁壶"乐舞图"

---

1 罗丰：《北魏漆棺画中的波斯风格》，《胡汉之间——"丝绸之路"与西北历史考古》，文物出版社，2004，第61~65页。

各个阶层。因此，壁画中的"蹴鞠戏"应当是在西域胡风的影响下，对汉魏传统题材的再塑造。其形式上受到西域乐舞影响，却植根于中原传统之中。汉代的音乐组合常由"百戏"与"燕乐"两套组合构成，从而组合成"乐舞百戏"，萧亢达先生对此进行了系统整理。其中，"百戏组合"突出音乐的娱乐性功能，常具有世俗化特征；"燕乐组合"突出音乐的社会性功能，常具有礼仪性内涵。如果说"蹴鞠戏"受到西域舞蹈之影响，那么其中作为"燕乐组合"的伴奏乐队则完全是一组胡乐组合。其中的竖箜篌源自波斯系统，此前已有学者进行了系统归纳；横笛作为横吹系乐器，有别于中原传统的斜吹与竖吹系笛，应在东汉时由西域传入。由此可见，可以把图中乐舞组合本身，看作传统音乐题材与西域胡乐的一种嫁接。

三 东魏－北齐时期墓葬文化中的"宴乐"题材

壁画中的同一题材，往往有共同的内涵。但是，在不同的文化传统与时代语境下，同一题材亦会有不同的表现形式。因此，在分析完"宴乐图"中音乐组合的构成后，我们应当将其还原至墓葬背景中，从而探讨其表现形式的来源。

考察隋初青齐地区的墓葬文化，就需要对东魏－北齐时期的墓葬文化进行系统梳理。倪润安先生在总结北齐墓葬文化的格局时，根据墓葬文化的不同面貌将其分为三个地区：邺城地区、晋阳地区及东方地区。其中，邺城地区和晋阳地区作为政治核心区，存在文武兼备的互动关系；东方地区作为汉人士族聚居地区，则显示出不一致的异动。循此线索，我们对上述三个地区墓葬壁画中的"宴乐"题材进行梳理，大致可归纳出三种表现形式，我们分别以"邺城模式"、"晋阳模式"与"青齐模式"加以概括。

（一）邺城模式

东魏－北齐时期邺城地区墓葬中的宴乐题材，直接来源于北魏后期的洛阳。在表现形式上，其墓葬继承了洛阳时代墓葬的"俑制"传统，"宴乐"题材的壁画以伎乐俑组合的形式呈现。在音乐组合上，这些伎乐俑延续了洛阳时代晚期墓葬中的组合特征。出土的此类组合的墓葬，典型者有东魏茹茹公主墓与北齐湾漳大墓。

东魏武定八年（550）茹茹公主墓，位于河北磁县城南大冢营村，墓主人郁久闾叱地连为高欢第九子高湛之妻。作为高氏集团上层成员及高氏对外的政治纽带，其显耀身份得以在墓葬中彰显。该墓出土46件坐乐俑（简报称"跽坐俑"），高18.5~20厘米，均为头戴平巾帻的男乐伎（图2-1）。乐伎均身着右衽宽袖衫，腰间系带，下着裳，乐器已失。该墓还发现陶质模型编钟12件、编磬9件（图2-2）。虽然简报对此没有完全刊布，但综合来看，墓中应当随葬一套以演奏编钟、编磬为核心的伎乐组合。此外，该墓出土女舞俑5件，高18.5~23厘米，头绾高髻，穿袖口

图 2-1 东魏茹茹公主墓出土伎乐俑组合

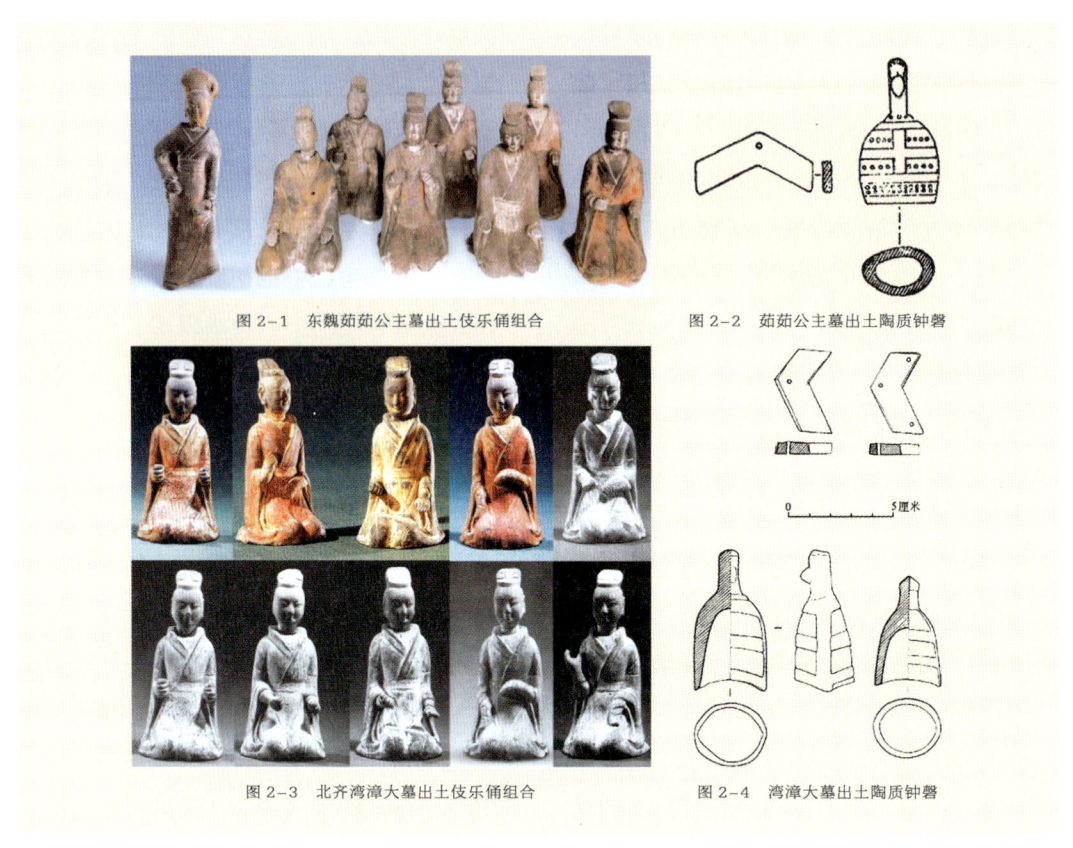

图 2-2 茹茹公主墓出土陶质钟磬

图 2-3 北齐湾漳大墓出土伎乐俑组合

图 2-4 湾漳大墓出土陶质钟磬

图 2 北齐墓葬"宴乐"题材中的"邺城模式"

饰斜线纹的右衽衫，系曳地长裙，右臂曲举，左膝抬起作舞。此类舞俑基本沿袭了北魏洛阳晚期扶膝舞俑的造型特点。

湾漳大墓位于河北磁县湾漳村，墓葬中绘制高规格壁画，出土随葬品达 2215 件。该墓虽未出土纪年材料，但目前学界普遍认为其墓主或为北齐文宣帝高洋。墓中出土坐乐俑（报告称"跽坐俑"）41 件，均为头戴平巾帻的男子。从其姿势看当在演奏乐器（图 2-3）。此外，在墓葬中还发现有陶质编钟、编磬模型（图 2-4）。其中，编钟有大小之分，大编钟 5 件，长 6.5 厘米，宽 3.4 厘米；小编钟 28 件，长 5.2 厘米，宽 3.1 厘米。编磬分为一孔编磬 13 件；三孔编磬 8 件，长 3.7 厘米，宽 1.3 厘米。参照茹茹公主墓编钟、编磬模型的数量，我们推断墓中所葬的编钟、编磬应不止一套。

邺城地区墓葬在其壁画题材与分布上存在一定趋同，郑岩先生称其为"邺城规制"[1]。其中的"宴乐"题材亦呈现出一定的模式，其音乐组合表现为以钟磬为中心的具有所谓"华夏正声"意义的汉式传

---

1 郑岩：《论"邺城规制"——汉唐之间墓葬壁画的一个接点》，《逝者的面具——汉唐墓葬艺术研究》，北京大学出版社，2013，第 308~336 页。

统清乐组合。同时，随葬乐俑的套数也是等级划分的标准之一。该模式承自北魏洛阳，直接影响了入隋之后安阳地区"宴乐"题材的塑造，我们不妨将其称作北齐墓葬"宴乐"题材的"洛阳传统"。

（二）晋阳模式

东魏 – 北齐时期晋阳地区墓葬中的宴乐题材，来源自北魏前期的平城。在表现形式上，其墓葬继承了平城时代墓葬的壁画传统，"宴乐"题材以墓室壁画的形式呈现。这种形式表现为：在墓室北壁绘制以墓主夫妇并坐宴飨为中心的"宴乐图"，在东、西壁分别绘制以鞍马、牛车为中心的"出行图"。在音乐组合上，其中的音乐组合呈现出一定的胡乐色彩。出土此类组合的墓葬，以北齐徐显秀墓[1]、娄睿墓[2]、水泉梁墓[3]为例。

北齐武平二年（571）徐显秀墓位于山西太原郝庄乡王家峰村，是一座斜坡墓道单室砖墓。墓主徐显秀为北齐"太尉公、太保、尚书令、武安王"。其壁画"宴乐图"位于墓室北壁，以墓主夫妇并坐为中心（图 3-1）。二人并坐于毡帐下的屏风前，均采用了右手持杯的"胡人饮酒构图"

模式[4]，虽衣着右衽衫，但身披毛裘，带有浓厚的内亚色彩。墓主夫妇面前正中以一大盘黍豆为中心摆放 13 个漆豆，其内盛放食品，表明其"宴飨"主题。其身旁两侧分立男女使者，手捧酒杯，身着对兽联珠纹长裙，其服饰风格深受波斯艺术影响。毡帐的周围不再使用平城时代常见的"百戏组合"，而是采用了一套规模可观的"燕乐组合"。左右两队人分别立于旌旗、羽葆之下。以墓主人视角观之：右侧众人以妆容推断皆为女伎，其头皆梳高髻，身着橘红色窄袖长裙，足踏翘脚勤靴；其前三人分别演奏竖箜篌、笙与四弦曲项琵琶，其后诸人左右相视作和歌状；左侧众人以妆容、胡须推断皆为男伎，头戴幞头、头巾或三棱形风帽，身着右衽窄袖长袍，足踏乌皮靴，腰间系带；其前三人分别演奏四弦曲项琵琶、五弦琵琶、横笛，其后诸人左右相视作和歌状。从其用乐组合来看，除了笙为中原传统乐器，其余皆为胡乐组合，弹奏琵琶者皆采用拨奏方式，从其服饰及用乐组合皆可窥得西风之渐染，而与邺城地区墓葬中以编钟、编磬为中心的"清乐系"燕乐组合形成了鲜明对比。

北齐武平元年（570）娄睿墓位于山

---

[1] 山西省考古研究所、太原市文物考古研究所：《太原北齐徐显秀墓发掘简报》，《文物》2003 年第 10 期，第 4~40 页；太原市文物考古研究所编《北齐徐显秀墓》，文物出版社，2005。

[2] 山西省考古研究所、太原市文物管理委员会：《太原市北齐娄睿墓发掘简报》，《文物》1983 年第 10 期，第 1~23 页；山西省考古研究所、太原市文物考古研究所编《北齐东安王娄睿墓》，文物出版社，2006。

[3] 山西省考古研究所、山西博物院、朔州市文物局、崇福寺文物管理所：《山西朔州水泉梁北齐壁画墓发掘简报》，《文物》2010 年第 12 期，第 26~42 页。

[4] 按，胡人饮酒构图多见于北朝隋唐时期的北方草原石刻中，其基本形式具有内亚民族特点。

图 3-1　太原北齐徐显秀墓壁画"宴乐图"
（徐光冀主编《中国出土壁画全集 2 山西》，科学出版社，2012，第 90 页）

图 3-2　太原北齐娄睿墓壁画"宴乐图"
（《北齐东安王娄睿墓》，第 15 页，图 9，笔者据以改制）

图 3-3　太原北齐水泉梁墓壁画"宴乐图"
（《山西朔州水泉梁北齐壁画墓发掘简报》，图 13、14，笔者据以改制）

图 3　北齐墓葬"宴乐"题材中的"晋阳模式"

西太原南郊区王郭村西南 1 公里处，是一座坐北朝南的斜坡墓道单室砖墓。墓主娄睿为北齐"右丞相、东安王"，身份极为显赫。墓室北壁壁画虽遭到破坏漫漶不清，但是从画面残存图像中可见为两组女乐伎，可知应为"宴乐图"（图 3-2）。其中乐伎均头梳双髻，身着裙裳。以墓主人视角，从残破画面可见墓主人右侧女乐伎中，有一组四弦曲项琵琶与笙的组合，墓主人左侧乐伎中残存一竖箜篌乐伎，与徐显秀墓壁画所见用乐组合基本一致。

水泉梁墓位于山西朔州市朔城区水泉梁村西 1.5 公里处，是一座斜坡墓道单室砖墓。由于被盗严重，墓主身份不明。墓室北壁"宴乐图"中，墓主夫妇坐于毡帐下的榻上，左手持杯作饮酒状。以墓主人视角观之，其右手一侧共有五名侍女，衣着妆容皆与娄睿墓壁画所绘相似；其左手边则为一组伎乐组合（图 3-3）。组合中共五人，皆为男子，头戴软头巾，身着窄袖齐膝长袍，腰系蹀躞带，其装束具有鲜明的北族特点。在五人中有一人弹奏竖箜篌，一人吹笙，其余三人作和歌状。

晋阳地区墓葬中的壁画，在题材和分布上亦存在一定趋同，"宴乐"题材遵循一定的模式。在表现形式上，其基本延续了此前墓室壁画中以"墓主宴飨为中心"的宴乐模式，我们可在北魏平城时代墓室壁画中追溯其渊源（图 4）。不过，相比之下，此时图像中舍弃了此前的"百戏组合"，单以"燕乐组合"表现乐舞。在音乐组合上，相比邺城地区墓葬，其用乐配置呈现更为突出的胡乐特征。其中，曲项琵琶与竖箜篌组合是胡乐组合的基本标识，两种乐器在具体配置上则根据需要随机省缺调换并与笙组合，以体现出胡乐与汉乐之交融。该模式承自北魏平城，我们不妨将其称作北齐墓葬"宴乐"题材的"平城传统"。

（三）青齐模式

东魏－北齐时期青齐地区墓葬中的"宴乐"题材，深受南朝墓葬文化的影响。在表现形式上，其"宴乐"题材以墓室壁画的形式呈现。受南朝高等级墓葬中的"竹林七贤与荣启期"题材拼镶砖画影响，其"宴乐"题材中融入高士元素，并置于

图 4-1　梁拔胡墓壁画"宴饮图"所见燕乐、百戏组合

图 4-2　大同云波里路 1 号墓壁画"宴饮图"所见燕乐组合
图 4　北魏平城时代墓葬壁画中的"宴乐"题材

[图 4-1 为山西大同北魏和平二年（461）梁拔胡墓壁画中的"宴乐"题材，图采自山西省考古研究所、大同市考古研究所《山西大同南郊仝家湾北魏墓（M7、M9）发掘简报》，《文物》2015 年第 12 期，图 33。图 4-2 为山西大同北魏云波里路 1 号墓壁画中的"宴乐"题材，图为笔者拍于大同市博物馆。详参大同市考古研究所《山西大同云波里路北魏壁画墓发掘简报》，《文物》2011 年第 12 期，第 13~25 页］

屏风式主题壁画之下。出土此类组合的墓葬，以北齐崔芬墓[1]为例。

北齐天保二年（551）崔芬墓位于山东省临朐县，是一座斜坡墓道石砌墓。墓室四壁及墓顶先刷白灰，然后施以彩绘。其中，墓室北壁下龛两侧各绘两曲屏风，西侧为高士抚琴，东侧为胡舞女子。墓室东壁绘制七曲屏风，除北端为一人牵马外，其余各曲皆绘制高士，其中一面为高士饮酒图（图5）。墓主"崔芬"为北奔大族。其祖父曾在南朝刘宋为官，后仕北魏，崔芬起家郡功曹，官至威烈将军、台府长史（七品上）。

细察这一壁画形式，实际上是将北方地区墓葬中汉魏传统下的"出行+宴乐"题材与南方"屏风高士"题材加以嫁接、融合和替换而成。其中以嵇康、阮咸为代表的琴阮组合被替换为"抚琴+胡舞"组合，表现胡汉交融之特点。以刘伶为代表的饮酒形象则被替换为手持西域来

---

[1] 山东省文物考古研究所、临朐县博物馆：《山东临朐北齐崔芬壁画墓》，《文物》2002 年第 4 期，第 4~26 页。

图5 北齐墓葬"宴乐"题材中的"青齐模式"

通的饮酒形象，用以表现宴饮主题。不过，"七贤"题材拼镶砖画在南朝仅见于帝陵一级高等级墓葬中[1]，具有相对明确的等级限制。崔芬仕宦于北齐，其墓葬则不受南朝体制约束，因而这种屏风式壁画得以使用。这一模式承自南朝，我们不妨将其称作北齐墓葬"宴乐题材"中的南朝传统。

考察过东魏－北齐墓葬"宴乐"题材在三种传统下所表现出的三种模式后，不难发现，徐敏行墓在墓葬"宴乐"题材的设置上，采用的是"平城传统"下的"晋阳模式"。不仅如此，还在音乐组合中弱化了"燕乐组合"，而强调了代表世俗娱乐的"百戏组合"，同时突出了胡化色彩。对此，沈睿文先生指出，这恐怕是受到当时北齐胡风的影响所致。[2]这种认识大体不错，不过，这样的设置究竟是简单的时风影响，还是有更深刻原因呢？

四 隋初的礼乐建设与徐敏行的抉择

事实上，墓葬中"宴乐"题材的设置，不仅是现实中音乐舞蹈的形式化摹写，更有其礼制内涵，是其所属时代的礼乐建设的一种映射。欲深入理解徐敏行墓"宴乐"题材的选择，就应对隋初时文帝的礼乐路线加以关注和审视。

隋文帝践祚之初，"制氏全出于胡人，

---

1 耿朔：《南朝墓葬大型模印拼砌砖画的再研究——基于技术角度的考察》，博士后出站报告，中央美术学院，2017，第5页。
2 沈睿文：《中古中国祆教信仰与丧葬》，上海古籍出版社，2019，第108页。

迎神犹带于边曲"[1]。此种情形，无疑是北齐以来胡汉交融局面所遗留的问题。对此，隋文帝采取了"祖述周官、扬雅抑胡"的礼乐路线，并命牛弘等人制定礼乐。[2] 隋文帝强调"公等对亲宾宴饮，宜奏正声"，并将南朝保留的清商之乐作为"华夏正声"，以清商署专门管理。隋文帝礼乐路线践行于墓葬中，即表现在"宴乐"题材的使用上。面对三个传统的选择，隋文帝出于礼乐话语权建设的考虑，排斥南朝墓葬文化因素的同时，又要平衡北方地区东、西文化力量，于是采用了继承"洛阳传统"而来的邺城模式，即以伎乐俑形式表现"宴乐"题材。对此，我们可以在隋代侯子钦墓[3]、张盛墓[4]、虞弘墓[5]中找到证据。三座墓分属关陇、北齐邺城故地与北齐晋阳故地，但其同时均采用了伎乐俑形式对"宴乐"题材加以塑造（图6），可见该形式符合隋初的体制化要求。

隋文帝此举的现实出发点在于，当时"胡乐"与"俗乐"对"雅乐"主导地位的

图6-1 陕西长安隋侯子钦墓出土伎乐俑

图6-2 山西太原虞弘墓出土伎乐俑

图6-3 河南安阳张盛墓出土伎乐俑
图6 隋代墓葬"宴乐"题材的表现形式

（图6-1采自《中国北周珍贵文物》，图版298；图6-2采自《太原隋虞弘墓》图版；图6-3采自赵世纲主编《中国音乐文物大系·河南卷》，大象出版社，1996，第214页）

---

1 （唐）魏征等：《隋书》，中华书局，1973，第287页。以下所引，皆此版本。

2 《隋书》，第345~351页。

3 负安志编著《中国北周珍贵文物》，陕西人民美术出版社，1993，第146~156页。

4 考古研究所安阳发掘队：《安阳隋张盛墓发掘记》，《考古》1959年第10期，第541~545页。

5 山西省考古研究所、太原市文物考古研究所、太原市晋源区文物旅游局：《太原隋虞弘墓》，文物出版社，2005。

冲击性影响，与其"寻求正统"的基本思路相冲突，进而从根本上对其重建礼乐秩序产生了阻碍。这种冲突在墓葬文化层面，集中体现在以徐敏行墓为代表的青齐地区。从前文所述不难发现，徐敏行墓壁画"宴乐图"种种细节所呈现出的内在逻辑，都明显与隋文帝的礼乐路线背道而驰。那么，这种做法是无心之举还是有意为之呢？我们认为更有可能是后者。

结合徐敏行墓志、徐之范墓志以及《北齐书·徐之才传》可知，徐敏行祖父徐雄曾仕南齐兰陵太守，其伯父徐之才是北齐开国元勋，其父徐之范曾在南梁为官，因侯景之乱北上仕齐。作为南朝北上之人，徐敏行与其父均有深厚的北齐背景。入隋之后，徐敏行作为太子杨勇幕僚，深为晋王杨广集团所忌。杨广本人自诩为隋文帝礼乐路线拥护者，在另一方面也利用礼制重建的契机，对太子集团加以打击，此节我们可以从潼关税村墓[1]中管窥。

潼关税村墓未出纪年材料，目前学界普遍认为他是废太子杨勇之墓。沈睿文先生通过该考察，分析了废太子杨勇被废、致死的根本原因是其与隋文帝政治、文化路线的背离。[2] 太子杨勇之死与税村墓的面貌，为我们考察徐敏行墓提供了一种背景与参照。从中可以看出，太子杨勇在被废之前，心中实有深刻的北齐情结，这与其对汉魏传统文化的推崇不无关联。

陈寅恪曾在《唐代政治史述论稿》中提出"关陇集团"这一概念，对关陇及六镇的军事门阀加以概括，借以阐释西魏、北周至隋唐时期政治发展之过程，此节早已为众家熟稔。与之相对，关陇地区以东的汉人士族群体，自北朝以降至隋，始终与中央在政治上存在某种离心；同时，在文化上，其秉承汉魏传统，在很大程度上削弱了关陇集团的文化话语权。我们不妨将其称为"关东集团"。废太子杨勇对汉魏传统的推崇，客观上也造成了其对关陇集团的离心，其事实上也成了北齐以降关东集团的代表。

在"关东集团"内部，亦有士家大族与一般家族的分别。北方大族中门望最高者当推博陵崔氏与清河崔氏，其墓葬中坚持"圆形墓"的使用，长期与政治核心区形成差别，可见其对家族和地域性文化的固守。徐敏行家族显然不可与崔氏同日而语，据罗新先生考证，徐氏一族从徐熙到徐敏行的父辈徐之才、徐之范，数代都以医术知名。[3] 医术于时并不入流，却可成为徐氏一门跻身政治的途径。据《魏书》卷九一《术艺·徐謇传》，徐之范叔祖徐謇，

1　陕西省考古研究院：《陕西潼关税村隋代壁画墓线刻石棺》，《考古与文物》2008年第3期，第33~47页；陕西省考古研究院编著《潼关税村隋代壁画墓》，文物出版社，2013。

2　沈睿文：《废太子勇与圆形墓——如何理解考古学中的非地方性知识》，包伟民主编《唐宋历史评论》第1辑，社会科学文献出版社，2015，第35~55页；沈睿文：《中国古代物质文化史·隋唐五代卷》，开明出版社，2015，第103、123页。

3　罗新、叶炜：《新出魏晋南北朝墓志疏证》，中华书局，2016，第212页。

曾在东阳被北魏军队俘虏后送至平城，因医术而先后得到献文帝的信任。[1] 据徐之范墓志可知，徐之范释褐任"南康嗣王府参军事"，即其起家为梁南康嗣王萧会理之三班幕僚，后又与刘孝胜、刘孝先兄弟同入梁武陵王萧纪府中。侯景之乱爆发后，"梁室遘屯，江左沸腾"，萧纪称帝未果，为萧绎所杀，徐之范被迫北上，在其兄徐之才举荐下入仕北齐。徐敏行墓志所载"天保云季，来仪河朔"，即言其随父北上。由此可见，徐氏家族凭借医术立世，其文化取向，在很大程度上裹挟于其政治选择之中。换言之，身处"关东集团"内的边缘地位，徐氏并不会像崔氏家族一般，对家族和地域性文化进行固守，但同时也会出于对现实政治、文化环境考虑，对"关东集团"主流导向进行某种依附。

明晰此节就不难理解，同时兼具"关东集团"与"杨勇幕僚"双重身份的徐敏行，其家族在为其营建墓葬时，何以排斥使用当时体制所要求的模式。不仅如此，隋文帝于时刻意制造"雅""俗"界线，并推行"复古崇雅"的礼乐路线。在这种背景下，徐敏行墓壁画"宴乐图"却刻意强调代表世俗化和娱乐性的"百戏组合"，更显示出其对当时体制的抵触。事实上，在体制框架下对中央主流文化的抵触，也是太子杨勇被废的根源。覆巢之下，安有完卵？

前文已述，作为"关东集团"代表的崔氏，其成员如崔芬者，纵然官阶不高，并且在墓葬形制中放弃了北朝以来崔氏家族所恪守的圆形墓，但是在墓室图像中，依然选择"南朝传统"下的"青齐模式"。此举在很大程度上是一种建立在地域文化上的自我标榜。那么，作为其时"关东集团"的一员，徐敏行墓既然排斥使用"洛阳传统"下的"邺城模式"，其墓葬为何未如崔芬墓一般，选择"南朝传统"下的"青齐模式"呢？我们认为这当与其在王朝更迭背景下的自我定位与处世心理有关。从徐敏行墓志来看，其中有三个值得注意的细节：一是志文中未书写其籍贯，二是志文中并未书写其父徐之范的名讳，三是志文中未书写其妻室姓氏。这些微小的细节，显然与北朝至隋唐时期墓志的书写格式有悖，但也透露出其中的重大隐情。我们知道，墓葬中以"竹林七贤与荣启期"为代表的高士题材，产生于南北朝时期南北方文化正统争夺的语境中。[2] 对于此类题材的使用，与墓主的文化认同有直接联系。据《北齐书·徐之才传》与徐之范墓志可知，徐氏原籍是山东姑幕，至十二世祖时才迁往江南，《北齐书》因此将其家籍贯写作"丹阳"。可见，徐敏行对"丹阳"并没有足够的心理认同。一方面，徐氏本因萧纪兵败而被迫北上，于时不大可能再去追溯与南朝政权之联系；另一方面，徐敏行卒于隋文帝灭陈前夜，作为南来人士，其家族也不可能不为自己的前途感到担忧。因而，在墓

---

1 （北齐）魏收：《魏书》，中华书局，1974，第1966~1968页。

2 倪润安：《南北朝墓葬文化的正统争夺》，《考古》2013年第12期，第71~83页。

葬中刻意回避"南朝模式"也就合乎情理。

此外，有学者考证，出身于医术世家的徐敏行，其家族很可能信奉天师道。[1] 东魏－北齐政权延续"洛阳传统"，皆以佛教立国，佛道之争一度升级。东魏武定六年（548），高澄奏请取消道坛；至北齐天保六年（555），文宣帝高洋下令废除道教，北齐境内的天师道团随之瓦解。在官方的打击下，信奉天师道的徐氏家族究竟何去何从，我们无从知晓其间细节。但是，从徐敏行墓壁画"宴乐图"的设置来看，我们可以推测其采取了折中与回避的策略。在墓葬中设置深受平城传统与西域胡风影响的"晋阳模式"相关题材，与其说是受北齐胡风的直接影响，倒不如说是其在政治与宗教的严峻形势面前的一种被迫应对与调试。在此语境下，隐去其籍贯及近亲姓名，恐怕也是出于一种改朝换代时期的自保需要。

由此可见，在墓葬壁画"宴乐图"的设置上，徐敏行墓本有三种传统与模式可以选择。对此，徐敏行家族既没有遵循中央的制度，甚至显示出对隋文帝礼乐路线的背离；同时，其亦未如崔芬墓一般，按照"南朝模式"进行相关题材的设置，揭示出其与南朝政治、文化的决裂。其最终选择深受北齐胡风影响的"晋阳模式"，本质上是出于一种寻求独立与自保的心态，但在更大程度上，恐怕只是一种在现实形势下的无奈妥协。

结　语

考古学是通过实物遗存来研究古代历史的学科，与文献史学映照补充、相得益彰，不应偏废其一。我们在进行考古材料的分析时，应当努力使其最大限度地回归历史语境之中，而不应仅停留于材料的表面梳理。山东嘉祥徐敏行墓壁画"宴乐图"即是一个很好的例子，简单的图像内容或许只能提供一些不起眼的琐碎信息。然而，当我们综合墓葬的全部背景，并将其置于北朝至隋礼乐文化的视角之下，则可从那些不经意的细节中，钩稽、缀合出那些关键性节点。以"宴乐"题材为代表的各类考古材料，客观上都在一定制度约束下，形成某些具有共性的"模式"，这些模式反映出大的历史语境与时代发展方向。但在共性之下，许多细节中透露出的差异性，则往往关乎大时代下个体生命的状态、心理与抉择，同时也在客观上揭示出隋唐礼乐文化建设的复杂形势。对这些内容加以考察，可以使生硬的史料更加丰满，它们往往是我们提炼历史议题新的突破口，亦符合形象史学的题中之义。

---

[1] 陈昊：《墓志所见南北朝医术世家的身份认同与宗教信仰》，《文史》2008年第2辑，第77~104页；章红梅：《六朝医家徐氏考辨——以墓志为主要材料》，《史林》2011年第3期，第50~55页。

从图像学论经学
——山东画像石故事的春秋大义

■ 蔡奇玲（台湾中兴大学中文系）

前 言

汉画像石[1]所表现的几乎无所不包，它不但反映了一个汉代社会人们的思想观念，而且表现了一个想象奇异的神话世界，把汉朝人脑子里所想的、所希求的都揭示出来。[2]汉画像石可清晰映射出当时人们的内心思想与社会文化，每一幅画像都是中国璀璨历史的记忆。学者张子中言，汉代的民间思想信念不是由文字组成，而是通过形象生动的画像石表现出来，并作为一种开放的文本，构成汉代中华民族文化的主要形象特征的特殊符号系统。[3]这些出土的图像史料是研究神话、史学、民众生活等的第一手文献。汉画像不是一种单纯的、专门性的艺术，更不是一件孤立的绘面、雕刻艺术品，它是一个特定历史阶段的产物和文化现象，主要是为汉代人丧葬礼俗服务的功能艺术。对祭祀死者和为死者禳灾祈祥来说，这样足以使死者的灵魂得到满足和慰藉。[4]对于事死如事生的汉代社会文化，丧葬文化与儒家核心思想的忠孝之道密不可分，尤其是汉武帝独尊儒术，这种厚葬就是孝最好的表现，墓葬壁画所表现的各类图像故事必定有其重要意义。张道一《汉画故事》将这些图像分成三种类型：人事故事、神话故事及祥瑞故事。[5]其中，人事故事有许多涉及孔子儒家伦理文

---

[1] 汉画像石是汉代的形象文学与图像历史。秦汉结束，刘邦建立大汉王朝。稳定的政治、繁荣的经济、发达的贸易、进步的工艺，使汉王朝成为一个强而有力的政权。随之产生了厚葬风气，人们将幻想中的神仙世界及孔孟儒家思想，用刀斧和墨彩刻画在坚硬的石阙、祠堂的墓门、墓壁及石棺上，等等。参见李铁《汉画文学故事集》，中国青年出版社，1989，第1~12页。

[2] 张道一：《汉画故事》，重庆大学出版社，2006，第2页。

[3] 张子中：《关于汉画像石的文化思考》，《烟台大学学报》2001年第2期，第214页。

[4] 杨爱国：《走访汉代画像石》，三秦出版社，2006，第82~83页。

[5] 张道一：《汉画故事》，第8页。

化的历史事件，从孔子建构儒家伦理之后，经孟子、荀子、董仲舒等后世学者弘扬，对中国古代文学艺术或是人们生活秩序影响甚远。

西汉《春秋》学上升到显学的位置，汉代统治者尊儒，寻求治国平天下的政治哲学。陈寅恪言服膺儒教即遵行名教（君臣、父子等）。其学为儒家之学，其行必须符合儒家用来维系名教的道德标准与规范，即所谓孝友、礼法等。[1] 在这样的时空背景之下，司马迁《史记》以续写孔子的《春秋》为己任，发扬《春秋》大义。然而，汉画像石则是囊括汉家一代乐舞盛衰的历史，不管是当时人们的思想或是生活的风貌，全部一一呈现出来，可谓一部精彩的汉代绘画史诗，用线条勾勒、色块填补，创造汉代民间生活各式各类的图像语言，其中更是树立民间值得敬佩的贤臣名将、孝子节女、义士侠客，成为人们效法的榜样。朱存明《汉画像之美》一书中也言"汉画像艺术正是对汉代文化思想的形象表现"[2]。不管是史书的文字记录或者帛画、墓室壁画的图像语言，全具有"夫画者，成教化，助人伦，穷神变，测幽微"[3] 的社会教育功能。中国文字起源于图像，随着时间推移，使用线条创造的象形甲骨文逐渐成为一套完善的文字系统，转变为历史文化的主要载体。对历史传承而言，文与画的功能性应相同，功能上都达到记录历史、表述意义的功用，将每个时代的一切生活与经验流传至后代。但自从建立完善的文字系统之后，后代的人们以文字为主要研究途径，并使之为史籍主要的载体。然而，汉代墓葬出土的画像石，却保存着两汉民间人们生活的一切记录。故此篇论文从视觉艺术的图像叙事探讨两汉时代人们的文化思想、时代风貌，尤其针对儒家思想的"君臣"故事画面梳理其微言大义。

孔子《春秋》用史家叙事笔法表现"尊王攘夷"[4] 微言大义，后人赞孔子修《春秋》"一字之褒，荣于华衮；一字之贬，严于斧钺"的春秋笔法。从文学艺术之中探究《春秋》微旨，可见中国礼乐伦理的教化思想，也可见内圣外王的道德修养，更可见正统儒家塑造的理想人格。周远斌《儒家伦理与春秋叙事》一书从阐释学论述先秦、秦后史书《国语》《史记》《新五代史》中所表现的《春秋》微旨，还有中国古代小说《三国演义》、《西游记》、《红楼梦》与《春秋》大义的关联性。关羽的忠、

1　万绳楠整理《陈寅恪魏晋南北朝史讲演录》，贵州人民出版社，1999，第4~5页。

2　朱存明:《汉画像之美》，商务印书馆，2011，第74页。

3　王云五主编《历代名画记》，商务印书馆，1966，第1页。

4　参考樊文礼、史秀莲《先秦儒家的民族观》，《烟台大学学报》2006年第3期，第337~338页。指在孔子以前民族思想最明显的特点，是强烈的"华夷之辨"观念，由此延伸出来的"尊王攘夷"政治主张。

义、仁、信、勇即符合《春秋》三纲五常的儒将典范。[1]《西游记》借神魔故事推演君臣父子之道，指摘时弊，惩恶扬善，实寓《春秋》之大义。[2]《红楼梦》中的"情"性价值追求，是士人探寻新的安身立命之所。[3] 孔子建构的儒家伦理渗透经典书籍或后世图像文本，展现中国传统艺术审美精神，从文字、建筑、图像等各式文本中，通过人物形象及事件的忠、义、仁、义、礼实践《春秋》精神，清晰可见儒家文化里的家庭伦理、社会伦理、政治伦理。

因此，本文试图从山东汉画像石梳理其涵盖的春秋笔法及其大义。山东是中国古代文明发祥地之一，古为齐鲁之地。考古发掘资料证明，北辛文化、大汶口文化、龙山文化和岳石文化互相继承，前后延续了近4000年，组成鲁南地区中国史前文化的完整序列，也是山东史前文化的主体。[4] 新石器时代山东地区的文明发展肯定占了重要的一席之地。西周初年，姜太公被封于齐，以治理夷人；周公被封于鲁，以拱卫周室。春秋时期孔子诞生于鲁国曲阜，在此发扬儒家思想学说，之后诸子百家、百花齐放，所有士人从世界各国云集于此，共筑山东人的齐鲁文化。[5] 汉书记载，当刘邦大军包围鲁城时，因闻城内诸儒讲诵习礼、弦歌之音不绝而罢兵，班固称此地为"圣人遗化好学之国"。《汉书·儒林传》："汉兴，言《易》自淄川田生，言《书》自济南伏生，言《诗》于鲁则申培公，于齐则辕固生，燕则韩太傅，言《礼》则鲁高堂生，《春秋》于齐则胡毋生，于赵则董仲。"[6] 除燕国韩婴之外，其他学说的创始人物全出自齐鲁一带。由此可知，山东是人文荟萃、诸家学说并起之地，是儒家文化的发源地，素有孔孟礼仪之邦的美誉。在丰厚远古文化积淀的历史背景下，山东是汉画像石遗存极多的地区，且画像中特别多关于儒家伦理的人物故事、政治事件。其中历史图像故事数量居全国之冠，山东画像石在研究汉代历史、汉代文化、汉代艺术等方面都有着不可或缺的地位。

故本文以1982年山东省博物馆编辑、齐鲁书社出版的《山东汉画像石选集》，2000年山东美术出版社出版的《中国画像石全集》第1~3卷《山东汉画像石》，2012年山东画报出版社出版的《山东汉画像石汇编》，2014年大象出版社出版的《中

---

1 周远斌：《儒家伦理与春秋叙事》，齐鲁书社，2008，第226~241页。

2 周远斌：《儒家伦理与春秋叙事》，第252~262页。

3 周远斌：《儒家伦理与春秋叙事》，第292~314页。

4 杨治国：《环渤海地区史前文化的关系与文明试论》，《文物世界》2010年第1期，第42页。

5 张从军：《黄河下游的汉画像石艺术》上册，齐鲁书社，2004，第13~14页。

6 （汉）班固：《武英殿二十四史·汉书》卷八八《儒林传》，五洲同文局石印，光绪癸卯冬十月，第2页上。

国汉画造型艺术图典：人物》，以及2019年7月笔者参加"汉画调研班"[1]所拍摄的图片为画像故事主要来源，并从这4种图书及鲁中南墓室、博物馆所拍摄图像梳理山东出土的历史画面故事，探究画面如何展示"事件"，如何借由画面里的事件情节、人物形象……诠释儒家经学中的《春秋》大义。此文分为五个部分：

（1）前言；
（2）经史之学传播的图像性；
（3）山东汉画像石故事的《春秋》叙事；
（4）山东汉画像石故事的《春秋》大义；
（5）结论。

一 经史之学传播的图像性

从远古时代开始，在未有文字的状况下，人们以图像记录生活。近年有考古学者将我国壁画的开始追溯到新石器时代山西襄汾的陶寺、辽宁牛河梁女神庙壁画残块或甘肃秦安大地湾的地画。殷商晚期也有涂有白灰的墙面出土，但壁画仍在发展的萌芽阶段。[2] 春秋以后，开始有诸侯壁画的记载。

《孔子家语·观周》：

孔子观乎明堂，睹四门墉有尧舜与桀纣之象，而各有善恶之状、兴废之诫焉；又有周公相成王，抱之负斧扆南面以朝诸侯之图焉。孔子徘徊而望之，谓从者曰："此周公所以盛也。夫明镜所以察形，往古者所以知今；人主不务袭迹于其所以安存，而急急所以危亡，是犹未有以异于却走而欲求及前人也，岂不惑哉！"[3]

从壁面的内容看，显然在宗教和道德教训。孔子参观周国明堂时，四周墙壁绘有尧帝、舜帝、夏桀、商纣画像，图像下方以文字记载君王善恶之事迹，以及一个国家兴盛和衰亡的告诫。还有周公辅佐成王的图画，周公抱着成王、背靠斧纹图案屏风，面向南方而坐，并接受诸侯来朝觐见。孔子对这些画像来回反复瞻仰，道出这就是周朝繁荣兴盛的原因。这些图像就是国君的明镜，以历史看清现实和预知未来。《尚书》《诗经》文字记载，以周公为代表的统治者开启注重人事、注重伦理道德的政治传统。周王室建立成熟的礼法，但春秋时期，周室式微，诸侯群起，王纲崩坏，礼仪瘫痪，社会混乱，因此孔子作

---

[1] 笔者2019年7月参加由中国社会科学院出土文献与古代文明协同创新中心历史分中心主办、山东省石刻艺术博物馆协办的"汉画调研班"，考察鲁中南汉画像石。走访长清孝堂山祠、嘉祥武氏墓群石刻博物馆、微山县文物管理所、滕州市汉画像馆、临沂市博物馆、沂南汉墓博物馆、昌乐县汉画研究中心、齐文化博物馆、济南市博物馆及考古馆、山东省博物馆、山东省石刻艺术博物馆等，搜罗、考察出土画像石文献。

[2] 邢义田：《画为心声：画像石、画像砖与壁画》，中华书局，2011，第1~3页。

[3] 王国轩、王秀梅：《孔子家语》，中华书局，2009，第86页。

《春秋》。《史记·孔子世家》曰："鲁哀公十四年春，狩大野。叔孙氏车子锄商获兽，以为不祥。……子曰：'吾道不行矣，吾何以自见于后世哉？'乃因史记作《春秋》。"[1] 孔子因礼乐崩坏，据王道，提出"君君，臣臣，父父，子子"的治国伦理，通过仁、礼实现这个伦理关系，而作《春秋》一书。《史记·十二诸侯年表序》："及如荀卿、孟子、公孙固、韩非之徒，各往往捃摭春秋之文以着书，不可胜纪。"[2] 由文中可知，自战国时代开始，孔子所作《春秋》一书，且半部《伦语》治天下，已成为儒家治经以传世的一种盛行风气。《春秋》学在战国和诸子之学合流，经学和子学的相互渗染，《春秋》之学也就逐渐兴盛。还有《汉书·艺文志》言："丘明恐弟子各安其意，以失其真，故论本事而作传，明夫子不以空言说经也。"[3] 这是左氏为《春秋》作传的目的。根据孔子的儒家思想观点说经，流传到后世以《左传》《公羊》《穀梁》最著。

到了西汉，《春秋》学上升到显学的地位。赵伯雄于《春秋学史》言，《春秋》较其他《易》《诗》《书》等更贴近治国平天下的政治哲学，因此，受到统治者的强烈重视和欢迎。[4] 两汉史学发达，史家继承孔子的"隐善扬恶"，在史笔一掩一扬的褒贬中发扬《春秋》大义，时代环境变迁，经学与史学相互影响，互为不可分割的重要史籍。汉代以经传、史书宣扬儒家仁政和德政，其思想在当时社会中居于统治地位，尤其重视孝道，提倡"百善孝为先"的观念，国家以孝治天下为核心，统治阶级力推崇孝的思想和行为，"孝道"因此根深蒂固地植在百姓的思维中，使汉代社会厚葬之风流行。

两汉之际，统治者的独尊儒术，使得经学中的儒家思想成了治国的重要理念，加上孝道的推广，以及汉人事死如生的观念，加深了厚葬之风的兴盛，使汉代民间墓葬的画像石繁荣兴起。祠堂墓室里的石刻画面思想源于儒家经学思想，伦理教化图像自然而然成为墓室设计者的爱好，正好也成为汉代统治者政治教化的新载体。汉墓室的设计理念在秦汉时的宇宙论下形成，设计图式往往包含天、地、人、神构成的设计理念。中国墓葬的结构——四方形的墓室和圆形的墓顶——把整个墓室变成宇宙的模型。在墓室是宇宙模型的概念下，汉代产生了一些非常复杂的哲学思想。[5] 这些观念也是儒家核心"天地人"的哲学观，因此，墓葬里的历史图像也是研

---

1 （汉）司马迁：《史记》卷四七《孔子世家》，中华书局，1963，第1942~1943页。

2 （汉）司马迁：《史记》卷一四《十二诸侯年表》，第510页。

3 （汉）班固：《武英殿二十四史·汉书》卷三〇《艺文志》，第2页下。

4 赵伯雄：《春秋学史》，山东教育出版社，2004，第99页。

5 罗森：《创造宇宙：汉唐时期中国北方墓葬中所见的文化交流》，〔美〕巫鸿主编《汉唐之间文化艺术的互动与交融》，文物出版社，2001，第151页。

究儒家孔孟思想的重要材料。对于经学研究，一般而言，学者多以文字语言探讨其中大义，而忽略了画像石、砖和壁画装饰墓室的历史图像故事。自从画像石出土后，这些画面被人们看作汉代历史的画卷，画面内容可见当时雕刻匠以中国君臣、忠孝、妇节等历史故事及其情节为依托，将传统的儒家人伦纲常、政治伦理等思想化为具体形象，使得这些抽象的传统教义规范变成生动且具体的形象，这些故事本身也得到广泛的传播。我们以阅读的眼光观看每一幅画面的同时，仿若跟随一位全知全能的史家，以刀契笔描刻绘两汉的社会风貌，人们的生活方式、思想行为……社会的意识形态尽收眼底。因此，汉画像石可说是研究汉代人生活的重要史料。

从研究汉画像石的图书及期刊论文中，可知汉代墓室、祠堂、阙等建筑物上雕刻装饰的历史故事不是刻造者或祠堂的所有者自由选择与随意创造，而是"严格按照当时占统治地位的社会意识形态选择和配置在祠堂中"[1]，简而言之，这些历史故事画面都是有明确的目的性，是依照儒家道德规范而选出的人物、事件，为了传承儒家的仁、义、礼、智及忠、孝、节、义思想。《后汉书·酷吏传》载，东汉晚期大臣阳球给灵帝的奏文中强调艺术的政治工具作用，指出："绘像之设，以昭劝戒，欲令人君动鉴得失。未闻竖子小人，诈作文颂，而可妄窃天官垂像图素者也。"[2] 这也是汉代历史故事画像流行的重要原因。从这些褒贬、劝诫意味浓厚的画面故事内容中，我们可见汉人以"仁义"为评价历史人物的核心，以忠、孝、节、义为故事内容的道德观念——故事无一不展现礼乐教化、君臣纲常。墓室中的画像石依订购者的需求，再透过石匠的绘制，希望后代子孙观赏历史人物画像故事，使正面历史人物的典范事迹受人景仰和流传，使反面人物受后世人责骂和唾弃，用图像建立封建制度的教育准则，这些民间墓葬图像承载了两汉统治者欲建构的社会秩序伦理观念。

先秦百家争鸣，诸子思想齐放，经过汉代重新整合统一，两汉时期奠定了中国传统文化的基础。西汉中期，国家强盛、人民安居乐业，经济繁荣为儒家文化提供了一个良好的环境，古文经、今文经之争，经史汇流。加上董仲舒提出发扬儒家文化，罢黜百家，独尊儒术，建立新的经学体系，以适应当时的时代要求和统治阶级的政治要求，达到思想全面统一的局面。在这经济发达、社会繁荣、重视孝道的社会背景之下，在统治者的推动之下，民间墓葬出现了非文字媒介的画像石，一幅幅推崇儒家伦理观念的历史图像应时而生。

图像符码源自人们生活的艺术表现，这些图像有些来自初民生活的集体记忆，将人们生活所见或所恐惧或所喜欢的一切，

---

[1] 信立祥：《汉画像石综合研究》，文物出版社，2000，第118~119页。

[2] 《新译后汉书》，魏连科译，台湾三民书局，2013，第387页。

如同符号一样不断地传承延续至今，是人们集体记忆的记录，甚至是表现重要时刻的宗教仪式，它们沉淀于人们日常的无意识中，就像孔子画像对中国人来说是"仁"的象征。图像如何叙事呢？图像与文字皆有传达的功能，只是它们的叙事载体方式不一样。文学作品中"谁在说话""如何说"，端看文字符号无穷无边的前后交替变换，呈现一个完整的故事情节。图像则是通过画面中的人物、事物、场景构图、关键画面展开情节。画面"有哪些人物""有哪些场景物件""聚焦于谁"，同样的对象或事件可以根据人物的大小、不同的聚焦者，而产生不同的解释，但也因此需要更多证据佐证论点，避免流于看图说故事的揣想。汉画像石通过石雕匠的图像叙事，表现汉代人的生活方式、文化思想，其中历史故事图像借由人物图像、场景展示重要的历史事件，借以惩恶扬善，发扬孔子的《春秋》大义。从汉画像石的历史人物故事刻绘流传，可知两汉时期除了透过文字史料传播经学，也透过画像石传播中国传统经史之学。

二　山东汉画像石故事的《春秋》叙事

"夫春秋，上明三王之道，下辨人事之纪，别嫌疑，明是非，定犹豫，善善恶恶，贤贤贱不肖，存亡国，继绝世，补弊起废。"[1]"明王道"是孔子《春秋》的叙事动机，强调的即是每个人各安其位，各尽其责，各司其职，合乎规范。简而言之，就是君要像个君，臣要像个臣，父亲要像个父亲，儿子要像个儿子，就会国泰民安。《左传》为解《春秋》经之作，据经叙事凸显微言大义。《史记》也继承《春秋》叙事笔法，发扬《春秋》的"善善恶恶，贤贤贱不肖"的惩恶扬善精神。汉画像石的历史故事题材来自儒家经学思想，不是纯粹供后代子孙欣赏而已，真正目的是要"成教化，助人伦"，达到"恶以诫世，善以示后"。

因此，笔者先梳理山东目前出土的汉画像石，以画面要素组件组成而归类成为格套[2]故事，并归纳如下："君臣故事"共有22幅，"儒道圣贤故事"共有6幅，"义士刺客故事"共有9幅，"孝子烈女故事"共有22幅。由于此篇论文欲探讨的是汉画像石的《春秋》叙事及其大义，试图解读这些历史画面如何运用非文字方式承传春秋笔法。故仅以"君臣故事"中春秋时期的"公孙阏暗箭射人""骊姬害申生""晋灵公杀赵盾""獒扑赵盾""赵盾施食救灵辄""程婴与公孙杵臼""管仲射齐桓公""二桃杀三士""晏子谏齐景公"9个格套画面故事探讨。表格如下：

---

[1]（汉）司马迁：《史记》卷一三〇，第3297页。

[2] 汉画像是由许多套装主题内容和一定的构图方式格套组成，工匠可灵活运用格套和范本，将格套组件分割拆散，安置在画面不同部位。很多画像没有榜题，可从核心组件格套推论、归纳此图的寓意。参考邢义田《汉代画像中"射爵射侯图"》，《中央研究院历史语言研究所集刊》第71本第1分，2000，第3~4页。

	君臣故事	画面主要人物	《春秋》文献	《左传》[1]文献	《史记》[2]文献	故事时代
1	公孙阏暗箭射人	公孙阏、颖考叔	×	秋七月……颖考叔取郑伯之旗蝥弧以先登，子都自下射之，颠。（《隐公十一年》）	×	春秋（约B.C.712）
2	骊姬害申生（骊姬置毒）	晋献公、骊姬、申生	×	初，晋献公欲以骊姬为夫人……公至，毒而献之，公祭之地，地坟，与犬，犬毙，与小臣。（《僖公四年》）	骊姬从旁止之，曰："胙所从来远，宜试之。"祭地，地坟；与犬，犬死；与小臣，小臣死。（《晋世家》）	春秋（约B.C.666）
3	晋灵公杀赵盾	晋灵公、赵盾	《宣公二年》秋九乙丑，晋赵盾弑其君夷皋	晋灵公不君：厚敛以雕墙；从台上弹人，而观其辟丸也；宰夫胹熊蹯不熟，杀之，置诸畚，使妇人载以过朝。（《宣公二年》）	赵盾素贵，得民和；灵公少，侈，民不附，故为杀易。（《晋世家》）	春秋（约B.C.607）
4	獒扑赵盾	晋灵公、赵盾、提弥明	×	公嗾夫獒焉，明搏而杀之。盾曰："弃人用犬，虽猛何为！"斗且出。提弥明死之。（《宣公二年》）	盾既去，灵公伏士未会，先纵啮狗名敖。明为盾搏杀狗。盾曰："人用狗，虽猛何为。"（《晋世家》）	春秋（约B.C.607）
5	赵盾施食救灵辄	赵盾、灵辄	×	初，宣子田于首山，舍于翳桑，见灵辄饿，问其病。曰："不食三日矣。"食之，舍其半。问之，曰："宦三年矣，未知母之存否，今近焉，请以遗之。"（《宣公二年》）	灵公由此惧，欲杀盾。盾素仁爱人，尝所食桑下饿人反扑救盾，盾以得亡。（《赵世家》）	春秋（约B.C.607）
6	程婴与公孙杵臼	妇抱婴、公孙杵臼	×	×	乃二人谋取他人婴儿负之，衣以文葆，匿山中。程婴出，谬谓诸将军曰："婴不肖，不能立赵孤。谁能与我千金，吾告赵氏孤处。"（《赵世家》）	春秋（约B.C.597）
7	管仲射齐桓公	管仲、齐桓、三臣子	×	齐桓公置射钩而使管仲相。（《僖公二十四年》）	鲁闻无知死，亦发兵送公子纠，而使管仲别将兵遮莒道，射中小白带钩。小白详死，管仲使人驰报鲁。（《齐太公世家》）	春秋（约B.C.636）
8	二桃杀三士	晏婴、公孙接、田开疆、古冶子	×	×	晏平仲，善与人交，久而敬之……二桃杀三士，讵假剑如霜。（《管晏列传》）	春秋（约B.C.547）
9	晏子谏齐景公	晏婴、齐景公、烛邹	×	景公繁于刑，有鬻踊者，对曰："踊贵，屦贱。"……景公为是省于刑。（《昭公三年》）	为政敢于犯颜直谏，以匡君过。（《管晏列传》）	春秋（约B.C.532）

---

1 郁贤皓等人注校《新译左传读本》，台湾三民书局，2009。

2 （汉）司马迁：《史记》，中华书局，1963。

这9幅画面故事记录的是郑国、晋国、齐国三个诸侯国在历史上曾经发生的重大事件，这些故事分别被记载于《春秋》《左传》《史记》等史册中，佐以史书文字记载。笔者试图解读图像如何"成教化，助人伦"，达到"恶以诫世，善以示后"，依历史事件将9幅故事画面归纳为四点论述。

（一）颍考叔和公孙阏争车事件

在论述颍考叔和公孙阏争车事件之前，先厘清此幅画面（图1）在学界的不同解读：一为"虞舜登梯修粮仓"[1]传说故事，二为"公孙阏暗箭射人"[2]历史故事。"虞舜登梯修粮仓"即关于孝子虞舜的传说故事，其父为瞽叟，其母是后母，瞽叟与后母生了弟弟象，三人欲谋杀虞舜。瞽叟命他修粮仓，待他爬到最顶端，瞽叟从下面纵火烧粮仓，想烧死虞舜。当虞舜登上仓顶，象搬走了木梯，火焰不断往上升，熏烤粮仓的幕墙。火焰中，虞舜以斗笠为羽翼，如同大鸟从天而降。而"公孙阏暗箭射人"则是郑国两位将军争斗兵车的历史事件。郑国攻打许国时，老将颍考叔拿着蝥弧旗率先登城，年轻将军公孙阏（子都）从城下持箭射向他，颍考叔中箭坠下而死。以山东武氏祠左石室后壁小龛东壁画（图1）的画面看，画面左方登梯者肩扛指军旗，背上还插了一支箭矢，后方一位高大的人物左手持弓追赶前方人物，构图元素有梯，下方有国君造型人物，还有被暗箭射中的人物，以及左手持弓的射者。在文字与图像互证之下，笔者采张道一的说法，此画面为"公孙阏暗箭射人"的历史故事，即《左传》中所记载的郑国大夫颍考叔和公孙阏争车事件。此事件以插叙方式记录于《左传·鲁隐公十一年》中，颇为突兀，故历来有学者对此事件探究始末。

图1　山东武梁祠左石室后壁小龛东壁画
（笔者摄于武氏墓群石刻博物馆，2019年7月17日）

---

[1] 武氏墓群石刻博物馆展厅的展示牌，以及胡广跃2013年由三秦出版社出版的《石头上的中国画——武氏祠汉画像石的故事诠释》一书，将此画像命名为"虞舜登梯修粮仓"。

[2] 参考张道一的《汉画故事》（重庆大学出版社，2010）一书，命名为"公孙阏暗箭射人"。

秋七月，公会齐侯、郑伯伐许。庚辰，传于许。颍考叔取郑伯之旗蝥弧以先登，子都自下射之，颠。瑕叔盈又以蝥弧登，周麾而呼曰："君登矣！"郑师毕登。壬午，遂入许。许庄公奔卫。[1]

春秋初年，郑国取得春秋各诸侯国中更具优势的经济、政治条件，首先跃上春秋时期列国争霸的历史舞台。鲁隐公在鄪地会见郑庄公，谋划攻打许国。郑庄公出兵讨伐许国时，老将颍考叔和年轻将军公孙阏（即公孙子都）为了争夺兵车争吵起来。二人的争吵引得众兵士议论纷纷，大家都说他们目无军纪，迟早会酿成大祸。秋天七月，攻打许国时，颍考叔拿着蝥弧旗率先登城，子都从城下用箭射他，颍考叔中箭坠下而死。郑国大夫瑕叔盈再度拾起蝥弧旗登城，并挥动旗帜大喊"郑君登城"，郑国军队攻入许城，许庄公奔逃到卫国。

画面聚焦颍考叔冲向许国城门，一马当先，奋勇杀敌，当他正冲上城头时，背后则是妒火攻心、身材高大的公孙阏，他眼疾手快，抽出箭来，已在颍考叔背后射上一箭，颍考叔正回头望见公孙阏手持着弓。公孙阏是春秋时代的美男子，长得高大帅气，画面中的形象也特别高大魁梧。

各种叙事艺术形式是互相渗透的，尤其图像与文字的互渗性特别明显，《左传》还记载"郑伯使许大夫百里奉许叔以居许东偏"[2]，郑庄公让许国大夫百里陪奉许君之弟——许叔，安抚许国的百姓。从"图文互文性"推论，推测城池下坐着二个人，一人也许是许叔，一人也许是许国大夫百里。另外，在公孙阏后面有两个人物看似正交头接耳，画面最右那个人物，跟公孙阏占据一样的画面大小，应该是一个重要人物。由此可见，画像石的内容比文献史料记录更完善、更生动。若以构图学的对称原则来论，假设画面左边是许国国君之弟，右边则可能是相对应的人物，应该就是郑庄公，加上这两位人物头戴的帽子又特别不同——这是笔者目前推测，是否正确，待更多同样格套的画像石出土，再进一步研究。最后《左传》对于此事件的记载"郑伯使卒出豭，行出犬、鸡，以诅射颍考叔者"[3]，郑庄公明知道凶手是谁，却只能用猪、狗、鸡肉祭祀、诅咒放暗箭的人，不敢对公孙阏明正典刑。

春秋初期，郑庄公是极为活跃的人物。不过后世对他的评价却多偏负面，很少有正面的肯定。这幅出于东汉石刻匠的"公孙阏暗箭射人"壁画，用图像叙事呈现完整历史事件，其背后讥刺公孙阏为了私怨而杀人，郑庄公则是不愿对自己宠臣公孙

---

[1] 郁贤皓等人注校《新译左传读本》，第67页。

[2] 郁贤皓等人注校《新译左传读本》，第68页。

[3] 郁贤皓等人注校《新译左传读本》，第69页。

阙加刑，凸显郑庄公的自私。这也发扬了惩恶扬善的春秋笔法。

（二）晋国太子"申生"之死

"骊姬害申生"这幅壁画（图2）故事记录国君晋献公与太子申生两人的父子关系。故事来源于《左传·僖公四年》：

> 初，晋献公欲以骊姬为夫人，卜之，不吉；筮之，吉，公曰："从筮。"……公至，毒而献之。公祭之地，地坟。与犬，犬毙，与小臣，小臣亦毙。姬泣曰："贼由大子。"……十二月戊申，缢于新城。[1]

晋献公由于宠爱骊姬，而有"骊姬之乱"。骊姬为了让自己的亲生儿子奚齐继位，无所不用其极的陷害太子申生，在申生到曲沃祖庙祭祀生母的酒肉里下毒，再送给献公。之后将罪推给申生，跟献公说，逆弑的阴谋是由太子谋划的，希望害死申生。虽然此事件中骊姬阴谋被拆穿了，无法害死太子申生，因为申生不愿父君失去骊姬而不乐，自己在曲沃新城上吊自缢。当时重耳、夷吾则被迫流亡在外。

画面聚焦中毒倒地之犬，画面左边手持勺子的应是申生，右边为骊姬及晋献公，他们朝着申生方向举起右手，身体皆弯身向前倾，旁边还有一个较像小孩的人物形象。这几个人物的样貌、行为、位置，为画面带来惊慌、紧张及悲伤之感。画像记录晋献公晚年"骊姬之乱"，导致国内发生一连串的政治和家庭变动，给晋国带来严重灾难，使人民遭受20年的动乱之苦，晋国还差点土崩瓦解。

史书上载晋献公于其父尚在位时就烝于齐姜，直接说出晋公与齐姜乱伦行为。加上"骊姬置毒陷害太子申生"画面故事，这明显是在讥刺晋献公"父不父，子不子"的形象，继承《春秋》"成教化，助人伦"的叙事精神。

图2　山东嘉祥宋山祠堂西壁画像

（山东省博物馆编《山东汉画像石选集》，齐鲁书社，1982，图版第80页）

1　郁贤皓等人注校《新译左传读本》，第306~307页。

（三）赵盾弑其君事件

由"晋灵公杀赵盾""獒扑赵盾""赵盾施食救灵辄""程婴与公孙杵臼"四幅画像故事组成"赵盾弑其君"的重大、著名历史事件。对于此事件，中国传统史学常以人"伦理""德行"探究。《春秋》原文记载"宣公二年秋九乙丑，晋赵盾弑其书夷皋"[1]。经书上仅记载赵盾弑其君，而后世《左传》和《史记》明显应用春秋笔法叙述事件始末，隐讽晋灵公失其君该有的仁德。

《左传·宣公二年》：

> 晋灵公不君：厚敛以雕墙；从台上弹人，而观其辟丸也；宰夫胹熊蹯不熟，杀之，置诸畚，使妇人载以过朝。……宣子骤谏，公患之，使鉏麑贼之。晨往，寝门辟矣，盛服将朝，尚早，坐而假寐。麑退，叹而言曰："不忘恭敬，民之主也。贼民之主，不忠。弃君之命，不信。有一于此，不如死也。"触槐而死。[2]

晋灵公不行国君正道，加重赋税以彩饰墙壁，还从台上用弹弓射人，观看人们躲避弹丸，以娱己。有一次厨子炖熊掌没有炖熟，灵公立即杀死他，还把尸体装在草筐里，命妇女用车装着尸体经过朝堂……灵公荒淫无道，赵盾多次直谏。灵公欲杀赵盾，派鉏麑行刺。鉏麑感于赵盾忠公亲国，不忍下手，触槐而死。

1. 晋灵公杀赵盾

汉画像石"晋灵公杀赵盾"画面（图3），左边有榜题刻着"晋灵公"，下方则是一只獒犬，旁边也有獒犬榜题，这只獒犬朝着赵盾的腿作势扑咬。虽然画面右边漫漶的榜题已无法辨识，但从"晋灵公"与"獒犬"两榜题便可判断此图像事件表现的是"赵盾弑其君"历史事件。两人剑拔弩张，画面飞动的线条营造了杀气腾腾的打斗氛围。

2. 獒扑赵盾

> 秋，九月，晋侯饮赵盾酒，伏甲将攻之。其右提弥明知之，趋登曰："臣侍君宴，过三爵，非礼也。"遂扶以下。公嗾夫獒焉。明搏而杀之。盾曰："弃人用犬，

图3 山东沂南北寨石墓室中室东壁南上画像
（笔者摄于沂南北寨汉墓博物馆，2019年7月19日）

---

[1] 《十三经注疏》第6册《春秋左传正义》，嘉庆二十年江西南昌府学重刊宋本，第362页。

[2] 郁贤皓等人注校《新译左传读本》，第632~633页。

虽猛何为？"斗且出，提弥明死之。[1]

晋灵公请赵盾喝酒，埋伏甲士准备杀赵盾。赵盾陪乘提弥明察觉危险，说臣下侍奉国君饮酒，超过三杯，就不合礼了，并扶赵盾下堂，晋灵公立即呼獒犬咬他。赵盾对晋灵公说："用犬不用人，犬猛有何用呢？"提弥明徒手把犬打死，却因与甲士搏斗而丧命。

汉画像石（图4）中心人物榜题"灵公"，画面右柱题字"宣孟晋卿，䑛辄医桑。灵公凭怒，伏甲嗾獒。车右提明，超犬绝颃。灵辄乘盾，爰发甲中"，道出了"晋灵公杀赵盾"的历史事件经过，直接表达"君杀臣"。画面中间为灵公，一边暗拉弓弦，一边放出张着大口的獒犬，扑向赵盾。赵盾则是呈现抬起手护住头的防备姿态，另一手握利剑向后退。这幅画充满动感，灵公位于画面中心，朝右方跨了一个大箭步，顺着视觉动线前进，一只张开嘴巴的饥饿獒犬扑向拔腿后退的赵盾，赵盾转头对晋灵公说："弃人用犬，虽猛何为？"画面充满戏剧张力，画面直指君已失其君待臣该有的行为。

3. 赵盾施食救灵辄

初，宣子田于首山，舍于翳桑，见灵辄饿，问其病。曰："不食三日矣。"食之，舍其半。问之，曰："宦三年矣，未知母之存否，今近焉，请以遗之。"使尽之，而为之箪食与肉，置诸橐以与之。既而与为公介，倒戟以御公徒，而免之。问何故。对曰："翳桑之饿人也。"问其名居，不告而退，遂自亡也。[2]

在攻杀赵盾的甲士行列里，有个压制反击晋灵公的甲士，因此赵盾才免于祸难。逃

图4　山东武斑祠左室第一石

（傅惜华、陈志农编《山东汉画像石汇编》，山东画报出版社，2012，第454页）

1　郁贤皓等人注校《新译左传读本》，第633页。

2　郁贤皓等人注校《新译左传读本》，第633页。

出宫后，赵盾问他，他回答："我是翳桑饿倒的那个人。"受赵盾的一饭之恩，报答赵盾恩情。

从汉画像石"赵盾施食救灵辄"画面（图5），可知灵辄是为了报一饭之恩。画面有两个叙事空间，右边刻画赵盾常到首山打猎，当时乘坐有盖辎车，在桑树下见一饿人，名叫灵辄。瘦弱的灵辄跪桑树前，赵盾下车俯身右手持木勺，将饭肉给灵辄。灵辄仅吃一半。赵盾问他为什么不吃完，他回答："我已经为人臣隶三年了，不知母亲是否还在人间，愿把剩下的一半留给母亲。"赵盾认为他很孝敬，又给他一些饭、肉。画面的左半部则是另一个时空场景，灵辄跪在母亲前，为凸显其为孝顺之人。此故事画面表现灵辄是一位孝子，赵盾是一位有仁爱之心且尊敬孝子之人。

4. 程婴与公孙杵臼

晋灵公杀害赵盾未成，晋景公时，赵氏家族遭到屠岸贾的灭门，仅剩赵朔之妻有遗腹，程婴与公孙杵臼二人帮忙藏匿赵氏孤儿长大，为了赵氏孤儿，公孙杵臼被杀，程婴照养赵氏孤儿成人。画面故事来自《史记·赵世家》：

> 公孙杵臼："赵氏先君遇子厚，子强为其难者，吾为其易者，请先死。"乃二人谋取他人婴儿负之，衣以文葆，匿山中。程婴出，谬谓诸将军曰："婴不肖，不能立赵孤。谁能与我千金，吾告赵氏孤处。"……诸将以为赵氏孤儿良已死，皆喜。然赵氏孤乃反在，程婴卒与俱匿山中。[1]

图5 山东武斑祠左石室壁画
（笔者摄于武氏墓群石刻博物馆，2019年7月17日）

---

[1] （汉）司马迁：《史记》卷四三，第1784页。

公孙杵臼和程婴密谋如何将赵氏遗孤藏匿起来，公孙杵臼说："扶立遗孤和死哪件事更难？"程婴说："死很容易，扶立遗孤很难啊。"公孙杵臼说："赵氏的先君待您不薄，您就勉为其难吧，我去做那件容易的，让我先死吧。"两人设法得到别人家的婴儿，并将他裹上漂亮的花被，藏到深山里。欺骗将领让他们杀了杵臼和孤儿。将领以为赵氏孤儿已经死了，十分高兴。其实赵氏孤儿仍然活着，程婴终于和他一起隐藏到深山里，将之抚养长大，等待日后复仇。

汉画像石"程婴与公孙"（图6），即是"赵氏孤儿"画像石。画面左侧是一个妇人手抱褓褓之婴，旁侧是程婴与公孙杵臼二人，画面的故事性不强，但这幅画面与"赵盾弑君事件"同为一个历史事件。

这些画面凸显赵盾"忠义"的正面形象，这种正面性使得赵盾之族赵穿弑晋灵公后，依然保持其正面形象。除此，不管《左传》文字或是汉画像石皆凸显晋灵公虽身为一国之君，欲阴谋暗杀扶持自己的"忠臣"赵盾。晋国自晋文公时建立的优良传统——各卿大夫间互相推崇、礼让的美德——此时似乎也已不再。[1] 图像揭露晋灵公失其仁德之政，以及赵盾的忠义仁爱事迹。

（四）齐国名相——管仲与晏婴

1. 管仲

（1）管仲射齐桓公

汉画像石中"管仲射齐桓公"画面（图7）故事来自《左传·僖公二十四年》："齐桓公置射钩而使管仲相。君若易之，何

图6 山东武斑祠左石室后壁画
（胡文峻摄于武氏墓群石刻博物馆，2019年7月17日）

---

[1] 李隆献：《晋史蠡探：以兵制与人事为重心》下编第一章，博士学位论文，台湾大学中国文学研究所，1992，第195~196、206~207页。

图 7 管仲射齐桓公

（山东嘉祥满硐乡宋山出土。笔者摄于山东省博物馆，2019 年 7 月 21 日）

辱命焉，行者甚众，岂唯刑臣，公见之，以难告。"[1] 寺人披求见晋文公时，晋文公派人斥骂他，且拒绝接见，寺人披回答：当年齐桓公对管仲用箭射中他衣服上的带钩之事不记仇，反而让管仲辅佐自己，文公如果改变桓公的做法，又何必辱蒙您下驱逐的命令？这样，要逃走的人会更多，岂止受刑的小臣我一人？于是晋文公接见寺人披。此历史事件展现晋国国君宽容大度，不计前嫌，化敌为友的胸怀。

《史记·齐太公世家第二》："鲁闻无知死，亦发兵送公子纠，而使管仲别将兵遮莒道，射中小白带钩。小白佯死，管仲使人驰报鲁。"[2] 鲁国派人送公子纠回国，莒国派人送公子小白回国。管仲怕小白先回国，就追上公子小白，射了他一箭，却恰好射中小白的带钩。公子小白假装中箭，骗过管仲，然后与鲍叔牙快马加鞭先回到齐国，当了国君，即齐桓公。

齐桓公即位后，鲍叔牙向齐桓公推荐还因在牢中的管仲。齐桓公接受鲍叔牙谏言，释怨于政敌管仲，以其贤能重用为主政大夫，请管仲来做宰相。《论语·宪问》子曰："桓公九合诸侯，不以兵车，管仲之力也。如其仁，如其仁。"[3] 管仲在齐国执政，帮助齐桓公九次号召天下诸侯，打出了"尊王攘夷"的旗号，共同抵御外夷的侵略，保卫中原文化；率领诸侯尊崇周王室，匡正天下，完成尊王攘夷的大业，不用武力，那是得力于管仲的才能，而那就是仁德的展现。

2．晏婴

（1）二桃杀三士

汉画像石"二桃杀三士"画面（图 8），

1　郁贤皓等人注校《新译左传读本》，第 413 页。

2　（汉）司马迁：《史记》卷三二，第 1485~1486 页。

3　钟芒：《论语》，香港中华书局，2011，第 156 页。

图8 二桃杀三士

（山东嘉祥宋山出土。杨絮飞编《中国汉画造型艺术图典：人物》，大象出版社，2014，第647页）

言春秋战国时代齐景公三个宠臣公孙接、田开疆、古冶子的故事，出自《晏子春秋·内篇谏下》。晏子曰："此皆力攻强劫敌之人也，无长幼之礼。因请公使人少馈之二桃。曰：三子何不计功而食桃？公孙接仰天而叹曰：晏子，智人也！……"[1] 三人武功高强，却傲慢无理。宰相晏婴害怕他们功高欺主，建议齐景公除掉他们，请景公赏赐两个鲜桃，要求三武士"计功而食桃"，三人互不相让，最后古冶子没抢到桃子而自刎，公孙接、田开疆因羞愧亦持剑自杀。

画面左半侧三个人物是公孙接、田开疆、古冶子三武士，最左边一人右手持着剑，伸出左手俯身取器皿上的桃。置桃器皿的右侧，其中一人正伸出右手准备取桃，他后方的人物弯身看向他俩，画面呈现三人争桃的紧张气氛。画面图像佐以《晏子春秋·内篇谏下》的叙事角度，赞美了晏婴对齐景公的"忠"，以鉴后世。

（2）晏子谏齐景公

汉画像石"晏子谏齐景公"画面（图9）故事来自《左传·昭公三年》："景公繁于刑，有鬻踊者，对曰：'踊贵，屦贱。'……景公为是省于刑。"[2] 齐景公想为晏子改换住宅，晏子借机跟景公说，因景公滥用刑罚，所以百姓就有卖假腿的，导致假腿贵，鞋子便宜……景公因此下令减刑。这凸显晏子关心人民疾苦、爱护百姓、廉洁奉公的高尚情怀，他与贪婪、自私、残暴的齐国最高统治者形成强烈对比。

图9是山东嘉祥焦城村出土画像，右边的柱子清晰可见"齐王也"等字。画面聚焦晏婴跪身面向齐景公，人物姿态不卑不亢，与我们在史书上所认识的晏婴形象吻合，辩才无碍，行为举止显得从容。齐

---

[1] 吴则虞：《晏子秋春集释》，中华书局，1962，第164页。

[2] 郁贤皓等人注校《新译左传读本》，第1308页。

图 9　晏子谏齐景公

（山东嘉祥焦城村出土。李铁：《汉画文学故事集》，中国青年出版社，1989，第212页）

图 10　晏子谏齐王

（河南南阳出土。李铁：《汉画文学故事集》，第212页）

景公则身体向后倾斜。汉画像石记录了晏婴的仁慈形象与景公的残暴形象。晏子谏齐王的画像石，多为河南出土，如以上图10。

三　山东汉画像石故事的《春秋》大义

《春秋》之文，指记述文辞；《春秋》之事，指记述内容；《春秋》之义，指记事的旨趣。《春秋》一经，其微言大义，经董仲舒阐发推动，其最著者即"大一统"、"尊王攘夷"与"复仇"。儒家经典教义张扬的是"尊尊""亲亲"等纲常礼义原则，"夫儒者以六艺为法。六艺经传以千万数，累世不能通其学……若夫列君臣父子之礼，序夫妇长幼之别，虽百家弗能易也"[1]。稳固"君君臣臣"政治伦理及维持"父父子子"

---

[1] （汉）司马迁：《史记》卷一三〇，第3290页。

人伦纲常，两者相辅相成，在史事的迁流中，一直有其恒常不变的伦理关怀与道德价值。不管是多么颠沛流离的时代，不管是史家记载的文字，或是汉画图像的叙事，都能见其"尊尊"《春秋》的微言要旨。

杨树达《春秋大义述》[1]，钩稽《公羊》《穀梁》之《春秋》大义二十有九，多想忧时资鉴之作，如"贵正己""贵诚信""贵变改""贵仁义""尊尊"等论述。昔日研究者从史书内容理解《春秋》大义，今日笔者从山东汉画像石中的图像故事梳理春秋时期"君臣之间"几个重要的历史事件。以上述9幅画像石故事，以杨树达《春秋大义述》之"贵正己"与"尊尊"论其《春秋》大义。

（一）贵正己：君失"仁德"的政治伦理

"公孙阏暗箭射人"汉画像石故事，颍考叔被子都射箭坠下而死，庄公按理该处分公孙子都，但庄公仅以诅咒方式欺骗臣民，缺乏有道德的"仁德"政治，也有没有威严的刑法，所以君子说他失掉政与刑。"晋灵公杀赵盾"则道出晋灵公的君之不仁，虽为一国之君，却欲阴谋暗杀扶持自己的"忠臣"赵盾。"晏子谏齐景公"汉画像石故事中，景公滥用刑罚，导致人民过着痛苦的生活，这也是君失之"仁德"之政。

（二）尊尊：臣守"忠义"的政治伦理

孔子讲究名分伦常，认为君臣尊卑有分、上下有别，万不可以下犯上。赵盾弑君案虽说掺杂着国君与能臣之间纠葛十数年之久的复杂情节与恩怨情仇，孔子还是认为弑君之手段不足取，虽于《春秋》上书云"晋赵盾弑其君夷皋"，但之中隐含着儒家《春秋》大义精神，留给后世人们来明辨是非、判邪正、分善恶、论褒贬。这些历史故事诚足为人臣者所警惕！汉画像石一连串"晋灵公与赵盾"的历史故事则在凸显赵盾"忠义"的正面形象。

汉画像石"骊姬之乱"，骊姬为了让自己的亲生儿子奚齐继位，无所不用其极地陷害太子申生。最后，申生不愿父君失去骊姬而不乐，说："国君如果没有骊姬，就睡不安，吃不好。如果我去申辩，骊姬必然获罪，如今国君已经年老，我那样做会使国君痛苦，我也不快乐。"最后，申生上吊死在曲沃新城，将"尊尊"放于"亲亲"之上。

汉画像石"二桃杀三士"故事呈现的是宰相晏婴害怕公孙接、田开疆、古冶子三武士功高欺齐景公，因而献"二桃之计"，表现臣子对君主的"忠"。"管仲射齐桓公"其背后隐藏的《春秋》大义则是，管仲在齐国执政，对齐桓公完全地"忠义"，九次号召天下诸侯，共同抵御外夷的侵略，率领诸侯尊崇周王室，匡正天下，完成"尊王攘夷"的大业。

---

[1] 参见杨树达《春秋大义述》，上海古籍出版社，2007。由此书的《春秋》大义所归纳。

结 论

汉画像石是一部汉代史，以史传经，以图传世，囊括汉家一代乐舞盛衰的历史，呈现一部精彩的绘画史诗，用线条、色块创造图像语言，树立人间的贤臣名将、孝子节女、义士侠客等，成为人们效法的榜样。在这样一个辉煌的时代，民间石雕匠透过"图像"叙事，使经学中的仁、忠、节、义变成一幅幅历史故事画像，使正面历史人物受到景仰和流传，使反面人物受到责骂和唾弃，用图像建立封建制度的教育准则，实现两汉统治者欲建构的社会秩序伦理观念。借图像展示历史事件，以"惩恶扬善"，发扬孔子的《春秋》大义，因此，我们可说两汉时期画像石也同样传播了中国传统经史之学。

《春秋》之"义"见于"事"，《春秋》之"事"载于"图"。山东汉画像石春秋时代的"君臣故事"包含"公孙阏暗箭射人""骊姬害申生""晋灵公杀赵盾""獒扑赵盾""赵盾施食救灵辄""程婴与公孙杵臼""管仲射齐桓公""二桃杀三士""晏子谏齐景公"，是中国传统经学的图像艺术，透过史料取舍别材，选取事件、人物，精心构图，凸显国君的不仁、不信，或是臣子的忠、义，展现《春秋》大义中的伦理纲常与政治文化。

"阈限"与"舞台"*
——汉代桥梁图式的功能与意味

■ 杜世茹（北京大学历史学系）

汉代是中国历史上第一个盛世，也是一个极具创新力的时代，不论在社会经济、文学艺术还是思想风尚等方面都有极大的发展与创新。汉代，尤其是东汉的视觉艺术迅速发展，图像的题材和内容都丰富起来。由于年代久远，我们对汉代艺术的认识，大多只能依靠考古发掘出土的祠堂建筑遗存和墓葬等，通过祠堂和墓葬中所遗存的画像石与墓室壁画来解读当时的艺术。这些图像材料初步显示，在这个时期，专业性的绘画语言正在形成。其中一个重要的特征是若干相对固定的图式被发明，并得到普遍的应用和发展，在不同的语境中成为表达各种特定含义的手段。本文所要讨论的一个例子，就是汉画遗存中的桥梁图像。桥梁是中国古代绘画中较常见的形象题材。在汉画中，桥梁被程式化地描绘于许多画面中，以至于形成了一些固定的图式，本文称之为"桥梁图式"。汉代绘画中的桥梁图式多出现于画像石、画像砖以及墓室壁画上。西汉时期的画像石上有目前可见较为早期的桥梁形象。伴随着地区和时期的差异，汉代绘画中桥梁的表现形式十分多样化，而附着于桥梁图式上的含义也相当丰富。而这些图像观念，经过后世的继承与改造，以及宗教的影响与融合，逐渐生发出更多的观念性与象征性，因此，桥梁这一物象在中国古代艺术中从未缺席。为什么汉代人偏爱"桥"这一艺术形象？为什么他们喜欢讲述"桥上的故事"？这是本文试图探讨的问题。

本文所使用的主要研究材料为汉代墓葬所遗留的画像石、画像砖以及墓葬壁画等。笔者试图从表现形式和内容上，对这些历史图像材料进行系统的综合研究，并对其蕴含的意义进行初步探讨。本文的研究方法和特色，是将汉代艺术中具有桥梁形象的这一类图像，以"图式"的形式进行整体性考察，探寻图像在形式与意义之间的深层联系。在考察桥梁在汉画中"如何表现"的层面上，通过分析桥梁图式所展现的人物活动情景、故事情节，以及画

---

* 中央美术学院人文学院郑岩教授在本文写作过程中给予诸多指导与修改意见，特此感谢！

面中各母题、各元素的组合逻辑，探讨当时人们选择如此表现这些桥梁背后的原因，即"为何如此表现"的问题。此外，还将根据"桥"这一物象所承载的概念性与象征性，从生死观和宇宙观等角度，讨论桥梁图式在古代社会中蕴含的观念意义。

一 画面各元素及其组合逻辑

根据目前考古发现的图像材料来看，汉代绘画中的桥梁图式有较为固定的组成元素。一般而言，不论是梁架桥还是石拱桥，都是居于画面的中心位置，是整个画面的主体元素。桥上有为数众多的人物，或骑马御车征战、行进，或如拔河般合力升鼎，一切人物都处于动态之中，并随着桥面的起伏摆出颇为生动的姿态。桥下岸边有时会有一座亭阙，内立一守桥官吏。桥下水中常常绘有撑船捕鱼者，还有水鸟和鱼穿插其间，有时会出现河伯出行等神话情景。虽然同样是动态场景，与桥面上处于冲突躁动中的大队人马相比，桥下的渔猎场面显得更为祥和，更为日常化，与紧张激烈的战争氛围形成鲜明对比。下文将分别对桥梁图式中各典型元素进行分析，并试图解读其中的组合逻辑。

（一）画面中的人物

桥梁图式中最引人注目的是桥上的人物及其活动。从目前发现的汉代考古材料看，几乎所有包含桥梁题材的画面中都有人物出现。桥梁图式中的人物形象极具多样性，且有明显的主次之分。

以武氏祠（武梁祠）前石室西壁下方的桥上交战图（图1）为例，画面中可见三类人物形象，分别处于桥梁的不同位置，其形貌与姿态也各具特点。第一类是车中人物，他们占据了画面中的主要位置，车旁大多附有榜题。桥中央有四维轺车一辆，左边有轺车两辆，榜题为"主记车"和"主簿车"，右边有轺车三辆，榜题曰"功曹车""贼曹车""游徼车"。其中最醒目的人物形象位于桥梁制高点，乘坐在四维轺车中。他头戴峨冠，长袍广袖，手持长剑状兵器，回首与车后一人作争斗状，与水平桥面两端相连接的两个斜坡之上，正

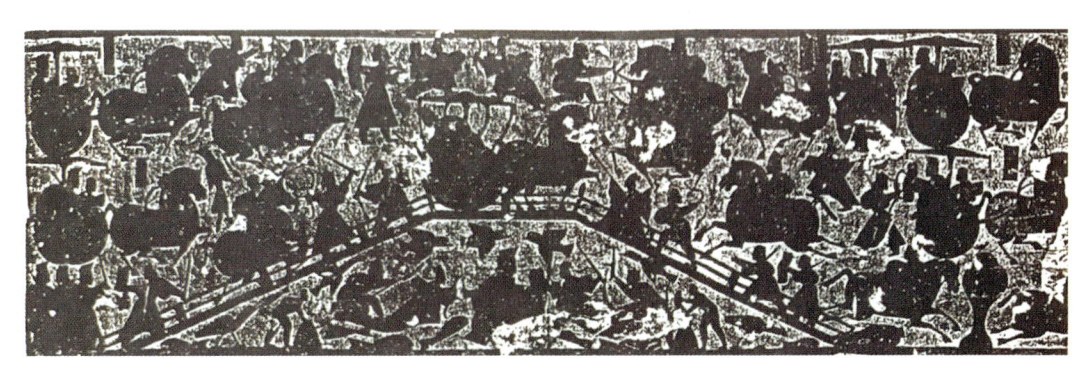

图1 武氏祠前石室西壁桥上交战图

［沙田宛（E.Chavannes）：《北中国考古图录》（*Missnon archéologique dans la Chine septentrionale*），1913，第2册，图53，第109页］

在进行激烈的会战。第二类人物是桥上的攻击者,他们大多徒步,个别骑马,皆手持兵器作进攻状,其形象普遍小于车中人物。桥下的河流中,战斗也同样激烈。水平桥面的正下方,也有一峨冠广袖者,其样貌与桥上车中人物十分相近,暂且将其归为第一类人物。他没有乘船,似从桥上坠入水中,右侧有一随从样貌者进行搭救,而他们两侧都是手持兵器的进攻者,乘舟作围攻状。值得注意的是第三类人,即捕鱼者。画面中桥下区域两侧,有二人手持渔网或鱼篓,作捕鱼状,周围还有鱼和水鸟腾跃飞翔。这悠然自得的渔猎场面似与整个画面主题无关,但又毫无违和之感。仅从这一案例中就会发现,桥梁图式中人物形象较为多样,桥上、陆上与水上充斥着形态各异的人物,纷乱中又似有统一性。若要对桥梁图式中的人物进行深入解读,还需从人物身份、所从事的活动、彼此之间的互动关系等方面进行探讨。

1. 人物身份的推断

在武氏祠西壁这幅桥战图中,最引人注目的无疑是位于桥梁制高点的车中人,很多学者认为此人物代表墓主,但也有不少学者对此提出异议。然而,桥上主车中的人物到底是不是墓主?这个问题是否重要?让我们假设一下,如果确认某幅桥战图或车马过桥图中的行列(或胜出的一方)是墓主及其随从,那么关于此类画面的含义必然会有更多解释。反之,如果不能确认这一点,这幅画面就只是一幅历史故事

画,甚至只是没有具体情节和特殊寓意的装饰元素。画面中的"主人公"究竟是谁也就没那么重要了,浩浩荡荡的勇武队列,也许正如一些研究者所言,只是为彰显墓主人身份、地位和财富的程式化表现。

对画面主人公身份的确认,最直观且可靠的方法是读取画面上的榜题。我们可以先筛选出此类图像中有榜题者进行分析。内蒙古和林格尔壁画墓西壁甬道拱券上,有一幅题为"七女为父报仇"的壁画,有趣的是,从壁画中的榜题可以看出,这里的桥梁不再是一座无名桥,而是史上著名的"渭水桥",而被七女刺杀的也不是无名之辈,而是一位"长安令"。该墓的发掘简报中对此有相关描述,并提出该壁画中的"渭水桥""长安令"等,似乎与墓主人个人经历和事迹有一定的关系。在西壁甬道门上画"七女为父报仇",并插入"长安令""渭水桥"等情节,可能与墓主事迹有关。[1] 有一些学者更进一步,认为这幅壁画不仅与墓主生前经历有关,甚至还揭示出

图2 内蒙古和林格尔东汉墓七女为父报仇壁画线描图

(邢义田:《画为心声:画像石、画像砖与壁画》,中华书局,2011,第105页)

---

[1] 内蒙古文物工作队、内蒙古博物馆:《和林格尔发现一座重要的东汉壁画墓》,《文物》1974年第1期。

墓主的死因和对后人为其报仇的期许。墓室壁画上有榜书"七女为父报仇"图（图2）。在空间配置上与"使君从繁阳迁度关时"图像相对，两者都画在墓中室门上部，并且一画渭水桥，一画居庸关，从地理位置上看也是两相对称。因而金维诺先生认为，这两幅图都表现的是与墓主相关的事实。"使君从繁阳迁度关时"是记死者由繁阳县令迁雁门长史时，度居庸关的景象，"七女为父报仇"发生在渭水桥之上，则说明墓主可能死于仇杀，事后有死者子女为其报仇，而复仇路线就是经渭水桥出长安。[1] 假设"七女为父报仇"图是一个孤例，仅在此一处出现，那么这种假设有一定的可靠性，但汉代墓葬中不止一次出现类似图像。笔者认为，不排除工匠根据墓主身份和生前经历，设计定做了这一套墓葬艺术作品的可能性，但这种情况并不具有普适性，需要结合具体情况再作分析。

2. 人物活动与故事情节

如果画面上没有对应的榜题，那么画中人物身份只能通过间接的证据来推断，如人物形象、活动、情节等图像特征。我们来看一些没有榜题的案例。在武氏祠后石室西壁，也有一幅水陆攻战图，不论从内容情景到人物车骑都与武氏祠前石室"七女"画像非常相似，唯车骑无榜题，刻画的同样是以一座桥梁为中心展开的水陆混战场面，官军车骑与平民穿着的男女混杂之众，各持兵器进行激烈厮杀。由此可见，这两件画像所表现的主题具有明显的一致性。

同样，如果将武氏祠后石室西壁桥战图与内蒙古和林格尔"七女为父报仇"壁画相比较，其画面布局、人物形象和故事情节亦颇为相似，因而前者也时常被归为"七女"母题。但武氏祠的祠主并非死于仇杀，因此将这类画像内容视作墓主生前所历事实，并不具有普适性和足够的证据。"渭水桥"也不止一次出现于汉墓中，根据山东兰陵元嘉元年画像石墓中所附铭文[2]可以判断，该墓画像石中所绘桥梁也是"渭水桥"，铭文中出现的"功曹""主簿"等字眼，也可见于武氏祠水陆攻战图的榜题。如果这幅桥战图刻画的确实是"七女为父报仇"的故事，那么位于桥梁制高点的车中人是故事中的"反面角色"，他是七女的仇人，是非正义的一方，在七女的追杀下理应表现得仓皇狼狈。但在画面中，这位遇刺官员始终保持身居高位的姿态，即便在两面夹击的危险境地，也没有失却从容淡定之态。主车中人物的动作相当内敛，整体给人一种静穆感，这种姿态在现实作战中是几乎不可能出现的。这种"乱中取静"的人物表现手法，在古代埃及艺术中也时有出现。在描绘国王率军攻敌时，国王常常被刻画成安静肃穆，目视前方，稳立于战车上，拉满弓弦准备以一敌百的姿

---

[1] 金维诺：《和林格尔东汉壁画墓年代的探索》，《文物》1974年第1期。

[2] 墓室内铭文内容为："上卫（渭）桥，尉车马，前者功曹后主簿，亭长骑左（佐）胡使弩。下有深水多鱼者，从儿刺舟渡诸母。"

图3 古埃及图坦卡蒙墓出土战车图像

［盖伊·罗宾斯（Gay Robins）：《古埃及艺术》（*The Art of Ancient Egypt*），2008，图189，第160页］

态。而与之相对的敌人一方，则处于混乱和躁动的状态中（图3）。古埃及人的理念中，国王是秩序和完美的象征，而完美的人格是静默的。这种强烈的对比，反映了艺术家对所绘人物的态度和立场。而汉代艺术家在创作过程中，似乎也探索出或遵循类似的法则。

这种程式化的动作在其他汉画主题中也时有出现。比如孝子故事中经常出现的"闵子骞失棰"，画面中坐在车上的父亲转身抚摸跪在地上的长子，一幅慈祥怜爱的模样。如果将两幅画面放在一起观察，我们可以轻易发现车上主人公动作的相似性（图4、图5）。这两幅画面所表现的情节反差极大，一个是激烈的桥战场面，一个是温馨的父子情深。也许正如英国美术史家巴克森德尔（Michael Baxandall）所说："身体语言从其环境关系中获得其意义。"[1]

闵子骞的故事中，闵父显然是主要人物之一，并且是引发故事情节戏剧性反

图4 武氏祠闵子骞失棰图
（容庚：《汉武梁祠画像录》，1936，第5~6页）

图5 武氏祠前石室七女为父报仇图局部

［沙田宛（E.Chavannes）：《北中国考古图录》（*Missnon archéologique dans la Chine septentrionale*），1913，第2册，图53，第109页］

---

[1] Michael Baxandall, *Patterns of Intention: On the Historical Explanation of Pictures*, New Haven and London: Yale University Press, 1985, p.35.

转的关键人物，因此他被安排在画面中心的马车中，其形象并被刻画得十分醒目，相较于"长安令"就看起来合情合理得多。为什么两个情节完全不同的故事，两位"属性"完全不同的"主人公"（在七女的故事中，确切地说，真正的主角应是七女），在画面中的形象、姿态如此相似？而且事件发生之时，二者都正乘坐轺车出行，这是一个不容忽视的细节，表明他们在整个画面中身份地位最高。这些线索可以进一步证明，在汉代艺术中，人物的形象和姿态能够直观地表明其身份。桥梁图式中，最显赫的人物往往居于桥上最醒目的位置。在这些图像中，艺术家可能会忽视画中故事原有的含义，而更加注重画面形式给人带来的直观感受。

（二）各类母题与图像程序

为什么汉代人青睐于某些特定母题？这些母题又具有什么特定含义？[1]一组画像中往往由诸多元素构成，而这些元素又有各自不同的来源。这些个体元素为什么被筛选出来，它们之间的关系是怎样的，其组合方式又有什么具体原则？这些都是对图式进行分析时需要解决的问题。

因此，正如巫鸿所说，只有弄清楚一整套图像的结构（pictorial complex），或如一些艺术史家所称的"图像程序"（pictorial program），才能够回答这些问题。同时，单独的母题只有在一组画像的相互关系中才显示出它的特定意义。[2]下文主要围绕桥梁图式中较常出现的几种母题，即渔猎、车马、乐舞百戏、升鼎等进行论述。

有些母题与桥梁这一建筑场域关系较为密切，在图像程式中有较强的逻辑关联。在这类图像中，画面各元素之前呈明显的"强相关性"。譬如，在确凿地表现战争或某一历史故事场景的画面中，与主要事件本身关联较弱的元素会减少甚至消失。同时，雕刻者会根据所要表现的情节，适当加入一些相关细节，以增强故事情节的指向性。在沂南北寨村东汉墓门门楣上的胡汉桥战图中，我们看不到歌舞升平的场面，整座桥梁之上都充斥着兵戈相见的士兵、左右突围的战车，并且一直延续到桥的两岸，画面几乎不见任何"闲杂人等"。而武氏祠西壁"七女为父报仇"图，则将桥上的激战蔓延到了桥下，河流中有人手持兵器，乘着小舟，向自桥上坠落的"仇人"发起攻击。在一些表现"豫让刺赵襄子"的图像中（图6），雕刻者们还会让河中神明在画面里显现。在一幅西汉石椁画像中，刻画了豫让刺赵襄子的惊险一幕。赵襄子的车队经过一座桥梁，一条神龙从河中跃出，致使桥梁突然断裂，马车几欲坠河，

---

[1] ［美］巫鸿著，郑岩、王睿编《礼仪中的美术：巫鸿中国古代美术史文编》，郑岩等译，生活·读书·新知三联书店，2005，第212页。

[2] ［美］巫鸿著，郑岩、王睿编《礼仪中的美术：巫鸿中国古代美术史文编》，第212页。

图 6　邹城北宿镇南落凌村出土豫让二刺赵襄子画像石
（胡新立：《邹城汉画像石》，文物出版社，2008，图版 209）

创作者凭借极少的画面元素，完整地呈现了这极具神奇色彩的一瞬间。

在泗水升鼎这一汉画常见题材中，桥梁的画面中心地位尤其显著。画面中所有人物的活动都围绕桥下河水中的鼎，桥上有人排成两列，手持绳索合力拉鼎，水中则有几人乘船持篙，协助桥上人捞鼎，而这项活动的发起者——秦始皇，绝大多数情况下会站在拱桥的顶点，俯身向桥下观望。而最引人注目的鼎，往往被安排在画面中心，画家们也热衷于表现出龙头伸出鼎口，将绳子咬断这极具戏剧性的一刻。从这几个例子可以看出，画面中的桥梁、车马、船只以及人和动物，都服务于同一个主题。也就是说，在画面的创作者眼中，这些细节是完整表现某一事件的必要组成部分，它们彼此之间存在叙事的逻辑关联性。值得注意的是，升鼎图像中的桥梁，有些已经产生了变体。换言之，画面中的桥梁在结构上看，已不能被称为"真正"的桥。它们往往中间断开，甚至搭起了井架，以便于实施"升鼎"这一活动。可以说，以升鼎为主题的桥梁图式中，桥梁本身固有的结构都因之改变。

在汉代的桥梁图式中，母题与画面主题的相关性强弱不同。渔猎情景也是汉画中常见的母题，在汉代桥梁图式中也大量出现。有些渔猎场景与桥上人物活动互动紧密，譬如在上文多次提到的武氏祠"七女为父报仇"图中，桥上人坠落桥下，水中乘船者也加入了战斗；有些渔猎情景则是独立存在的，表面上看起来与桥上发生的一切并无很强的关联。不论在哪一种情况下，渔猎情景都是桥梁图式的一个有机组成部分，与其他画面元素之间都存在一种内在的关联。一些学者认为，汉画中的狩猎图像不单纯是日常生活的写照，而是有一定的象征意义。也有学者以桥战图为主要考察对象，将桥下的渔猎场景与桥上征战情节建立了逻辑上的联系并进行阐释。例如，信立祥先生认为，狩猎图表现的"首先是一种军事训练，是一种与祭祀和军事密切相关的礼制活动"。[1] 在他看来，桥下渔猎图表现的是战争的准备阶段，捕鱼狩猎等行为正是在锻炼战争中所需的技能。他认为这里所刻画的渔猎行为，暗示着人们在为即将到来的战争进行操练。必须承认，这种论断有很强的说服力，但仍需注意的是，这些结论是建立在"桥战"这一特定主题的绘画中，并以所有画面元素围

---

[1] 信立祥：《汉代画像石综合研究》，文物出版社，2000，第 129 页。

绕这一主题为前提。持这种观点的研究者将画面中所有人物活动视作一个整体，但这里的"整体"是意识层面的，即画面中的人物都服务于同一个主题活动——战争。即便看似闲云野鹤的张弓、垂钓，也是心存忧患，未雨绸缪，时刻准备着投入激烈的战斗。这样得出的结论，固然可以在一个特定画面中拥有完整的逻辑，但若将其置于整个汉代墓葬艺术体系中，则未必具有普适性。笔者认为，如果单纯从形式层面来分析，也许能发现更多的可能性。

我们来看另一种包含渔猎图的画像，即汉画像石中普遍出现的水榭图。在这些画面中，水榭下方的水面上大多描绘有捕鱼、垂钓的场景（图7）。不难发现，水榭图中的渔猎场景与桥战图中所谓的"水战"景象何其相似。这种相似不是偶然，相同的元素为什么出现于主题完全不同的画面中？难道画面元素会随着主题更改自身的意义？笔者猜测，在汉画像石中，某些画面元素之间也许没有必然的叙事联系，彼此可以独立存在。至于这些元素为何被组合在一起，可能仅仅是彼此间拥有形式上的浅层联系。桥下自然有水，水中自然有人渔猎，水榭亦然。如果不在代表水的区域安排渔猎场景，不仅难以表现水域的存

图7 微山县两城乡出土水榭图
（马汉国主编《微山汉画像石选集》，文物出版社，2003，图版88）

在，也会让画面显得头重脚轻。换言之，诸如渔猎等画面元素的出现，不仅是出于叙事完整性的需要，而且也是出于构图形式上的需要。在这里需要指出的是，在汉代桥梁图像中，桥下的活动不仅限于捕鱼垂钓。山东兰陵县画像石墓中所见的一幅桥梁图像（图8），其桥下结构被刻画为砖砌成的桥洞，在桥洞中，桥下有两人窃窃私语，另一个桥洞则有三条鱼。如今我们很难说清，这些物象之间存在何种联系，也许雕刻者的创作初衷十分朴素，他们只是想把自己所熟知的与桥梁有关的日常活

图8 山东兰陵出土车马过桥图
（山东省博物馆、山东省文物考古研究所编《山东汉画像石选集》，齐鲁书社，1982，图版420）

动、事物悉数刻绘出来。在这里，图像本身的观赏性、趣味性也许远大于今人构想出来的所谓"观念性"。因此，笔者认为，此类图像的图像程式，有可能更多地遵循了形式上的逻辑。

在河南新野樊集汉墓的桥梁图像画像砖中，车马出行和乐舞百戏、建鼓舞等表演活动被组合在一起。与桥下捕鱼垂钓和岸边狩猎等情景相比，这些发生在桥上的乐舞活动与车马队列关系更为紧密，甚至可以看作是一个整体。在文献记载中，建鼓舞确实会出现在行军队伍中，然而，新野画像砖桥梁图像中利用两辆轺车进行杂技表演的场景，不太可能在行军或征战时发生。因此笔者猜想，在这类车马、乐舞、渔猎等母题元素共同出现的画面里，各元素之间不存在紧密的叙事关系。总的来说，在汉代绘画中，桥梁之上可以出现乐舞百戏、车马、军队这些物象，但这些元素并非必然出现在桥梁之上。汉代的艺术家们也许只是将这些元素按照当时人的审美习惯"拼贴"在一起，而桥梁这一物象使得它们的组合方式更丰富，更具观看性。邢义田在讨论胡汉战争图时，也曾提出过类似观点。他认为，汉画像石中的一些元素（如山、桥、楼阙等背景）一旦成为习惯性的表现法或格套，画匠和观赏者不见得都了解其原意。为了画面的需要，有时山和桥，或山和楼阁就被随意搭配在一起。至于搭配是否合理，是否具有明确的现实意义，似乎并没有那么重要了。汉画的创作者似乎更注重画面装饰的丰富多彩。[1]

既然车马出行、战争、狩猎和乐舞百戏等活动，都可以在没有桥梁的地方进行，为什么汉代雕刻家要耗费心力在画面上添加一座桥呢？这个问题也同样适用于汉代的楼阁、台榭等建筑图像。我们可以从中引申出更多问题：汉代人如何看待建筑物？为何在桥梁、楼阁、高台上的事物更加吸引人的目光？这些问题需要通过进一步的研究加以阐释。

二 桥梁图式的叙事功能

（一）叙事方向的导引

汉代图画中画面内容较丰富者，往往具有一定的图像叙事方向（narrative）。在长卷式或者连环画式的画面中，这种叙事方向就愈加明显。汉代桥梁图式中的叙事结构和叙事方向，大多清晰可辨。在车马过桥图式中，叙事方向自然是车马行列前进的方向。在桥上交战图式中，有两种情况：其一，车马在桥面行驶时遇到袭击，双方随即展开混战，这种情况下叙事方式仍是以车马行进方向为准；其二，两方军队在桥上或桥一端处交战，笔者认为，这种图像的叙事方向应该以胜利一方为参照。在泗水取鼎图中，叙事方向是从鼎到捞鼎

---

[1] 邢义田:《画为心声：画像石、画像砖与壁画》，中华书局，2011，第328页。

人以及桥上观望的秦始皇。我们可以发现，车马过桥图和桥战图中描绘的人物都呈直线式水平移动，在具有水平桥面的梁柱式桥上刻画车马、军队，给人以一种整齐划一之感。而泗水取鼎图中则是以水中鼎为中心点，所有人物行动轨迹的延长线都在这里交会。这就解释了为什么车马出行图或交战图中的桥梁大部分是水平结构，而泗水取鼎图中的桥梁绝大多数为拱桥（或与之形式类似的建筑物），这种形制的桥会有更大的桥下空间，便于艺术家描绘桥下捞鼎的情形。

当然，在汉代某些图像中，也有车马奔驰在拱桥上（此类情况下极少有长队列的车马），也会偶尔在水平桥面上竖起捞鼎的井架。艺术创作在发展演变的过程中没有绝对的标准，艺术家们也会在创作过程中不断地探索和创新。笔者探讨的主要是出现概率较大的图式，这些图式正是汉代艺术家们经过长期实践和尝试所形成的较为理想的表现形式。

（二）营造氛围的"舞台"

绘画艺术以二维平面为创作媒介，因此在表现时间和运动方面，只能以画面的"一顷刻"来表现所描绘的物象，这必然存在很大的局限性。[1]因此，如何选择最富有戏剧性的"一顷刻"，并使观看者能在这一顷刻中理解画面中情节的发展的起因和结局，也是汉代艺术家所要面对的问题。

在"豫让刺赵襄子"这一图式中，"断桥"和"坠桥"的情景极具戏剧性和艺术表现力。但查阅相关文献记载[2]，针对这一著名的历史故事，并没有"断桥"和"坠桥"这类情节的记载。而被学者考证为"豫让刺赵襄子"题材的汉代画作中，几乎都有人物坠桥或桥梁断裂的场景。"坠桥入水"这一表现手法在"七女为父报仇"的图式中也屡屡出现。那么，汉代的艺术家们为什么乐于表现"断桥"和"坠桥"的场面呢？在人们的日常经验里，与桥面通途相对应的是桥下的危险，一旦桥梁断裂或失足坠桥，其后果不堪设想。因此，在画面中表现此类情景，会让观者也感受到画中人物所处的险境，对故事情节的理解也会更加深刻。

断桥是一个比较极端的情况，人们日常通行的桥梁，大多是完整而畅通的，但即便如此，桥梁仍然给人以一种潜在的危险性。桥梁多数是横亘在河流或沟壑之上，如果把桥与它所跨越的障碍物看作一个整体，我们可以发现，它们实际上形成了一个交错的立体空间[3]。与桥上的通途相对应

1　刘敦愿：《刘敦愿文集》，科学出版社，2012，第57页。

2　豫让刺赵襄子的故事，始见于《战国策·赵策一》，后又见于《吕氏春秋·冬季纪》、《史记·刺客列传》和刘向《说苑·复恩》等。详见刘敦愿《〈山东汉画像石选集〉中未详故事考释》，《东岳论丛》1984年第2期。

3　周星：《境界与象征：桥和民俗》，上海文艺出版社，1998，第177页。

的，还有桥下的阻碍和危险，这些阻碍不只是河流或沟壑造成的，还会来自桥梁本身的建筑结构。如果桥面与水面的距离过小，路过的船只就会无法通过。《清明上河图》中虹桥这一场景（图9、图10），就描绘了大型货船穿过虹桥桥洞时的紧张场面，把船只与桥梁之间的冲突表现得淋漓尽致。更有趣的是，笔者发现"虹桥"这一场景正好位于《清明上河图》长卷的中心位置，其重要性不言而喻，很多学者将它称为整个画面的高潮部分，不无道理。桥与河流、沟壑等天然障碍，构成了一个令人感到危险的场域。而恰恰是这种"危险性"，增加了画面的张力和戏剧性，桥梁所在之处便成了整个画面的焦点。

敦煌莫高窟第156窟的南壁及与之相接的部分东壁之上，有一幅气势宏大的《张议潮统军出行图》（图11），其对面则是其配偶宋国夫人的出行图。前者画面中有两座拱桥，张议潮骑马作即将上桥状。值得注意的是，相较人物车马，桥的体量过于小，所以其象征性大于写实性。这些非写实性的桥梁之所以被描绘出来，应该不是画匠们的无意之举。如果对比对面墙壁上的宋国夫人出行图（图12），我们可以感受到两幅壁画所营造的氛围不尽相同。相比张议潮统军出行

图9　（宋）张择端《清明上河图》（摹本）虹桥部分

图10　货船过虹桥桥洞细节

（故宫博物院官网，http://minghuaji.dpm.org.cn/content/qingming/index.html#）

图11 敦煌莫高窟第156窟张议潮统军出行图局部

图整肃、紧张的气氛，女眷的车队就显得十分安详舒缓，颇有游春图的意味。桥梁对于行进的队伍来说，似乎有较为特殊的意涵。在跋涉途中遇到桥梁，似乎意味着现有处境出现转折，或是对未来际遇的一种征兆。北宋郭若虚在《图画见闻志》中提到的《金桥图》，其创作缘起就与唐玄宗封禅回銮时路遇的一座桥梁有关：

《金桥图》者，唐明皇封泰山，回车驾，次上党。潞之父老，负担壶浆，远近迎谒。帝皆亲加存问，受其献馈，锡赉有差。其间有先与帝相识者，悉赐以酒食，与之话旧故。所过村部，必令询访孤老丧疾之家，加吊恤之，父老欣欣然莫不瞻戴，叩乞驻留焉。及车驾过金桥（桥在上党），御路萦转，上见数十里间，旗纛鲜华，羽卫齐肃。顾左右曰："张说言我勒兵三十万，旌旗径千里，挟右上党，至于太原，真才子也。"帝遂召吴道子、韦无忝、陈闳，令同制《金桥图》。御容及帝所乘照夜白马，陈闳主之；桥梁、山水、车舆、人物、草木、鸷鸟、器仗、帷幕，吴道子主之；狗、马、驴、骡、牛、羊、橐驼、猴、兔、猪、貀之属，韦无忝主之。图成，时谓三绝焉。[1]

玄宗在这座桥看到了"旗纛鲜华，羽卫齐肃"的幻象，以为吉兆，遂命吴道子等人作《金桥图》以记之。后人又作《金桥赋》等诗赋宣扬此事，足以见路遇金桥一事对玄宗影响之大。

---

1 （宋）郭若虚：《图画见闻志》卷五，黄苗子点校，人民美术出版社，2016，第116~117页。

图 12　敦煌莫高窟第 156 窟宋国夫人出行图局部

　　传为唐朝画家李昭道所作的《明皇幸蜀图》[1]（图 13），也表现的是唐明皇为避"安史之乱"，带领随从穿行于蜀中崇山峻岭的情景。画面前景有两座桥梁，一人骑马在桥边踟蹰，画中人骑与桥梁的表现手法与《张议潮统军出行图》有相似之处。在这两幅画中，画面都定格在人骑即将上桥的一瞬，人骑与桥梁的关系看似即将建立，但此过程又没有完成，给观者增添了一丝悬念。汉代桥梁图中，这种"即将上桥"的情景也时有出现。沂南汉墓门楣画像中，汉军首领的战车就被定格在一侧桥头，将人们的目光引向桥上激战的胡汉步兵（图 14）。笔者认为，桥梁这一物象在几幅作品中作用相仿，都是表现戏剧性转折或艰难险阻的"舞台道具"，这种创作意图与东汉武氏祠的水陆攻占图、胡汉桥战图有异曲同工之妙。不同的是，随着时代的发展，艺术家们越来越注重对画中人物个性化的描绘，因而画面中的桥梁从醒

---

[1] 这幅画与李昭道的关系颇有争议。"明皇幸蜀图"这一名称在 20 世纪才确定下来，而在安史之乱时，李已去世。相关问题的讨论，详见薛永年《〈明皇幸蜀图〉与〈春山泛舟图〉断代》，《典藏古美术》2000 年第 9 期；杨新《胡廷晖作品的发现与〈明皇幸蜀图〉的时代探讨》，《文物》1999 年第 10 期。本文暂将此图视作《明皇幸蜀图》来讨论。由于本文着重对此图的画面形式进行分析，故此画作者和描绘的具体事件本身对本文所论述的观点影响不大。

图13 （唐）李昭道（传）《明皇幸蜀图》局部

（金维诺：《中国美术·魏晋至隋唐》，中国人民大学出版社，2010）

图14 沂南汉墓门楣胡汉交战图局部

（曾昭燏、蒋宝庚、黎忠义：《沂南古画像石墓发掘报告》，文化部文物管理局，1956，图版24）

目的画面中心，渐渐退居到较次要的位置。但桥梁在表现戏剧性的"一瞬间"时发挥的作用，在后世绘画中依然时有体现。

前文已经提及，在一些故事性和叙事性不强的桥梁图式中，也会出现些许较为"轻松"的母题，如乐舞、杂技等。其中，建鼓舞是经常出现在桥梁图像中的一组元素，以河南新野樊集汉墓出土的画像砖较为典型（图15）。画面中占主体地位的是一座有栏杆的拱桥，在桥面中心稍偏右侧的位置，刻画了二人敲击建鼓的形象，在建鼓舞者的左后方，一辆辎车将要经过，另一辆从远处驶来，正欲上桥，而在拱桥另一侧，一辆辎车已驶下拱桥。根据学者的相关研究，汉代的建鼓舞是一种礼仪性的表演活动，多用于征战、礼仪性庆典、祭祀和巫乐中，具有一定的社会功能性。考古发掘出土的相关材料也证明，建鼓通常出现于军队和车马仪仗中。2002年山东章丘考古发掘出我国第三大兵马俑坑，在长9.7米、宽1.9米、深约0.7米的陪葬坑内，骑兵列队在前，步兵列队在后，车队在其中，在步兵队伍的前端有一面建鼓，鼓身上绘有红色条纹，侧面有律鼓等小鼓[1]，这和新野樊集画像砖上的场景十分吻合。

有趣的是，从画像石和画像砖等汉代图像材料中可以发现，建鼓舞的表演不止出现在桥梁之上，也经常在楼阁、门阙等建筑物中上演（图16）。与建鼓舞类似，杂技百戏的母题也常常出现在桥梁、楼阙

图15　河南新野樊集汉墓画像砖M24东楣画像

（赵成甫：《新野樊集汉画像砖墓》，《考古学报》1990年第4期）

图16　山东金乡徐庙村M1出土楼阁建鼓舞图

（《中国画像砖全集》，四川美术出版社，2006，图158）

1　许一伶：《汉代建鼓舞研究》，《东南文化》2004年第3期。

等建筑中。桥梁图像中的杂技场景，以河南新野樊集M39汉墓出土的"平索戏车"画像砖较为典型。在该图中，人物活动十分多样化。其中一辆轺车准备上桥，另一辆跟随其后，车上有数人正做着惊险的杂技表演，而他们的表演又将这两辆行进的马车联结成了一个整体。河岸上有两三人狩猎、械斗，桥下有人撑船、捕鱼。画面中惊险的杂技表演，在汉代绘画雕刻中时常出现。和建鼓舞场景一样，它们"表演"的场所也不仅限于桥梁之上，在门阙之间、楼阁之上，都可以发现其踪影。在这些画面中，楼阁、门阙和桥梁与其说是事情发生的场所，不如说是举行这些表演的舞台。笔者认为，强调画面中人物活动的"表演性"，也是汉代艺术家在创作过程中考虑的因素，这就会影响到画面的表现形式和构图方式。桥梁图式中有很大一部分也许就是这种创作模式的产物。

三 "桥"的观念意义

前文已从诸多角度对汉代桥梁图式进行阐述，然而还有一个重要的问题没有解决，即为何在汉代艺术中时常出现桥梁的形象？换言之，桥梁在汉代社会中承载着怎样的观念性意义？因此，本节从桥梁图式中暂时跳出，探寻桥梁自身的观念意义，论述过程中还会涉及汉代之后的一些文化观念。我们知道，一个民族的思想文化是有连续性的。人们对同一件事物的看法，也许会随着时代的更迭发生或多或少的改变，但一些较为本质、核心的观念可能在早期就已经形成。笔者认为，"桥梁"的文化意涵形成较早，并没有在后世的流变过程中被消解，而是越来越丰富，越来越得到强化。

1. 沟通与阻隔：桥梁的双重属性

桥兼具连接性和分割性，它既可以沟通原本遥不可及的两地，也可以通过连接性的丧失，重新建立阻隔。桥梁因此成为一个具有双重属性的矛盾体，而这两种相互对立的属性，在"桥"这一主体上达成统一。因此，对于"桥"这一概念来说，所谓的"连接性"和"分离性"隶属于同一个范畴。汉代人已然意识到这对范畴的存在，因此汉代艺术中的桥梁图式也包含了两种不同的形式。这种对立统一的思维模式，在后世也一直延续。

桥的连接、沟通这一最基本的功能属性，人们在日常生活中十分熟悉，并在中国古代神话传说中多有体现。桥梁在我国神话中占有相当醒目的地位，提到神话中的桥，人们首先就会想到牛郎织女七夕相会的"鹊桥"。在这类神话故事中，桥都扮演着"有情人"的沟通纽带。

桥梁的连接性不言而喻，因此在这里不做过多阐述。本节论述的重点，在于桥梁的分割性。桥可以连接两地，也可以隔离两个"世界"，被隔离在外的一方是人迹罕至，寂寥萧索的。古往今来，桥及其附近区域，往往是人们迎来送往的场所，因此，这些桥梁每每令人们体验生离死别的伤感与久别重逢的喜悦。这种种看似相互矛盾的情绪在此处交会，也更容易激发文人骚客的创作欲望。所以，在中国古代绘画与诗歌中，"桥"这一意象常与"离别""怀念""感伤"的情绪相关联，也在情理之中。

前文提及的灞桥就是典型的例子。古灞桥位于西安市东霸陵附近，是汉、唐时长安人饯行之处。五代王仁裕《开元天宝遗事》载："霸陵有桥，来迎去送，至此黯然，故人呼为'销魂桥'。"[1]据考证，桥头送别，包括灞桥折柳赠别的风俗，可追溯至秦汉，《三辅黄图·桥》中记载："汉人送客至此，折柳赠别"，因此，灞桥又被称作"折柳桥"。[2]故文人骚客多以霸陵、灞桥寄托离愁别绪。唐代诗人李白有词云："年年柳色，霸陵伤别。"[3]后世人也有"年年伤别，灞桥风雪"的喟叹（图17、图18）。当桥梁出现在旅途中时，也容易使旅人因长途跋涉、路途艰辛而产生悲凉感，发出"枯藤老树昏鸦，小桥流水人家"的悲叹，此时的"小桥流水"虽无艰险，却是异乡的象征。而当桥梁断裂，成为实实在在的阻碍时，就会进一步造成被隔绝者强烈的孤寂感。陆游《卜算子·咏梅》上阕："驿外断桥边，寂寞开无主，已是黄昏独自愁，更著风和雨。"描写的就是断桥一侧无人问津的梅花，托物言志。而这里孤高而寂寞的"梅花"，因为断桥的阻隔而与世隔绝，只能"零落成泥碾作尘，唯有香如故"。

桥梁所造成的阻隔不仅体现在空间层面，也体现在时间层面。在空间上，桥连接了此岸和彼岸，而在时间上来看，则是

图17 灞桥饯别图
[（明）阮翔宇编《梨园会选古今传奇滚调新词乐府万象新》插图]

图18 古灞桥石碑拓片
（《桥梁史话》编写组编《桥梁史话》，上海科学技术出版社，1979，第31页）

---

[1]（五代）王仁裕：《开元天宝遗事》，曾贻芬点校，中华书局，2006。

[2] 周星：《境界与象征：桥和民俗》，第189页。

[3]（唐）李白《忆秦娥》："箫声咽，秦娥梦断秦楼月。秦楼月，年年柳色，霸陵伤别。乐游原上清秋节。咸阳古道音尘绝。音尘绝。西风残照，汉家陵阙。"引自龙榆生编选《唐宋名家词选》，上海古籍出版社，1980，第1页。

连接了"昨天"和"今天"、"今夕"与"往昔"。[1]因此，当人们看到一座历史较为久远的桥梁时，也会产生怀古伤今之思。宋代柳永有词云："参差烟树灞陵桥，风物尽前朝。衰杨古柳，几经攀折，憔悴楚宫腰。"[2]因此，正如民俗学家周星所言："桥场空间不仅具有两义性，而且还是多重的两义性。"[3]

桥梁的分割性最彻底地体现在对生与死的分割。中国民间信仰中广为流行的"奈何桥"观念，就是这种分割性的典型案例。如果说灞桥送别代表着"生离"，那么奈何桥就意味着"死别"。在中国，虽然奈何桥的信仰由来已久，但在汉代并没有相关的文献和图像资料。随着佛教的传入和因果轮回观念的渗透，民间才渐渐发展出"地狱"、"冥府"和"奈何桥"等与之相关的概念。汉代艺术中的桥梁图式，也有些是与"另一个世界"发生联系的，但并非像后世通往地府、血水横流[4]的奈何桥那样令人畏惧（图19）。汉代沟通两界的桥，往往被刻画得颇具浪漫色彩，周围有仙人、云气、神兽和星辰等仙界景象。可见在汉人眼中，这些桥是沟通人间与仙界的祥瑞之桥，这也从一个侧面反映出汉人的生死观和宇宙观。

图19　通往阴府的奈何桥

（周星：《境界与象征：桥和民俗》，上海文艺出版社，1998，第323页）

2. 穿越阴阳两界：桥梁与阈限

上一节提到，汉代艺术中的有些桥具有沟通阴阳两界的功用。有一部分学者认为，在汉代桥上交战图中，"桥"象征阴阳两界的界碑，过桥这一行为就是在跨越生死之界。信立祥和美国学者唐琪的著作中对这种观点有详细的阐释。信立祥谈河流与桥梁的图像学意义时，认为车马过桥图式是中国古代宇宙观的体现。天河是天界和人界的分界线，只有桥梁才能连通两界。在这里，河、桥就成了幽、明两界之间唯一的阻隔和通道，墓主率领车马或军队过

1　曹静宜：《古诗词中"桥"意象的探索》，《鸡西大学学报》2009年第2期。

2　（宋）柳永：《少年游》，引自龙榆生编选《唐宋名家词选》，第79页。

3　周星：《境界与象征：桥和民俗》，第177页。

4　关于奈何桥的民间传说，有些版本认为，去往阴曹地府的途中有"血污池"或"血河池"，而池上之桥就名为"奈何桥"。亡灵在渡桥时会遇到很多凶险，稍有不慎就会被掀落桥下。详见周星《境界与象征：桥和民俗》，第327~331页。

桥，象征了其冲破冥界阻隔的强大力量。[1]因而河、桥、车马所组成的图式与无河、桥的车马出行图产生了不同的图像学意义。巫鸿则提出"大限"的观点，所谓"大限"是指今生与来世的"分界""区别""连接""共置"[2]。他认为桥、亭[3]等建筑物，在汉代墓葬艺术中代表了一种生与死的阈限（图20）。这种阈限不止体现在桥这一物象上，纵观汉代艺术遗存，与"界限""阈限"概念相关的建筑艺术形象，不仅仅是桥梁，汉代绘画中频频出现的门[4]、窗[5]、阙[6]等，也具有相似的象征意味。在中国墓葬艺术中常见的"启门"图式，则是在这种"界限"的基础上更近一步，以"启门"的动作连接了"阈限"的两边，因此具有了仪式的意味[7]。

因此，在一定的观念层面上，这些充当"阈限"的建筑结构，不仅对现实空间进行了分割，也实现了所谓"神圣"与"世俗"之间的分离，而穿过"阈限"就是实现这种分离的"仪式"。法国人类学家涂尔干曾针对"圣物"这一概念做出阐释："确切地说，圣物就是被分离出来的事物。圣物之所以是圣物，是因为神圣事物与凡俗事物之间有条不可逾越的鸿沟。通常说来，圣物超脱于其他事物之外。而且，有一套仪式可以用来实现这种根本上的分离状态。"[8]仪式既可以实现分离，也可以在特定情况下构建神圣与世俗之间的联系，而穿过"阈限"就被看作是实现这种联系的仪式。在中国传统观念中，逝者本身就具有神圣性，他们由生入死这一过程，就是

图20 桥、亭与"大限"的关系
（［美］巫鸿著，郑岩、王睿编《礼仪中的美术：巫鸿中国古代美术史文编》，第223页）

---

1 信立祥：《汉代画像石综合研究》，第332~334页。
2 ［美］巫鸿著，郑岩、王睿编《礼仪中的美术：巫鸿中国古代美术史文编》，第205页。
3 关于桥与亭的图像配置关系，本文没有详细展开叙述。在一些汉代桥梁图像中，桥一端往往刻画有一亭的形象，亭中往往有人作迎谒状，面向桥上车马驶来的方向（此类图像以车马过桥主题居多）。
4 关于"门"和"天门"的讨论，可见李清泉《"天门"寻踪》，《古代墓葬美术》第3辑，湖南美术出版社，2015，第27页。
5 关于汉代艺术中"窗"的相关阐述，详见郑岩《说"窥窗"》，《艺术设计研究》2012年第1期，第27~30页。
6 关于"阙"的界限和通道的象征意义，见郑岩《从考古学到美术史》，上海人民美术出版社，2012，第282页。
7 关于"启门"图式的讨论，学界成果很多，具体可见郑岩《论"半启门"》，《故宫博物院院刊》2012年第5期；李清泉《空间逻辑与视觉意味——宋辽金墓"妇人启门"图新论》，《美术学报》2012年第2期。
8 ［法］涂尔干：《宗教生活的基本形式》，渠东、汲喆译，上海人民出版社，2006，第285~286页。

脱离凡间俗世进入另一个世界，而这个未知的世界，往往被汉代人描绘成神圣的仙界。正如前文所述，汉代艺术（尤其是墓葬艺术）中出现的一些桥梁，往往和当时人们的生死观、宇宙观有所关联。

四川出土的一块东汉画像砖，就表现了骖车过天桥的景象（图21）。画面中有一拱桥，桥上有一辆骖车，前方有一个手持盾牌的导引者（有些学者认为是猿猴[1]或羽人），其奔跑的姿态颇为飘逸。桥头处有一亭状建筑，可能是所谓的"都亭"[2]，里面一人似乎正出门迎接。值得注意的是，这座拱桥下方并无立柱支撑，几颗星以圆点和线条的形式呈现，将桥下空间分隔成两个倒梯形方格，左右两格各有一只有羽翼的神兽，有学者认为是青龙白虎。[3]可见，画面中的车马、都亭、桥梁都是天界的事物，而那条以星辰为点连成的折线，很可能代表天河或银河。这幅图中的桥梁已脱离了凡界的河水与两岸，俨然成了一座"天桥"。它让我们不禁想起了后世牛郎织女鹊桥相会的民间传说，故事中的"鹊桥"正是搭建在银河之上。在有些桥梁图式中，桥下出现了鱼拉车轮这种奇异景象（有些学者称之为"鱼车"[4]），创作者可能在暗示我们，这座桥梁并非存在于凡间，而是坐落于仙界之中，或者处于通往仙界的必经之路上（图22）。而在图21中，桥下的青龙白虎可能指代东、西两个方位。有学者认为，在汉代人的思想中，仙境经常与东

图21　四川彭州出土车马过天桥图
（高文、王锦生编著《中国巴蜀汉代画像砖大全》，国际港澳出版社，2002，图版168）

1　李亚利、滕铭予：《汉画像中桥梁图像的象征意义研究》，《华夏考古》2015年第1期。

2　关于"都亭"的详细说明，可见信立祥《汉代画像石综合研究》，第324~328页。

3　王国奇：《汉画中的桥梁》，《文物天地》1996年第6期。

4　关于汉代墓葬艺术中"鱼"和"鱼车"的考证，详见钰金、王清建《浅论汉画中的升仙工具》，《南都学坛》1990年第5期。

方和西方的概念联系在一起。[1] 如果跟随这一思路，我们可以推测，车马过天桥表现的是跨越人界与仙界之间"阈限"的过程，有着穿过生人世界去往仙界的含义。

有些学者在分析汉代车马过桥图像时，认为图中桥梁所跨越的河流是"银河"或"天河"[2]，但在其论述的图像材料中，有很大一部分并不包含这些物象，很难让人们仅凭观看图像就做出"天河"的判断。笔者不排除这些图像中的河流代表"天河"的可能性，但不能一概而论。在某些有明确榜题的画面中，观者可以明确获知，壁画里的河流就是现实中的某座桥梁，如本文多次提到的内蒙古和林格尔壁画墓"车马过渭水桥"图，但秦汉时人也曾对渭水、渭桥寄予诸多浪漫想象。文献记载，秦始皇建造渭桥时，有意对应、模仿天象："渭水贯都，以象天汉。横桥南渡，以法牵牛。"[3] 汉人重建渭桥，并继承秦制，说明汉代人依旧认同秦时这一观念。前文也已提及，在汉代桥梁图式中，也出现了一些"过渭桥"的情节（图23）。

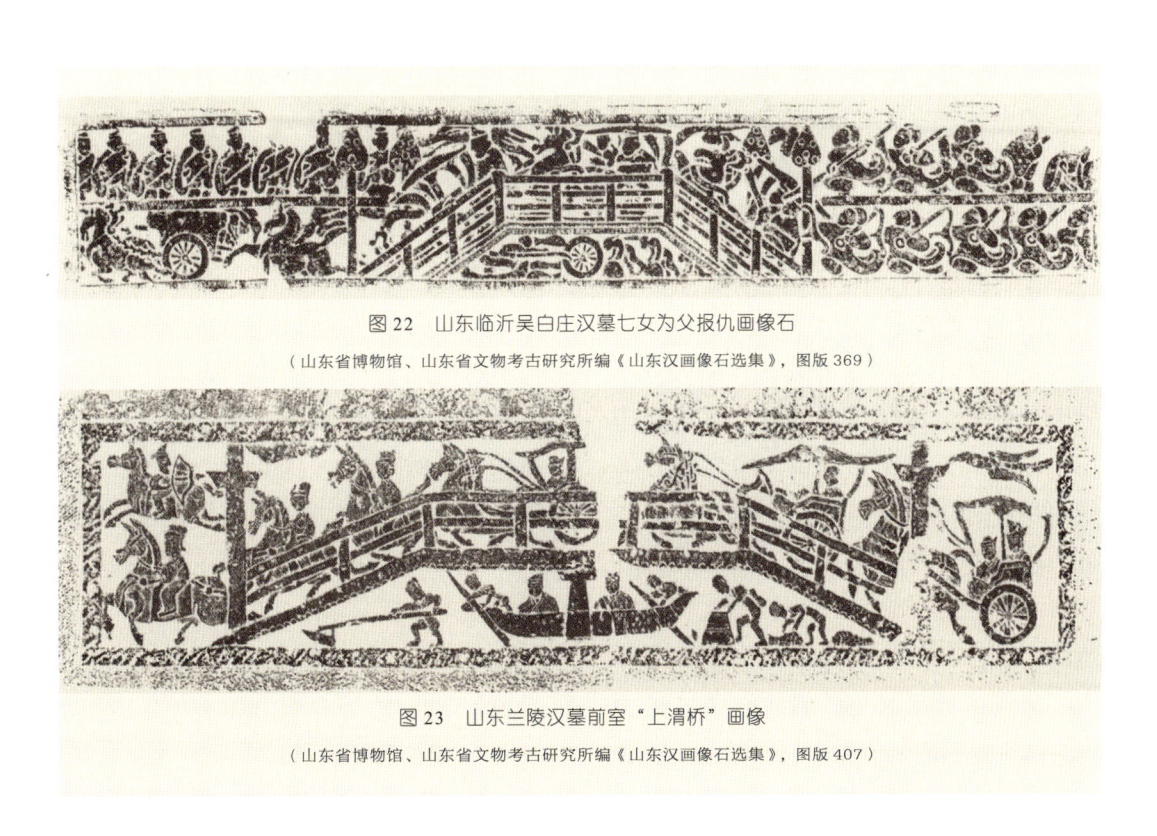

图22 山东临沂吴白庄汉墓七女为父报仇画像石
（山东省博物馆、山东省文物考古研究所编《山东汉画像石选集》，图版369）

图23 山东兰陵汉墓前室"上渭桥"画像
（山东省博物馆、山东省文物考古研究所编《山东汉画像石选集》，图版407）

---

1 W.Bauer, *China and the Search for Happiness*, trans. by M. Shaw, NewYork,1976, pp. 95-100.

2 信立祥:《汉代画像石综合研究》，第331页。

3 何清谷:《三辅黄图校释》，中华书局，2005，第22页。

因此，笔者认为，虽然车马过桥图式中的各类母题，很可能具有相同或相近的象征意义，但我们很难一概而论。这一方面缘于实物和文本资料的缺乏；另一方面，也要考虑到汉代艺术家创作时也许有自由发挥的余地，他们根据需要表达的具体信息，会对某些局部进行个性化的处理，但这些作品背后所承载的观念和信仰都是相似的。

结 论

在汉代艺术中，桥梁这一物象，在形式上和观念上都有颇多值得探讨之处。在形式分析方面，本文主要借助了"图式"这一更具概括性的概念，首先考察了桥梁图式中各元素的组合关系，包括画面中人物的身份、形态、活动与主要情节之间的关联性。观察得知，桥上的人物往往凸显出高贵的身份地位，因为他们往往出现在画面的最高点或最引人注目之处，即桥头或桥的中央。即便没有榜题的加持，根据上述的图像形式逻辑，我们也可以大致判别图像中主要人物的身份和行为。随着这种程式化的表现方式日臻成熟，图像本身的情节性在一定程度上被消解，形成了一些在不同画面情景中都可以套用的图像范式。此外，本文分析了桥梁图式中常见的各个母题，讨论了桥梁图式在汉代图像程式中的叙事功能。在叙事性和主题性较强的画面，如泗水升鼎中，一些与主题相关性较强的元素被加以强调，桥梁本身甚至因主题活动而产生了变体，此时的桥已经失去了现实意义上的实用性，完全服务于画面中的活动。而在一些叙事性不强的画面中，可以见到杂糅了相关性较弱的母题，而正是画面中桥梁形象的存在，使这些弱相关的母题在画面中得以安然自处。在这种情况下，桥梁既可以被视为分割画面的界框，也是各母体之间的视觉纽带。同时，画面中的桥梁也引导了叙事的方向性，并在一定程度上调动了画面的气氛，桥梁成为汉画中人与物的"舞台"。笔者认为，这些讨论尝试性地解答了汉代人为什么喜欢讲述"桥上的故事"。

此外，本文试图从生死观与宇宙观层面，分析桥梁图式背后的观念意味。许多证据表明，在中国古代传统观念中，桥梁具有很强的象征性。由于桥梁本身兼具连接性与阻隔性，人们逐渐赋予这一日常建筑越来越多的观念意味。千百年来，桥承载了多少离愁别绪，又见证了多少久别重逢。面对生死两界之间的那座"桥"，人们心中既饱含无奈和哀愁，又满怀幻想与希冀。这些对"桥"的想象与加工，逐步演变成一种"阈限"观念。桥作为生与死、天界与凡俗之间的"阈限"，不断变换着各种形式，出现在绘画、文学各种艺术形式中，为我们展示了古代先民对生活、对宇宙万物的认识和态度。而这种观念，也逐渐融合渗透入后世的宗教义理[1]和度亡（或升仙）仪式[2]中。甚至到了今天，这些与桥梁相关的观念仍可见于生活中的诸多方面，在传统文化的长河中不断伸展、延续。

---

[1] 从佛教义理上看，"桥梁"因其渡人过河、沟通彼岸的现实功用，为佛经教谕所引用，以譬喻慈善度人之功德。正如柯嘉豪所言，"佛法为法桥，帮助追随者从轮回生死之海到达涅槃的彼岸"。详见〔美〕柯嘉豪《佛教对中国物质文化的影响》，赵悠等译，中西书局，2015，第190页。

[2] 与东渡而来的佛教相比，道教中"桥"的意味更多地沿袭了中国传统的观念意义。有学者认为，自宋元时期开始，"引魂渡桥"就已成为道教度亡仪式中的重要环节，至南宋时期日臻成熟和完善。"引魂渡桥"所蕴含的宗教观念，即通过举行度亡仪式，协助亡魂出离幽冥，并引导其走过"升天法桥"，借此脱离阴府，飞升天界。在"渡桥"的过程中，亡魂实现了凡俗之身的蜕变以及向神圣身份的转型。这种度亡仪式，在当今的一些地区仍然进行着。详见姜守诚、李海龙《台湾地区南部灵宝道派的引魂过桥仪式》，《世界宗教文化》2016年第2期。

时空转换与体用之辨
——从建筑题材看汉晋时期的赋画关系

■ 蒲柏林（南京大学文学院）

梁思成在《中国建筑史·绪论》中指出，早期史传对建筑的记载重"名称方位、布署规制"，略"立面形状及结构"，而"结构所产生立体形貌之感人处，则多见于（后世）文章诗赋之赞颂中"。[1] 建筑史家关注结构，但令人失望的是，先唐时期建筑实体庶几不存，非虚构书写的文献材料关注规制，虚构书写的文学材料关注美的效果，皆不可据之再现湮没的殿宇。那么，传世文献为何会轻视对建筑本体的精确记载呢？这固然可以用史家的编纂观念与文学的书写技法加以阐释，但我们不禁好奇，布署规制、建筑本体与形貌效果之间有何内在联系？丰富的画像石为我们提供了先唐建筑的形象材料，其中一些本就是建筑构件，其刻画内容为赋作所描绘。它们与京都赋、宫殿赋中的建筑描写又有何出入？在通常认为的文学艺术自觉时代之前，以赋为代表的文学样式既有功能性，文学的表现技法亦渐臻成熟。以建筑为主要描写对象的宫殿赋又有何特点呢？凡此种种，皆有待进一步阐明。

———

汉晋时期遥隔两千年，木构建筑无一幸存，汉阙也不过二十九处，且大多零散、不具规模，空留"西风残照，汉家陵阙"，遑论恢宏殿宇。因此，实物与传世文献对照的研究方法显得无力。史家将目光投向地下出土的图像材料——图像因其形象性、直观性往往令人信服，以图证史的方法也得到广泛应用。然而事实果真如此吗？

首先，赋与汉画确有名物层面上完全对应者。如东汉王延寿《鲁灵光殿赋》铺绘鲁灵光殿的装饰艺术时，提及"朱鸟舒翼以峙衡"。李善引《春秋汉含孳》注曰：

---

[1] 梁思成：《中国建筑史》，生活·读书·新知三联书店，2011，第10页。

"太一之常居前朱鸟"，又释"衡"为"四阿之长衡"。[1] 汉代四阿、九脊、不厦两头、硬山、攒尖这五种屋顶式样皆已齐备，[2] 李善注不误。这一情形见诸众多汉画像石，如1972年出土于四川省大邑县安仁的东汉画像石中，朱鸟便峙立在长衡之上（图1）。[3] 至于朱鸟的作用，洪兴祖注《惜誓》"飞朱鸟使先驱兮，驾太一之象舆"曰"朱雀神鸟为我先导"[4]，明其升仙接引之功。作为一种想象中的神鸟，它不仅峙立于长衡，还在陵阙、墓门之上。汉阙南面多有朱鸟图案，状如图2所示四川渠县蒲家湾无铭阙。[5] 今存汉画刻石往往丹青剥落，陕西神木大保当墓出土彩绘画像石中有施以朱色的朱鸟（图3），舒翼峙立的姿态栩栩如生。

其次，赋与画也有异质同构者。史家常常引用《鲁灵光殿赋》中这段描写以说明武氏祠汉画的内容与功用：

> 图画天地，品类群生。杂物奇怪，山神海灵。写载其状，托之丹青。千变万化，事各缪形。随色象类，曲得其情。上纪开辟，遂古之初。五龙比翼，人皇九头。伏羲鳞身，女娲蛇躯。鸿荒朴略，厥状睢盱。焕炳可观，黄帝唐虞。

图1　东汉"凤阙"画像石
（笔者摄于四川博物院，2019年2月14日）

图2　蒲家湾无铭阙"朱鸟"图
（笔者摄于四川省渠县土溪镇，2019年2月6日）

图3　大保当墓彩绘墓门
（《中国画像石全集》编辑委员会编《中国画像石全集》第5卷《陕西、山西汉画像石》，山东美术出版社，2000，第170页）

1　（梁）萧统编，（唐）李善注《文选》卷一一，上海古籍出版社，1986，第2册，第514页。

2　梁思成：《中国建筑史》，第47页。

3　四川博物院所藏1985年征集于彭州市义和、1955年出土于成都市新都区新繁的画像石皆有此图像单元。

4　（宋）洪兴祖补注《楚辞补注》卷一一，中华书局，1983，第228页。

5　除蒲家湾无铭阙，同时考察的赵家村东无铭阙、赵家村西无铭阙、王家坪无铭阙、沈府君阙，均有朱鸟图像，皆呈舒翼之状。由此可见朱鸟图像的普遍性及其与礼仪性建筑的密切关联。

> 轩冕以庸，衣裳有殊。下及三后，淫妃乱主。忠臣孝子，烈士贞女。贤愚成败，靡不载叙。恶以诫世，善以示后。[1]

上述文字生动反映了鲁灵光殿壁画神话与历史题材的表现和政教功用，这与今日可见的武氏祠汉画像石高度相似，也因此成为比较的前提。然而，鲁灵光殿并非武氏祠：前者是宫殿（生活场所），后者乃祠堂（祭祀场所）；前者为描摹壁画（彩绘），后者是残存画像石（雕刻）。借由此赋依旧"岿然独存"的鲁灵光殿，与罕见完存的汉代祠堂一道，在两千年后，消弭了七十公里的空间距离与森严的等级差异。它们的相似或出于偶合，但放诸更广阔的时代背景，二者实乃异质同构，映现出大汉帝国的精神气象：艺术史研究者已对汉代艺术的整体性做出学理上的论证，并达成广泛的共识。邢义田指出，"在今天汉代宫室宅第装饰少有可考的情况下，要了解汉代建筑壁画的绘制方式和风格，墓中壁画就成为最重要的参考资料"。[2] 这一时期的壁画、画像石、画像砖等不同媒材的视觉表现形式拥有几乎一致的创作思维与表现技巧。

更有学者指出："无论是文学，还是音乐和美术，甚至是日用器物的装饰，汉代各种艺术在审美上具有相当程度的一致性，都具备浑厚、古拙的风格和铺张、排比的技巧。"[3] 诚为的论。

置身通常意义上的"前自觉时代"，视觉或听觉、时间或空间、宫廷或民间的艺术形式不过是根植于同一片土壤而生长出来的枝叶。世上没有两片相同的树叶，但它们都是时代思潮中的扁舟，承载着人类创作思维的成果，随波逐流，殊途同归。因而，布署规制正是汉人独特思维观念的产物，而艺术作品的再创作又是这一思维方式的再阐发。不管是传世的文献材料还是汉画像石与壁画，它们都是对建筑本体的再模仿，拥有自己的表达传统，三者不可轻易画上等号。因此，只有在明晰创作思想与表现技法之后，方能有的放矢。

那么，影响建筑布署规制和艺术创作的思想观念是什么呢？思想观念期在应用于实践，思维活动的特质必将转化为文体特征，而不同艺术门类的风格与技巧也必然存在不同的表现方式。刘勰在《文心雕龙·诠赋》中说："写物图貌，蔚似雕

---

[1] 《文选》卷一一，第2册，第515~516页。

[2] 邢义田：《汉代壁画的发展及壁画墓》，见氏著《画为心声：画像石、画像砖与壁画》，中华书局，2011，第35页。此外，邢义田还引述了劳贞一先生"从战国到晋，绘画完全是一个系统"（《论鲁西画像三石——朱鲔石室、孝堂山、武氏祠》，《中央研究院历史语言研究所集刊》第8本第1分，1939，第97页）的论断及滨田耕作（《漢代の絵画に就いて》，东亚考古学会《营城子》附录，1934）、驹井和爱（《遼陽発見の漢代墳墓》，东京大学，1950）等人关于汉代壁画、漆器、帛画等多种艺术形式比较的研究成果。

[3] 莫砺锋等：《千年凤凰　浴火重生：中国古代文学艺术与现代社会》，江苏人民出版社，2018，第141~142页。

画。"[1]以六朝人的视角指出赋与画的紧密联系。许结先生《汉赋"蔚似雕画"说》一文,从写物与图貌、场域与景观、实像与虚体、主题与笼套的角度指出赋与画在构象、设色、夸饰、聚焦上的类同性,从技法的角度做了详细的类比。[2]而六朝人对"画"的理解已有别于汉人,在文学艺术自觉以前,不管是建筑还是内部装饰,其实用性依旧占主导地位。应当说,建筑的设计与内部装饰的布署是其宇宙观的投射,而题材内容与风格选择则受到建德观的引导与制约。前者突出体现在时间与空间的交织、转换,后者体现为文学性与功能性的权衡。置于更加广阔的艺术背景之下,考察当时人们的创作观念与艺术再现客体,方能明晰艺术表现的生成动机与效果历史。在两汉、魏晋时期的建筑题材赋作中,宇宙观和建德观又是如何具体影响到书写策略的呢?下文拟将对此展开分析。

二

建筑的总体设计即是其宇宙观的反映。梁思成认为,"着重布署之规制"[3]是中国古代建筑环境思想的一大特征。所谓布署规制,已强调名称方位、空间秩序的重要性。在汉代,"宇宙"一词本身便与房屋相关:《说文解字》解"宇"曰"屋边也"[4],释"宙"为"舟舆所极覆也"[5]。高诱注《淮南子·览冥训》,"以为不能与之争于宇宙之间"曰"宇,屋檐也。宙,栋梁也",向宗鲁谓"宇宙"乃"宇栋"之误,驳之曰:"凡'宇宙'连文者,皆训上下四方,往古来今。"[6]此说是。如成玄英疏《庄子·齐物论》"挟宇宙"引《尸子》曰:"天地四方曰宇,往来古今曰宙。"[7]高诱为何如此曲解"宇宙"呢?这正与东汉时期宇宙观念与建筑设计的紧密联系相关,方有此误。在汉人的时空观念中,大到天地,小到墓穴,都是微型宇宙。汤用彤说汉学实乃"宇宙论或宇宙构成论"[8],亦即此理。巫鸿指出:"宇宙意味着一种绝对的包容性,是把一切

---

[1] （梁）刘勰著,黄叔琳注,李详补注,杨明照校注拾遗《增订文心雕龙校注》卷二,中华书局,2012,上册,第97页。

[2] 许结:《汉赋"蔚似雕画"说》,《济南大学学报》2018年第4期,第39~47页。

[3] 梁思成:《中国建筑史》,第10页。

[4] （汉）许慎:《说文解字》卷七下,中华书局,1963年影印本,第150页上栏。

[5] （汉）许慎:《说文解字》卷七下,第150页下栏。

[6] 何宁:《淮南子集释》卷六,中华书局,1998,上册,第469页。

[7] （清）郭庆藩:《庄子集释》卷一下,中华书局,2012,上册,第101页。

[8] 汤用彤:《王弼大衍义略释》,见氏著《魏晋玄学论稿》,上海古籍出版社,2001,第60页。

都包含于内部的封闭系统。"[1]特定场域可以小到一幅帛画,但所包含之物必然有序列地充斥其间,达到饱和的状态。作为微型宇宙,其要素有二。其一,就纵向的空间延伸而言,包含天地等空间元素。在汉画艺术中,不同界域通过分层的方式分割。仍以武氏祠为例,巫鸿将其"宇宙的图像"总结为"屋顶:上天征兆""山墙:神仙世界""墙壁:人类历史"三个部分,既有天地之象,又有人类历史的时间线索,实乃"苞括宇宙,总览人物"的设计。[2]其二,就横向的空间拓展而言,包含明确的四方观念。汉画中的四方往往通过四方神的图像符号加以表示。建筑的整体设计自不待言,即便是局部的单体建筑亦有此标识。如四川渠县所存东汉墓阙,四面多有朱雀、青龙、玄武等四方神的浮雕。这些石刻造像也往往同壁画一样施以对应神物的色彩。

汉画中与这一微型宇宙模型对应的叙述策略首先体现在对秩序的强调上。在汉画中,各方位所绘图像内容已然模块化。通过对武氏祠图像程式和格套的研究,人们亦可对零散出土图像石所处位置进行还原,从而对图像意义提出较为合理的阐释。其次是构图的精心设计。楼阁、梁桥、建鼓、桂树等形象已然成为建构图像秩序的手段,车马出行图、羽人等形象则引导观众的目光。如此,万物在宇宙空间中运转,经久不息。此外还有铺陈的技法。汉画一大特点便是平面有限空间趋于饱和,构图上的紧密安排之余,或飞鸟,或羽人,或各类纹饰,充盈其间,给人以视觉上的震慑。

辞赋创作依然有宇宙观的贯彻,这一思想观念已然上升到理论的高度,所谓"赋家之心,苞括宇宙,总览人物","控引天地,错综古今"。[3]根据莱辛的经典理论[4],绘画、雕塑本身便是空间的艺术,用上文所及视觉艺术中的叙述策略建构空间自是当行本色。作为时间艺术的赋,应如何通过语言的叙事达到"蔚似雕画"的艺术效果呢?总结起来,其基本形式亦是上述技法的延伸,通过"位"的标定、"铺"的手法、"饰"的点缀以达到类空间艺术的表现。具体说来有如下几方面。

第一,"位"的标定。分层的方式在赋中变成了"类"的聚合,方位的标志变成了语词的提示。我们可以在诸多京都大赋中找到相应的例证,以左思《三都赋》为例:当它开始铺绘魏都各方景观时,《魏都赋》有"左则""右则""内则"的方位提示词,《蜀都赋》以"于前则""于后则""于东则""于西则"领起,在整理本

---

1 〔美〕巫鸿:《"图""画"天地》,〔美〕巫鸿著,郑岩、王睿编《礼仪中的美术:巫鸿中国古代美术史文编》,郑岩等译,生活·读书·新知三联书店,2016,第642页。

2 详参〔美〕巫鸿《武梁祠:中国古代画像艺术的思想性》,柳杨、岑河译,生活·读书·新知三联书店,2015。

3 (晋)葛洪:《西京杂记》卷二,中华书局,1985,第12页。

4 详参〔德〕莱辛《拉奥孔》,朱光潜译,商务印书馆,2013。此书旨在讨论诗与画的界限,莱辛认为,诗是时间的艺术,画是空间的艺术。

中，这些方位标志和类聚提示词往往成为分段的依据，文本形态便可视化地与汉画像石的叙述策略若合符契。

第二，"铺"的手法。《文心雕龙·诠赋》训作"赋者，铺也；铺采摛文，体物写志也"。[1] 这也是赋体艺术最根本的修辞方式。铺的具体策略表现为排列，亦是对秩序感的强调。如《吴都赋》叙述物产时则依靠"其竹则""其果则"等词聚合相关名物，这一文本特性也成为后人以赋比类书的重要依据。各类皆有条理地叙述，合而观之，便蔚为壮观。

第三，"饰"的点缀。汉画中纹样的装饰转化为文本，便构成了语言形、声的藻饰感。在字的形态上，多用瑰字，在视觉上给读者形成整饬的感觉；在词汇音声上，多双声、叠韵词，读之朗朗上口，又以韵脚收束，富于美感地编织文章；在句法的选择上，往往句式错杂，给人节奏上的美感。

以1960年出土于滕州市龙阳镇的纺织小祠堂后壁画像石（今藏山东博物馆）和《西都赋》为例，我们可以比较赋、画表达方式的异同。它们都力图描绘相似的社会生活场景，不过一种是图像语言，一种是文字语言，依照莱辛的分类，前者属于空间艺术，后者属于时间艺术。因而，二者沟通的关键在于，如何转换不同的叙事语言。如图4所示，这块画像石分为四层，第一、二层为起居纺织图，第三层为列骑出行图，第四层为车马出行图。拜谒者、骑兵、步卒们各就各位，分属不同的图像单元，其空间方位是直观呈现的，而大赋则须点出方位地点另起铺排：《西都赋》先后描写都市、宫室、田游的场景，分别以"封畿之内""其宫室也""尔乃盛娱游之壮观"[2] 领起，提醒读者场域已然转换，亦如层次之界隔。楼阁、纺轮、主人乘轺车等图像元素则成为各个图像单元的焦点，既决定了构图方式，又最先吸引了观画者的目光。至于铺陈方式，在画像石中，人物、车马、武库的兵器皆一一排列，鳞次栉比，构图饱满。《西都赋》将类似的场面描述作"列臣周匝，星罗云布。于是乘銮舆，备法驾，帅群臣"[3]，叙述具有时间性。在这块汉画像石中，动感与阅读顺序是通过人物、马匹朝向实现的：车马、列骑自左向右[4] 飞驰，水榭上的人群缓缓上行，方向相抵处则往往成为画面焦点。静止的画面因图像元素的排列方式而被赋予动感，或左或右，有急有缓，处于不同层级的图像单元也因此不再孤立，观画者的目光也由此得到指引。

这些形式上的技巧使得作品兼备描绘

---

1 《增订文心雕龙校注》卷二，上册，第95页。

2 《文选》卷一，第1册，第9、11、18页。

3 《文选》卷一，第1册，第21页。

4 本文描述汉画像石方向皆以背对画面为参照。

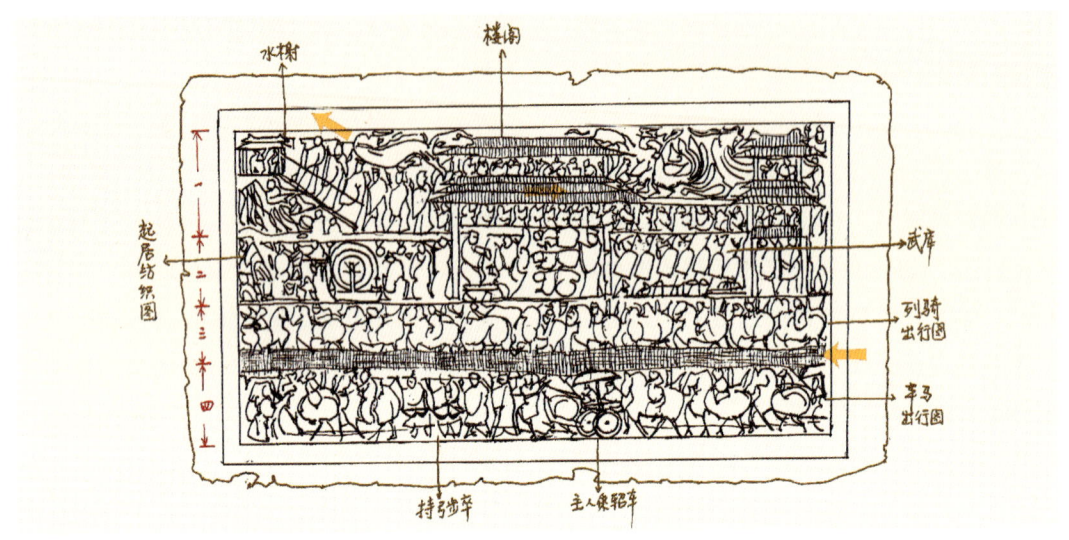

图4 滕州纺织小祠堂后壁画像石示意图
（笔者临摹绘制）

性与叙事性，就赋体文学而言，语言流淌，在欣赏者的脑海中汇聚成海，汪洋浩瀚，汹涌澎湃，便有了"苞括宇宙"的气概。从更本质的层面来说，李泽厚指出，"建筑的平面铺开的有机群体，实际已把空间意识转化为时间进程"。[1]这与中国古代建筑重视布署规划的观念息息相关。"宇宙"亦即这一观念的文学表现。《文选》京都、宫殿赋中"宇宙"一词亦频频出现。例如，左思《三都赋》各有一"宇宙"：《蜀都赋》"喧哗鼎沸，则唳眩宇宙"[2]；《吴都赋》"殷动宇宙"[3]；《魏都赋》"仪形宇宙，历像贤圣。图以百瑞，绰以藻咏。芒芒终古，此焉则镜"[4]。后者正是对"温室"壁画的描绘。而与《鲁灵光殿赋》同归于宫殿类的《景福殿赋》更是"疆理宇宙"[5]。值得一提的是《鲁灵光殿赋》中的"宇宙"：

粤若稽古帝汉，祖宗浚哲钦明。殷五代之纯熙，绍伊唐之炎精。荷天衢以元亨，廓宇宙而作京。敷皇极以创业，协神道而大宁。于是百姓昭明，九族敦序。乃命孝孙，俾侯于鲁。锡介珪以作瑞，宅附庸而开宇。乃立灵光之秘殿，配紫微而为辅。承明堂

---

[1] 李泽厚：《美的历程》，生活·读书·新知三联书店，2009，第66页。

[2] 《文选》卷四，第1册，第185页。

[3] 《文选》卷五，第1册，第207页。

[4] 《文选》卷六，第1册，第272页。

[5] 《文选》卷一一，第2册，第533页。

于少阳，昭列显于奎之分野。[1]

李善引《方言》将"廓"字释作"张小使大"，有扩张之意。京城乃负荷天道、开拓宇宙规划而成。在这里，王延寿以史诗般的笔法追溯了灵光殿的"前传"——它的建立得益于人类历史的时间积淀与浩瀚天宇的空间布局，"岿然独存"的现状赋予其神圣的属性，也在时间与空间的坐标上定位了它的价值。因而，下文的一切描写无不负荷天衢、彰显"灵光"。它的意义在于，在传统京都大赋空间书写的基础上加入了时间定位。如果将其与《西都赋》比较，这一特点尤为明显：

> 其宫室也，体象乎天地，经纬乎阴阳，据坤灵之正位，仿太紫之圆方。树中天之华阙，丰冠山之朱堂。……于是左城右平，重轩三阶，闺房周通，门闼洞开。……后宫则有掖庭椒房……左右庭中，朝堂百寮之位……又有天禄石渠，典籍之府……又有承明金马，著作之庭……周庐千列，徼道绮错。辇路经营，修除飞阁。自未央而连桂宫，北弥明光而亘长乐，凌隥道而超西墉，掍建章而连外属……实列仙之攸

馆，非吾人之所宁。[2]

这段描写，正是梁思成所说的"名称方位、布署规制"。此赋只见空间上的伦理秩序，而无"感悟而作"的"诗人之兴"。赋家极力铺陈的是都城的空间中心地位与礼仪地位，《鲁灵光殿赋》所描写的对象并非国都，它的意义不在空间上的核心地位，而是时间上的奇迹——超越了已然隳坏的"西京未央、建章之殿"。赋末以"瑞我汉室，永不朽兮"[3]结篇，也是强调时间上的永恒性。这一维度的加入，使得建筑的地位由陪衬变为主角，因而辞赋的铺写内容有了梁思成关注的内容——"于是详察其栋宇，观其结构"。《鲁灵光殿赋》中时间维度的加入不仅仅是时间与空间书写方式的转换，更有功用的转移，这便涉及"体用之辨"。

三

本文所谓的"体"，意即艺术体类，所谓的"用"则指代功用。二者实质上是形式与内容的辩证关系。但事实上，汉代人对"赋用"的重视高于"赋体"。也就是说，在"什么是赋"的问题上，赋的功能意义大于文体意义，这可以在汉人的赋论

---

[1] 《文选》卷一一，第 2 册，第 509~510 页。

[2] 《文选》卷一，第 1 册，第 11~18 页。

[3] 《文选》卷一一，第 2 册，第 518 页。

材料中得到印证。赋体功用之重要一端便是"曲终奏雅""劝百讽一"[1]，关于这一点，前人之述已备，笔者不再赘言。这样的文体观念来自汉代无处不在的政教思想，即建德观。

政教思想下形成的建德观念也影响不同艺术形式对题材的选择，从而形成了不同的书写策略。具体到《鲁灵光殿赋》所描绘的壁画，不管是"淫妃乱主"还是"忠臣孝子，烈士贞女"，它们或正面或反面地希望达到建德的目的，正是赋中提及的"恶以诫世，善以示后"。《孔子家语·观周》说：

> 孔子观乎明堂，睹四门墉有尧、舜之容，桀、纣之像，而各有善恶之状，兴废之诫焉。又有周公相成王，抱之负斧扆，南面以朝诸侯之图焉。孔子徘徊而望之，谓从者曰："此周之所以盛也。夫明镜所以察形，往古所以知今。人主不务袭迹于其所以安存，而忽怠所以危亡，是犹未有以异于却走而欲求及前人也，岂不惑哉？"[2]

这一记载所及"善恶之状"的情形、"兴废之诫"的功能与《鲁灵光殿赋》若合符契。然今本《孔子家语》疑伪之声不绝于耳，四库馆臣谓"其出于肃手无疑"[3]。倘若如此，将它视作王肃所生活的时代写照更为稳妥，其间机轴略同便不难解释。那么图绘人物以示劝诫的形式是否前有所因呢？《史记·留侯世家》末太史公曰："至见其图，状貌如妇人好女。"[4]司马迁与张良已相去有时，可见其画像，推测而言，最有可能的载体便是壁画。这一形式相比绢帛等材质也更具公共性、持久性。至汉宣帝图画十一功臣像于麒麟阁，汉明帝于洛阳云台阁图画中兴二十八将，这一传统的形成楮墨可证。上有所好，下必甚焉，宫廷如此，民间亦如此。东汉时期这一艺术形式盛极一时，大量出土画像石、墓葬壁画亦是明证。直到唐祚初兴，仍有凌烟阁二十四功臣之事，可见其影响不绝。

然而，不管是赋还是画，在东汉中后期都面临功能式微的窘境。赋的美刺已流于形式，本质上已沦为谀颂，汉画亦成为大户人家炫耀家财的表现，全无孝义之心。在影响的焦虑与形式的嘤鸣之下，各类艺术形式上的雕琢技艺渐臻成熟，竟至繁复。在此期间，复古的审美倾向影响到了艺术

---

1 典出《史记》卷一一七《司马相如列传》。"扬雄以为靡丽之赋，劝百而风一，犹骋郑卫之声，曲终而奏雅，不已亏乎？"意指辞赋书写中，占用大量篇幅铺采扬丽，而作为主旨的讽谏部分往往只在结尾有所体现。这是汉代辞赋的特殊书写方式，也体现出汉人独特的思维方式。

2 （清）陈士珂辑《孔子家语疏证》卷三，崔涛点校，凤凰出版社，2017，第72页。

3 （清）永瑢等：《四库全书总目》卷九一，中华书局，1965年影印本，上册，第769页下栏。

4 （汉）司马迁著，（宋）裴骃集解，（唐）司马贞索隐，（唐）张守节正义《史记》卷五五，中华书局，2014，第2488页。

创作实践。然而，复古并非回到粗糙的混沌状态，而是以故为新，创造新风格。再以武氏祠汉画为例，西方艺术史学者往往关注到它没有成熟的透视关系，即便有类似于焦点透视的构图，其延伸线也不能聚焦，或相交于错误的地方。考古学者往往视三维表现较二维表现更为进步，如信立祥认为："遗憾的是，这种能够把握图像统一视觉空间的更为科学的焦点透视法，并没有被后世的中国美术所继承，以至到近代，中国美术界不得不重新从欧洲艺术界学习和引进这种科学的透视构图方法。"[1] 巫鸿则认为这是一种复古的艺术风格，人们应当革除"二维—三维"进步论的思想观念。笔者在摹刻武氏祠"射爵"图[2]时关注到，其中桂树枝条的缠绕方式必然是在掌握立体表现技巧后几何"剪影化"的体现（图6），在风格上体现为古朴，但实际已然成熟，这种艺术演变的趋势则与西方艺术史上的立体主义（Cubism）相类。他们将立体的事物扁平化处理，但通过关键的结构线表现出立体感，正如"射爵"图上桂树枝条上的阴刻线。与鲁地其他同题材画像石比对可以进一步证明这一点：图7是东汉中期嘉祥宋山射爵图及楼阁人物图局部，构图上与武氏祠高度相似，很可能使用同一工匠集团的粉本，都采用了减地平面阴线刻法。但宋山石刻减地更深，线条不及武氏祠流畅，雕刻内容更加具体。图8同出于嘉祥宋山，其上为孔子见老子及骊姬故事图，底部刻有桂树、雀、车马，尚无射手，因而不可称之为"射爵图"。此石为凹面刻，枝条的遮挡关系偶有未厘清处，阴刻线条更加忠实于细节，体现出更加早期的风格。图9代表浅浮雕的表现方式，枝条缠绕的空间感处理得非常到位。事实上，在以上画像石中，人们公认武氏祠代表了汉画像石最高的工艺水准。实践经验丰富的赵延梅老师指出，阴线刻的难度高于浮雕，因为浮雕的空间关系可反复打磨，而阴刻要求线条必须准确。换种说法便是：浮雕是对三维实体的模仿，而线刻需要平面设计。图5所示羽人与龙才是真正的早期风格：工具较为单一，平面打磨粗糙，造型不够准确，遮挡关系没有处理。这与成熟的武氏祠风格显然是迥乎不同的。

赋体文学发展也同样经历了以复古为创新的过程。许结先生在《汉代文学思想史》中总结，在"中兴期"，班固等人"尚雅崇实"，从文学的"致用性"出发，"概述了辞赋创作'或以抒下情而通讽喻，或以宣上德而尽忠孝'的双重作用"，但事实上以"'润色鸿业''雍容揄扬'见著，'抒下情'则不甚了然"。[3] 而到了东汉后期，

---

[1] 信立祥：《汉代画像石综合研究》，文物出版社，2000，第56页。

[2] 此图旨意素有分歧，旧时多以其为扶桑树或后羿射日，本文采邢义田的命名方式，详参《汉代画像中的"射爵射侯图"》，《画为心声：画像石、画像砖与壁画》，第138~194页。

[3] 许结：《汉代文学思想史》，南京大学出版社，1990，第289页。

图 5 羽人与龙

（笔者摄于徐州汉画像石艺术馆，2019 年 7 月 23 日）

图 6 嘉祥武氏祠射爵图桂树局部

（笔者摄于嘉祥武氏墓群石刻博物馆，2019 年 7 月 17 日）

图 7 嘉祥宋山射爵图桂树局部

（笔者摄于山东博物馆，2019 年 7 月 21 日）

图 8 嘉祥宋山汉画像石桂树局部

（笔者摄于山东博物馆，2019 年 7 月 21 日）

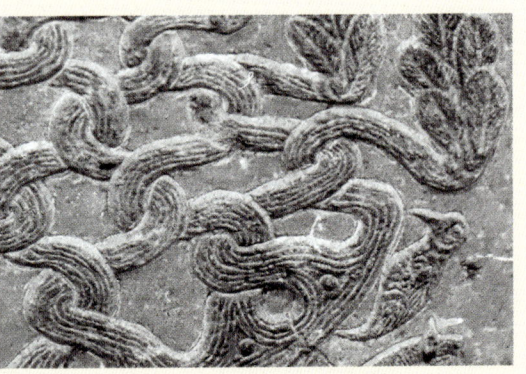

图 9 微山县射爵图桂树局部

（笔者摄于微山县文管所，2019 年 7 月 18 日）

文学意识则在儒道绌补、楚辞浪漫思潮复兴等因素的作用下渐趋觉醒。[1]

在此背景下，以《鲁灵光殿赋》为代表的宫殿赋的文学史转变意义也得到凸显。刘勰《诠赋》对几篇"京殿苑猎"之赋有如下评价：司马相如《上林赋》是"繁类以成艳"，班固《两都赋》是"明绚以雅瞻"，张衡《二京赋》是"迅发以宏富"，扬雄《甘泉赋》是"构深瑰之风"，而《鲁灵光殿赋》是"含飞动之势"。[2] 前四者的"繁""艳""绚""宏富""瑰"皆指向繁富的审美倾向，具体到赋作中，体现为规模的盛大与色彩的艳丽。这样的风格指向"润色鸿业""雍容揄扬"的创作目的。[3] 与《鲁灵光殿赋》一同收入《文选》宫殿类的《景福殿赋》，从主旨到具体的书写方式仍然袭自先前的京都大赋，它们虽已经涉及对宫殿建筑的描写，但它们更加强调的是"布署规制"，以体现尊京都、重王道的精神。

《鲁灵光殿赋》则不然。如上一节所述，这一殿宇的意义不在于空间上的"独尊"，而在于时间上的"不朽"。所谓"飞动之势"，蒋述卓指出，刘勰强调的是"鸟革翚飞之状，如在目前"，描写了"生命活力的事物"。[4] 这一总结有两点值得注意。第一，"鸟革翚飞"语出《小雅·斯干》"如鸟斯革，如翚斯飞"，犹言"其堂之美如此"[5]（朱熹语）。它既指赋作中对宫殿结构本身有所摹写，正是梁思成所说的"立面形状及结构"，又指出语言描写的生动性，即梁氏所谓的"立体形貌"之感人处。第二，"生命活力的事物"正是指"尔乃玄栋结阿，天窗绮疏"[6]以下描绘的种种动物、植物。它们并非自然界真实的动、植物，而是建筑的雕刻纹饰。如此描写，实乃化静为动，文学驰骋想象的本质特点也在此显现。

四

一番巡礼之后，我们可以对本文开头提出的问题一一给出明确的答复。

第一，传世文献往往疏于对建筑本体的精确记载。对史家而言，历史书写是观念的投射，需强调建筑的布署规制从而显现出礼仪观念和伦理秩序；对文学家而言，文学书写是来源于生活而高于生活的艺术

---

1 许结：《汉代文学思想史》，第303页。

2 《增订文心雕龙补注》卷二，上册，第96页。

3 典出班固《两都赋序》："以兴废继绝，润色鸿业。……或以抒下情而通讽喻，或以宣上德而尽忠孝，雍容揄扬，著于后嗣，抑亦雅颂之亚也。"（《文选》卷一，第1册，第2~3页）

4 蒋述卓：《说"飞动"》，《文学遗产》1992年第5期，第27~28页。

5 《朱熹集传·诗集传》卷一一，赵长征点校，中华书局，2017，第196页。

6 《文选》卷一一，第2册，第513页。

表达，生动性的书写目的要求它驰骋想象，在宇宙时空中自由穿梭。诚然，这样的文献难以助力后人精确还原建筑的一砖一瓦，但其中并非没有通性的真实——布署规制、建筑本体与形貌效果之间有着紧密的内在联系。布署规制赋予建筑本体空间意义，形貌效果是建筑本体美学意义的阐发。

第二，赋与汉画可置于同一艺术背景中加以考察。它们都以宇宙观、建德观为思想背景，在艺术技巧与风格上具有铺排、古拙的共同特征。它们或可互证名物，或异质而同构，共同映现两汉、魏晋时期的时代风格。它们反映出特定时期的生活场景，表现出当时人们的审美倾向，甚至其本身也是社会生活礼仪程式的见证——前者因语言符号的抽象性得以广泛传播，在空间上极度扩张；后者则是穿越时间的信物，实乃时代风貌的断片。中国古代建筑对布署规划的重视使得空间意识可以转换为时间的线性叙事，从而使赋这一以语言为主导的时间艺术展开类空间化的叙述；汉画格套的组合与排列则予以绘画、浮雕这一空间艺术拥有时间艺术一般的历时性。时空转换，也成为赋、画两种艺术门类比较的前提。

第三，作为一种特殊的文学样式，汉晋时期包含大量建筑描写的京都赋、宫殿赋既有政治功用，又已经蕴含渐臻成熟的文学技法，实为文学艺术自觉的典型样式。汉晋时期人们独特的宇宙观、建德观影响了建筑及其装饰雕画的题材内容与布置方式。京都赋中的建筑描摹以名称方位、布署规制为主，强调空间上的礼仪性，而以《鲁灵光殿赋》为代表的宫殿赋对此有所突破：既有对建筑结构本身及其感人效果的描写，又强调时间上的恒久，颂赞之用也悄然转变为感兴之体。在此过程中，作者本人的情感注入其中，文学性书写的加入使得宫殿赋成为文学史上走向自觉的转捩点。这一过程，事实上包含着文体与功用的辩证关系，各类艺术也在"体"与"用"的磨合中走向自觉。

自觉前的礼仪美术时代，作品的独特性通过时间、人力成本的堆叠以获得"纪念碑性"[1]（monumentality）。辞赋的创作往往耗费创作者的精力，不但才缓的左思以十年之久创作《三都赋》而洛阳纸贵，相如、子云皆是如此，赋中繁富的辞藻无不凝结着赋家的心血。放诸礼仪美术时代的背景中，赋体文学创作不啻为"戴着镣铐的舞蹈"。而当各种艺术形式迈入自觉的大门，从庙宇走向江湖，从神坛走向日常，从庄严走向随意，从集体走向个人，创作主体卸下了"镣铐"，便"诗意"地舞蹈起来。《鲁灵光殿赋》序中明言"诗人之兴，感物而作"，已然标举个人情志的抒写。在此以后，赋的诗化趋势不可逆转，"情"的抒泄成为主流，各类艺术形式的技法也在彼此琢磨中途径各分，舒卷回旋，互相渗透。

---

[1] 详参〔美〕巫鸿《九鼎传说与中国古代美术中的"纪念碑性"》，〔美〕巫鸿著，郑岩、王睿编《礼仪中的美术——巫鸿中国古代美术史文编》，第45页。

固原地区北周三墓壁画研究

■ 高嘉谊（东南大学艺术学院）

固原地区位于今宁夏回族自治区南部，属于我国的黄河中上游地区。固原地区东部与甘肃省庆阳市相邻，南部与甘肃省平凉市相邻，西部与甘肃省白银市接壤。在固原地区，六盘山作为影响其地形的重要山脉贯穿南北，形成了险峻的地势，因此在历史上有比较重要的地位。

西汉以来固原地区就建立了城镇。北魏太武帝太延二年（436），置高平镇，北魏时期固原地区的建置发生过数次改变、调整，曾易名为原州，并在原州下设高平、长城两郡，在此期间一直作为北魏经略河西的要镇。北魏分裂为西魏与东魏之后，固原地区属于西魏—北周地域。作为西魏—北周政权关陇政治的核心区域，且530年宇文泰曾被任命为"行原州事"，因此固原可以说是其事业的起点，在西魏－北周政治中占有重要地位。

固原地区发掘的墓葬包括西周、魏晋南北朝、隋、唐几个时期，其中壁画墓主要集中于北朝至隋唐时代。在北周的历史研究中，墓葬壁画是拥有重要意义的实物资料，将文献中的典章制度、当时社会的信仰风俗直观地展现在我们面前，可证史料虚实，可补史籍之缺。因为出土的北周时期墓葬壁画较少，保存完好的更稀少，所以固原地区北周三墓的墓葬壁画资料就显得更为珍贵，具有较高的研究价值。本文主要利用现存的固原地区北周三墓的墓葬壁画资料，结合历史文献与前人的研究成果，对固原地区北周时期的墓葬壁画特征进行分析，并借此试图探讨北周时期的社会文化特点。

一　学术史回顾

在展开探讨之前，首先对固原地区北周时期墓葬壁画资料进行总结，并对前人的研究成果进行梳理回顾，以此明确本文所要探讨的问题。

（一）考古资料综述

1983年宁夏回族自治区博物馆和原固原文物工作站联合对北周李贤夫妇墓进行了发掘，并于1985年发表了考古简报[1]。1993年，宁夏文物考古研究所固原工作站对宇文猛墓进行了发掘，并于1994年发表考古简报[2]。这些考古简报对墓葬形制、所绘壁画情况、出土文物进行了详细介绍，并对墓主人身份进行了简单的考证，对墓葬形制、随葬器物、所绘壁画的特征进行了简单的探讨，在提供基本的参考资料之外，还对与墓葬壁画研究相关的关键性问题做出了启发式探讨。

2009年出版的《北周田弘墓》[3]、2014年出版的《宁夏固原北周宇文猛墓发掘报告与研究》[4]，研究对象分别为北周田弘墓与北周宇文猛墓。这两本专著都是在对墓葬形制与出土文物情况做了详细介绍的基础上兼叙兼议，对墓葬所涉及的问题进行了较为全面的探讨，如墓志考释、出土文物研究等。在墓葬壁画方面，这两本专著在对墓葬壁画进行相关分析时，都联系同期墓葬特征对壁画题材、艺术风格进行了深入分析与横向比较，使我们对其所论述的固原地区墓葬壁画的题材与艺术风格的源流等问题有了更为清晰、全面的认识。

（二）墓主人身份考证

部分学者对固原地区北朝至隋唐壁画墓中壁画以外的问题进行了详细的考证。在进行墓葬壁画的相关研究时，我们应当注意到壁画是整个墓葬的一个组成部分，其制作带有为墓主人"服务"的目的，所以我们不能将壁画研究与对墓主人身份相关问题的研究割裂开来。

耿志强、陈晓桦的《北周宇文猛墓志考释》[5]联系史料对宇文猛的墓志进行了逐字逐句的考证，在宇文猛于正史无传的情况下尽可能地还原了其生平轨迹，《宁夏固原北周宇文猛墓发掘报告与研究》第五章[6]提出了墓志中存疑的问题，亟待新材料的补充与深入考证，认为宇文猛应为胡族，但具体族属仍需进一步探讨。《北周田弘墓》一书第十六章第二节"田弘墓志疏证"[7]结合《周书》《北史》《周柱国大将军纥干弘神道碑》对墓志进行了逐句疏证，考证了田弘的生平事迹。

对李贤墓墓主人身份进行考证的文章相较于宇文猛与田弘更为丰富，薛正昌的

1　宁夏回族自治区博物馆、宁夏固原博物馆：《宁夏固原北周李贤夫妇墓发掘简报》，《文物》1985年第11期，第1~20页。

2　宁夏文物考古所固原工作站：《固原北周宇文猛发掘简报》，载许成主编《宁夏考古文集》，宁夏人民出版社，1994，第134~147页。

3　原州联合考古队：《北周田弘墓》，文物出版社，2009。

4　耿志强：《宁夏固原北周宇文猛墓发掘报告与研究》，阳光出版社，2014。

5　耿志强、陈晓桦：《北周宇文猛墓志考释》，《西夏研究》2013年第2期，第91~100页。

6　耿志强：《宁夏固原北周宇文猛墓发掘报告与研究》，第69~70页。

7　原州联合考古队：《北周田弘墓》，第173~193页。

《李贤传略》[1]结合《北史》《周书》与李贤墓志对李贤的生平事迹进行了较为全面的梳理，李茹的《敦煌李贤及其功德窟相关问题试论》[2]考证出李贤可能于魏恭帝元年（554）与保定二年（562）两次出使瓜州，并结合敦煌第290窟的开凿年代与壁画特点推断第290窟窟主就是李贤。针对李贤族属的问题，许多前辈提出了不同的看法，大致可分为汉族说和胡族说两种。薛正昌认为，因为史书与墓志都记载李贤是汉将李陵之后，互相印证，所以李贤应当为汉族，但可能与拓跋鲜卑族通婚。姚薇元在《北朝胡姓考》[3]中最早提出李贤可能是"高车泣伏利（即叱李）氏"，为胡人，但这一推测没有其他旁证支持。罗丰[4]、王卫明[5]、顾铁符[6]等学者通过对传世文献进一步的考证，并结合出土文献，做出"李贤是拥有鲜卑血统的胡人"的推论。

关于固原地区北周三墓墓主人身份的研究与讨论虽然不是很多，但已经能够比较准确地还原宇文猛、李贤、田弘的族属与生平事迹，对讨论其墓葬壁画风格形成的原因有较大的帮助。

（三）墓葬壁画研究

关于北朝时期墓葬壁画的研究是比较成熟、丰富的，本文主要梳理与固原地区北周三墓相关的部分研究。在综合研究方面，郑岩的《魏晋南北朝壁画墓研究》[7]对墓葬壁画进行了分区与分期研究，建立时空框架，对不同区域间文化的关系进行了详细的探讨。对于固原地区的墓葬壁画，他将其与陕西地区的壁画合一，并对西魏－北周壁画墓的特征进行了分析。但是其研究主要针对河西、邺城、青州等地的壁画墓，并利用个例进行深入分析，发掘其中的文化史价值，对固原地区的北朝壁画墓则议论较少，给后人留下了研究的空间。李梅田的《北朝墓室画像的区域性研究》[8]同样采用分区的方法对北朝时期的墓葬画像进行了分类研究，以此讨论区域性文化互动与继承发展的情况，在关中地区墓室画像研究中，他对固原地区北朝三墓壁画对于关中文化继承情况及其与同时期东魏—北齐墓葬壁画的异同进行了深入探讨，具有较大的借鉴意义。

杨泓在《南北朝墓的壁画和拼镶砖

1　薛正昌：《李贤传略》，《固原师专学报》1997年第5期，第39~40页。

2　李茹：《敦煌李贤及其功德窟相关问题试论》，《敦煌学辑刊》2009年第4期，第112~126页。

3　姚薇元：《北朝胡姓考》，中华书局，1962，第297~300页。

4　罗丰：《李贤夫妇墓志考略》，《美术研究》1985年第4期，第59页。

5　王卫明：《北周李贤夫妇墓若干问题初探》，《美术研究》1985年第4期，第62~63页。

6　顾铁符：《关于李贤氏姓、门望、民族的一些看法》，《美术研究》1985年第4期，第87~88页。

7　郑岩：《魏晋南北朝壁画墓研究》，文物出版社，2002。

8　李梅田：《北朝墓室画像的区域性研究》，《故宫博物院院刊》2005年第3期，第75~103页。

画》[1]中将南北朝的壁画和砖画分朝代对其特征进行了简述，根据壁画的布局和内容归纳出了各自体现的系统，并提出"西魏—北周的壁画受到南朝壁画特点的影响"这一值得深入探讨的观点。讨论壁画布局的还有王江鹏的《魏晋南北朝墓葬壁画人物图像的配置方式分析》[2]和唐仲明的《试论北朝墓室壁画的内容与布局特征》[3]，但其中对西魏—北周壁画布局的分析都比较少。

韩小囡的《论北朝墓壁画的艺术风格》[4]主要分析了北朝墓葬壁画的风格，注重不同地区墓葬壁画之间的比较，对研究固原地区与西魏—北周、东魏—北齐壁画特征的异同具有重要意义。

这些研究主要通过个案例证着眼于北朝壁画的整体模式与风格，对探讨西魏—北周墓葬壁画内容与风格具有参考价值和启发作用，但由于东魏—北齐墓葬壁画的材料较多，西魏—北周墓葬壁画的材料相对较少，多数研究对东魏—北齐墓葬壁画的探讨更为全面、深入，研究西魏—北周墓葬壁画时也更着重于分析其与东魏—北齐墓葬壁画的异同，对西魏—北周墓葬壁画自身内容、艺术风格及其所反映的西魏—北周文化特点的分析还略显不足。

具体到固原地区北周三墓墓葬壁画的研究，在宇文猛墓墓葬壁画方面主要有《宁夏固原北周宇文猛墓发掘报告与研究》的第五章第八节[5]，通过残留壁画痕迹对壁画原状做出推测并探讨壁画中武士冠饰的称谓问题，遗憾的是，文章虽然列举出西魏—北周其他墓葬壁画的情况但并没有据此展开比较、探讨。针对李贤夫妇墓墓葬壁画的研究主要有王卫明的《北周李贤夫妇墓若干问题初探》[6]、冯国富的《固原北周李贤墓壁画简论》[7]、耿志强的《固原北周壁画墓与艺术风格》[8]、柳真的《谈北周李贤夫妇墓壁画色彩之特点》[9]等，这些文章针对壁画中武士服饰、舞女图所反映的乐舞规制、门楼图体现的地下宅院、壁画艺术风格及画工技法等问题进行了探讨，发现壁画风格体现出民族文化融合和其对隋唐壁

---

1 中国社会科学院考古研究所编著《中国考古学论丛——中国社会科学院考古研究所建所40年纪念》，科学出版社，1993，第426~437页。

2 王江鹏：《魏晋南北朝墓葬壁画人物图像的配置方式分析》，《南京艺术学院学报》2017年第6期，第96~103页。

3 唐仲明：《试论北朝墓室壁画的内容与布局特征》，《山东大学学报》2000年第1期，第34~39页。

4 韩小囡：《论北朝墓壁画的艺术风格》，《中原文物》2005年第3期，第54~62页。

5 耿志强：《宁夏固原北周宇文猛墓发掘报告与研究》，第130~132页。

6 王卫明：《北周李贤夫妇墓若干问题初探》，第62~63页。

7 冯国富：《固原北周李贤墓壁画简论》，《固原师专学报》1991年第2期，第85~87页。

8 耿志强：《固原北周壁画墓与艺术风格》，《西夏研究》2013年第4期，第113~118页。

9 柳真：《谈北周李贤夫妇墓壁画色彩之特点》，《大众文艺》2016年第19期，第105页。

画风格具有一定影响，这两大发现非常具有综合同期壁画资料展开讨论的价值。关于田弘墓墓葬壁画的研究成果略显单薄，《北周田弘墓》一书第十六章第三节[1]从布局和内容的角度将田弘墓壁画与李贤墓壁画进行对比，认为两者画风相差较大，应该不是同一个工匠集团的作品，指出人物面部绘画方法与敦煌壁画中西魏—北周时期的一些面部画法相似，做出北周时期固原地区与敦煌地区的画工集团可能存在交流的推断，并对西魏—北周、东魏—北齐壁画内容做了简单的比较。

姚蔚玲的《宁夏北朝隋唐墓壁画研究》[2]和徐青青的《固原地区北朝至隋唐时期墓葬壁画研究》[3]以宁夏固原地区北朝至隋唐的墓葬壁画为核心研究对象，在综合前人研究的基础上对壁画内容与艺术风格进行了比较全面的梳理和总结，但是叙述还是略显概括，对壁画风格源流的追溯仅停留在推测层面，还有待联系同时期的其他壁画图像进行对比和更深入的探讨。

二 墓葬壁画概况与墓主人身份简析

固原地区现已发掘出的壁画墓墓葬年代属于北朝的主要有三个，分别是北周宇文猛墓、北周李贤夫妇墓、北周田弘夫妇墓。本节主要简单描述这三个墓葬的形制及壁画保存情况，简要分析墓主人身份，为研究分析墓葬壁画打下基础。

（一）宇文猛墓

宇文猛墓位于宁夏固原南郊乡王涝坝村北约1000米处的平原上，墓葬地下部分的主要形制为斜坡式墓道、五个天井、单室土洞墓室。

根据考古简报可知[4]，墓葬壁画分布于墓道、过洞、过洞上方、天井（东西两侧面）、甬道上方及甬道内两侧。据简报推测，原先至少应有40幅壁画，但目前仅有第五天井东壁接近南过洞口处的一幅武士图保存完好。

墓主人宇文猛的生平事迹在史书中没有记载，仅能依靠出土墓志进行总结。由墓志中记载的"宝历归周，以公先朝勋（鸾），赐姓宇文氏"[5]可知，宇文猛的本姓并不是"宇文"，但墓志铭与墓志中都没有明确记载他的本姓与族属，其祖父、父亲属于鲜卑之部落，散处魏境，未同编户。除官氏志所记外，对其身世的叙述也比较轻描淡写，只记载："唯祖唯父，世

---

[1] 原州联合考古队：《北周田弘墓》，第193~198页。

[2] 姚蔚玲：《宁夏北朝隋唐墓壁画研究》，《宁夏社会科学》2010年第3期，第129~131页。

[3] 徐青青：《固原地区北朝至隋唐时期墓葬壁画研究》，硕士学位论文，西北师范大学，2016。

[4] 耿志强：《宁夏固原北周宇文猛墓发掘报告与研究》，第69~70页。

[5] 耿志强：《宁夏固原北周宇文猛墓发掘报告与研究》，第99页。

为民酋。"[1] 民酋应当是指"领民酋长",因为担任领民酋长的大多为胡人[2],且宇文猛的祖辈世代为民酋,所以宇文猛出身胡族的可能性更大一些。墓志载宇文猛为平高人,平高即今固原市原州区,宇文猛的祖辈可能作为领民酋长带领族人在固原扎根,因此他在起家前在固原可能具有一定的势力,固原也是他及其家族的根据地,这有可能是据墓志记载他"薨于长安县鸿固乡永贵里"[3]后归葬固原的原因。关于他入仕的过程,墓志的描写比较简略,仅仅记载为"永安元(年),任都将"[4]。宇文猛作为武将,屡立战功,前期主要根据地在固原,保定元年(561)出任汾州(今山西省汾阳市)刺史。宇文猛历经北魏、西魏、北周三代,卒于北周保定五年(565)。

(二) 李贤夫妇墓

李贤夫妇合葬墓位于深沟村南约500米的圪垯梁地,墓葬地下部分的主要形制为斜坡式墓道、三个天井、单室土洞墓室。

根据考古简报[5]可以总结出李贤夫妇合葬墓的墓葬壁画情况。原有壁画在44幅以上,现存较好的有23幅。其内容可分为门楼图、武士图和侍从伎乐图。

门楼图共有4幅。双层门楼图绘于第一过洞和甬道口外上方,单层门楼图绘于第二、第三过洞口外上方。

武士图原来至少有20幅,现存18幅。墓道内第一过洞口外墓道东西两壁现存两幅挂刀武士图。天井内原有12幅武士图,现存10幅,每个天井的东西两壁各有两幅执刀武士图,第三天井东壁两幅毁坏。每个过洞的东西两壁都有两幅执刀武士图,共6幅,因过洞高限制,洞比天井内的稍小。

侍从伎乐图原有20幅,现存3幅完整壁画。根据残痕判断,北壁原有6幅,东西两壁原各有5幅,南壁墓门两侧原各有2幅,现仅西壁南端2幅和南壁东端1幅保存较完整。西壁南端保存的两幅侍女图中,一执拂尘,一执团扇。南壁东端与东壁南端保存的两幅伎乐图中,一伎双手执槌击鼓,另一伎腰前挂一细腰鼓,左手拍击鼓面。

墓主人李贤的事迹在《周书》《北史》中都有详细的记载,结合墓志可以对他的生平事迹做出比较准确的复原。关于李贤的族属,三方材料都有所记载,《周书·李贤传》载:"其先陇西成纪人也。"[6]

---

1 耿志强:《宁夏固原北周宇文猛墓发掘报告与研究》,第99页。
2 周一良:《魏晋南北朝史论集》,中华书局,1963,第178页。
3 耿志强:《宁夏固原北周宇文猛墓发掘报告与研究》,第100页。
4 耿志强:《宁夏固原北周宇文猛墓发掘报告与研究》,第99页。
5 宁夏回族自治区博物馆、宁夏固原博物馆:《宁夏固原北周李贤夫妇墓发掘简报》,第1~20页。
6 (唐)令狐德棻:《周书》卷二五《李贤传》,中华书局,1971,第413页。

《北史·李贤传》则较为详细,载:"自云陇西成纪人,汉骑都尉陵之后也。陵没匈奴,子孙因居北狄。后随魏南迁,复归汧、陇。"[1]墓志则载:"本姓李,汉将陵之后也。"[2]李贤族属的问题,在学界引起过一定的争议,许多前辈提出了不同的看法,大致可分为汉族说和胡族说两种,胡族说占大多数,但究竟是鲜卑还是匈奴或其他胡族尚无定论。笔者认为,由墓志中"十世祖俟地归"[3]、"建国拓拔,因以为氏"[4]和《北史》中"自云"的用词可以判断,李贤家族本身应该是胡族,而且这件事在当时应该是众所周知的。由《周书》所载"祖斌,袭领父兵,镇于高平,因家焉"[5]可知,李贤家族从其祖父一辈就已定居高平,也就是今天的固原,虽然李贤的父亲早逝,但是李贤及其家族在固原应当还是有根基的。

李贤起家的过程在史书与墓志中都得到了详细的记载,在北魏永安年间万俟丑奴起义中,李贤在帮助尔朱天光平定万俟丑奴在固原的同党时起到了相当关键的作用,由此步入仕途。其一生中几次参与西魏—北周建立过程中的重大战役,且与北周皇室建立了亲密关系,夫人吴氏赐姓宇文。虽然因其侄李植刺杀宇文护失败受到牵连,但不久又得到起复。除了大本营固原之外,魏恭帝元年(554)出任郢州(今湖北省钟祥郢中)刺史,保定二年(562)出任瓜州(今甘肃省敦煌市)刺史,之后又相继出任河州(甘肃省临夏市西南)刺史、洮州(甘肃省临潭县)刺史。李贤历经北魏、西魏、北周三朝,于天和四年(569)三月薨于长安,五月归葬固原。

(三)田弘夫妇墓

田弘夫妇墓位于固原西郊,墓葬地下部分的主要形制为斜坡式墓道、五个天井、三室土洞墓室。

根据考古简报[6]可知,田弘墓的壁画主要位于墓室内。主室北壁后室入口两侧,各画有两个侧身站立的武士。主室西壁壁面坍塌,靠近甬道处画有5人以上的群像。西壁北侧画有5个执刀武士,但保存并不完整。后室壁画崩坏得比较严重,仅存西壁的5根和东壁的3根柱子。

墓主人田弘的事迹在《周书》与《北史》中均有记载,其神道碑《周柱国大将军纥干弘神道碑》保存于《庾子山集》中

---

1 (唐)李延寿:《北史》卷五九《李贤传》,第2105页。
2 宁夏回族自治区博物馆、宁夏固原博物馆:《宁夏固原北周李贤夫妇墓发掘简报》,第19页。
3 宁夏回族自治区博物馆、宁夏固原博物馆:《宁夏固原北周李贤夫妇墓发掘简报》,第19页。
4 宁夏回族自治区博物馆、宁夏固原博物馆:《宁夏固原北周李贤夫妇墓发掘简报》,第19页。
5 (唐)令狐德棻:《周书》卷二五《李贤传》,第413页。
6 原州联合考古队:《北周田弘墓》,第125~131页。

流传于世，结合墓葬出土墓志，可对田弘的生平做出比较准确的还原。无论是《周书》《北史》还是神道碑和墓志，都没有记载田弘的族属和祖辈，神道碑和墓志仅指出其本姓为田，墓志中的"七族之贵，起于沙麓之崩"[1]等句只是在攀附历史上的田姓名人，并不能将此看作田弘族属来源或出身汉族的证据。从出土文献和传世文献中，都可以看出田弘因功被赐姓"纥干"。而针对这一赐姓，苏哲在《北周田弘墓》[2]中通过考证本姓纥干的乞伏人迁徙至固原居住推测田弘可能原本就是乞伏人，"纥干"实际上是恢复了他原本的姓氏。如果这一推测合理的话，田弘就应当出身于胡族。《周书》记载田弘起家始于"魏永安中，陷于万俟丑奴。尔朱天光入关，弘自原州归顺，授都督"[3]，实际上"陷于万俟丑奴"应该只是一种委婉的表达，田弘当时很可能是作为万俟丑奴一方参与了起义，后来归顺尔朱天光。在北魏、西魏、北周三朝任职期间，田弘屡立战功。《周书》、《北史》与神道碑都记载保定元年（561）田弘出为岷州（甘肃省定西市）刺史，墓志记载为"保定三年，都督岷、兆二州五防诸军事，岷州刺史"[4]，而《周书》、《北史》与墓志关于"从随公杨忠伐齐，拜大将军"[5]的纪年又趋于一致，神道碑的记述则为：伐齐为保定三年，拜大将军为保定四年。由此笔者推测这四份文献的记载可能并不矛盾，因为每份文献的时间并不是精确到叙述对象活动事迹的"月""日"的。据笔者推测，田弘可能于保定元年出任岷州，三年兼任岷、兆二州，并参与伐齐，四年拜大将军。从天和二年（567）起，田弘参与了北周与陈在南方的战争，建德四年（575）正月卒于襄州，四月归葬固原。

（四）小结

北周李贤夫妇墓、宇文猛墓、田弘夫妇墓基本并列在东西一条斜线上，李贤夫妇墓和宇文猛墓的间距为1.72公里，宇文猛墓与田弘夫妇墓的间距为0.67公里[6]。结合出土文献与传世文献整理宇文猛、李贤、田弘三人的生平事迹，可以发现有诸多共同之处。

第一，他们都是固原人，且两代以上都居住在固原地区，在当地有一定的资本与势力，固原地区是西魏—北周关陇政治集团非常重要的根据地之一，固

1　原州联合考古队：《北周田弘墓》，第116页。

2　原州联合考古队：《北周田弘墓》，第175页。

3　（唐）令狐德棻：《周书》卷二七《田弘传》，中华书局，1971，第449页。

4　原州联合考古队：《北周田弘墓》，第117页。

5　原州联合考古队：《北周田弘墓》，第117页。

6　耿志强：《宁夏固原北周宇文猛墓发掘报告与研究》，第37页。

原的出身带给他们更多的政治机遇，同时使他们得到了皇室的政治信任，这也应当是他们得以在北魏、西魏、北周享有高官厚禄的原因之一。但相比较而言，宇文猛的父祖"世为民酋"，李贤的祖辈为北魏的军官，田弘的祖辈没有详细记载，三人之中李贤的家世最为显赫。

第二，他们的族属非常类似，根据前文对前辈学者考证的总结与笔者自身的理解推断，宇文猛、李贤、田弘都应当是出身胡族，且他们可能都因为祖辈经历北魏孝文帝的改革而改胡姓为汉姓，在宇文氏的统治下宇文猛与田弘都分别被赐以胡姓，李贤本人虽然没有被赐姓，但是其夫人被赐姓"宇文"。

第三，他们起家的过程非常类似。宇文猛墓志记载为"永安元（年），任都将"[1]，《北史·李贤传》记载为"魏永安中，万俟丑奴据岐、泾等州反，孝庄遣尔朱天光击破之。天光令都督长孙邪利行原州事，以贤为主簿"[2]，《北史·田弘传》记载为"初陷万俟丑奴。尔朱天光入关，弘自原州归顺"[3]。由此可见，虽然宇文猛的墓志中没有明确提及他是因尔朱天光收复固原这一契机起家，但是"永安中"这一时间节点已经表明他与李贤、田弘一样，都是借这一契机步入仕途，其中李贤在这一事件中扮演了帮助尔朱天光收复固原的角色，而由列传中记载含混不清的"陷万俟丑奴"可以得知，最初田弘是跟随万俟道洛举行起义的，其在尔朱天光入关后归顺。宇文猛的生平仅存于墓志，从其简略处理的角度推测，可能原先也是跟随万俟道洛起义而后归顺。

墓主人的身世、官职与经历与这三座墓葬之间壁画风格的共性与个性或有一定的联系。

三 壁画特点与所反映的问题初探

（一）壁画布局

在研究墓葬壁画时，我们不能将每幅壁画仅仅视为一个单独的个体来进行研究，因为墓葬壁画不是普通的画作，比起供人欣赏的功能，更重要的是它们在整个墓葬体系中的作用。笔者认为，通过分析墓葬壁画的布局研究其在整个墓葬中的作用是墓葬壁画研究的第一步，现根据考古简报将固原地区北周三墓中的壁画按照其在墓葬中的分布位置整理如下（见表1）。

尽管固原地区的墓葬壁画或多或少都存在保存不善的情况，但从如今仅有的壁画入手，我们依旧可以看出固原地区壁画在布局上的特点。

1　耿志强：《宁夏固原北周宇文猛墓发掘报告与研究》，第99页。

2　（唐）李延寿：《北史》卷五九《李贤传》，第2105页。

3　（唐）李延寿：《北史》卷六五《田弘传》，中华书局，1974，第2314页。

表1 北周三墓壁画布局

墓葬名称	墓道	天井	过洞	甬道	墓室
宇文猛墓		东西两壁各1幅，现仅存第五天井东壁1幅武士图	每个过洞上方1幅的残痕；过洞门内侧两壁各1幅的残痕	上方及两侧残留痕迹	北壁正面与南壁有两幅群像残痕
李贤夫妇墓	第一过洞口外墓道东西两壁各1幅武士图	每个天井东西两壁各有两幅相对两幅武士图，第三天井东壁两幅武士图损坏	第一过洞口外上方双层门楼图1幅，第二、三过洞口外上方单层门楼图1幅；每个过洞东西两壁各有2幅武士图	甬道口外上方双层门楼图1幅	北壁原有6幅，现已损毁；东壁原有5幅，现仅存南端1幅伎乐图的部分；西壁原有5幅，现仅存南端两幅完整侍女图；南壁墓门两侧原各有两幅，现仅存西端1幅侍女头像，东端1幅较为完整的伎乐图
田弘夫妇墓				左右涂有石灰	主室北壁东侧两幅武士图，西侧两幅文官像，仅存腿至胸部；西壁坍塌，近甬道处有5人以上群像；后室即西壁北侧5幅不完整武士像；后室坍塌，有残痕

1. 壁画整体布局

北朝墓葬中，宇文猛墓壁画保存情况较差，可以明确辨识出的只有第五天井东壁的武士图，但是根据耿志强[1]通过壁画残痕对墓葬原有壁画布局的还原可知，宇文猛墓壁画绘制的位置与李贤夫妇墓是极为相似的，即位于天井过洞上方、东西两壁、过洞门内墙壁两侧、墓室内部，又由唯一留存的第五天井东壁武士图推测，宇文猛墓壁画绘制的位置所对应的内容与李贤夫妇墓应该也是相似的。

李贤夫妇墓的壁画保存最为完整，也因此较为全面地体现出壁画布局的特点：过洞口与甬道口上方的门楼图即象征多进宅院的多重门，武士图集中于墓室之外，象征对外院的保卫；侍女图与伎乐图集中在墓室，展现了墓主人内宅的生活。

相比之下，田弘夫妇墓较为特殊，是墓道、天井、过洞唯一没有出现壁画的，这可能与其是唯一一个多室墓葬有关。但通过墓室壁画内容可知田弘夫妇墓壁画想要呈现的依旧是一个地下宅院，其布局设计可能是想组成以三个墓室为同一空间的地下宅院。

由此可见，北周三墓在整体布局上的特点还是比较统一的，很可能都是以整个地下墓葬为宅院进行布局。

---

1 耿志强：《宁夏固原北周宇文猛墓发掘报告与研究》，第99页。

2. 壁画个体布局

宇文猛墓壁画虽然损毁较多，目前也没有壁画墓现存残痕的图像资料，但据《宁夏固原北周宇文猛墓发掘报告与研究》[1]描述，从残痕看，宇文猛墓墓道、过洞、天井、甬道、墓室中的每幅壁画都用红色宽边条带做边框，单独成幅。考古简报描述李贤夫妇墓墓道、天井两壁武士图像的上方绘有与墓道平行的红色条带，过洞口外上方的门楼图和墓室中侍从伎乐图均绘制在红色的栏框内。

关于宇文猛墓与李贤夫妇墓中出现的栏框式的布局方式，姚蔚玲[2]认为是形成了早期的屏风画，王江鹏[3]则通过安伽墓、康业墓和陕西靖边统万城八大梁M1墓中同样具有栏框式样的表现形式，推断运用栏框式的绘制形式可能是西魏—北周时期陕西、固原地区墓葬的共同特征。

笔者认为将宇文猛墓与李贤夫妇墓中栏框式的布局方式看作早期屏风画的体现是不太妥当的，信佳敏指出："长方形边框是判断屏风图像的重要标准，但是并非所有长方形边框中绘制的图像都是屏风图像……屏风作为家具应当与室内空间具有一定的关联性。"[4]这样的关联性在墓室中应当有所体现。宇文猛墓壁画漫漶不清，难以判断，李贤夫妇墓中的红色长方形方框

图1 沙岭村7号墓武士

（徐光冀主编《中国出土壁画全集2 山西》，科学出版社，2012，第21页）

与墓室空间体现不出关联性，过洞口上方的门楼图也绘制于红色栏框内，将此图解释为屏风更为牵强。

笔者认为宇文猛墓和李贤夫妇墓壁画中人物周围以红色长方形栏框分隔的布局方式更有可能是一般壁画墓中分栏式的延续。用红色栏框分隔画面的做法在汉至魏晋南北朝的壁画墓中都曾出现，虽然栏框

---

1 耿志强：《宁夏固原北周宇文猛墓发掘报告与研究》，第131页。

2 姚蔚玲：《宁夏北朝隋唐墓壁画研究》，第130页。

3 王江鹏：《魏晋南北朝墓葬壁画人物图像的配置方式分析》，第99页。

4 信佳敏：《汉唐时期墓室壁画中的屏风图象研究》，硕士学位论文，中央美术学院，2010，第10页。

图2 安伽墓第四天井东壁武士图摹本
（陕西省考古研究所：《西安北郊北周安伽墓发掘简报》，《考古与文物》2000年第6期，第30页）

图3 宇文通墓第四天井东壁武士图
（徐光冀主编《中国出土壁画全集6陕西上》，科学出版社，2012，第131页）

图4 河南邓州南朝画像砖墓守门武士图
（徐光冀主编《中国出土壁画全集5河南》，科学出版社，2012，第108页）

中的绘画多呈现为完整的场景，但绘制单幅人物的情况同样存在，如山西大同东郊沙岭村7号墓出土的北魏时期的武士图（图1），这种布局的主要目的可能是凸显单个壁画图像。

田弘夫妇墓壁画个体的布局方式与宇文猛墓和李贤夫妇墓有较大的差别。宇文猛墓和李贤夫妇墓壁画人物主要以单个人物为主，而田弘夫妇墓中则出现了群像，其形式与东魏—北齐墓葬壁画中的人物群像比较类似，如果说宇文猛墓和李贤夫妇墓壁画是运用栏框分隔墓室墙壁空间的单幅绘画的话，田弘夫妇墓壁画就更像是将墓室墙壁视为一个整体，采用横卷式壁画布局。

（二）壁画内容的选择

壁画内容的选择在墓葬壁画的制作中占有相当重要的地位，也是丧葬观念及其背后所蕴含的社会文化在墓葬壁画中的直接体现，现根据考古简报可将现存的固原地区壁画墓所绘制的内容简单整理，如表2所示。

表2 北周三墓壁画内容

墓葬名称	武士	建筑	侍女/侍从	伎乐	文官
宇文猛墓	√	存疑		√	
李贤夫妇墓	√	√	√	√	
田弘夫妇墓	√				√

通过表2可以看出，从现存的壁画分析，北周三墓的壁画内容的选择非常类似，主要集中于武士、侍从/侍女、建筑等描绘现实生活的内容。

北周三墓中出现的最为相似的壁画是挂仪刀站立武士图，分别位于宇文猛墓第五天井东壁、李贤夫妇墓第一过洞口外墓道西壁、田弘夫妇墓主室北壁东侧。这种挂剑武士的形象在西魏—北周壁画中似乎成了一个固定的范式。西安北郊北周安伽墓第四天井东壁武士图、陕西咸阳北周宇文通墓第四天井东壁武士图中的武士都是挂仪刀站立的形象。杨鸿[1]曾分析这一壁画内容来源于河南邓州南朝画像砖墓券门处的守门武士图，由此提出北周壁画受到南朝影响。武士一手执剑穗，一手按剑于地，确实是目前为止发现的与北周挂仪刀武士最为相似的形象。这一壁画内容被北周壁画墓采用后为何得到如此广泛的应用，目前还没有比较合理的解释，亟待新材料的出现。

李贤夫妇墓第一过洞口外上方双层门楼图与第二、第三过洞口外上方的单层门楼图这一壁画内容也极有可能具有西魏—北周时期墓葬壁画的特色，同时期东魏—北齐的墓葬壁画中没有出现在过洞上方绘制门楼图的壁画，陕西咸阳北周叱罗协墓过洞和甬道口上方却发现绘有楼阁（但未见详细报道）。门楼图的绘制在壁画方面找不到更早的源头，在画像砖中却可以发现，陕西华阴北魏杨舒墓墓门上方的照墙出现了砖雕砌为仿木的斗拱和屋顶，而郑岩[2]推测北魏杨舒墓这种照墙上门楼的营造与装饰应当是受到了河西地区的影响，与酒泉、敦煌一带墓门以上砖砌的楼阁状照墙类似，而北周时期过洞上方的门楼图也有可能是河西地区葬俗的延续。

墓葬壁画描绘的内容通常分为两类：还原墓主人平时生活的场景，体现"事死如事生"的思想；通过升仙图等带有宗教意义的图像及仪式图像表达希望墓主人死后达到彼岸世界的美好愿望。汉唐壁画中很流行的四神图，在东魏—北齐墓葬壁画中也十分常见，但是在现存的固原地区北周壁画中却完全不见踪影。同样消失的还有墓主人的图像。这些壁画内容的缺失反映的是固原地区西魏北周壁画在内容上世俗化的选择。

（三）人物造型与艺术风格

1. 北周三墓的人物造型

宇文猛墓墓葬壁画大多数已经漫漶不清，唯一保存比较完整的是第五天井东壁的一幅武士图。武士头戴小冠（平巾帻），圆脸，平眉杏目，鼻子高挺，下颌有稀少的胡须，双颊、鼻尖、唇部涂红。外穿交领长袍，袍袖宽大；内穿圆领褶服，外袍整块涂红，衣领与袖口涂白，双手置于胸前，挂一长刀，刀鞘涂黑色；下穿白色宽口裤，足部不清晰。整体侧身站立，面朝北方。

关于武士头饰为圆顶直角幞头（图7）还是平巾帻略存争议，耿志强认为图中所表现的应该是圆顶直角幞头，也因此将开始使用幞头的时间由《席上腐谈》中记载的"起于周武帝"提早到宇文猛下葬之前

1　中国社会科学院考古研究所编著《中国考古学论丛——中国社会科学院考古研究所建所40年纪念》，第436页。

2　郑岩：《魏晋南北朝壁画墓研究》，第56页。

图 5 第五天井东壁武士图
（耿志强：《宁夏固原北周宇文猛墓发掘报告与研究》，第 238 页）

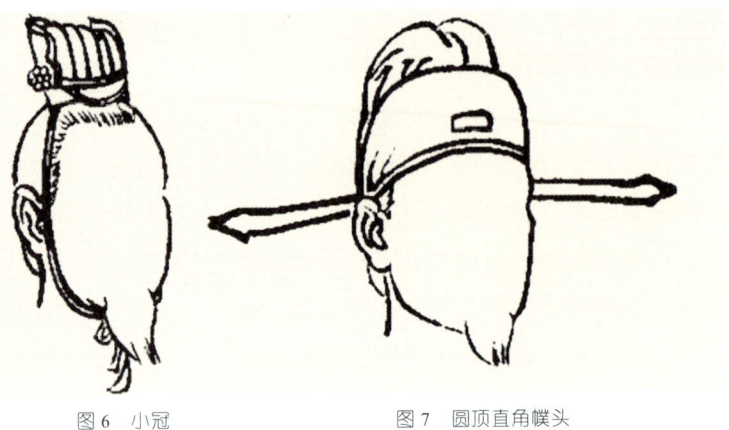

图 6 小冠
（黄辉：《中国古代人物服式与画法》，第 5 页）

图 7 圆顶直角幞头
（黄辉：《中国古代人物服式与画法》，第 14 页）

（北周保定五年）。[1] 罗丰和苏哲则根据直角幞头出现于晚唐五代，提出应该是小冠（平巾帻）。[2] 笔者根据《中国古代人物服式与画法》的描述和图示[3]，认为宇文猛墓武士图中没有明显描绘出幞巾，所谓的"直角"也比圆顶直角幞头样式中的位置偏上，更像是横插在冠中的笄，所以小冠（平巾帻）的说法更为合理。

李贤夫妇墓的墓葬壁画在宁夏固原地区的北周墓葬中保存最为完好。墓道内现存两幅武士图，天井内现存 10 幅武士图。过洞内现存 6 幅武士图。墓室内现存 5 幅侍从伎乐图。

墓道中的两幅武士图基本相似，现以第一过洞口外墓道西壁的武士图为例，简单描述其人物造型。人物头戴高冠，圆脸，

图 8 第一过洞口外墓道西壁武士图
（徐光冀主编《中国出土壁画全集 9 甘肃宁夏新疆》，科学出版社，2012，第 151 页）

---

1 耿志强：《宁夏固原北周宇文猛墓发掘报告与研究》，第 131~132 页。

2 原州联合考古队：《北周田弘墓》，第 195 页。

3 黄辉：《中国古代人物服式与画法》，上海人民美术出版社，1987，第 5、14 页。

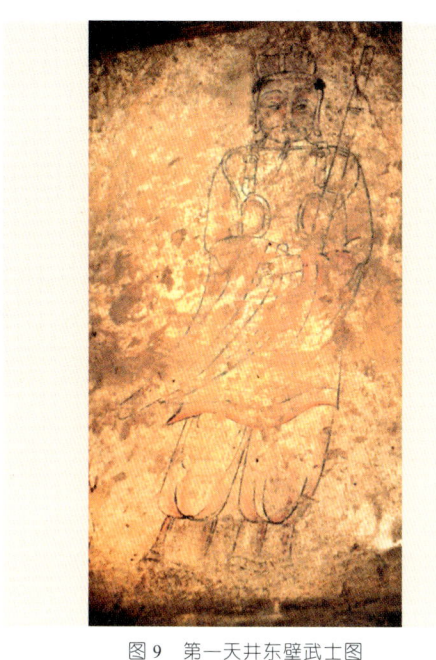

图9 第一天井东壁武士图
(徐光冀主编《中国出土壁画全集9甘肃宁夏新疆》,第154页)

柳眉,杏目,惯角口,鼻梁高挺,大耳垂肩,络腮胡须,用黑色细线勾画五官及眼眶,并在眉至鼻梁两侧、眼眶周围、脸颊周围用红色晕染,使五官显得更加立体。外穿交领右衽长袍,下摆呈圆弧形,衣袖宽大呈自然下垂状。内着圆袴褶,双手置于胸前,挂仪刀,脚穿麻履。人物衣服用黑色细线条勾画,衣褶处用红色晕染。人物整体站立,作守卫状,神情严肃,目视前方。

天井与过洞现共存16幅武士图,过洞内的武士图比天井内的稍小,但造型基本相似,现选取第一天井东壁的武士图为例,简单描述李贤夫妇墓天井与过洞处武士图像的造型。人物头戴冠,圆脸,比墓道中的武士图更为丰满,柳眉、杏目、薄唇,鼻梁高挺,大耳垂肩,留三绺胡须,同样用黑色细线勾画五官及眼眶,并在眉至鼻梁两侧、眼眶周围、脸颊周围用红色晕染,使五官显得立体;上身穿裲裆明光铠,外披宽袖长袍,袍袖绘成飘拂的形态,铠甲与衣褶处用红色晕染;腰间束带,双手置于腰间,执仪刀;下身着袴褶,衣纹飘拂,衣褶处用红色晕染,脚穿麻履。过洞与天井中的武士图眼神方向略有不同,第一过洞东西壁、第一天井东壁、第二过洞东壁、第二天井西壁为斜视,第一天井西壁、第二天井东壁、第三过洞东西壁为正视。姿势也略有不同,第一过洞东西壁、第二过洞东壁、第二天井东西壁、第三过洞东西壁为握住刀柄,第一洞口东西壁为用手臂夹住刀柄。

李贤夫妇墓墓室内原可能有20幅壁画,现仅存5幅侍从伎乐图。墓室南壁东端与墓室东壁南端为残留的伎乐图,两幅伎乐图服式相似,外穿交领宽袍服,内穿圆领衫,衣袂飘拂,腰系带,下着裹裙。衣褶处用红色晕染,相较墓道、过洞、天井的武士图更为鲜艳。南壁东端伎乐图头部已经漫漶不清,东壁南端伎乐图头部尚存,可以看出乐伎柳眉、杏目、薄唇,梳双髻,大耳垂肩。乐伎面部较为丰满,但身体纤细。两幅图像中一伎拍击腰前悬挂的细腰鼓,一伎双手执槌敲击身侧的腰鼓。

墓室西壁南端与墓室南壁西端为残留的侍女图,西壁南端第一幅的侍女头梳双髻,面部漫漶不清,右手执拂尘,左手握一物;第二幅侍女头梳高髻,右手握一物,左手执团扇;南壁西端侍女图现仅存胸以上,头梳双髻,这三幅侍女图描绘的面部与服式都与伎乐图相似,但要比伎乐更为丰满一些。

图10 墓室南壁东端伎乐图
（徐光冀主编《中国出土壁画全集9甘肃宁夏新疆》，第165页）

图11 墓室东壁南端伎乐图
（徐光冀主编：《中国出土壁画全集9甘肃宁夏新疆》，第161页）

图12 墓室西壁南端侍女图
（徐光冀主编《中国出土壁画全集9甘肃宁夏新疆》，第163页）

图13 墓室西壁南端侍女图
（徐光冀主编《中国出土壁画全集9甘肃宁夏新疆》，第164页）

田弘夫妇墓壁画的保存情况不是很好，主要位于甬道东西壁、主室北壁、后室西壁和侧室北南壁。主室北壁东侧有两幅疑似文官像，面部和腿部已经漫漶不清。西侧有两幅武士像，面部漫漶不清。主室西壁壁面坍塌，北侧有5个不完整的武士像，掉落的残块上有4个人的头部。

根据现存考古材料可知，保存比较完好的是主室北壁西侧的武士图与墓室西壁掉落的侍卫图，本文即根据这两组图简述田弘夫妇墓壁画的人物造型。

主室北壁西侧有两幅武士像，皆头戴黑色平巾帻，右侧的武士面部漫漶不清，左侧武士为"甲"字脸，平眉，俊目，厚唇，鼻梁高挺，络腮胡须，眉下描与眉毛同样长度的平行红线，两颊绘两圆形红晕，嘴唇涂红；身着红色交领宽袖长袍，双手置于胸前，根据右侧图中武士腿部的黑色竖条推测，可能挂刀；下着白色裤，脚穿黑色麻履。

主室西壁侍卫图虽然现已脱落，但仍然能大致看清人物面貌。前排两人头戴黑色平巾帻，面部特征综合画面上的四人来看，应是平眉、俊目、厚唇，眉下画与眉平行的红线，两颊涂红晕，嘴唇涂红，右下一人面部比较丰满，其余三人偏瘦。从后排左边一人来看，人物所穿服式应该为右衽圆领衫。

2. 北周三墓的艺术风格与特点

从上文我们可以发现，北周三墓的壁画除了内容趋于一致之外，在绘画风格上也有一定的相似，都给人一种粗疏的感觉。但是从细节表现上来看，三个墓葬壁画中人物造型的艺术风格还是存在各自的特点。

（1）面部特征的刻画

这三个墓葬的壁画人物眼睛比较相似，都属于比较狭长的类型。宇文猛墓和李贤夫妇墓壁画人物的脸型相比同时期北齐壁画墓中的人物而言比较短。这样的共同之处可能源于同地区人物原型长相类似和画工掌握的技艺类似。

北周三墓在刻画人物面部时都或多或少地选择运用色彩凸显特征的方法。宇文猛墓武士图似在眼下方和鼻尖用红色晕染，因为图像保存完整的较少，较难归纳其特点。李贤夫妇墓壁画人物刻画面部时运用色彩的特点比较明显，无论是从墓道、过洞、天井中的武士图还是从墓室内的侍女图、伎乐图，都可以看出人物的五官轮廓用红色晕染。王奕澄[1]提出这可能是利用涂抹晕染来表达立体感，也是绘画技巧不如北齐徐显秀墓葬壁画用线条本身塑造立体形态的一种表现。笔者认为，李贤夫妇墓壁画运用红色晕染五官轮廓可能确实是为了达到塑造五官立体感的目的，这种画法可能与敦煌壁画中自古印度传至西域的凹凸法有相似之处。在敦煌壁画中，北凉、北魏、西魏、北周时期的人物图像中都有

图 14　墓室南壁南端侍女图
（徐光冀主编《中国出土壁画全集 9 甘肃宁夏新疆》，第 162 页）

图 15　主室北壁
（原州联合考古队：《北周田弘墓》，文物出版社，2009，彩版第 13 页）

图 16　主室西壁
（原州联合考古队：《北周田弘墓》，彩版第 14 页）

1　王奕澄：《北齐墓葬壁画人物图像研究》，硕士学位论文，中央美术学院，2016，第 33~34 页。

图17 主室北壁西侧武士图

（宁夏回族自治区固原博物馆、中日原州联合考古队编《原州古墓集成》，文物出版社，1999，图版第80页）

图18 主室西壁侍卫图

（徐光冀主编《中国出土壁画全集9甘肃宁夏新疆》，第166页）

图19 李贤墓第一过洞口外墓道西壁武士图

（徐光冀主编《中国出土壁画全集9甘肃宁夏新疆》，第151页）

图20 敦煌北魏263窟千佛与供养人图局部

（段文杰、樊锦诗主编《中国敦煌壁画全集》编辑委员会编《中国敦煌壁画全集1敦煌北凉·北魏》，辽宁美术出版社、天津人民美术出版社，2006，第71页）

图 21　敦煌北周 428 窟说法图

（段文杰、樊锦诗主编《中国敦煌壁画全集》编辑委员会编《中国敦煌壁画全集 3 敦煌北周》，辽宁美术出版社、天津人民美术出版社，2006，第 53 页）

图 22　北齐徐显秀墓夫妇并坐图局部

（徐光冀主编《中国出土壁画全集 2 山西》，第 91 页）

图 23　田弘夫妇墓主室西壁侍卫图

（徐光冀主编《中国出土壁画全集 9 甘肃宁夏新疆》，第 166 页）

图 24　敦煌北周 296 窟射猎图局部

（段文杰、樊锦诗主编《中国敦煌壁画全集》编辑委员会编《中国敦煌壁画全集 3 敦煌北周》，第 120 页）

图 25 新城 1 号墓庖厨图局部
（徐光冀主编《中国出土壁画全集 9 甘肃宁夏新疆》，第 7 页）

图 26 高台苦水口 1 号墓伏羲女娲图
（《中国墓室壁画全集》编辑委员会编《中国墓室壁画全集·汉魏晋南北朝》，河北教育出版社，2011，第 95 页）

图 27 丁家闸 5 号墓西王母图局部
（徐光冀主编《中国出土壁画全集 9 甘肃宁夏新疆》，第 134 页）

图 28 新疆阿斯塔那墓地 13 号墓出土纸画局部
（徐光冀主编《中国出土壁画全集 9 甘肃宁夏新疆》，第 213 页）

这样相似的表现，即运用朱色在人物眉至鼻梁两侧、眼睛下方、脸颊轮廓进行加深，使人物五官更加立体。这样的画法在前代及同时期的墓葬壁画中十分少见，徐显秀墓壁画虽然同样在人物面部晕染颜色，但是多晕染于眼角和嘴角，从位置及效果来看，更像是一种妆容的体现。

在田弘夫妇墓壁画人物面部特征的色彩运用中，人物两颊的红晕十分引人注目。苏哲[1]提出这种画法与敦煌石窟西魏288窟，北周296窟、461窟中壁画非常类似，除了苏哲提到的这几个石窟，290窟、299窟等石窟壁画中也有类似的在人像两颊涂实心圆的画法。苏哲由此提出固原地区的绘画风格可能与邻近西域的敦煌地区存在交流。实际上这种画法不仅存在于敦煌的石窟壁画中，在三国时期的甘肃省嘉峪关市新城1号墓壁画、魏晋时期的甘肃省高台骆驼城墓群苦水口1号墓壁画、十六国时期的甘肃省酒泉市丁家闸5号墓壁画、东晋时期新疆阿斯塔那墓地13号墓出土纸画中的人物画像中都有出现。由此笔者推断，这种在人物脸颊绘制实心圆的绘画风格主要流行于三国、魏晋时期的河西走廊，其周边地区也渐渐受到影响。河西走廊地区后属于西魏—北周的领土，其文化、艺术也传入田弘夫妇墓所在的关陇地区，被逐渐吸收融合。

除此之外，李贤夫妇墓壁画对人物耳朵的刻画也值得注意，这种大耳垂肩的形象在前代和同时期的墓葬壁画中都没有类似的体现，与敦煌壁画中的佛教人物形象较为相似，但由于李贤夫妇墓中其他壁画图像中并没有体现佛教因素，其出土文物中也没有与佛教相关的器物，所以笔者认为其壁画人物大耳垂肩的形象更可能是源于对敦煌壁画的模仿，而不是在表现宗教意义。

（2）人物服饰与整体形象

北周三墓壁画人物服饰都比较简洁，没有多余的装饰，武士服式比较相似，基本为外着宽袖长袍，内着袴褶的形式。壁画中的武士图虽然描绘的是武士，李贤夫妇墓壁画过洞与天井武士图中的武士还身穿明光铠，但这些武士并不是沙场作战的士兵形象，而是仪卫武士。其服式宽衣阔绶，与胡服中窄衣小袖裤的样式有较大的不同，明显融合了汉魏衣冠宽衣博带的风格。值得注意的是，李贤夫妇墓第一过洞口外墓道西壁武士图中所绘交领长袍和田弘夫妇墓主室西壁侍卫图中无领圆衫可看出都是右衽，体现了中原服饰的特点。《隋书·李礼成传》中"周受禅……于时贵公子皆竟习弓马，被服多为军容。礼成虽善骑射，而从容儒服（汉魏衣冠），不失素望"[2]的记载也体现了在北周时期胡服与汉服同为时人接受的情况。北周三墓在礼仪服式上表现出的汉魏风格很有可能与北魏孝文帝时期的汉化改革有关，也体现了北

---

1 原州联合考古队：《北周田弘墓》，第197页。

2 （唐）魏征：《隋书》卷五〇《李礼成传》，中华书局，1973，第1316页。

周在民族文化上胡汉融合的情况。

衣服的颜色基本上主要选用了红、黑、白三色，宇文猛墓武士图和田弘夫妇墓主室北壁东侧武士图使用了整块涂满的方式绘制服饰，李贤夫妇墓壁画则仅用红色晕染衣服褶皱的部分。相比之下，宇文猛墓和田弘夫妇墓现存的壁画人物服饰更为简单，衣服上的褶皱较少，而李贤夫妇墓壁画人物服饰更为细致，并通过袍袖与外衣下摆呈现出随风拂动的动态效果。

从整体形象来看，北周三墓壁画人物都展现出秀骨清像的形象，与东魏—北齐壁画中比较丰壮的人物形象有较大不同。宇文猛墓与李贤夫妇墓壁画人物比例比较合理，田弘夫妇墓壁画从现存的人物形象来看，呈现出"头大身小"的特点。

（四）壁画所见北周文化浅析

通过以上对北周三墓壁画布局、内容、人物造型和艺术风格的详细分析，结合前述墓主人生平的因素，本节试图探讨北周墓葬壁画的个性特点，并由此浅析其所反映的北周文化。

1. 世俗化的偏向

从前述对壁画布局与壁画内容的分析可以看出，固原地区北周三墓壁画内容的选择大多来源于现实生活，带有宗教色彩的比较少见，其整体布局也指向还原墓主人日常生活的场景，打造地下宅院，而且由于宇文猛、李贤、田弘都是北周的高级武将，其墓葬壁画中都出现了武士的形象。李贤夫妇墓和田弘夫妇墓壁画在艺术风格上虽然与北周时期的敦煌石窟壁画有类似之处，但从选材上壁画并没有表达佛教意义的内容。

目前发现的北周壁画墓除了固原三墓以外，还有陕西咸阳北斗乡北周叱罗协墓，陕西咸阳底张湾北周建德墓、王德衡墓、若干云墓、独孤藏墓、尉迟运与贺拔氏合葬墓、王士良与董荣晖合葬墓，陕西西安北周康业墓，陕西西安北郊北周安伽墓，陕西西安北周凉州萨保史君墓，陕西咸阳北周宇文通墓等。这些墓葬虽然都有壁画残留的痕迹，但大多已经漫漶不清，保存较为完整的有北周建德墓墓室北壁的侍女图、叱罗协墓的楼阁图与人物图（但考古报告记述简略）、宇文通墓墓道第四天井东壁的挂刀武士图与第五天井东壁两个站立的侍卫图、安伽墓第四天井东壁挂刀武士图。这些仅存的壁画内容也多选自现实生活。由此推断北周时期墓葬壁画的布局与内容可能大多来自现实，再现墓主人日常生活的场景，与富有升仙意义的北齐壁画有着显著的不同。

固原地区北周三墓的下葬时间分别为北周保定五年（565）、天和四年（569）、建德四年（575），而北周武帝开展反佛道运动的时间为建德三年（574），因此修建于北周保定五年（565）的宇文猛墓和天和四年（569）的李贤夫妇墓应当不会受到反佛道运动的影响，但他们的墓葬中并没有出现表现宗教信仰、升仙愿望的壁画。笔者认为，固原地区北周三墓所反映出的北周墓葬壁画世俗化的倾向可能是由于北周社会在周武帝建德三年以前虽然并不排斥佛道，但儒学思想与巩固权力秩序的需要还是在统治阶级的思想意识中更占上风，墓葬壁画内容主要采用拄刀武士、恭立的侍从侍女，体现了现实生活中的礼仪，是对墓主人身份、等级的维护与强调。

2. 河西之风的影响

根据前文可以得知，李贤夫妇墓中的门楼图与人物形象、田弘夫妇墓中的人物形象都很有可能是受到三国、魏晋时期的河西地区墓葬砖画、壁画风格的影响。

北魏分裂为以宇文泰为首的西魏与以高欢为首的东魏政权之后，宇文泰集团所掌握的六镇军事力量远不如高欢集团，因此在进入关陇地区之后，宇文泰整合了大量的当地势力以维护自己的统治，形成对抗东魏—北齐的力量。河西地区在此时已经属于西魏—北周的版图，其文化、艺术势必与固原所在的关陇地区产生交流，又由于北周文化更倾向于吸收统治区域内的文化，与继承北魏核心政治文化区域的北齐进行对抗，河西地区文化与艺术互相借鉴与融合可能更受推崇。

除此之外，墓主人自身的经历可能也给壁画中河西之风的体现带来了影响。通过前述分析可知李贤曾于保定二年（562）出任瓜州刺史，李茹还考证了莫高窟北周第290窟应当确认为李贤在担任瓜州刺史时所建造，[1] 在瓜州的宦海生涯可能对其墓葬壁画的风格产生了一定的影响。

3. 胡汉文化的交融

通过对宇文猛墓、李贤夫妇墓、田弘夫妇墓墓主人身份的分析，我们得知宇文猛、李贤、田弘三人都出身胡族，他们墓葬出土的随葬品中也有胡人形象的制品、西域出产的物品等，充分体现了当时胡汉融合、中西交流的特点，但是其墓葬壁画中并没有出现明显表明其胡族身份的题材，其人物面貌与中原人的面貌也没有什么显著的区别，相反，墓葬壁画中人物宽袖长袍、衣领右衽的服饰还体现了中原文化的风格。

经历了北魏孝文帝改革、西魏宇文泰改革之后，在北朝，原本少数民族政权所看重的血缘、姓氏已经不是很重要了。宇文泰实行的"关中本位"政策实际上是一种强调政权内部"协和""融合"的文化[2]。北周三墓的墓葬壁画也体现出这种胡汉融合的特点。尤其是与此时的安伽墓、史君墓等民族特征鲜明的粟特墓葬相比。北周三墓墓主人虽然都出身胡族，但已经与汉人没有显著的区别。

结　语

北周时期是中国从分裂走向统一的前站，取代北周的隋和相继的唐王朝结束了魏晋南北朝长达三百六十余年的分裂。北周对隋唐以及后世的影响、隋唐文化究竟是受直接脱化而来的北周影响大还是受南

1　李茹：《敦煌李贤及其功德窟相关问题试论》，第112~126页。

2　苏小华：《北镇势力与北朝政治文化》，中国社会科学出版社，2012，第150页。

朝文化影响大等问题一直是学界的热门话题。然而，在对这些话题进行探讨之前，剖析北周自身的文化来源及特点同样是非常重要的。

近年来，随着北周墓葬壁画材料不断被整理完善、出版，学界对这一问题的关注也逐渐增多，不少学者对北周时期的墓葬壁画进行了日渐完善的研究，古人"事死如事生"的思想使壁画能够直观地将当时社会的典章制度、信仰风俗展现在我们的面前，虽然存在着在研究时需要时刻注意可能存在的工匠创作的"惯性"的缺憾，但它们依旧是求证史料虚实、弥补史籍所缺的珍贵实物材料。

固原地区在北周时期曾经拥有重要的政治地位，北周的社会文化在固原地区也留下了不可磨灭的痕迹。本文通过对宁夏固原地区北周墓葬壁画的研究，探索及展示了北周时期的艺术风格与社会文化。

首先，笔者对该地区北周时期的墓葬壁画发现情况做了初步整理，并同时整理了墓主人的生平情况。墓葬壁画与传世绘画作品存在较大的不同，它不是供人观赏、表达创作者个人情绪的产物，其创作的主要目的是为墓主人营造死后世界，具有很强的功能性，因此在对其进行研究时应当考虑墓葬的整体性，梳理墓主人生平事迹，对于分析墓葬壁画有着重要的辅助作用。

建立在对墓葬整体详细了解的基础上，本文主要通过对墓葬壁画布局、内容选择、人物造型与艺术风格的分析来探究当时社会的文化源流及自身特点。通过前文探索可以发现，北周的墓葬壁画体现出世俗化的偏向，受到河西地区墓葬壁画的影响，同时也体现出胡汉融合的特点。

四

地理与图像

"古今形胜之图"系列地图研究*
——从知识史角度的解读

■ 成一农（云南大学历史与档案学院）

一　问题的提出

我们生活在客观世界中，但是我们对客观世界的了解是基于之前留存下来的以及我们自身积累的对于客观世界的各种认知，而正是基于这些认知我们也对客观世界做出了各种反应，这些认知可以被认为是各种各样的"知识"，由此我们与客观世界之间存在着一层"知识"的帐幕，意识到存在这层帐幕，并进而认知我们了解客观世界的方式及其演变过程，这大概就是知识史研究的价值之所在。

随着中国史学研究的多元化，知识史的研究在中国方兴未艾。潘晟在《知识史：一个简短的回顾与展望》中将以往中国知识史的研究归纳为如下四个方面："一，将知识史作为思想史的资源，关注的重点是某个时代或地区有什么知识；二，将知识作为与信仰、政治相互阐发的手段，其基础也仍然是某个时代或地区有什么知识；三，关注中西知识的交流、传播、接受；四，关注专题知识的累积、演变、选择与被选择的历史过程，注重知识的历史性复原研究。"[1]

上述四个方面中，第一个和第二个方面是将"知识"作为解释工具来对以往传统命题进行讨论；第三个方面可以被看作以往中西文化交流研究中的一个侧面，只是关注的重点从物品、物化的文化的交流，转移到知识的交流；而只有第四个方面的重心在于"知识"本身。"专题知识的累积、演变、选择与被选择的历史过程，注重知识的历史性复原研究"是知识史研究的基本内容，也是目前国内知识史研究关注的重点。不过总体上以往这方面的研究只是关注于知识的形成过程，对于知识流行的原因则缺乏深入的讨论，即使有所分析，也基本只是从"知识"的内容入手，

---

*　本文得到国家社会科学基金重大项目"中国国家图书馆所藏中文古地图的整理与研究"（16ZDA117）的支持。

1　潘晟：《知识史：一个简短的回顾与展望》，《史志杂志》2015年第2期，第100~103页。

而忽略了承载和表达"知识"的形式。但正如本文结论部分所揭示的,影响知识流行的原因是多元的;更为重要的是,以往知识史的研究中基本默认各类文献、图像承载的"知识"的内容,就等于这些文献、图像所针对的对象所掌握的知识,这显然忽略了承载这些知识的内容的各类文献、图像自身的功能和对象,因此各类文献、图像承载的知识的内容不一定就等于其所针对的对象所掌握的知识,这也是本文所论述的要点之一。

以往国内知识史的研究,虽然对于民间知识的形成、演变、选择和被选择的历史过程较为重视,发表了一些论著,[1]但整体上相关研究并不是很多,大致可以分为三类。

第一,关注于以日用类书为代表的民间知识及其体系的形成和演变过程,这方面的研究最典型的就是台湾学者吴蕙芳的《万宝全书:明清时期的民间生活实录》[2]。该书在梳理明清民间日用类书的渊源和演变的基础上,分析了民用日用类书的版本情况和类目的变化过程,重点在于对日用类书中记载的知识进行分类归纳,并基于此,认为这些知识也代表了明清时期民间所掌握的知识,但如同前文所述,其忽略了知识载体的功能和目的,而且作者基本没有对这些知识的源流、传播、选择和被选择的原因和过程进行分析,也即缺乏知识史意义上的分析。而且,这类研究实际上类似于对民间文化生活的研究,也即类似于王尔敏的《明清时代庶民文化生活》[3],即用各类书籍中记载的知识来复原民间文化生活。

第二,关注于日用类书、民间戏曲、杂字书等民间文书中某类知识的来源以及形成和演变过程。如方波以晚明日用类书为主要材料,认为日用类书中的民间书法知识并不直接来源于"专业"的书学文献,而是"经过了改动、拼凑或另有在民间流传的原本";然后提出日用类书中所记载的书法知识的选择和编排主要针对的是民间的需要;还提出了朝廷风尚、实用需求对民间书法知识形成的影响,以及民间书法知识的"去文人化倾向";最为重要的是,作者少有地对书法知识在民间流行的原因进行了分析,认为在日用类书中使用图像和通俗易懂的歌诀作为媒介使书法知识更容易被民众接受。[4]民间历史知识方面的研究则有纪德君的《明代通俗小说对民间知识体系的建构及影响》[5],该文的

---

[1] 对相关研究的介绍性综述,参见沈根花《明清民间知识读物研究——以日用杂书为中心》,硕士学位论文,苏州大学,2017,第8页。

[2] 吴蕙芳:《万宝全书:明清时期的民间生活实录》,花木兰文化出版社,2005。

[3] 王尔敏:《明清时代庶民文化生活》,岳麓书社,2002。

[4] 方波:《民间书法知识的建构与传播——以晚明日用类书所载书法资料为中心》,《文艺研究》2012年第3期,第118~126页。

[5] 纪德君:《明代通俗小说对民间知识体系的建构及影响》,《南京大学学报》2017年第3期,第119~127页。

标题虽然是"民间知识体系",但主要涉及的是民间的历史知识;关于民间法律知识的研究则有尤陈俊的《明清日常生活中的讼学传播——以讼师秘本与日用类书为中心的考察》[1]、《明清日用类书中的律学知识及其变迁》[2]以及他的专著《法律知识的文字传播——明清日用类书与社会日常生活》[3]等;关于民间丧礼知识的研究则有龙晓添的《日用类书丧礼知识书写的特点与变迁》;[4]关于公共知识(即历史、伦理、性别、地理、医药、官场规制和经济等知识)的研究有黄小荣的《明清民间公共知识体系、传播方式与自身建构——以明清曲本为材料》;[5]关于民间书画知识的研究,则有王正华的《生活、知识与文化商品:晚明福建版"日用类书"与其书画门》[6]等。这些研究在研究路径上与方波一文大同小异,只是在资料的翔实程度、论述的逻辑上存在优劣差异,不过基本没有分析影响知识流传的因素。

第三,在讨论某类具体民间知识的形成及其演变过程的基础上,对民间知识史研究的某些更深层次的问题进行探讨,这方面的研究数量极少,具有代表性的就是黄小荣的《明清民间公共知识体系、传播方式与自身建构——以明清曲本为材料》。该文除了从曲本入手讨论民间公共知识体系,还对国家、主流权力与民间知识建构之间的关系进行分析,并提出:"对于这类民间知识,我们当然可以用福柯的'知识—权力'的向度进行考察,但是,这种阐释仍有未尽之意,原因就是,权力究竟在多大程度上影响、左右民间知识,宜作深入探讨,因为,有些知识是民间原生态的。其次,权力与知识只是一种阐释的维度,一种知识呈现这种而不是那种形貌还有更为多元的影响因子。根据我们的研究,知识本身的形态,以及传播形态,也是影响民间知识的重要因素。我们之所以偏重后者,不仅仅是试图逸出通行的分析框架,而是讨论对象本身自然生长出来的问题逻辑。"[7]这是非常有见地的认知,此后作者还提出:"首先,民间知识与传播形式被有机地融为一体,这种知识形态在某种意义上

---

1 尤陈俊:《明清日常生活中的讼学传播——以讼师秘本与日用类书为中心的考察》,《法学》2007年第3期,第71~80页。

2 尤陈俊:《明清日用类书中的律学知识及其变迁》,《法律文化研究》第3辑,中国人民大学出版社,2007,第242~436页。

3 尤陈俊:《法律知识的文字传播——明清日用类书与社会日常生活》,上海人民出版社,2013。

4 龙晓添:《日用类书丧礼知识书写的特点与变迁》,《四川民族学院学报》2015年第4期,第69~75页。

5 黄小荣:《明清民间公共知识体系、传播方式与自身建构——以明清曲本为材料》,《中国史研究》2007年第3期,第111~126页。

6 王正华:《生活、知识与文化商品:晚明福建版"日用类书"与其书画门》,王正华:《艺术、权力与消费:中国艺术史研究的一个面向》,中国美术学院出版社,2011,第322~396页。

7 黄小荣:《明清民间公共知识体系、传播方式与自身建构——以明清曲本为材料》,第123页。

也规定着知识内容的范围"[1]"其次,民间知识在通过某种形式进行传播时,传播的方式也同时建构了这种知识自身。"[2]而对于民间知识与经典之间的关系,作者提出:"当人们根据某一作品所引述的内容,论证出作者受到的经典文化之类宏大叙事的影响,并由此得出某一时代经典文化的覆盖范围,但这种方法可能潜藏着陷阱:尽管其作品的内容确实与经典有关,但其实这种所谓经典是从非经典的戏曲、说书、酒令、俗曲中来的,也即遭受'翻译'乃至创造的经典。"[3]上述这些认知与文本的部分研究是相通的,不过这些结论虽然以明清曲本为材料,但上述这些理论性的分析多停留于逻辑推理,缺乏基于具体史实和材料的系统性叙述和分析,而这是本文试图弥补的。

总体来看,以往中国古代民间知识史的研究大部分还停留在对知识来源、演变以及复原的分析上,所使用的材料基本以文本文献为主,图像材料使用的较少或者只是作为辅助材料,且绝大部分论文缺乏对研究方法的思考,而如果缺乏这方面的思考,那么知识史的研究很容易出现内在的逻辑问题。本文即希望将以往所忽略的古地图作为材料,对地图所展现的明清时期的民间地理知识的来源和演变进行分析,这些也是知识史研究传统所关注的方面;但本文还希望并以此为基础,对知识史的一些研究方法进行讨论。

就现存的中文古地图而言,明代后期绘制的地图除数量大幅度增加,还出现了一种新的地图类型,其特征主要有以下两个。第一,地图的表现范围以明朝(或者清朝)为核心,同时或涵盖了周边地区,或受到西方地图影响,扩展到了全球。第二,地图图面上存在大量的说明文字,即图注,这些图注或用来说明某地曾经发生的历史事件,或用来介绍某地的历史发展脉络以及与明朝(或清朝)的关系;这一类型地图的很大部分,其周边存在大量说明文字,主要介绍明朝的政区,各省的府、州、县数及户口、米麦、丝、绢、棉花、马草、食盐等经济数据以及周边各国与明朝的距离等。这类地图目前所能见到的存世最早的就是《古今形胜之图》,因此此处暂时将这一类型的地图命名为"'古今形胜之图'系列地图"。

这一系列地图中的大部分在之前大都作为单幅地图进行过介绍,如研究较多的《古今形胜之图》[4],虽然有些研究注意到了

---

[1] 黄小荣:《明清民间公共知识体系、传播方式与自身建构——以明清曲本为材料》,第 123 页。

[2] 黄小荣:《明清民间公共知识体系、传播方式与自身建构——以明清曲本为材料》,第 124 页。

[3] 黄小荣:《明清民间公共知识体系、传播方式与自身建构——以明清曲本为材料》,第 125 页。

[4] 参见孙果清《古今形胜之图》,《地图》2006 年第 12 期,第 106~107 页;任金城《西班牙藏明刻〈古今形胜之图〉》,《文献》1983 年第 3 期,第 213~222 页;徐晓望《林希元、喻时及金沙书院〈古今形胜之图〉的刊刻》,《福建论坛》2014 年第 3 期,第 75~80 页。

这一系列地图中的某些地图之间在图面内容上存在相似性，[1]并由此确认它们之间存在某种联系，但从后文的分析来看，这些地图之间的关系并不像表面上看起来那么直接。总体而言，这一类型地图的演变过程并未得到系统梳理，且更缺乏对这一系列地图知识来源的分析。

更为重要的是，目前存世的中国古代地图通常或是官方绘制的，或是有着明确的官方背景，或是由某些著名士大夫绘制的，而这些地图也是以往研究的重点，如《禹迹图》、《大明混一图》和《广舆图》等，而极少存在对中国古代民间使用或者流传的地图进行的研究，当然这也与目前发现的这类地图数量极少有关。而"古今形胜之图"系列地图汇集了来源不同的地图、文本文献，且其受众很可能是普通民众，而这两点使其成为分析民间地理知识的良好素材。

此外，以往关于中国古代地图的研究，大多是就图论图，即使将地图作为史料，也仅仅局限于将地图图面所绘内容作为史料。由于中国古代文献资料尤其是明清时期的文献资料极为丰富，与文献资料相比，即使是存世地图较多的清代，其数量也是无法和文献资料相比的。而且中国古代地图的绘制在一定程度上是以文献资料为基础的，[2]因此要从古代地图中发现文献资料缺失的内容，较为困难。特别是那些传统史学研究中认为重要的历史事件，在文献资料中基本上都有详细记载，在这种情况下，从地图中即使发现了文献资料缺失的内容，那么至多只是在某些细节上对文献材料进行补充而已。虽然近年来古地图的研究成果日益增多，但研究深度一直未能拓展，整体发展已经陷入瓶颈，缺乏进入史学研究主流或者得到史学研究主流关注的问题、方法、视角以及研究成果。因此，本文第二个目的就是希望从知识史的角度入手，展现中国古代地图的史料价值。

二 "古今形胜之图"系列地图的谱系

虽然就明清时期的这一系列地图而言，《古今形胜之图》是目前所见存世最早的一幅，但这种形式的地图，实际上可以追溯到宋代石刻《华夷图》。根据研究，这幅图是依据《历代地理指掌图》中的"古今华夷区域总要图"改绘的，图中的文字绝大部分来源于"古今华夷区域总要图"图后所附图说。[3]而根据郭声波的研究，"古今华夷区域总要图"图后所附图说又来源于

1　如任金城就提出《乾坤万国全图　古今人物事迹》、《天下九边分野　人迹路程全图》以及清初的一些地图等都属于《古今形胜之图》的系统。参见任金城《西班牙藏明刻〈古今形胜之图〉》，《文献》1983 年第 3 期，第 219 页。

2　参见成一农《"非科学"的中国传统舆图——中国传统舆图绘制研究》，中国社会科学出版社，2016。

3　参见成一农《浅析〈华夷图〉与〈历代地理指掌图〉中〈古今华夷区域总要图〉之间的关系》，《文津学志》第 6 辑，国家图书馆出版社，2013，第 156 页。

《初学记》,[1] 也即图面上的文本是基于文本文献"改写"的,这一点与"古今形胜之图"系列地图是类似的。不过,由于相关文献材料极少,因此这幅地图的功能和对象是否与后世"古今形胜之图"系列地图相近,尚不得而知,不过从图中说明文字的内容以及地图所绘内容来看,其并没有对"古今形胜之图"系列地图产生影响。

下面即对目前所能搜集到的"古今形胜之图"系列地图进行介绍。

(一)《古今形胜之图》

《古今形胜之图》,原图为喻时绘制,已佚,现存明嘉靖三十四年(1555)福建龙溪金沙书院重刻本。这一重刻本为纸本木刻墨印着色,图幅纵 115 厘米,横 100 厘米。该图现藏于西班牙塞维利亚市西印度群岛综合档案馆。

《古今形胜之图》的绘制范围包括两京十三省及周边地区,东至日本、朝鲜,西至今乌兹别克斯坦东南铁门关,北起蒙古草原,南达南海,包括爪哇、苏门答腊等地。图上标注府、州、县、卫、所及域外国家地区的各级地名近千处。山脉、长城用形象画法。在图中的某些地点,用简要的文字注明这些地点曾经发生的历史事件或地理形势,对于周边各地区国家的说明主要以介绍其历史为主。

除了这幅流传至西班牙的《古今形胜之图》外,在清代黄虞稷的《千顷堂书目》卷六《地理类》中还著录有一幅"喻时《古今形胜图》"。

(二)《乾坤万国全图 古今人物事迹》

《乾坤万国全图 古今人物事迹》,明万历二十一年(1593)南京吏部四司正己堂刻本,镌刻者梁辀,纸本木刻墨印,图幅纵 172.5 厘米,宽 132.5 厘米。

地图上部的文字图说中记:"此图旧无善版,虽有《广舆图》之刻,亦且挂一而漏万。故近观西泰子之图说,欧罗巴氏之镂版,白下诸公之翻刻有六幅者,始知乾坤所包最巨。故合众图而考其成,统中外而归于一。"可知绘制者还曾参考了传教士的世界地图。但从图中所绘来看,其对西方传教士地图的使用,只是从中抄录一些地名,按照中国传统观念将其标注在地图上而已。全图将明朝图幅置于中央,同时将中国之外的国家和地区,不论大小,都绘制为小岛状,散布在中国周围的海洋之中,而不考虑其所标位置是否正确。

图上部有文字图说,图中内容丰富,标注了大量中外地名,并用简明的文字介绍了一些地点的历史、地理、文化、经济,与《古今形胜之图》相比,在地图下端增加了明朝各省的府、州、县数及户口、米麦、丝、绢、棉花、马草、食盐等资料以及部分省份的星野。

《乾坤万国全图 古今人物事迹》于 18 世纪被来华的西方传教士携至欧洲,由

---

[1] 郭声波:《〈历代地理指掌图〉作者之争及我见》,《四川大学学报》2001 年第 3 期,第 89~96 页。

私人收藏，并几经转手。1974年在大英图书馆举办的中日地图展中展出，1991年见于索斯比（又译作"苏富比"）拍卖行拍卖目录第85号，现下落不明。

（三）《备志皇明一统形势 分野人物出处全览》

《备志皇明一统形势 分野人物出处全览》，万历三十三年（1605）福州佚名编制，木刻墨印，六块印板拼接，全幅纵127厘米，横102厘米。

此图绘制范围：东际朝鲜、菲律宾群岛，西至撒马尔罕、铁门关，北起松花江、蒙古草原土剌河，南抵印支半岛、缅甸与印度。以图、文相兼的形象画法，表现16世纪末明帝国的疆域和两京十三省的行政区划；用不同符号表示府、州、县城的地理位置，用立面形象表现山脉和长城。明帝国周边国家和地区，仅用文字标明位置，而不考虑实际距离。凡未明确行政等级的地名均不加任何符号。

图的上缘，用文字记述"九边"设置沿革、23处地区的攻守利害；图之两侧与下缘，以各省所辖的府为纲目，用文字描述两京十三省的建置沿革、重要的历史人物事迹。

该图现收藏在波兰克拉科夫市图书馆。由于目前该图没有清晰的图版流传，因此无法将其与这一系列地图中的其他地图进行对照，以分析它们之间的传承关系。

（四）《图书编》"古今天下形胜之图"

《图书编》，明章潢编，127卷。该书于万历四十一年（1613）由章潢的门人万尚烈付梓。书中每卷都有大量插图，其中收录的"古今天下形胜之图"，无论在绘制内容还是在文字注记等方面都与喻时的《古今形胜之图》极为近似，只是在某些细节上存在些许差异，如缺少了地图上方对"北胡"的描述。

（五）《天下九边分野 人迹路程全图》

《天下九边分野 人迹路程全图》，明崇祯十七年（1644）金陵曹君义刊行。此图除了大量说明文字和表格外，中间地图部分为纵92厘米、横116厘米的椭圆形全球图。

该图同样以明朝为主要表现对象，占据了图幅中的巨大部分，但受到西方传教士所绘地图的影响，绘出了亚洲、欧洲、非洲、北美洲和南美洲以及南极，且标绘有经纬网，绘制范围比《乾坤万国全图 古今人物事迹》更为广大。

就绘制内容和标记的文字而言，该图与《乾坤万国全图 古今人物事迹》相比存在的差异主要在于：在地图上方用《万国大全图说》替代了原图的图说；地图右侧增加了记录九边所属各镇、关口至京师距离的文字；左侧增加了域外各国和地区至京师、南京或者中国的距离以及对各国风俗、物产的描述；在地图下方，首先对

---

1 下文关于该图的说明文字改编自李孝聪《欧洲收藏部分中文古地图叙录》，国际文化出版公司，1996，第148页。

《乾坤万国全图 古今人物事迹》原来缺失的各省份的星野进行了补充，并增补了各省所辖府和直隶州的名称、所辖属州和县的数量、王府的数量和名称以及至其他各省的距离；图面中的文字注记，虽然与《古今形胜之图》和《乾坤万国全图 古今人物事迹》存在相似之处，但也存在显著差异。

（六）《皇明职方地图》之"皇明大一统地图"

《皇明职方地图》，明崇祯八年（1635），陈组绶编绘，分为上、中、下三卷，共收录地图52幅，其中的"皇明大一统图"与《古今形胜之图》相近，但对文字进行了删减，如地图左侧没有对"大宛"的描述，地图上方缺少对"北胡"的描述，不过增加了一大段对"天竺"的描述。

（七）《地图综要》之"华夷古今形胜图"

《地图综要》，明末朱绍本、吴学俨等编制，黄兆文镂板，李茹春作序，南明福王弘光元年（1645）刊刻。该书分总卷、内卷、外卷三卷，收录地图66幅，其中的"华夷古今形胜图"基本是对《古今形胜之图》的如实摹绘。

（八）《皇明分野舆图 古今人物事迹》

澳门科技大学图书馆的网站上可以查到一幅《皇明分野舆图 古今人物事迹》[1]，图幅纵134厘米，横119厘米。就地图而言，与《古今形胜之图》几乎相同，但图面上的文字注记则存在差异。此外，与《古今形胜之图》相比，在地图右上方增加了对明朝各级行政建置数量的记载，左上角则增加了对图中使用符号的介绍，在地图下端增加了明朝各省的府、州、县数及户口、米麦、丝、绢、棉花、马草、食盐、王府名称和数量以及星野。地图左下角的图注为"崇祯癸未仲秋日南京季明台选录梓行"，由此可见可能是1643年刊行的。

此外，在加拿大英属哥伦比亚大学亚洲图书馆有一幅《九州分野舆图 古今人物事迹》，韦胤宗曾对其进行了介绍。[2] 本人未见到原图，但从韦胤宗的介绍来看，该图与《皇明分野舆图 古今人物事迹》基本完全一致。由于该图左下角的图注为"癸未仲秋日南京季明台选录梓行"，并未具体说明"癸未"的具体所指，因此韦胤宗通过图中的行政建制，尤其是图中并未出现崇祯年间设置的府州县，而将该图的编刻时间定在了万历十一年。但中国古代地图的绘制年代很多时候与图面呈现内容的年代是不同的，因此图中未出现崇祯年

1　http://lunamap.must.edu.mo/luna/servlet/detail/MUST~2~2~384~493:%E7%9A%87%E6%98%8E%E5%88%86%E9%87%8E%E8%BC%BF%E5%9C%96%E5%8F%A4%E4%BB%8A%E4%BA%BA%E7%89%A9%E4%BA%8B%E8%B7%A1?sort=date%2Cpub_year%2Ccontributor%2Cpub_author&qvq=q:%E7%9A%87%E6%98%8E%E5%88%86%E9%87%8E;sort:date%2Cpub_year%2Ccontributor%2Cpub_author&mi=0&trs=1.

2　韦胤宗：《加拿大英属哥伦比亚大学亚洲图书馆藏〈九州分野舆图 古今人物事迹〉》，《明代研究》2016年第27期，第189~219页。

间设置的府州县并不能作为该图绘制年代下限强有力的依据。结合其与《皇明分野舆图 古今人物事迹》基本一致，因此该图同样可能是刊刻于"崇祯癸未"，或者之后。

（九）《天下九边万国 人迹路程全图》

在澳门科技大学图书馆的网站上可以查询到一幅《天下九边万国 人迹路程全图》的图影[1]，网站的地图将其注释为王君甫于康熙二年（1663）刊印，由此似乎该图应为王君甫刊刻的原图。

在内容上该图与曹君义的《天下九边分野 人迹路程全图》几乎完全一样，图面上的显著差异就是删除了经线和纬度。此外，由于经由清人翻刻，因此在行政区划上进行了一些修改，如"应天府"改为"江宁府"，"南京"改为"南省"。

不过，需要注意的是，图中关于"日本"的描述中补有"今换大清国未"；在"琉球"的文字说明后补有"清朝未到"。通常而言，清朝人绘制的地图通常不会称呼清朝为"清朝"，更不会称为"大清国"，而应称为"大清"、"清"或"本朝"，且"今换大清国未"在清朝的语境中更是显得奇怪。因此，该图很可能并不是王君甫绘制的原图，如同下面提及的《大明九边万

国 人迹路程全图》那样，是日本人重刊时增加的，且这样的文字只存在于"日本"和"琉球"更强化了这一点。此外，古代在地图翻刻时不修改原有"作者"的情况也并不少见。

（十）《大明九边万国 人迹路程全图》

《大明九边万国 人迹路程全图》，绘制者不详，原图为王君甫于康熙二年（1663）刊印发行，由日人"帝畿书坊梅村弥白重梓"，但"重梓"时间不详。该图于1875年入藏英国国家博物馆。

在内容上，该图与《天下九边万国 人迹路程全图》几乎完全一样。此外，京都大学图书馆藏图目录中有一幅《人迹路程全图》，标明的时间为康熙二年，[2] 可能也是《大明九边万国 人迹路程全图》或者其后续版本。

（十一）《（天下）分（野）舆图 （古今）人（物事）迹》

《（天下）分（野）舆图 （古今）人（物事）迹》，康熙己未（1679），北京吕君翰选录梓行；图题残，木刻墨印；图幅纵136厘米，横124厘米。此图目前未能获得清晰件，但从目前所得地图下半部分的图影来看，该图与《乾坤万国全

---

[1] http://lunamap.must.edu.mo/luna/servlet/detail/MUST~2~2~383~492:%E5%A4%A9%E4%B8%8B%E4%B9%9D%E9%82%8A%E8%90%AC%E5%9C%8B%E4%BA%BA%E8%B7%A1%E8%B7%AF%E7%A8%8B%E5%85%A8%E5%9C%96?sort=date%2Cpub_year%2Ccontributor%2Cpub_author&qvq=q:%E5%A4%A9%E4%B8%8B%E4%B9%9D%E9%82%8A%E8%90%AC%E5%9C%8B%E4%BA%BA%E8%B7%A1%E8%B7%AF%E7%A8%8B%E5%85%A8%E5%9C%96;sort:date%2Cpub_year%2Ccontributor%2Cpub_author;lc:MUST~2~2&mi=0&trs=1.

[2] 金田章裕：《京都大学所藏古地图目录》，京都大学大学院文学研究科，2001，第89页。

图 古今人物事迹》更为近似，未有《天下九边分野 人迹路程全图》所增加的内容，但地图下部增加了《乾坤万国全图 古今人物事迹》所缺的某些省份的分野。据李孝聪教授介绍，该图藏于英国牛津大学图书馆。[1]

（十二）《历代分野之界 古今人物事迹》

日本京都大学图书馆和日本国会图书馆分别藏有《历代分野之界 古今人物事迹》。按照两者网站上的著录，京都大学图书馆所藏地图，另有一个印刷的题签为"历代事迹图"，木版彩色，图幅182.2厘米×156.3厘米；日本国会图书馆藏本著录的图幅为200厘米×160厘米。京都大学图书馆所藏地图上有如下文字注记："大日本宽延庚午冬十月东都医官潮月主人桂川富甫三，医官梧桐庵主堀本宽好益阅桐江滕忠克，西势吕忠道检阅江户须原屋茂兵卫梓康熙己未端阳月北京吕君翰选。"也即绘制于1750年，且由日本人基于吕君翰图改绘，且目录中注记的绘制范围为："辽东から云南まで、朝鲜、日本、琉球、昆仑山を含む（即从辽东到云南，包括朝鲜、日本、琉球、昆仑山）。"因此，就绘制范围而言，与《乾坤万国全图 古今人物事迹》更为近似，而没有《天下九边分野 人迹路程全图》那么广大。但由于未能看到原图，因此无法进行进一步的比对。

（十三）"乾隆今古舆地图"

"乾隆今古舆地图"，据李孝聪教授考订，该图绘制年代在1743年（乾隆八年）至1749年之间，无图题，标题为李孝聪教授所起。图幅1662厘米×132厘米，木刻墨印。该图在欧洲很多图书馆都有收藏。[2]

该图绘制范围以及图面上的文字与《乾坤万国全图 古今人物事迹》非常近似，但图幅周围的文字则与《天下九边分野 人迹路程全图》相近：地图下方第一行文字与《乾坤万国全图 古今人物事迹》下方的文字以及《天下九边分野 人迹路程全图》下方第一行文字相近，但没有关于星野的内容，且其左侧行首的文字为"梁氏旧图（即梁辀的《乾坤万国全图 古今人物事迹》）户口赋税"；第二行文字主要记载了各省至其他省份的距离，但没有府州县数量和名称；第三行文字包括对长城沿线各关口的描述以及对周边各国的描述，这显然就是《天下九边分野 人迹路程全图》图幅两侧的文字，但在第三行文字左侧增加了对安定卫、暹罗国、三佛齐、苏禄国和西洋古里国的文字描述，且在第二行、第三行的行首记有"曹氏旧图（也即曹君义的《天下九边分野 人迹路程全图》）各省边镇外国路程"。此外，该图在图幅上方没有文字。

此外，本人还搜集到一幅来源不清的"乾隆今古舆地图"的扫描件，其与大英图

---

[1] 李孝聪：《欧洲收藏部分中文古地图叙录》，国际文化出版公司，1996，第157页。

[2] 李孝聪：《欧洲收藏部分中文古地图叙录》，第169页。

书馆所藏在内容上几乎完全一致，但地图下方的残损存在差异，因此并不是同一幅地图。

（十四）京都大学图书馆所藏未有图题的地图

在网上还流传有一幅未有图题的地图，据该图右上角的藏书印来看，该图为日本京都大学所藏，但目前未在该图书馆网站和藏图目录上查找到这幅地图。

该图与《古今形胜之图》非常近似，但也存在一些差异，如"南京"改为"江南"，却保留了"应天府"，北京旁边的"我太宗徙都此"被错误地改为"明太祖徙都于此"。其与《古今形胜之图》最大的差异在于，该图对明朝疆域之外的国家和地区进行了改绘。从绘制方法来看，很可能参考了西方地图，且增加了台湾、琉球以及附近岛屿、万里长沙，删除了对朝鲜的说明以及日本，图中某些地方的里至，改为到日本的里至，如"广南""至日本四千四百八十里"，图中一些地点也用日语标注。总体来看，这幅地图很可能是日本人基于明代的《古今形胜之图》的原图或者后来的忠实于原图的摹绘本改绘的。

由于原图并没有任何能表明其改绘时间的文字，而图中政区（中国境外的）数量也少，无法用来进行考订，且考订出来的也只是地图所表现的时间，而不是地图绘制的时间。不过按照钟翀教授的认知，这类地图在日本曾极为流行，甚至延续到了19世纪后期，因此大致可以认为这幅地图绘制时间应当在此之前。[1] 由于地图绘制时间与本文的研究并无直接关系，故不再进行进一步的分析。

在对这一系列地图的谱系进行归纳之前，需要先对以往中国古代地图谱系研究的方法进行讨论。

由于中国古代缺乏记录地图之间相互关系的文本材料，同时如同"古今形胜之图"系列地图所展示的，地图上通常也极少记录其绘制时所依据的底图和材料，因此以往地图谱系研究的主要方法就是通过确认地图图面内容的相似性，根据地图绘制年代的先后，从而确定地图之间的参照关系，并就此确定地图之间的脉络和谱系，但这种研究方法存在如下问题。

第一，图面局部内容的相似，如呈现河源的方法、描绘山东半岛的方式，可能只是来源于当时的一种习惯画法，因此并不能用于证明两幅地图之间存在明确的传承关系，以及属于相同的谱系。

第二，即使可以基本确定属于相同谱系的图面内容大致相似的地图，也无法判断它们之间是否存在直接传承关系。因为我们目前看到的地图可能只是当时绘制的地图的一小部分，大量地图都丢失了，因此图面内容大致相似的地图之间的关系存在多种可能：有可能确实存在直接传承关

---

[1] 这一信息通过与钟翀教授微信交流的方式获得，在此对钟翀教授表示感谢。

系；有可能存在传承关系，但其间还存在其他地图；也有可能都来源于共同的更早的祖本。不仅如此，通常而言，研究者会认为两幅图面内容相近的地图，绘制时间较晚的应当是依据绘制时间较早的地图改绘的，但显然也存在这样的可能，即留存下来的绘制时间较晚的地图，其所依据的祖本时间可能很早，因此在谱系中其要比绘制时间较早的地图，更接近于最初的原本。后文分析的《天下九边分野　人迹路程全图》与《大明九边万国　人迹路程全图》，虽然图面内容极为相似，且时间存在先后，但它们之间很可能并无直接的承袭关系，这不仅体现了地图之间关系的复杂性，而且展现了准确断定地图谱系基本是不可能的。

总体而言，由于丢失的历史信息过多，因此对地图谱系的分析和重建，目前比较可行的方法就是依据图面（地图以及文本）的整体特征来归纳属于同一谱系的地图，然后同样基于图面特征来确定谱系中的子类，并通过内容的删减、增补以及各子类地图出现的最早时间，大致推断各子类之间的先后关系（但不一定有着直接传承关系），而对属于同一子类的地图，在没有确实证据的情况下，不去推断它们之间的传承关系。本文即以此为标准和目的，对"古今形胜之图"系列地图的谱系进行分析。

根据图面内容和文字，"古今形胜之图"系列地图大致可以分为三个子类。

第一个子类包括《古今形胜之图》、《图书编》"古今天下形胜之图"、《皇明职方地图》"皇明大一统地图"、《地图综要》"华夷古今形胜图"和京都大学藏未有图题的地图，与其他两个子类相比，这一子类的明确特征就是缺乏地图周边的文字。不过这一子类中的京都大学藏图绘制时还参考了西方的地图，因此与该子类中的其他地图存在一些差异。

第二个子类包括《乾坤万国全图　古今人物事迹》、《（天下）分（野）舆图（古今）人（物事）迹》和《历代分野之界　古今人物事迹》。这一子类与第一个子类相比，较大的差异有三：（1）增加了地图下方的文字；（2）绘制的地理范围有所扩展；（3）地图图面上的文字注记也存在显著差异。

第三个子类包括《天下九边分野　人迹路程全图》、《天下九边万国　人迹路程全图》和《大明九边万国　人迹路程全图》。与第二个子类相比，这一子类增加了地图左右两侧的文本以及地图下方第二行的文字，地图所涵盖的地理范围更为广大，且重写了图面上的文字注记。

仅就目前获得的模糊影像来看，《备志皇明一统形势　分野人物出处全览》与上述三个子类应当都存在较大区别；《皇明分野舆图　古今人物事迹》似乎是第一个子类与第二个子类的结合，其图面范围近似于《古今形胜之图》，但图面上的文字注记则存在差异，而地图下方的文字则与第二个子类更接近；而"乾隆今古舆地图"似乎是第二子类与第三子类结合的产物，其地图本身属于第二个子类，而地图下方的文字则主要来源于第二个和第三个子类。

还需要说明的是，虽然本文介绍了14幅地图，但从后文的分析以及钟翀教授的介绍来看，这一系列地图在明后期之后，尤其是在日本曾长期流传，因此存世的应当不止上述这14幅地图，且上述这14幅地图中的一些本人也未获得清晰的图影。但从知识史的角度来看，上述地图已经可以代表这一系列地图所承载的地理知识，而本文的研究重点也在于对知识史而不是对地图谱系的完整梳理。

总体来看，"古今形胜之图"系列的三个子类，不仅正如后文所述，有着共同的资料来源，使用了共同的底图，而且虽然在图面文本上存在较大差异，但图面文本注记针对的事件、地点甚至在图面上的位置都是近似的，且目前存世的三个子类地图的出现时间也存在明显的先后顺序，因此它们之间有可能存在承袭关系，即第三个子类脱胎于第二个子类，而第二个子类脱胎于第一个子类。但需要强调的是，新子类的产生并不意味着旧子类的消失，它们在明代后期直至清初的很长时间内是并存的，且上述对承袭关系的推论正如前文所指出的，忽略了历史的多种可能性，因此只备一说，并不是确凿的结论。

再次强调的是，目前所见到的这些地图可能只是当时刊刻的这类地图中的一部分，且这些地图之间都存在一些差异和相似性，因此要彻底理清它们之间的关系并不容易，且这方面对于本文的研究主旨而言也无必要。

三 "古今形胜之图"系列地图的资料来源

如同存世的绝大多数中国古代地图，"古今形胜之图"系列地图也不是绘制者新绘制的，但与其他中国古代地图不同，其资料来源多种多样。

在分析其资料来源之前，需要阐明一个与研究方法有关的问题。我们目前所能看到的文本文献和地图只是当时生产的文本文献和地图的一部分，不仅如此，文本文献、地图之间的关系也是错综复杂的，这一点在上文谱系部分已经进行了介绍。因此，在这种情况下，要明确考订出某幅地图的准确资料来源是不太可能的，即使通过考订得出的明确结果通常也缺乏说服力，只是一种可能性而已。而且，对于研究对象为地图以及文本文献的很多研究而言，明确的结果似乎没有太大的意义，通常所需要知道的就是，我们所研究的文本文献和地图在绘制时确实参考了之前的文本文献和地图，也即是基于当时已经被系统化的知识，而不用去关注这些被系统化的知识的最初来源，而追溯最初来源，应当也是难以完成的任务。

根据上文所述，"古今形胜之图"系列地图分为三个子类，各子类之间无论是在底图还是在文本上都存在一些差异，而在各子类内部，差异则较少，因此下文就目前各子类存世最早的地图进行分析。当然，正如上文所述，这些地图实际上很可能并不是各子类中最早的。此外，在后文分析时还会提及各子类中存世的其他地图与这些地图之间的主要差异。

（一）地图的底图

明代后期绝大部分地图是基于三套底图绘制的，即桂萼的《广舆图叙》中的"大明一统图"、罗洪先《广舆图》中的"舆地总图"和《大明一统志》中的"大明一统之图"。[1]这三幅底图的绘制要素和形式有着各自的特点，由此很容易判断基于它们绘制的各类地图使用的底图。

"古今形胜之图"系列的几乎所有地图，都将黄河源绘制成葫芦形，且在葫芦形的两个圆圈内分别标为"黄河源"和"星宿海"，这是典型的桂萼《广舆图叙》"大明一统图"的特点。[2]不仅如此，这一系列地图中，将"汉江"和"长江"的源头分别标在了四川"成都府"的两侧，在今天山西部分夸张地绘出了济源，这些描绘方式与《广舆图叙》"大明一统图"谱系中"舆地总图"子类的绘制方式相同，且对洞庭湖和鄱阳湖夸张的绘制方式，以及长城与黄河的交汇处也是如此。[3]不过，《古今形胜之图》在地图图面上也增加了一些内容，最为突出的就是西北方向上的山脉、朝鲜以及从黄河凸字形顶端向北延伸的河流，但省略了西北方向上的"沙碛"。总体而言，"古今形胜之图"系列地图与《广舆图叙》"大明一统图"谱系中"舆地总图"子类必然存在一定的渊源关系。不过基于现有的证据，我们无法进一步确认"古今形胜之图"系列地图与《广舆图叙》"大明一统图"谱系"舆地总图"子类的明确关系。我们今天见到的《古今形胜之图》刊刻于明嘉靖三十四年（1555），且是重刻本，而目前所能见到的《广舆图叙》"大明一统图"谱系"舆地总图"子类中最早的地图绘制时间也在这一时间之后。

"古今形胜之图"系列三个子类的地图之间在对明朝的呈现上基本相似，但也存在些许的差异，如第二个子类与第一个子类在对"青海"及其附近的"鸟海"的绘制方式上存在明显不同，对"汉江"和"江源"的呈现也有着差异。

更为明显的差异在于，虽然"古今形胜之图"系列地图的第二个子类和第三个子类都受到传教士所绘地图的影响，扩展了绘制的地理范围，不过两者之间也存在差异。第二个子类，其图面绝大部分呈现的是明朝的地理范围，只是利用传教士的地图将绘制的地理空间扩展到了欧亚；第三个子类绘制的空间范围则包括了"全球"。关于第三个子类绘制域外区域时参考的地图，陈健提出《天下九边分野 人迹路程全图》"尤其受到利玛窦1584和1602

---

[1] 参见成一农《中国古代舆地图研究》，中国社会科学出版社，2018。

[2] 参见成一农《中国古代舆地图研究》，第365页。

[3] 关于《广舆图叙》"大明一统图"谱系中的"舆地总图"子类，可以参见成一农《中国古代舆地图研究》，第365页。属于这一子类目前可以见到的地图有《存古类函》"舆地总图"、《遐览指掌》"明舆地总图"、《分野舆图》《全国总图》《天地图》"全国总图"、《筹海重编》"一统舆图"、《地理图》（扇面）和《地图综要》"京省合宿分界图"。

年分别绘制的两幅地图的影响,其中前一幅是中国第一幅世界地图,现已遗失,当时活跃于南京的 Francesco Sabniasi SJ 绘制的地图也多少对该图产生了影响"。[1] 这一观点显然有些绝对,虽然《天下九边分野 人迹路程全图》南北美洲和非洲、欧洲的一些地名在《坤舆万国全图》上确实可以找到,但也存在一些缺乏对应的地名。更为重要的是,当时在中国流传的欧洲传教士的地图数量众多,[2] 且很多目前已经散佚,再加上历史的复杂性,因此如同前文所述,要确凿无疑地指出其所依据的传教士绘制的地图显然是不可能的,结论也是不太可信的。

此外,第一个子类中的京都大学所藏地图的域外部分同样来源于西方地图,比较有特点的就是对"万里长沙"的描绘方式,这是 16 世纪初至 19 世纪初,最晚延续至 19 世纪中期的欧洲地图的特征,而目前没有证据证明这种绘制方式来源于中国古代地图。[3] 如前文所述,该图域外部分很可能是日本人在改绘时增加的,属于改绘时日本人的"知识",超出了本文讨论的范围。

(二)地图上文字的来源

1. 第一子类——《古今形胜之图》

《古今形胜之图》的右下角有一段文字,即"依统志集此图,欲便于学者览史,易知天下形胜、古今要害之地,其有治邑原无典故者不克尽列。信丰甘宫编集",大意就是该图是依照"统志"编辑的,而"统志"应当指的就是《明一统志》。如果将图中文字与《明一统志》进行比较,可以认为图面上的文字确实可以经由《明一统志》编纂而来,如图中关于"哈密"的文字注记为"古伊吾庐地,为西北诸胡要路。汉明帝口镇之,本朝设卫奉贡",《明一统志》卷八九"哈密卫"条的记载为:"本古伊吾庐地,在敦煌郡北,大碛之外,为西北诸国往来要路。汉明帝始取其地,后为屯田兵镇之所,未为郡县……本朝永乐二年设哈密卫……六年,脱脱暨其祖母速哥失里俱遣使朝贡;风俗,人性犷悍,居惟土房,衣服异制,饮食异宜。陈诚《西域记》:回回、鞑靼、畏吾儿杂处,故衣服异制,饮食异宜。"[4]

当然文字编辑过程中也存在着错漏,如在"西番"条中,将《明一统志》的记载"唐贞观中始通中国,既而灭吐谷浑尽有其地",简化为"唐太宗尽有其地",显然不符合原意。当然,虽然根据《明一统志》确实可以编纂出地图上的绝大部分图注,但还存在另外一种可能,即该图的作

---

1 陈健:《〈天下九边分野 人迹路程全图〉图说》,《地图》1994 年第 3 期,第 18 页。
2 参见黄时鉴、龚缨晏《利玛窦世界地图研究》,上海古籍出版社,2004。
3 丁雁南:《地图学史视角下的古地图错讹问题》,《安徽史学》2018 年第 3 期,第 20~26 页。
4 本文使用的《明一统志》的版本为明天顺版(三秦出版社,1990),四库全书本《明一统志》经过了删改,如删掉了卷八九的"女直"部分。

者是直接抄录或者改编自基于《明一统志》的其他材料。因此，我们能得出的切实的结论就是：《古今形胜之图》图面文字所依据的主要是可以追溯至《明一统志》的材料。

此外，《古今形胜之图》的作者除了使用可以追溯至《明一统志》的材料之外，应当还参考了其他资料，如"辽东都司"条，图文"东西千余里，南北一千六百里"，而《明一统志》的记载为"东至鸭绿江五百六十里，西至山海关一千一十五里，南至旅顺海口七百三十里，北至开原三百四十里"，东西接近1600里，南北将近1100里，与图中所记存在较大差异，尤其是南北方向，但也有可能是地图的图文将《明一统志》中的南北距离和东西距离颠倒了。

2. 第二子类——《乾坤万国全图 古今人物事迹》

《乾坤万国全图 古今人物事迹》中的文字主要分成两部分，即地图图面上的文字以及地图下方的文字。

虽然该图地图图面上文字注记的位置与《古今形胜之图》大体相近，且同样可以追溯到《明一统志》，但两者在具体字句上存在较大差异，因此并不是直接抄自以《古今形胜之图》为代表的第一子类的地图。如该图"哈密"的文字注记为"在肃州西北，为诸胡往来要路。其性狡悍，与回回鞑靼杂居。汉明帝屯田镇之。我朝设卫治之，被土番残破，今奉贡"，与《古今形胜之图》明显不同。

不仅如此，《乾坤万国全图 古今人物事迹》也增加了一些图注，主要集中在地图下部的海域中，如"浡泥国""麻林""苏门荅剌"等。同样也有少量来源于其他材料，如上文"哈密"条中的"被土番残破，今奉贡"一句，以及地图下部海中"苏门荅剌""大泥僚""马路古地方"。[1]

地图下方的文字，主要记录了各省所属府州县、户口以及一些税收和盐引的数据，如北直隶"府八，属州一，直隶州二，县一百一十六。户四十一万八千七百八十九，口三百四十一万千二百五十四，米麦六十万一千一百五十二石，丝二百二十四斤，绢四万五千一百三十五疋，棉花二万三千七百四十八斤，钞九贯，马草八百七十三万七千二百八十四束，长芦盐运司大引折引一千八万八百七十"。根据分析，这套数据广泛存在于明代后期的文献中，《广舆图》《皇舆考》《图书编》《皇明经济文录》《名臣经济录》等书，以及在明代后期广泛流传的民用类书，如《万宝全书》等中都有记载。根据现有材料，这套数据大致最早能追溯到桂萼的《广舆图叙》。《广舆图叙》目前能见到的最早版本就是明嘉靖四十五年的李廷观刻本，但桂萼卒于嘉靖十年（1531），且该书中桂萼写给嘉靖皇帝的奏文注明的时间为嘉靖八年，因此《广舆图叙》应成书于这一时间

1　但"浡泥国""麻林"的文字注记与《明一统志》的记载相合。

之前。又据王庸《桂萼的舆地指掌图与李默的天下舆地图》[1]一文的考订，《广舆图叙》（即《舆地指掌图》）是对明李默《天下舆地图》的抄袭，而《天下舆地图》的成书大致是在这一时间之前不久。因此，可以大致认为这套数据最早定型于嘉靖初年。

桂萼的《广舆图叙》中只有户口数量以及各种税收物品的数量和盐引的数据，并没有记录各省所辖府州县的数量，而各省所辖府州县数量的数据最早可以追溯至罗洪先的《广舆图》。如山东，《广舆图》记为"领府六，属州一十有五，县八十九"，而图中所记为"府六，属州十五，县八十九"；南直隶，《广舆图》记为"府十四，属州一十三，县八十八，又州四，属县八"，而《乾坤万国全图　古今人物事迹》中则为"府一十四，属州十三，直隶州四，县九十六"，其中《广舆图》的"又州四"显然指的是直隶州，其所记"县八十八"与直隶州所属的"属县八"相加正好为图中所记的"九十六"。但也存在些许差异，如"北直隶"，《广舆图》记为"府八，属州一十七，县一百一十五，又州二，属县一"，其中"府"、"（直隶）州"和"县"的数量（县的数量包括"县"和"属县"）与《乾坤万国全图　古今人物事迹》相合；不过关于"属州"的数量，《乾坤万国全图　古今人物事迹》中记为"属州一"，这很可能是《乾坤万国全图　古今人物事迹》抄录的错误，因为《天下九边分野　人迹路程全图》中所记与《广舆图》相合。

此外，还需要注意的是，"浙江""江西""湖广""福建""广东""广西""云南"条中有着对分野的记述，而其他各省则没有列出相关内容，由此在内容上不太一致，原因不详，而对其资料来源的分析，参见下《天下九边分野　人迹路程全图》部分。

3. 第三子类——《天下九边分野　人迹路程全图》

《天下九边分野　人迹路程全图》中的文字主要分成三部分。

该图地图图面上的文字，虽然同样是使用可以追溯到《明一统志》的材料编纂的，但与《乾坤万国全图　古今人物事迹》和《古今形胜之图》都存在差异，且《乾坤万国全图　古今人物事迹》和《古今形胜之图》所记述的部分内容，不存在于《天下九边分野　人迹路程全图》，如"哈密""亦力把力"，因此这一部分的文字，《天下九边分野　人迹路程全图》很可能是基于可以追溯到《明一统志》的材料重新编辑的。

地图下方第一行的文字，基本与《乾坤万国全图　古今人物事迹》相同，但补全了所有省份的分野，增加了直隶州的名称、卫所的数量以及王府的名称和所在位置。其中各省所属直隶州的名称，在《广舆图》中有着对应的记录。

---

[1] 王庸：《桂萼的舆地指掌图与李默的天下舆地图》，《禹贡》半月刊第1卷第11期，1934，第10~12页。

卫所的数量，《天下九边分野 人迹路程全图》所记与《广舆图》虽然部分近似，但也存在一些差异，如北直隶，《广舆图》记为："亲军卫三十九，属所二百五十二，守御千户所一；在京属府卫三十八，属所二百三，守御千户所二；在外直隶卫三十九，属所一百二十二，守御千户所九；大宁都司领卫十，属所五十四，守御千户所一；万全都司领卫十五，属所七十六，守御千户所七。"《天下九边分野 人迹路程全图》记为："亲军卫三十九，所一百五十七，牺牲所一；在京属府卫三十八，所二百零五；在外直隶三十九，所二百一十。大宁郊[1]司领卫十一，所五十五；万全都司领卫十五，所八十三。"两者不完全相合。

《广舆图》中记录了各省王府的名称和位置，且大部分与《天下九边分野 人迹路程全图》相合，但也存在一些差异，如在山东，《广舆图》中并未记载"泾府"；又如山西，《广舆图》中没有记载"吉府"，而且虽然《广舆图》记载"代府"在太原城，"沈府"在潞安，但都没有记载具体位置，而《天下九边分野 人迹路程全图》则分别记载为"代府大同治东""沈府潞安治东"。

总体来看，《天下九边分野 人迹路程全图》下方第一行文字中增补的内容，与《广舆图》所记数据并不完全契合，存在些许差异，但明代后期存在大量以《广舆图》为基础编绘的著作和图集，因此可以认为《天下九边分野 人迹路程全图》或是参考了这些以《广舆图》为基础编绘的著作和图集，或以《广舆图》为基础还参考了其他一些材料。

关于各省所对应的星野，虽然明代后期的大量文献，如《图书编》"国朝列郡分野""星宿次度分属天下州郡国邑考"以及一些日用类书中都有记载，但大部分只是简单地记载为"自轸十二度为寿星，于辰在辰，郑之分野，属兖州"，与图中所记基本无法完全对应，且缺少府和直隶州的数据。[2]《图书编》中的"国朝列郡分野"虽然记录了府、（直隶）州的分野，如"北直隶顺天府古幽州，尾箕分野，汉名广阳宋名燕山；保定府，古幽州尾箕分野，汉为涿郡；河间府，古幽州，尾箕分野，秦为巨鹿、上谷；真定府，古冀州，昂毕分野，秦为巨鹿、常山；顺德府，古冀州，昂分野；广平府，古冀州，昂分野，秦为邯郸；大名府，古冀、兖二州，室壁分野，商旧都，春秋为晋地，唐为魏郡，周为天雄军"，但与《天下九边分野 人迹路程全图》所记存在一定差异。在明代后期也

---

[1] 原文如此。

[2] 如图中对北直隶分野的记载为："自鬼十度至午十一度，为折木于辰在寅，燕之分野，属幽州。顺天、保安、延庆入尾度，河涧、保定入尾箕度，惟大同、真定入室毕昂度，顺德、广平昂度，为定州入名入室。"

存在以桂萼《广舆图叙》的"大明一统图"为底图绘制的"二十八宿分野图",[1]且这一地图大量存在于当时流行的日用类书中,只是图名存在差异。[2]因此,虽然目前无法确指《天下九边分野 人迹路程全图》星野部分的资料来源,但可以肯定的是,在当时的大背景下,这样的资料应该是比较容易获得的。而且需要注意的是,《天下九边分野 人迹路程全图》中关于星野的记载各省详略差异较大,如北直隶、南直隶等省细化到府和直隶州,而云南、广西等省只是涉及省的分野,因此有可能其资料来源也是零散的。

地图下方第二行的数据[3]有些与第一行是重复的,如府、州的数量和名称,而且还存在一些差异,如"河南",第一行没有列直隶州,而第二行中有"直隶州一",因此这两者可能有着不同的数据来源。而且,这种重复的数据,如果来源相同的话,那么是没有必要重复出现的。

第二行还包含了距离数据,包括北京至南京和十三省、南京至十三省各省,以及各省至其余十二省的距离。不过,在电子版《四库全书》和《基本古籍库》中皆检索不到这些数据的来源,同时这些数据也不存在于《寰宇通衢》、明代后期的日用类书以及《一统路程图记》、《士商类要》等商用路程指南著作中。[4]日用类书以及《一统路程图记》《士商类要》等商用路程指南著作中的数据主要集中于从南京、北京至各省的距离,而缺乏各省之间的距离数据,且它们记载的两京至各省距离主要是两者之间各个驿站之间的里程,因此需要进行整合后才能得到两京至各省的距离数据。

《天下九边分野 人迹路程全图》在第一行的"江西"部分还增加了一段文字:"章州府云都县五鸿隐而作四锦天窃人之六而不任其□然又为老成也暴人之物也不知有又四然而不定者匠也吾暴布不布为虎各而不忍为鼠宁守斯虞以安吾处此铭大关世教故附隶焉。"这段文字非常难以句读和理解。经查,明代彭大翼《山堂肆考》卷一三〇《米囷铭》中的文字与其相近,原文为:"宋雩都人王鸿博学,工篆隶草书。皇佑中,试南宫不利,遂归隐。尝为《米囷铭》,曰:夫窃人之食而不任其事,又骚然而为害者,鼠也;暴人之物,而不知畏,又肆然而不足者,虎也。吾暴而不忍为虎,

---

1 参见成一农《中国古代舆地图研究》,第 373 页。

2 关于对明代日用类书中收录的地图的介绍,参见王勇《论明代日用类书中的指南性交通史料》,《宜宾学院学报》2018 年第 8 期,第 70~79 页。

3 如北直隶为"府八,顺天、保定、河间、真定、顺德、广平、大名、永平;直隶州二,延庆、保定,共领州县二百三十二。至南京二千四百二十五里;至浙江三千三百四十里;山东九百二十五里;福建五千二百二十里;山西一千二百三十里;江西二千九百八十五里;河南一千三百十五里;湖广二千五百二十七里;陕西二千三百九十里;四川四千七百三十里;广东五千五百四十里;广西五千一百五里;云南五千五百七十里;贵州四千七百三十里"。

4 不过需要提及的是,按照研究,明代后期的日用类书中对路程的记载与《一统路程图记》《士商类要》是相近的,参见王勇《论明代日用类书中的指南性交通史料》,《宜宾学院学报》2018 年第 8 期。

窃而不忍为鼠，宁守斯廪以安吾处。"显然，地图制作者在抄录这段文字时，发生了非常多的错漏，参见后文分析。

地图左侧的文字是关于域外地区和诸国的，其中很多在图面上已经进行了描述，如日本国、高丽国等，但有些则没有出现于地图图面中，如黑人国、藏国等。就具体内容而言，主要记载的是域外地区和诸国距离京师（北京）或者江宁的距离，这些距离数据同样在《四库全书》《基本古籍库》以及目前存世的各类日用类书、商用书籍中皆查找不到，似乎说明其流传不广。此外，其中少量的对于某些国家的描述，与图中文字相近。

地图右侧的沿边各镇和关口至北京的距离数据，也无法在《四库全书》《基本古籍库》以及目前存世的各类日用类书、商用书籍中找到，虽然在《士商类要》中有少量这类数据，但非常零散、极不全面，因此可以认为这些数据同样应当来源于在当时和后世流传不广的资料。

此外，这一子类中的《大明九边万国　人迹路程全图》，其文字基本与《天下九边分野　人迹路程全图》近似。当然，正如前文对方法的讨论中所说，这并不能说明《大明九边万国　人迹路程全图》直接来源于《天下九边分野　人迹路程全图》。而且，《大明九边万国　人迹路程全图》有时改正了《天下九边分野　人迹路程全图》中一些文字错误，如将上文提及的北直隶"大宁郊司"改成正确的"大宁都司"，由此更证明了两者之间很可能不存在直接的承袭关系，至少我们目前所见的这两幅地图的版本是如此。此外，由于是清人刊刻的，所以增加了一些清代的内容，如对朝鲜的描述，将《天下九边分野　人迹路程全图》的最后一句"至今朝贡不废"改为"前朝朝供不□"等。又由于该图后来由日人"帝畿书坊梅村弥白重梓"，因此某些部分似乎还带有日本人改写的痕迹，具体参见前文。

总体而言，这一系列地图绘制所依据的底图，无论是中国的地图，还是西方传教士绘制的地图，在明末清初都应属于"流行知识"。同时，这一系列地图上的文本，其主体内容也基本可以追溯至当时流行的一些文本，只有少量内容无法在留存至今的当时的主流文本中找到。

结语：知识史角度的一些认知

上文分析了"古今形胜之图"系列地图的谱系以及所使用的材料，下面即以这一系列地图为材料，来探讨知识史的一些议题。

（一）"古今形胜之图"系列地图所针对的对象及其功能

"古今形胜之图"系列地图，以往的研究者或将其称为"历史地图"，[1] 或将其称为

---

[1] 如《中华舆图志》将《古今形胜之图》分类为"历史地图"，参见《中华舆图志编制及数字展示》项目组《中华舆图志》，中国地图出版社，2011。

"读史地图",[1] 或认为其为学者学习历史的工具。[2] 但就其绘制内容和特点来看,这三种对其命名和功能的认定似乎都存在问题。

"历史地图",通常指的是以地图绘制时间的政区、山川为基础,或表现之前某一历史时期的政区、山川,或表现某些历史事件发生过程的地图,前者以谭其骧主编的《中国历史地图集》为代表,后者以郭沫若主编的《中国史稿地图集》为代表。但"古今形胜之图"系列地图,虽然基本以明代后期的政区、山川为底图(当然受到绘图数据的影响,图面上的政区并不完全属于同一时间,而且这类地图中的某些经过了修订,因此地图上地理要素的时间并不统一),但并未表现之前某一时期的政区和山川,也未表现某一历史事件的发生过程,而只是用文字记录了大量不同时期的历史事件和某些地区的历史,而不是不同时期地理要素的套叠,因此并不符合"历史地图"的定义。

从表面上来看,本文涉及的这类地图,在地图上用文字记录了大量历史事件和地区的历史,确实可以用于在读史时作为辅助工具,且这一系列地图中的某些地图,如《古今形胜之图》在图跋中也提到了这一点,即"欲便于学者览史,易知天下形胜、古今要害之地"。但问题在于,这类地图上记载的历史事件过于简单,基本是"著名事件",如《古今形胜之图》中北京旁边注记为"我太宗徙都此,国初曰北平布政司",南京旁边的注记为"我太祖定鼎应天",用于读史显得过于简单了;周边地区和国家的注记虽然较为详细,但这些对于中国古代的学者而言又并不是关注的重点。因此,这类地图虽然确实可以用于"读史",但似乎并不是它们的主要功能。

要理解这一系列地图的性质和功能,需要从其所针对的对象入手。

虽然"古今形胜之图"第一个子类中的地图被一些有着较高知识水准的士大夫编纂的著作所收录,如《皇明职方地图》《地图综要》等,而《图书编》所针对的对象也应当是有着一定知识水准的士大夫,因此这一系列地图中的第一个子类,其对象应当是有着一定知识水准的士大夫。不过,从目前掌握的材料来看,这一子类的地图在国内流传范围不广,没有太多后续的版本,因此,其虽然有着读史或者用作学习历史时代的辅助工具的功能,但这一功能可能并不显著。

从第二、第三子类来看,其对象针对的应当是只有基本读写能力,甚至是不太识字的普通民众,原因如下。

第一,从这一地图的出版者来看,基本都是默默无闻之辈,且其出版地主要集中在南京、福建,而这些地区在明末正是

---

[1] 本人之前曾持这一观点,参见成一农《从古地图看中国古代的"西域"与"西域观"》,《首都师范大学学报》2018年第2期,第25~32页。

[2] 如孙果清和任金城都持这一观点,参见孙果清《古今形胜之图》和任金城《西班牙藏明刻〈古今形胜之图〉》。

日用类书的主要出版地,[1]且这两类地图版本众多,[2]由此其与明清时期的民间日用类书的对象有可能相近。

第二，在对文本的整理过程中，可以发现第二、第三子类的地图中充斥着文字错误，而且很多是非常低级的错误，以《天下九边分野　人迹路程全图》为例，在地图下方对北直隶的描述中"大宁都司"被误写为"大宁郊司"；对云南的政区记述中文字错误极多，如"秦之分野"被写为"奉之分野"，"芒市"被误写为"芸布"，"干崖"被误写为"子崖"，等等。最不可理解的就是地图下方引用的可以追溯到明代彭大翼《山堂肆考》中《米囷铭》的那段文字，错字多到完全不可读。这样的错误或多或少地存在于第二、第三子类的地图中，不过这样的错误似乎没有影响这一系列地图的"销量"，而且销售者也无意或者不在意对其中的错误进行认真的修改[3]，因此不由得让人猜测其针对的对象的知识水平应当相当有限，以至于无法识别出或者不在意地图中存在这些错误。

顺带提及的是，对此我们有理由怀疑古代的一些刻工很有可能也是不太识字的，毕竟按照常理，虽然最初编纂而成的地图中有可能存在错误，但应当不会存在这样多以及如此"低级"的错误，这些错误很有可能发生在刊刻过程中。虽然其中一些有可能是由刻工的马虎造成的，但如此大量的错误，尤其是对相近字形识别上发生的错误，最有可能是由于刻工缺乏识字能力造成的。这样的问题甚至也存在于官修的书籍中，如刊刻于宣统元年的《贵州全省地舆图说》[4]，但作为有着官方背景的书籍，其中的错误要少得多，错误多集中于形近字。由此我们还可以进一步推测，书籍所针对的受众的知识水平，决定了书籍刊刻时雇用的刻工的知识水平。

第三，"古今形胜之图"系列地图上的很多知识是过时的。如地图下方文字记载的人口、税收数据可以追溯至成书于嘉靖初年的桂萼的《广舆图叙》，也即这套数据对应的时间最晚也就是嘉靖初年，但这套数据在直至清朝康熙年间的地图上依然被抄录。当然这一问题不仅局限于这套民用地图，明代后期编纂的各类基于《广舆图》的书籍也是如此。如果说上述这些数据由于没有太多的时间标记，所以无法直观地看出"过时"的话，那么对政区的呈现则明显是"过时"的。如前文所述，这

1　参见吴慧芳《万宝全书：明清时期的民间生活实录》，花木兰文化出版社，2005，第51页。

2　如前述所述，本文只列出了根据目前出版的图录所掌握的版本，但按照李孝聪教授在欧洲访图的经历来看，这些地图在欧洲各藏图机构被广泛收藏，具体参见前文介绍。

3　这些地图的大量存在以及是刊本而不是绘本，也证明了这一点。

4　《贵州全省地舆图说》，宣统元年（1909）贵州调查局印制。石印本，画方计里不等；共四卷，分为4册；图幅41厘米×29.5厘米。收藏于中国国家图书馆。首卷为通省及各府、直隶州、直隶同知总图，共17幅；上、中、下三卷为府、州、厅、县分图，共72幅。一图一说，图说详细介绍了各政区的历史沿革，经纬度，与京师、所属府（直隶州）的距离以及山川、道路，尤其详细记载了村寨等聚落的分布和名称。其中存在一些文字错误，如将"又"误写为"入"等。

一系列地图的底图使用的是可以追溯至桂萼《广舆图叙》的地图，因此主要表现的是明代嘉靖时期的政区。到了清代，政区变化非常大，与明代存在本质上的区别，虽然这一系列地图的清代刊本确实进行了一些调整，如将南直隶改为江南，但无法进行全局性的调整，由此当时已经裁撤的各个都司在地图上依然被保留下来，要解决这一问题，除了改换底图之外，似乎别无他法，但这种情况并未发生。不仅如此，即使是府州县的地名，这一系列地图的清代刊本同样没有进行调整，尤其突兀的是一些到了清初被认为具有"侮辱性"的地名依然存在于地图上，如明代的"靖虏卫"在清初就改成了"靖远卫"，但图中依然标为"靖虏"，类似的还有"平虏"。在清初文字狱的背景下，这显然不合时宜。而且，对地名的有些更改显然是错误的，如"乾隆今古舆地图"中将"北京"改为"盛京"。

综合上述三点，我们也就非常有理由相信这一系列地图中第二、第三子类的受众很有可能就是只有基本识字能力，甚至不识字的普通民众。

这一结论的一个旁证就是，以明清宫廷藏图为主的藏图机构，即台北"故宫博物院"、中国国家图书馆、[1]中国第一历史档案馆的藏图目录中都没有记载藏有这类地图，而就目前所见，这类地图主要收藏在欧美各图书馆中，这些图书馆收藏的地图主要来源于清末民国一些在华的传教士、外交人士以及商人，而他们对中国历史的掌握以及古文的阅读能力非常有限。

如果上述认知成立的话，那么我们也可以基于此推测出这一系列地图的性质和功能。首先，由于其受众是只有基本识字能力，甚至不识字的普通民众，因此也再次佐证这一系列地图，尤其是第二、第三子类地图的功能应当不是"历史地图""读史地图"以及历史教学的辅助工具。其次，由于这一系列地图汇集了大量常识性的历史和地理知识以及各种来源的在当时流行的地图，因此其最为直接或者表面上的功能很可能与同时期流行的日用类书是相近的，即针对粗通文字的普通民众，使他们可以获得一些最为基本的历史、地理方面的知识，因此可以将这一系列地图称为"日用历史和地理知识地图"。

如果这一解释成立，那么如何理解这一系列地图中某些地图的图跋中对其功能的介绍？其实，这种对其功能的介绍，可以被看成是一种广告，毕竟在绝大多数时代，高级知识分子都是受尊敬的，因此试想一位只有基本识字能力，甚至不识字的普通民众，如果在家中张挂一幅图跋中记述是为高级知识分子准备的地图，其自尊心和虚荣心将会得到多大的满足。由此我们可以进一步推测，在基层人士以及粗通文字的普通民众中，这些地图的功能除了提供一些最为基本的历史、地理方面的知识之外，还包括被用来张挂，以凸显其

---

[1] 只收藏有《天下九边分野　人迹路程全图》，另外还有《乾坤万国全图　古今人物事迹》是静电复印本。

所有者的"渊博学识"。如同我们今日某些人家中摆放的从未真正阅读过的二十五史、四大名著,以及在20世纪90年代之前很多人家中张挂的世界地图和中国地图,其功能不仅是被作为阅读材料,而且还在于"炫耀"和"彰显"。这一系列地图图面上记载了大量对于普通人而言基本无用的域外的历史和地理知识,似乎也从另一层面证明了这一点,毕竟由此可以使其所有者看起来不仅"贯通古今",而且"通晓中外"。

总体而言,从所容纳的知识来看,这一系列地图可以被称为"日用历史和地理知识地图",其功能除了介绍一些基本的历史和地理知识之外,还被用于满足其受众的炫耀其"渊博知识"的心理需求。

进一步引申,作为知识载体的书籍、地图,其首先是一件物品,因此对于制作者、使用者、购买者、观看者而言,出于不同的目的,其功能是多样的,可以用于出售、展示、猎奇、炫耀、投资、学习,而传递知识只是其功能之一,或者承载知识只是其达成某些目的和功能的手段,因此在研究中,我们不能假定知识载体的制作者、使用者、购买者、观看者都能以及希望理解或者掌握这些知识,也不能假定知识载体的制作者、使用者、购买者、观看者都在意其上所承载的具体知识,当然他们会在意其上承载的知识的整体。本文对《古今形胜之图》系列地图的受众及其功能的分析恰恰证明了这一点。

由此带来的问题就是,以往日用类书的研究者以及对古代各类文献的研究都假定它们的制作者、购买者、使用者、观看者都在意、理解和能够掌握其上承载的知识,这实际上抹杀了知识载体更为多元的功能和目的。与本文所分析的地图类似,日用类书实际上也是如此,包罗万象的知识,恰好可以用于炫耀、彰显,而其中存在的过时、错误的知识同样也长期流传。因此,并不能简单地认为日用类书就代表了当时的民间知识,在没有经过分析之前,大致只能认为它们代表了编纂者认为对普通民众"有用"的知识,而所谓"有用"并不局限于日常使用,也包括彰显等功能,以往相关研究在这方面都犯了根本性的错误。

当然,这并不是否认《古今形胜之图》系列地图以及日用类书的传递知识的功能,而是强调这只是它们的功能之一,作为知识的载体,它们的首要目的并不一定是承载和传递知识,它们的功能是多元的,也是变化的。

还需要提及的就是这一系列地图的第二、第三子类基本收藏于海外藏图机构,如果再考虑主要刊刻于福建,那么是否可以认为它们针对的对象有可能也包括当时来华的不太认识汉字、缺乏关于中国的知识的西方传教士以及商人呢?虽然这一推论缺乏资料支持,但目前并不能否定这一可能性,且我们确实不能忽视明末以后针对"海外市场"制作的地图以及其他图像产品。

(二)决定某种"知识"的流行群体的因素

从上文的分析可以清晰地看到,"古今形胜之图"系列地图是一套逐渐拼凑而成的知识体系,底图来源于最早可以追溯到桂萼《广舆图叙》"大明一统图"谱系的

"舆地总图"子类，此后融合了流行一时但大部分人无法真正理解，从而只是作为"珍奇之物"的传教士绘制的地图。[1]

地图图面上的文字各子类之间虽然存在差异，但都可以追溯至官方修订的《明一统志》，当然各子类也都或多或少吸纳了其他一些材料。第二子类地图中增加的地图下方的文字则大部分可以追溯至一套广泛存在于明代晚期的文献和日用类书中的数据。出现于第三子类地图中的左右两侧以及地图下方第二行的直接数据来源并不清楚，尤其是距离数据和星野，但可以肯定的是，这种类型的数据在当时应当并不缺乏。当时流行的道路距离数据，基本基于驿站之间的里程，似乎具有明显的官方背景；关于星野的记载，在中国古代有着悠久的历史，但从目前掌握的资料来看，这类知识也应当来源于士大夫。

总体来看，从内容上来看，"古今形胜之图"系列地图所使用的数据基本上来源于上层士大夫的已经系统化的知识，基于这些资料在当时的流行程度，因此在某种程度上也可以被称为"经典化"的知识内容。

这种用"经典化"的知识内容构建民间地图的活动，展现了一种从上至下的知识流动，代表了知识内容的普及化。而这一系列地图流传的时间，与明代后期日用类书的大量出现是同步的。虽然普通民众可能并不理解这套知识的内容，但通过这些地图和书籍的出版，他们确实有了解、掌握这套知识的内容的机遇和可能。这一趋势从印刷术开始流行的宋代就已经开始，印刷使得知识流传的成本降低，流传范围拓展，人们接触知识的可能性增加。[2]

上述结论也是以往日用类书研究的结论之一，但以往研究忽略的一个随之而来的问题就是，既然这幅地图的知识的内容，主要来源于上层士大夫的已经系统化的知识，也即在知识内容上，其与上层士大夫中流行的知识是相似甚至相同的，那么为什么这一系列地图，尤其是第二、第三子类针对的受众是普通民众，或者为什么它们只流行于普通民众之中。[3]

这一问题的答案显然是在知识的内容之外。在分析之前首先要明确一点："知识"的内容并不是凭空存在的，其需要通过文字、图像等要素以及各要素之间的空间、逻辑等关系表达出来，这些可以被归结为知识的表达形式，而且知识的"内容"以及表达形式又被放置在龟甲、青铜、竹简、丝帛、石头以及纸张等载体之上，而这可以被归结为知识的承载形式。因此，知识的内容、表达形式和承载形式三者结

---

[1] 关于明末清初，知识分子对传教士地图的态度，参见黄时鉴、龚缨晏《利玛窦世界地图研究》。

[2] 参见成一农《印刷术与宋代知识发展方式的转型——以中国古代全国总图的发展为例》，《安徽史学》2018年第3期，第12~19页。

[3] 至少就目前掌握的资料来看，我们无法证明第二、第三类图在高级士大夫中流传。

合起来，才构成了"知识"。

而与本处所讨论的问题存在密切联系的可能就是知识的表达形式，大致而言，知识的表达形式至少包括以下方面：表达内容时所用的语言，如汉语、法语等；语言的组织方式，如白话文、文言文；措辞，如是否典雅，是否掺杂大量俗语；刊刻或者手写的水平高低，如是否存在大量的错字，书法是否精美；各要素在载体上的布局是否美观，是否符合阅读习惯等。如前文所述，《古今形胜之图》系列地图，无论是地图还是文本，其内容都源自上层士大夫的已经系统化的知识，但三个子类地图所针对的对象则存在明显差异。第一类，即《古今形胜之图》，刊刻较为精良，且其中存在的文字错误极少，因此就目前所见，在当时的一些所谓高级知识分子的著作中曾经作为插图存在。第二、第三子类的某些地图虽然刊刻也较为精良，但大部分刊刻得较为粗糙，且存在大量显而易见的文字错误，这些错误应当不是最初的撰写者造成的，而是刊刻者造成的，同时这些地图的购买者只是粗通文理，甚至不识字的普通民众，而且如前文所述，随着时间的推移，两类地图在内容上也是过时的，甚至错误的。当然，需要说明的是，这里并不是说知识的表达形式造成了地图针对的对象的差异，因为很可能是因为销售对象，使得书商自觉或者不自觉地选择了水平不高的刻工以及沿用了在内容上过时的知识。不过，需要强调的是，虽然地图设定的对象是只是粗通文理甚至不识字的普通民众，但不代表只有这些对象可以购买这类地图。

但如前文所述，这一系列地图的第二、第三子类并没有在国内的高层知识分子中流传，由此也似乎说明知识的表达形式影响了知识传播的对象。当然，这并不是否定"知识"内容对其流行对象的影响，毕竟这一知识体系的内容"贯通古今中外"，由此满足了只是粗通文理甚至不识字的普通民众的心理需求。而且，我们也不能否定知识的承载形式对知识流行对象的影响，但在本文分析的对象中，这一影响并不清晰。

由此，我们可以进一步得出如下结论：在知识缺乏分类、创新性不大以及知识总量有限的古代，在各个阶层之间流通的知识，在内容上确实会存在差异，但也有很大部分是重合的，尤其是那些儒家、佛教和道教的基本知识，在印刷术普遍运用的时代更是如此。不过这些知识在各阶层中流行时，其内容的表达形式和载体应当是存在差异的。由此，最终的结论就是，决定了某种知识的流行群体的不仅是其内容，还有其表达形式，甚至载体等各种因素。

设想，如果第二、第三类地图上没有那么多错误的话，那么其是否可能流行于上层士大夫中？

（三）某一"知识"长期流行的原因？

下面要考虑的一个问题就是，显然不是所有知识都会流行，但到底是哪些要素决定了知识是否流行？就文本的研究而言，对于这一问题的回答显然不完全是知识的内容。如前文所述，"古今形胜之图"系列地图汇集了当时一些流行于世的地图和文本材料，其中一些可能在当时也是"新奇"

和"热门"的知识，如传教士绘制的地图，因此这一系列地图的流行有着内容方面的基础。但这套地图所承载的知识，就内容而言大部分已经过时了，尤其是到了清代，但这似乎并没有影响到其流行程度。而且，这种通过地图包括古今中外的形式，在中国历史上也是少有的，具有"创新性"。同时，其受众的知识水准应当是非常低的，由此他们不一定在意、理解以及能真正理解知识的内容，这一系列地图中包含的众多错误就证明了这一点。由此，也就证明，对于"知识"的流行而言，"内容"的优劣并不是绝对重要的，还应当包括其他因素，比如前文所述的知识的"新奇""包罗万象"，以及由此对"炫耀"心理的满足。

因此，可以推测，"古今形胜之图"系列地图之所以流行，其原因本不完全在于其所承载的"知识"内容的优劣，而在于其满足了其所针对的对象的心理需求，由此也就呼应了之前的结论，即这一系列地图的首要目的并不一定是承载和传递知识，它们的功能是多元的，也是变化的。就像今天的某些国产大片，情节拙劣、低俗，演员也基本无演技可言，但所谓明星的脸蛋、绚烂的特效以及低俗的情节，就已经满足了一些受众的需求。

总体而言，决定"知识"是否流行的因素是多元的，虽然"知识"的内容依然是一个重要因素，但在其间发挥作用的并不一定是知识内容的优秀与否，还取决于知识的各个组成要素，即内容、表达形式和承载形式是否能迎合受众的需求。古代如此，今天也是如此。

对一种曾经流行的知识消散原因的分析，也为以往国内知识史研究所忽略。对于文本的研究对象而言，除了日本在19世纪80年代之前依然在翻刻，这一系列地图目前见到的最晚的中国人自己的刻印本，大致是在康熙时期。对于这一系列地图，以及"知识"消失的原因，没有明确的直接文献资料。不过需要注意的是，以康熙初年黄宗羲绘制的《舆地全图》为基础，在康熙中晚期形成了《大清万年一统地理全图》系列地图，且广为流传。[1] 这套地图虽然以《广舆图》的"舆地总图"为基础，但就底图而言，与"古今形胜之图"系列地图相比，"清化"得更为彻底，几乎看不到明代政区的痕迹；在图面内容上，回归到了"古今形胜之图"系列地图第一子类的形式，地图周围没有文字，图面上的文字主要集中在西部和域外的部分。因此，可以推测"古今形胜之图"系列地图可能被更为"清化"的《大清万年一统地理全图》系列地图所取代。

需要提及的是，《大清万年一统地理全图》系列地图，目前所见到的版本众多，有些刻印精美、绝少错误，但有些则刻印得比较粗糙，且目前在包括国家图书馆、台北"故宫博物院"和中国第一历史档案馆在内的国内外各藏图机构都有收藏，因

---

[1] 关于《大清万年一统地理全图》的研究数量较少，大都分散在一些中国古代地图的图录中，可以参见《中华舆图志》，第60页；鲍国强《清乾隆〈大清万年一统天下全图〉版本辨析》，《文津学志》第2辑，国家图书馆出版社，2007，第44页。

此其所针对的对象比"古今形胜之图"系列地图应当更为广泛。还要提及的是，如钟翀教授所言，"古今形胜之图"系列地图在日本一直流传，甚至延续到了19世纪后期，而这正是关于中国的新知识大量传入的时间，因此这一系列地图也就被新的知识替代了。

（四）"有意识"的知识与"无意识"的知识

本文所分析的"古今形胜之图"系列地图图面直接表达的内容都是制作者有目的加工而成的，因此可以被称为"有意识"的知识。但是，除了这些知识之外，这一系列地图上还存在着其他知识，如目前经常被用于解释中国古人天下观的"华夷"秩序，即图中将明朝放置在地图的中心，且占据了绝大部分图幅，而周边以及世界其他国家和地区被"贬低"到角落中。按照前文的分析，这一系列地图尤其是第二、第三子类地图的绘制者，在制作地图时，只是采用了当时流行的一幅地图作为底图，且他们的目的和知识水准可能也都决定了他们对于放置在地图上的这一知识是"无意识"的，也即没有意识到他们放置在地图上的这一知识，因此这类知识可以被称为"无意识"的知识。

大致而言，"无意识"的知识是受到时代影响而被放置在知识的载体上，而"有意识"的知识则是制作者有意制造的。在研究中我们有时需要识别这两类知识，比如对于"古今形胜之图"系列地图上以及大量古代的天下图所表达的"华夷"秩序，我们不能说它们是国家或者主流意识用以塑造"华夷"秩序的工具，[1] 而只能说它们展现了当时对"华夷"秩序的理解。

而从地图的观看者和使用者的角度而言，这种"无意识"的知识有可能会被识别出来，也有可能不会被识别出来，如就本文研究的对象尤其是第二、第三子类意图针对的受众而言，他们较低的知识水准，很可能意识不到这些地图中蕴含的"华夷"秩序，当然，这并不代表其他观看者意识不到，比如更高层次的知识分子以及我们今天的阅读者。由此带来的问题就是，虽然这种"无意识"的知识可以潜移默化地强化了某种思想或者知识，但对于毫无意识的受众而言，这种潜移默化的程度有多大呢？且任何知识或多或少都会受到其所形成时期的主流思想的影响，这种"潜移默化"是必然存在的，那么由此仅仅是简单地提及"强化了某种思想或者知识"似乎没有太多的学术价值。

如黄小荣《明清民间公共知识体系、传播方式与自身建构——以明清曲本为材料》提出："但反过来，民间知识同样参与了国家意识的建构。在上述的民间地理知识、官场知识、历史知识，我们可以看到这些知识是怎样帮助百姓建构起'国

---

1 对于中国古代将地图作为构建、宣传或者巩固某种观点的工具的一个简要分析，参见成一农《与包弼德教授〈探寻地图中的主张：以1136年的《禹迹图》为例〉一文商榷——兼谈历史学中的解释》，《清华大学学报》2019年第3期，第99~105页。

家'观念的。正如民间地理知识时时提示着每一个人,自己是'国家'地域之中的'人';官场知识中的'户部管理粮田池,又管灶户人口军丁,礼部管下僧民道'也不断提醒人们,自己是'国家'编户齐民之人;而作为民间的'古今人物'则和大传统一道构建起整个民族国家的共同记忆。"[1]这种解释方式属于目前学界一种流行的解释范式,但也是本文所反对的。没有脱离时代的"知识",因此放在社会大背景下来看待的话,所有"知识"都会被现代学者识别出其"时代"特色以及相关痕迹;也正是如此,任何时代中的任何知识都可以被认为"潜移默化"地建构了某种意识、思想等,但这种意识和思想的受众对此很可能是无意识的,古代如此,今天也是如此。就黄小荣研究的"国家"观念而言,虽然无法否定"民间知识同样参与了国家意识的建构",但对于这些民间知识的绝大多数观看者而言,由于这种作为国家编户齐民的身份是绝对正确、理所当然的知识,因此很有可能被他们自动过滤掉,那么黄小荣所认为的"时时提示""不断提醒"这样的修饰词真的是正确的吗?

上述只是从"古今形胜之图"系列地图入手对知识史的一些议题进行了讨论,可以看到除了以往那种套路式的书写方式之外,这一领域还存在广泛的研究空间,研究应当"标新立异",而不是"随波逐流"。

1　黄小荣:《明清民间公共知识体系、传播方式与自身建构——以明清曲本为材料》,《中国史研究》2007年第3期,第123页。

中国人的龙门意象：黄河禹门口两岸的景观、历史和文化符号*

■ 裴孟华（华东师范大学历史学系）

景观史的研究作为有着跨学科意味的研究方向，逐渐为学界所认识和重视。英国历史学家霍斯金斯所著《英格兰景观的形成》[1]一书被认为是景观史的开山之作，此书以大量史料梳理了从罗马人征服之前直到工业革命时代近四千年的英格兰景观变迁史，尤其强调人类活动对景观演进的作用。同为英国社会科学院院士的基思·托马斯所著《人类与自然世界》[2]更为关注人类对自然界情感的变化，他承认自己受特里维廉田园乡村意识影响极大，因此将全书的落脚点放在了思考"新感性与人类社会物质基础之间的矛盾不断加剧"这一命题上，但不可否认，作者成功地刻画了人类对自然态度的转变过程。美国学者的景观研究则多了后现代的味道，其代表W.J.T.米切尔从1992年提出"图画转向"到1997年号召"把风景从名词变为动词"，都是要将景观作为复合文本系统看待，挖掘其所体现的社会心理、宗教形态和政治隐喻，并观察"风景"作为文化实践所起到的作用。[3]

与欧美学者相比，我国学界更多的是从实证研究、个案研究出发，多学科并进研究历史时期的自然人文景观和民众认知。历史学者们多倾向于古代城市景观的研究，而且关注点已不限于扬州、苏州等江南名城，也包括了太原、西安这样的北方重

---

* 本文系国家社科基金重点项目"金元以来山陕水利图碑的搜集整理与研究"（17AZS009）阶段性成果。

[1] 〔英〕W.G.霍斯金斯：《英格兰景观的形成》，梅雪芹、刘梦霏译，商务印书馆，2017。

[2] 〔英〕基思·托马斯：《人类与自然世界》，宋丽丽译，译林出版社，2009。

[3] 〔美〕W.J.T.米切尔编《风景与权力》，杨丽、万信琼译，译林出版社，2014。

镇。[1] 乡村景观、水域景观以及园林景观等细分类别的专门研究有序开展，一些曾经不为人注意的县城逐渐纳入了学者的视野，时间上也从明清上溯下沿，分别至民国和中古时期。[2] 与此同时，文学界、建筑学界和城市规划专业的学者们也都开始涉猎景观史的研究，为城市史、观念史提供了不同的视角。其中对西域、蓬莱、天山等中华文明著名景观的研究已较深入，本土文化景观的理论也处于建设之中。[3]

本文关注的龙门所指的是山西省河津市与陕西省韩城市之间的禹门口。黄河下壶口之后，在山陕两岸的高山峭壁中奔流，行至此地时地势跌落，形成了"禹门三级浪"的景观；山口缩窄，形如门阙，传说为大禹所凿，称为龙门。对龙门文化及龙门图，学界已有初步研究。1994年，运城行署文化局张国维就撰文介绍了当时所见的五通龙门石刻、木雕图，并评论了各自的艺术价值，探讨了可能的刻制年代。[4] 刘家信则关注韩城《龙门山全图》，不仅详细介绍了石刻图中的十六处景点，还对龙门山的由来进行了初步研究。[5] 近年来则有张涛从人居环境科学的角度对《龙门山全图》进行分析，他以专业建筑学的标准评判该图中黄河龙门文化景观的建筑布局和艺术价值，总结出了"寻胜意象"和"时序导引"等本土风景的设计智慧。同时，他也注意到了分居黄河两岸的韩城、河津两地的景观竞争现象，由于仅以韩城《龙门山全图》为核心资料，他认为两个聚落从"争强比胜"的对抗走向融合，最终形成了有机共存的景观。[6]

一　史地和合：龙门的词源与原义

"龙门"二字在殷商时代已经分别出

---

[1] 安介生：《明清扬州世族与景观环境之营建——以北湖地区为核心的考察》，《中国历史地理论丛》2013年第4期；何峰：《苏州阊西地区城市景观的形成与发展》，《中国历史地理论丛》2010年第1期；李嘎、王秀雅：《海子边：明清民国时期太原城内的一处滨水空间（1436~1937年）》，《中国历史地理论丛》2018年第2期；吴左宾：《明清西安城市水系与人居环境营建研究》，博士学位论文，华南理工大学，2013。

[2] 王建革：《19~20世纪江南田野景观变迁与文化生态》，《民俗研究》2018年第2期；张萍：《城市经济发展与景观变迁——以明清陕西三原为例》，《中国社会历史评论》第7卷，2006；王国健、周斌：《唐代文人的旅游生活与新自然景观的发现——以西域、岭南两地为中心》，《湖南师范大学社会科学学报》2013年第5期。

[3] 侯立兵：《汉唐辞赋中的西域"水"、"马"意象》，《文学遗产》2010年第3期；张晓燕、李中耀：《从"玉门关"意象看清代文人的西域情怀》，《西域研究》2016年第1期；刘保昌：《近代以来中国文学的海洋书写》，《西南大学学报》2015年第6期；关凯：《反思"边疆"概念：文化想象的政治意涵》，《学术月刊》2013年第6期；王云才、史欣：《传统地域文化景观空间特征及形成机理》，《同济大学学报》2010年第1期；邓可、宋峰：《文化景观引发的世界遗产分类问题》，《中国园林》2018年第3期。

[4] 张国维：《龙门石、木雕刻图》，《文物季刊》1994年第2期。

[5] 刘家信：《〈龙门山全图〉考》，《文物》1998年第1期。

[6] 张涛：《人居科学视野下的黄河龙门文化景观营造研究——以清刻〈龙门山全图〉为蓝本》，《建筑师》2014年第3期；张涛、武毅、崔陇鹏：《本土人居视野下的黄河龙门文化景观营造研究》，《西安建筑科技大学学报》2017年第5期。

现,甲骨文作 𠂇、 ,[1]而二字合作龙门为一词者似未曾见。同样,以金文形式出现的龙与门二字也在一些铭文中被发现,如出土于山西省万荣县后土祠的十三枚邵钟铭文中有"乔乔其龙";而出土于陕西省扶风县的大克鼎铭文中则有"入门,立中廷"。随着大量战国简帛的出土和对其解读,学界对先秦诸子著作的认识也在不断加深,但目力所及,简帛史料中也未出现"龙门"一词,仍是二字分别出现的情况较多,如郭店楚简 350"性自 28"有"凡古乐龙心,益乐龙指,教其人者也";清华简"说命中"01 有"武丁朝于门"。可考的龙门二字合为一词,要追溯到汉代整理的先秦诸子著作。

"龙门"作为特指名词,最为著名的是《尚书》中的《禹贡》篇。一般认为,孔子整理的《尚书》百篇毁于秦末战火,汉文帝派太常掌故晁错拜访故秦博士伏生,得其所藏《尚书》二十九篇,即今文《尚书》。其中《夏书·禹贡》中有两处提到龙门,一是"浮于积石,至于龙门、西河,会于渭汭";二是"导河积石,至于龙门;南至于华阴,东至于厎柱"。[2]作为托名大禹的地理著作,"龙门"一词出现伊始就与大禹不可割舍,不论《禹贡》篇的真正成书时间如何,从战国至西汉初期,禹凿龙门的说法已经广为流传。《诗经·韩奕》:"奕奕梁山,维禹甸之,有倬其道。韩侯受命,王亲命之:缵戎祖考,无废朕命。"记载梁国韩侯觐见周宣王的事件,其中就提到少梁附近的山脉为禹所凿。《墨子·兼爱中》:"古者禹治天下,西为西河渔窦,以泄渠孙皇之水;北为防原泒,注后之邸,呼池之窦,洒为底柱,凿为龙门,以利燕、代、胡、貉与西河之民。"认为禹凿龙门是治水工程的一部分,利民最广。《吕氏春秋·爱类》:"上古龙门未开,吕梁未发,河出孟门,大溢逆流,无有丘陵沃衍、平原高阜,尽皆灭之,名曰鸿水。禹于是疏河决江,为彭蠡之障。乾东土,所活者千八百国,此禹之功也。"[3]将龙门未开作为禹疏河决江的开端,这些产生于西汉之前的记载基本承认和确定了禹凿龙门的事件。

西汉刘安所著《淮南子》将大禹治水的传说记载得尤为详细:

> 舜之时,共工振滔洪水,以薄空桑,龙门未开,吕梁未发,江、淮通流,四海溟涬,民皆上丘陵,赴树木。舜乃使禹疏三江五湖,开伊阙,导廛、涧,平通沟陆,流注东海,鸿水漏,九州

---

[1] 郭沫若、胡厚宣:《甲骨文合集》第 6 册,中华书局,1999,字号 19269,第 2530 页;郭沫若、胡厚宣:《甲骨文合集》第 11 册,中华书局,1999,字号 34219,第 4259 页。

[2] 慕平译注《尚书》,中华书局,2009,第 65~69 页。

[3] (秦)吕不韦:《吕氏春秋》卷二一《开春论第一》,上海古籍出版社,1989,第 194 页。

干，万民皆宁其性，是以称尧、舜以为圣。[1]

在此书的论述中，龙门未开是导致洪水肆虐的主要原因，因此凿龙门是大禹治水的重要情节："禹沐浴霪雨，栉扶风，决江疏河，凿龙门，辟伊阙，修彭蠡之防，乘四载，随山刊木，平治水土，定千八百国。"[2] 可能在刘安看来禹凿龙门治水是可信的历史事件，但"龙门"一词的内涵已经出现溢出真实地理坐标的倾向，《淮南子·地形训》记录了天地九州、六合四极间的各种奇异存在，"龙门在河渊，湍池在昆仑，玄耀、不周、申池在海隅"。[3] 此句前后内容是三头民、狗国等"海外三十六国"，以及其中龙身人头的雷泽神等未知或幻想的事物，龙门在这里不再指禹门口，显然有了更为丰富的文化意涵。

司马迁是龙门一词传播历史上的重要人物，《太史公自序》中"迁生龙门"一句随着《史记》的流传广为人知。另外，《夏本纪》中"道河积石，至于龙门，南至华阴，东至砥柱"，《河渠书》中"余南登庐山，观禹疏九江……北自龙门至于朔方"等句对禹凿龙门说法的确认，都极大地提高了龙门一词的知名度。除了直接提到龙门之外，《史记》对秦晋、秦魏围绕河西之地战争的记载，以及自战国至汉初西河郡的兴废也是龙门历史的重要内容。所谓河西之地具体范围并无定论，大略包括山西西南、陕西东部以及河南西北，不同时期或有增减。这一区域原属梁（今韩城）、芮（今芮城）等小诸侯国，晋献公时期四处征伐，号称并国十七、服国三十八，虽未将河西小国全灭，不过已经侵占了不少土地，"当此时，晋疆，西有河西，与秦接境"。[4] 献公去世后居秦国的夷吾回国继位，是为惠公，韩原之战后将河西之地献予秦国，"是时秦地东至河"。[5] 之后秦国攻灭梁、芮，并与晋国数次在黄河两岸交战，三家分晋后魏国继承了晋国的少梁（今韩城）、阴晋（今华阴），继续与秦国对抗。

黄河自壶口而下，流速减缓，河道拓宽，具备了航运条件。龙门所在的皮氏（今河津）处于汾河入黄之地，是山陕沟通的重要节点。晋惠公四年（前647）晋国发生饥荒，秦国发粟援助的"泛舟之役"，所走的路线就是由雍都入渭水顺流而下，入黄河后逆流而上，经临晋、蒲阪、少梁至皮氏入汾河抵晋，"以船漕车转，自雍相

---

[1] （汉）刘安等编著《淮南子》卷八《本经训》，高诱注，上海古籍出版社，1989，第80~81页。

[2] （汉）刘安等编著《淮南子》卷一九《修务训》，第208页。

[3] （汉）刘安等编著《淮南子》卷四《地形训》，第45页。

[4] （汉）司马迁：《史记》卷三九《晋世家第九》，中华书局，1982，第1648页。

[5] （汉）司马迁：《史记》卷五《秦本纪第五》，第189页。

望至绛"。[1] 两国交恶后，自公元前416年秦灭大荔戎国，筑繁杂城于魏少梁之侧开始，到公元前332年魏国献阴晋于秦，退出河西为止，秦魏在黄河两岸拉锯了近百年。此间的多次战役都涉及跨河作战，黄河上的各个渡口也成为具有重要战略意义的军事目标，秦惠文王九年（前316），秦国"渡河，取汾阴、皮氏"；[2] 秦昭王元年（前306），樗里疾伐蒲未果，转击皮氏，不能下；[3] 秦昭王十七年（前290），"秦以垣为蒲阪、皮氏"。次年秦又拔魏城大小六十一座，此后直到魏亡，秦魏之间再无大的战事。不论是通漕运粮的秦晋之好，还是两国之间跨河作战，龙门都是连接山陕两地的桥梁和窗口，在经济、军事上的重要地位和独特的自然景观又逐渐催生出鱼跃龙门的传说故事。

鱼跃龙门故事的核心情节与大禹传说仍脱不开干系，据说是鲤鱼逆流而上，在龙门处争相跃起以期跳过龙门，大禹为之感动而点化鱼群为龙。这一传说最早见于东汉辛氏《三秦记》："龙门山在河东界，禹凿山断门，阔一里余，黄河自中流下。两岸不通车马。每暮春之际，有黄鲤鱼逆流而上，得者便化为龙。又林登云，龙门之下，每岁季春有黄鲤鱼，自海及诸川争来赴之。一岁中，登龙门者，不过七十二。初登龙门，即有云雨随之，天火自后烧其尾，乃化为龙矣。其龙门水浚箭涌，下流七里，深三里。"[4] 魏晋时期这一传说的风格基本确定下来，郦道元在记录崩浪万寻、悬流千丈的禹门黄河时写道："《尔雅》曰：鳣，鲔也。出巩穴，三月则上渡龙门，得渡为龙矣。否则，点额而还。"[5]

随着鱼跃龙门传说的流传，故事中飞黄腾达的情感意味逐渐被提炼出来，用于形容士子被人赏识。最早见于《后汉书》中李膺的事迹，"是时，朝廷日乱，纲纪颓弛，膺独持风裁，以声名自高。士有被其容接者，名为登龙门"。[6] 东汉灵帝时，宦官与士人的党争使得朝政混乱，而李膺的气节为人敬重，士人都以能与他相交为荣，称为"登龙门"。另外，还有西晋王衍，家族世居要职，满朝官员唯其马首是瞻，他本人又极善清谈，为后进士子所仰慕，《晋

---

[1] （汉）司马迁：《史记》卷五《秦本纪第五》，第188页。

[2] （汉）司马迁：《史记》卷五《秦本纪第五》，第206页。

[3] （汉）司马迁：《史记》卷七一《樗里子甘茂列传第十一》，第2307页。皮氏应于前317年归还于魏，"十一年，县义渠。归魏焦、曲沃"。《史记》卷五《秦本纪第五》，第206页。

[4] （宋）李昉：《太平广记》卷四六六，中华书局，1961，第3839页。

[5] （北魏）郦道元：《水经注》卷四，陈桥驿点校，上海古籍出版社，1990，第64页。

[6] （宋）范晔：《后汉书》卷六七《党锢列传》，中华书局，2000，第2195页。

书》称其"朝野翕然,谓之'一世龙门'矣"。[1] 南朝任昉"甲部阙如,才长笔翰,善辑流略,遂有龙门之名,斯亦一时之盛"。[2] 这一时期以九品中正选官,在位者的提携十分重要,所以"登龙门"更多是表现上位者的权力。隋唐之后科举制度建立完善,鱼跃龙门的故事也发生了微妙的变化。唐代李肇"旧言:春水时至,鱼登龙门,有化龙者。今汾晋山穴间,龙蜕骨角甚多,人采以为药,有五色者"。[3] 唐末道家著作《无能子》记载了鱼跃龙门的传说:"河有龙门,隶古晋地,禹所凿也。悬水数十仞,淙其声雷。然一舍之间,河之巨鱼,春则连群集其下,力而上溯。越其门者则化为龙,于是拿云拽雨焉。"[4] 可见科举制之前的鱼跃龙门与大禹密切相关,之后则倾向于强调龙门本身的机制性作用。

从殷商之际的甲骨文字,到秦汉之际禹凿龙门说法的形成,再到魏晋之际的"登龙门"和隋唐时期的鲤跃龙门,晋陕峡谷中的这道隘口从来就不是单纯的自然地理景观。与社会思潮和政治制度的联系,以及与上古部族领袖的渊源,使龙门的说法从产生之处就呈现出历史事件与地理景致合和并现的特点。

二 众形殊象:山陕两地的龙门图

不论是鱼跃龙门的神话传说,还是禹凿龙门的事件,山西省河津市与陕西省韩城市之间的黄河禹门口都是最为贴近文字记载的,再加上此地长期以来都是山陕两地交流的重要渡口,因而两地也围绕龙门景观形成了数量众多的龙门图。这些图或藏于地方志书,或以线条刻于石,还有的是石雕艺术品,不论材质、时代如何,分居黄河东西的河津、韩城两县对龙门有着不同的认知,也形成了视角不同、内容各异的龙门图。

咸丰五年(1855)所制的《龙门山全图》[5] 是韩城最具代表性的一幅石刻龙门图。此图以坐南面北、俯视黄河两岸的角度绘制龙门全景,黄河自东北奔流而下,冲刷河西峭壁,转而折向东南,在韩城界内形成一块凸入大河的半岛。在这里黄河东西分别有出挑的河岸,河面被陡然收束而形成巨大的漩涡,冲过这个窄口之后河床宽广无垠,占据了整个画面。以大河为界,韩城、河津两县的各种景致约以三七之分将图划为两部分,除山脉、河流外,各式建筑构成了画面主体,其中最为核心的则

---

[1] (唐)房玄龄:《晋书》卷四三《列传第十三》,中华书局,1996,第1236页。

[2] (梁)萧绎:《金楼子》卷四,中华书局,1985,第75页。

[3] (唐)李肇:《唐国史补》卷下,中华书局,1991,第166~167页。

[4] 王明校注《无能子校注》卷下,中华书局,1981,第38页。

[5] 现藏于韩城市博物馆。图1为西安科技大学张涛制图,参见张涛《人居科学视野下的黄河龙门文化景观营造研究——以清刻〈龙门山全图〉为蓝本》,《建筑师》2014年第3期。

是东西两座禹庙。位于河津的东禹庙规模较大，除了明德殿、建极殿两座主殿之外，还有东西戏台、龙门坊、寝殿等附属建筑，以及山脚下的后土祠、坐居河心高地的临思阁等相近的标志性建筑。自河津县城至庙宇的南北两条路线清晰可辨，南线沿河而走，经过大片东岸民居抵达禹庙东山门口，一路均有栏杆护持；北线依山而行，经过南亭和山下小庙，抵达的应是侧门。韩城一侧的西禹庙规模较小，不过水楼、看河楼和戏台、牌坊、门楼等建筑应有尽有，布局紧凑，禹庙西南的平坦地带分布着大量民居。值得注意的是，黄河在西侧峭壁和出挑的河岸之间陡然下落，之后形成了一条水速较缓的支流，尽头分布着若干民居。由于上游有壶口，下游有漩涡，南北都缺乏安全的航道，所以没有形成港口，但是大河击石而落、两岸峰峦叠嶂的震撼景观使之成为西岸龙门景观的核心内容。除了占据碑面大部的线刻图景之外，此碑边缘还有跋文，记载了刻图缘起、内容概况及作者信息。[1]

《古耿龙门全图》由津邑恒裕石厂刊制，约刻于清咸丰年间。[2] 此图碑上部为薛瑄所作龙门八景诗，下部为线刻龙门全图，图中两岸山峰高耸入云，禹庙民居等各种建筑都显得十分渺小。从建筑规模看，仍是东岸较为宏伟集中，出现了龙王庙、三官庙、祖师庙等多个大禹信仰之外的民间宗教建筑，西岸则分为靠南的禹庙建筑群和靠北的民居聚落两个部分。黄河波涛汹涌，自山谷之中奔流而下，激荡的水面形成大小数个漩涡。河中心有一块巨大的礁石突出水面，形如艨艟巨舰，号称"禹王坟"。河面上的大量船只引人注目，这些船分为排水量较大的平底单桅沙船和体型较小的人力驳船，为了躲避河心乱流和漩涡，所有船只均是沿河岸行驶。河津一侧的口头街停泊了大量船只，显示这里或是一处港口，图上题注"龙门山夹岸东西阔八十步，壁立千仞，中通河流，形如门闸"。而河出龙门之后就具备了一定的通航条件。龙门作为两省山脉夹河而成的景观，很难将其归属完全划分于某省某县，此图在晋省东禹庙河岸上标注"龙门"二字，又将作为重要话语资源的"变化鱼龙地"归于陕西所处的河西之地，在某种程度上体现了两地景观共生、文化相融的情感。

除了这两幅内容丰富的石刻龙门图外，两地分别还存有若干以龙门景观为主题内容的图像。河津市龙门村现存有浮雕栏板《龙门图》[3] 五幅，共同描绘了黄河两岸的壮丽景观，除了包括常见的八景和各式庙宇建筑外，这一组石刻对河岸栈道的刻画尤其详细，道路两旁的标志性古树、牌坊、楼阁都有体现，路上的行人使自然景观多

1　参见刘家信《〈龙门山全图〉考》，《地图》1998 年第 1 期。

2　见图 2、图 3。碑由"闻邑张恒忍敬绘"，此人还刊刻了数通碑刻，均存于河津市真武庙内，时间跨度为咸丰三年至咸丰十一年。

3　现存山西省河津市龙门村舞台。

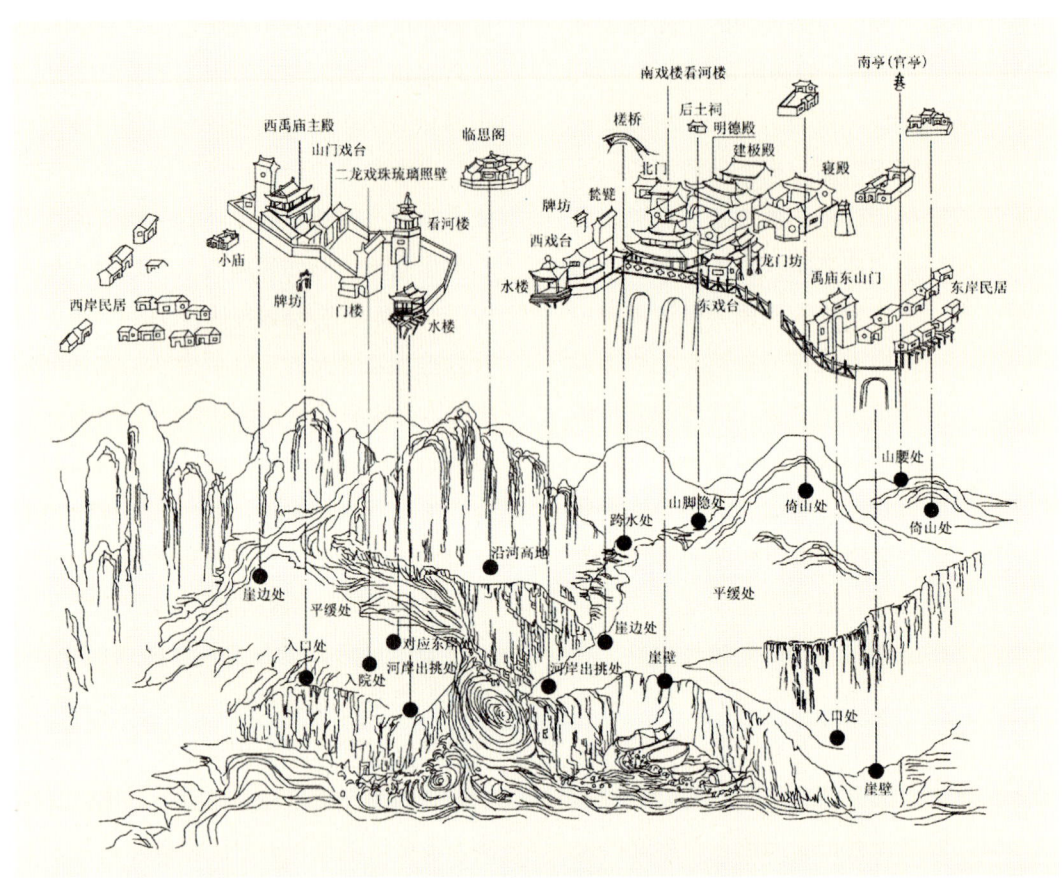

图 1　龙门山全图

了几分生活情趣。《龙门古渡石刻图》同样存于龙门村，此碑构图与《古耿龙门全图》相似，题诗仅有明人孟养气的《禹门叠浪》："登眺龙门眼界宽，昏昼雪浪逐飞湍。分明圣迹昭千古，莫作寻常等闲看。"木质《古耿禹门全图》刻板[1]藏于河津博物馆，一度为农妇作为洗衣板，幸于文物普查时收回。由于损毁较为严重，很多字迹已经漫漶不清。从格局来看，河津一侧的风景占据画面的绝大部分，禹庙、栈道清晰可辨，甚至河津县城的局部都出现在图中。图上部高山环伺，祥云漫天，下部以巨大的漩涡代指黄河龙门，河西岸韩城禹庙也是栅栏环绕，颇具气势。

韩城则有成化年间《龙门诗图》碑[2]，此碑名义上是围绕监察御史薛钢所提的龙门诗绘制，诗曰："生慕龙门恨未逢，倩人慕入画图中。山横宇宙东西断，河贯河夷

---

[1] 河津市博物馆藏，见图4。

[2] 韩城市博物馆藏，见图5。

图 2 《古耿龙门全图》东禹庙

图 3 《古耿龙门全图》船队和口头镇

图 4 《古耿禹门全图》刻板

龍門詩圖

余少時讀禹貢即知龍門不可
不遊及今巡歷關陝至韓城以
道迂弗果近快快然若鳳鳥木
陰也乃命工圖畫其形勢又作
詩以紀之惜斗韓人不工於畫
余不工於詩兩謂有聲無聲不
必論但欲時觀焉以自驛且壁
禹功長在目云

生慕龍門恨未逢倩今華入
畫圖中山橫宇宙東西斷河
賈隼夷遠近通三級爭派魚
喜浪雨崖欲隨鳥愁鳳丁今
飽食安居者可忘平成萬世
功

　　　　　　嘉靖丙申歲日
巡按監察御史山陰薛綱題

图 5　《龙门诗图》碑

远近通。三级急流鱼喜浪,两崖欲堕鸟愁风。至今饱食安居者,可忘平成禹世功。"但全图线条粗疏,着重表现两岸山脉的奇峻,对诗中描绘的黄河三级急流呈现不够。同治十三年(1874)《九折黄河碑龙门全图》[1]已经碎裂为三块,上题杨恩元诗:"一自荒山划禹门,洪河西北下昆仑。无人不颂平成德,有峡犹瞻疏凿痕。"图中黄河自北蜿蜒而来,在东西禹庙间河道收紧如瓶,两岸楼阁耸立,规模相当。此图还描绘了两岸山间溪水并流,以及若干小河汇入黄河的场景,是其他龙门图中未曾出现的。

方志中的插图是龙门图的另一种重要载体,两省通志、两县县志均有龙门图收录,不同出处的内容与风格大相径庭。《陕西通志》收录的《龙门山图》[2]自河西陕西界内俯观黄河,可见大河自西北奔向东南,图中包括龙门东山、东西禹庙等景观。此图风格粗犷,总体上详陕略晋,详山略水,对韩城界内的村落和涧溪都有提及,对岸建筑则只绘制了禹庙;与石刻龙门图不同,志书是以山脉、土地为着眼点,山势走向、峰峦位置、山中小路都有表现,而河流只是大略描绘了流向和三级落差。乾隆四十一年(1776)《关中胜迹图志》中的《龙门图》[3]基本是以此图为底本而有增删,详略有别的风格更加鲜明。这幅图中陕西界内的景观增加了数处文字标注,而河津的禹庙只用三间房屋指代,河流中用于体现落差的浪花也更加简洁。与前两幅图类似,乾隆四十九年(1784)《韩城县志》中的《龙门山图》中韩城一岸的建筑密度也远大于东岸的河津,此图运用了西方传来的透视画法,以近宽远窄为原则,仅用线条表现出了黄河的三级落差,但作者完全放弃了表现水流激荡的龙门,图中禹门口的黄河如瀑布一般落入下游。

光绪《山西通志》中的《龙门图》(图6)[4]则走向了另一个极端。这幅图本就用笔简练,而河津禹庙、水楼、观音阁等建筑应有尽有,加上东岸山脉河岸,占了全图一半篇幅;反观对面陕西界内,仅有寥寥数笔勾勒的几座山峰,别无他物。黄河在图中的形象也十分夸张,图中东西两岸不仅山脉连绵,地势也随之呈现出极大的落差,导致图中的河水如溪流入湖:大河由北向南连跃五级,在画面底部转为东西流向,形成一片宽阔的水面,状如湖泊。《河津县志》[5]中没有以龙门为名的插图,包含龙门景观的均是河津八景之一的"禹门叠浪"图,内容上与以上各幅龙门图呈现出完全不同的风格。"禹门叠浪"图以林思阁、禹王坟一线为中轴,

---

1 韩城市博物馆藏。
2 (清)刘于义等修,沈青崖等纂《陕西通志》卷八,清雍正十三年刻本,第11~12页。
3 (清)毕沅撰,张沛校《关中胜迹图志》,清乾隆四十一年底本,三秦出版社,2004,第406~407页。
4 (清)曾国荃、张煦等修,王轩、杨笃等纂《山西通志》卷一,清光绪十八年刻,第32~33页。
5 (清)沈千鉴修,王政、牛述贤纂《河津县志》图例,清嘉庆二十年刻本,第5页。

图 6 光绪《山西通志》中的《龙门图》

东列河津禹庙和沿河而铺的道路，西画韩城禹庙和观河楼，画面中央标注龙门二字。虽然山峰、建筑等图画构件是河东一边较繁较细，但从整体篇幅上看，河津、韩城二地所占各半，全图传递的气质是山陕两地的交融凝聚。

明清之际各地修撰县志都流行总结本地或秀美或壮丽的自然景观，龙门作为韩城、河津两地重要的风景，自然为地方社会所重视，这也是明清之际大量龙门图、碑出现的背景。由于两地观景视角不同，本土立场不同，各自眼中的龙门景观也不尽相同，龙门图众形殊象，各具特色。这一时期龙门所蕴含的文化内容已趋向完备成熟，而地方上对龙门景观的再创作在趋同的认知中保留了龙门在晋陕的本土基因，这也是区域社会差异性的体现。

三 渐流南北：龙门意象的地域辐射

龙门所指何处一直存在争议，但是从秦汉禹凿龙门的传说、历代吟咏山陕龙门的辞赋，到新中国成立初期文物系统的认证——"禹贡龙门为今陕晋接界黄河奔流泄口处",[1] 禹门口无疑是最为古今国人认可的一处龙门景观。随着龙门蕴含的文化意味日益丰富，尤其是鲤鱼化龙的吉祥寓意形成之后，"龙门"作为地理景观不再是山陕的专属，而是渐流南北，以各种形式出现在中华文明辐射所及的各地。从承载方式看，以龙门为名的有山脉山峰、河流溪涧、乡镇村落、风景名胜，以及其他衍生的特指词汇。从传播路径来看，则呈现出源起于山陕后首先扩散至黄河流域，而后

---

[1] 贺泳：《洛阳龙门考察报告》，《文物》1951 年第 12 期。

流布至长江以南，最终辐射东亚地区的三个阶段。

禹门口两岸连绵着吕梁山支脉，"山经禹凿而断，虽执河以西为吕梁，河以东为龙门，故韩城亦号龙门……吕梁碑说：吕梁者，龙门也。则龙门、吕梁实为一山"。[1] 志书中将龙门、吕梁合为一山，而在当地话语中，吕梁山过于绵长，习惯上仍将河津境内的支脉称为龙门山。河津龙门山的地方化色彩虽然浓重，但龙门所代表的自然环境特色也非常鲜明，即《水经注》所总结的"河中漱广，夹岸崇深"：河流过口之前河面宽广，经过两岸峭壁形成的夹口时水流湍急奔涌。如山西阳城境内的龙门河，发源于城东三盘山，在河南木公山汇入沁河，全长26公里。每年夏天若逢暴雨，山洪暴发，河水流量骤然增大，狭窄的河道状如门户，河水汹涌而下，如巨龙冲门而出。四川盆地西北一线岷山山系的龙门山脉更为知名，四川龙门山脉东北起广元，西南达泸定，全长500余公里。此山古称湔山，"有周之世，限以秦、巴，虽奉王职，不得与春秋盟会，君长莫同书轨。周失纲纪，蜀先称王。有蜀侯蚕丛，其目纵，始称王……次王曰鱼凫。鱼凫王田于湔山，忽得仙道，蜀人思之，为立祠"。[2]

后来何时更名为龙门山已不可考，当地现在有"云过龙门即雨"的说法，应是以自然环境的特色命名。

地理景观之外，还有大量以龙门作地名的现象，这集中体现了区域文化对龙门意象的吸纳和再创造。如广东阳春龙门河所在地原名企坎圩，处于外地进入周边聚落的关口。民国时期，国民党军队连长陈容周为剿灭陈东海匪帮驻扎在此，取"龙光射斗，门庆通商"之意，改名为龙门。此地得名比较晚近，因而详细，更多的地域则是取材于地方传说，如浙江富阳龙门山，是东汉严子陵留下"此处山清水秀，胜似吕梁龙门"的评价，因而得名。[3] 湖北宜昌龙门河则得名于当地的神龙传说，据说是两条巨龙常在当地悬崖间嬉耍环绕，不肯离去而化为山脊，山西的河流即称为龙门河。[4] 以龙门为名的最高级别行政区应是广东龙门县。龙门县原属增城，明弘治年间割西林、平康、金牛、博罗，新设一县，由于此地原为上龙门地区，故命名为龙门县。四川南充市的龙门镇历史悠久，据说至晚在北宋已经得名，2000年国家邮政局在龙门镇首度发行《小鲤鱼跳龙门》小型张特种纪念邮票，因此也有人认为鲤鱼跃龙门传说的源头或为四川南充。

---

1 （清）黄鹤龄修，张其昺纂《河津县志》卷二，清乾隆四十八年刻本，第4页。
2 （晋）常璩：《华阳国志》卷三，齐鲁书社，2010，第27页。
3 杭州古都学文化研究院编《杭州古村名镇》，杭州出版社，2016，第198页。
4 中国人民政治协商会议宜昌市委员会文史资料委员会编《宜昌市文史资料》第22辑，枝江市新华印刷有限公司，2001，第240页。

除以上知名度较高的各地龙门外，散落在各地的龙门还有许多。如宋代周去非记载岭南"浔、象之间有龙门。春水大至，鲟鲤大鱼自海逆流而上，渔师于龙门之下，回澜之中，设网横江，举而得之"。[1] 严州有龙洞山，"山巅有龙门池，流水溉田，足以供僧"。[2] 安溪有"龙塘山，山曰龙塘，岭曰龙门，庙曰龙王，庙下潭曰龙塘潭，悬瀑数十尺，二壁夹立，旧尝祷雨，有龙见。古有龙门驿，通同安县"。[3] 台南市孔子庙《重修棂星门泮池碑记》："墙之外，东有龙门，西有云路。山明水秀，拱于庙前，焕然海外之巨观也。"[4] 福建闽县"石壁在江右里，上有龙门二字"。[5]《读史方舆纪要》遍览九州山河，记载的龙门更多。[6] 另外，在山西平顺县、陕西陇县、江苏徐州、广东温州等地也都有龙门山，昆明有西山龙门、海南儋州有龙门激浪。这些以龙门为名已不尽与禹门口相关，这意味着龙门意象已经不再是单一的地理景观，而是成为深入各地文化基因之中的文化符号，进入了新的传播阶段。

这一阶段直接表现为以龙门命名的特指词汇开始出现，如全真龙门教派、洛阳龙门石窟，乃至川渝地区"摆龙门阵"的社交活动。据说，川渝之所以将聊天闲谈称作"摆龙门阵"，是因为明清时说书艺人的话本中薛仁贵评传是重要内容，而薛仁贵摆龙门阵破敌则最受欢迎。薛仁贵籍贯河津，这一活动的命名与禹门口也有着些许关联。以鱼跃龙门为主题的艺术品也屡见不鲜，如元代青花釉里红鲤鱼跃龙门双耳罐、安徽歙县万历十二年（1584）许国石坊上的鲤鱼跃龙门石雕、蓬莱市明代火神庙遗址的鲤鱼跳龙门浮雕、清代兴安文庙状元桥"鲤鱼跃龙门"石刻图像等。值得注意的是，明清之际流行各式牌坊，其中"龙门坊"即是特别为纪念乡人科举中第所立。

渊源于山陕峡谷的龙门意象不仅在传统时期的中国南北流行，还流传到了周边同为儒家文化圈的其他国家。自汉代起中日就有交往，唐代中日交流尤其密切，以当时流行的绝句、律诗为载体，龙门意象初次为异域所知。唐诗中有大量以龙门作典的句子，如李白"黄河二尺鲤，本在孟津居。点额不成龙，归来伴凡鱼"；白居易"龙门点额意何如，红尾青鬐却返初。见说在天行雨苦，为龙未必胜为鱼"；元稹"有

---

[1]（宋）周去非：《岭外代答》，屠友祥校注，远东出版社，1996，第17页。

[2]（宋）郑瑶、方仁荣：《景定严州续志》卷七，中华书局，1985，第78页。

[3]（清）谢辰荃修，洪龙见纂《安溪县志》卷一，清康熙十二年本，福建省安溪县志工作委员会，2003，第19页。

[4] 黄典权：《台湾南部碑文集成》，大通书局，1966，第135页。

[5]（明）陈道修，黄仲昭纂《八闽通志》卷四，明弘治三年底本，福建人民出版社，1990，第68页。

[6] 如卷一〇"白河，源出宣府镇龙门所东，下流经顺天府通州东"；卷一一"阎沟河在县南。源出县西北龙门关口，东南流合于广阳水"；卷十八"城在檀州西五百五十里，城北有龙门山"；卷二六"新寨山在县西南十里，壁立险阻。又有龙门山，在县西南十三里，两山对峙，状如龙门"。

翼劝尔升九天，有鳞劝尔登龙门。九天下视日月转，龙门上激雷雨奔"。古玩市场上曾出现一枚江户时代铜镜，背面刻鲤鱼跃起于河的图景，并大书龙门二字。现在日本仍保留着在端午节时放鲤鱼旗，祝愿男孩茁壮成长、坚强勇敢的习俗，并有俗语"コイの滝登り"（鲤鱼跳瀑布），为成功发迹之意。古代朝鲜半岛长期以来使用汉字，世宗大王时组织学者造谚文，时称"训民正音"，即今天韩字、朝鲜字的源流。20世纪初这种字体在朝鲜半岛得到推广普及，中国的龙门也衍生出了特指词语，如"출세의 길에 오르다"（登龙门），意为踏上仕途；"과거 시험에 합격하다"（鱼跳龙门），表示考试合格或突破关卡。清人则记载了越南的龙门传说："安南国有艾山，在嘉兴州蒙县，西临大江，峭石环立，人迹罕至。相传上有仙艾，每春开花，雨后漂水中，群鱼吞之，便过龙门江化为龙。"[1]

由此可见，文献资料中的龙门一度特指禹门口一带，这里便是龙门意象的缘起，而后经历了三个阶段的层级式传播。黄河冲过龙门之后，不久就转而东流，经过华夏文明早期最为核心的几个区域——晋陕、中原、齐鲁，也将这一意蕴丰富的景观认知带到各地。这些地域多与大禹治水传说脱不开干系，这是龙门意象传播的第一阶段。随着察举、征辟和科举等人才选拔制度的迭次变更和南方地区的开发，因为鲤鱼化龙而承载了特定寓意的龙门在传统中国开花散叶，此时这一意象超越了黄河流域的空间束缚而流广至全国各地。与此同时，山川河流的形貌、地方知识的建构、集体记忆的生成等因素也逐渐成为各地分别得名龙门的重要原因，这意味着传播的第二阶段不是单纯的复刻行为，而是各自赋予了龙门更为丰富的意涵。龙门意象流布的第三阶段是在中华文明的影响力辐射至东亚地区之后，与龙门相关的种种存在也在这些异域出现，并在其本土文明中取得一席之地。这时源于晋陕禹门口的龙门，已经是中华文明传播的一个标识性符号，渐流南北的龙门意象正是文明辐射的载体和具象。

余　论

2016年5月，南京师范大学吴青龙研究员带领的团队在《科学》上发表文章，通过地质学和考古学的证据推断公元前1920年在黄河上游发生的大洪水是真实存在的，这次洪水事件长时间留存于社会的集体记忆之中并为《尚书》和《史记》所记载。[2] 此文一出即引发学术界的广泛讨论和公众热议，上古传说是否能为现代科学证实为确实发生的历史事件，一度

---

[1] （清）褚人获辑撰《坚瓠集》卷四，李梦生点校，上海古籍出版社，2012，第1209页。

[2] Wu, Q., Zhao, Z. Liu, L., Granger, D. F., Wang, H., & Cohen, D. J., et al., "Outburst Flood at 1920 bce Supports Historicity of China's Great Flood and the Xia Dynasty," *Science*, Vol.353, No.6299 (2016): 579-582；陈菁译《公元前1920年溃决洪水为中国大洪水传说和夏王朝的存在提供依据》，《中国水利》2017年第3期。

成为争论的焦点。无论史前文明的真正经历如何，龙门意象都是中华文明最原初的基因，并且在时间和空间上伴随了文明传承和传播的全部过程。纵观龙门从自然景观到文化符号的演变，可以得出以下几点认识。

首先是自然景观是怎样被赋予文化内涵的。地理学家针对文化景观变迁总结出的"相继占用""循环侵蚀"等理论并不适用于龙门，层级替代的思想可以解释基于实用主义的人类开发活动，而人类活动对龙门景观的影响是十分有限的。秦晋峡谷的山峰峭壁、奔涌而下的万丈黄河，这些自然景观在相当长的历史时期内都没有发生大的变化，自然现象本身的强大表现力是龙门意象得以生成的基础。单纯的视觉奇观并不足以支撑起一个被文明高度认可的文化符号，与民族起源密切相关的叙事、由此产生的信仰和祭祀仪式、神话传说与国家典制的密切关系、区域交流的功能性作用，共同赋予龙门丰富的文化内涵。承载了这一意象的各类媒介层出不穷，体裁繁多，才最终造就了今日形象鲜明、意蕴凝练的龙门意象。

其次是地理景观文化意蕴是宏观一致性和微观差异性并存的。从整个文明界域的高度看，龙门与蓬莱、西域或玉门关类似，有着独一而具体的指向性内涵；从真正处于龙门所在地的韩城、河津看，则又有不尽相同的认知。在外界看来，禹凿龙门、鱼跃龙门几乎囊括了禹门口景观的寓意，但是地方社会对龙门的认知并没有湮灭在更高层级、更大范围群体的刻板印象中，反而因为互相竞争呈现出旺盛的生命力，两地产生的"龙门八景"不断演进，逐渐融合为有机统一的禹门口景观。除此之外，其他地域也不只是充当观赏者和传播者，大量借名龙门的山川聚落开始出现，其中甚至产生了质疑禹门口龙门的声音，这都是大一统国家中文化认同性与地方社会区域特性互斥互融的体现。

最后是如何认识文明的载体和具象。有学者将人和物称为文明传播最主要的载体，而语言、历法、美学等"第三类舶来品"则真正触及了社会成员的认知观念和生活方式，是影响最大的文明载体。[1] 与之相比，传说故事似乎很难把握其传播过程和影响力，但是作为一种起源于中国的文化符号，龙门意象在朝鲜、日本等政治边界之外地区的出现，无疑是中华文明辐射力的体现。由此看来，龙门意象由晋陕而遍布中国南北，是中华文明界域之所及；由中国而至海外，是中华文明辐射和影响力之所及。即使语言不通、文字不同，作为文明载体的龙门符号也能成为异域对中国最为具象的认知，并且逐渐本土化，形成各自独到的表达方式。

---

[1] ［日］中西进：《日本遣外使与文明载体》，王勇、郑洁西译，《甘肃社会科学》2008年第5期。

19 世纪外文北京城市地图之源流
——比丘林的《北京城图》及其影响

■ 郑 诚（中国科学院自然科学史研究所）

尼基塔·雅科夫列维奇·比丘林（Никита Яковлевич Бичурин，1777–1853），俄国东正教修士，法号雅金夫（Иакинф）。1808 年 1 月至 1821 年 5 月，比丘林担任第九届俄国东正教驻华使团团长，旅居北京十三年之久。在华期间，比丘林勤奋学习汉文，翻译中国典籍，回国后发表了大量中国题材论著，特别是蒙古、西藏、西域史地方面的作品，成为俄罗斯汉学的主要奠基人。[1]

1829 年，比丘林的编译作品《北京志》在圣彼得堡出版，同时发行俄文版与法文译本。[2] 该书全称《北京志，附有 1817 年测绘之北京城图，雅金夫修士译自汉语》，配有俄法双语标注的单张北京城市平面图（书影参见本文附录一）。图高 123 厘米，横长 89 厘米，比例尺约为 1∶10000[3]。铜板印刷，手工上色，尺幅宽阔，绘制精美，令人过目难忘。图面中的宫殿官署、城门庙宇等 185 处地物标有

---

* 本研究获得中国科学院青年创新促进会项目"战争、技术与社会"（课题编号：Y52201101C）资助。张晓静女士、吴蕙仪女士、汪小虎先生帮助收集文献，王芳女士校对俄文资料译文。俄罗斯国立图书馆东方文献中心、地图部惠准复制资料。承蒙沈国威先生鼎助，得以查阅关西大学图书馆藏古地图。本文初稿曾在内蒙古师范大学科学技术史研究院大衍论坛（2018 年 10 月 12 日）、第四届亚洲世界史学会国际研讨会（大阪大学，2019 年 1 月 5 日）报告，与会学者多有赐教。本刊审稿专家给予宝贵建议。统此致谢。

1 比丘林生平事迹，参见〔俄〕斯卡奇科夫著，〔俄〕米亚斯尼科夫编《俄罗斯汉学史》，柳若梅译，社会科学文献出版社，2011，第 117~173 页；李伟丽《尼·雅·比丘林及其汉学研究》，学苑出版社，2007。

2 俄文版：Н. Я. Бичурин, *Описание Пекина, Съ приложеніемъ плана сей столицы, снятого въ 1817 году. Переведено съ Китайскаго Монахомъ Іакинфомъ* (Санкт-Петербургъ: Въ Типографіи А. Смирдина. 1829). 法文译本：*Description de Pékin avec un plan de cette capitale, Ouvrage traduit du Chinois en Russe, Par le Rev. P. Hyacinthe, Traduit du Russe par Ferry de Pigny* (St. Petersbourg: De L'Imprimerie de Charles Kray, 1829). 两书均可在谷歌图书下载。另有 1906 年北京东正教印字房重印之俄文版《北京志》，尚未得见，不知配套地图是否同时再版。参见肖玉秋《俄国传教团与清代中俄文化交流》，天津人民出版社，2009，第 214 页。

3 图面尺幅，据中国国家图书馆藏本。参见中国国家图书馆、测绘出版社编著《北京古地图集》，测绘出版社，2010，第 147 页。《舆图要录》附录 477 号著录 План Пекина，题作"北京平面图"，比例尺为 1∶9400，1817 年，93 厘米 ×105 厘米。参见北京图书馆善本特藏部舆图组编《舆图要录：北京图书馆藏 6827 种中外文古旧地图目录》，北京图书馆出版社，1997，第 534 页。中国国家图书馆藏本，仅此一件，两书著录尺幅数据小异，不知何故。

数字，与《北京志》条目相互对应。《北京志》亦即《北京城图》的说明书。

《北京志》俄、法文版问世的同一年，德裔东方学家克拉普罗特（Julius Heinrich Klaproth, 1783-1835）与法国地理学家、翻译家埃里耶斯（Jean-Baptiste Benoît Eyriès, 1767-1846）即在巴黎出版的《亚洲学报》（1829）上发表长篇报告，介绍比丘林新著，明确指出《北京志》的编译底本为吴长元《宸垣识略》，并从实用性和可读性方面批评《北京志》与《北京城图》的不足之处。[1] 报告简要梳理了 17 世纪末以来欧洲绘制出版北京城市图的历史，并介绍了当时欧洲所能见到的三幅中国制作的北京地图。[2]

韩书瑞（Susan Naquin）的专著《北京：公共空间和城市生活（1400~1900）》（2000），梳理了 17~19 世纪欧洲出版的北京城图，迄今最为详细、全面。该书简略提及 1829 年问世的比丘林《北京城图》，谓其内城部分是西化的内务府类型地图，即源自《乾隆京城全图》；1860 年英法联军侵入北京后，该图流传更广，前后被收入四种著作（Pauthier, 1853; Varin, 1862; Poussielgue, 1864; Bredon, 1922）[3]。韩书瑞对比丘林图（即比丘林《北京城图》）史源的推测并不可信，同时远未揭示该图在 19 世纪的深刻影响。

朱竞梅《北京城图史探》（2008）一书侧重探索明清时期的中文北京地图，没有提及比丘林的名字和作品。该书介绍的清末石印本《京师全图》、《京城详细地图》以及法文版北京地图，实际上皆属于比丘林图系统。[4]

《北京古地图集》（2010）系统影印了一批中国国家图书馆所藏珍贵的中外古旧地图，各附解说。《北京古地图集》所收俄、法双语版"北京城区图"，据图题标注为 1817 年彩印，未说明作者。该图实即 1829 年出版的比丘林《北京城图》。[5]

霍赫洛夫（А. Н. Хохлов, 1929-2015）《19 世纪俄国地图学中的清代中国首都北

---

[1] J. B. Eyriés et J. Klaproth, "Rapport sur le plan de Péking," *Nouveau Journal Asiatiques* IV (1829): 356-374. 同一时期其他刊物发表之书讯/书评，尚有俄文二篇（1829）、德文一篇（1829）、法文一篇（1830）。参见 Hartmut Walravens ed., *Iakinf Bičurin: Russischer Mönch und Sinologe: Eine Biobibliographie*, Berlin: Bell, 1988, pp. 36-37.《北京志》比丘林自序，仅称译自 1788 年出版的中文书，未提及书名、作者。

[2] 所谓"三种中国地图"，包括《首善全图》刻本（应为常见之长方形城墙轮廓者）、《八旗通志》附内城图以及甲种宋君荣图（后详）。克拉普罗特称宋君荣图为布歇图（Plan de Buache），因该图据中文地图改绘，故算作中国地图。

[3] Susan Naquin, *Peking: Temples and City Life, 1400-1900*, Berkeley: University of California Press, 2000, p. 488. 中译本为：〔美〕韩书瑞《北京：公共空间和城市生活（1400~1900）》，孔祥文译，中国人民大学出版社，2019，第 560 页。此外，S. Naquin 撰有"Mapping Peking: Cartographic Technology and Empires East and West"一文，插图增加若干古地图，收入 Ole Villumsen Krog et al., *Treasures from Imperial China: The Forbidden City and the Royal Danish Court*, København: Kongelige Sølvkammer, 2006, pp. 264-269.

[4] 朱竞梅：《北京城图史探》，社会科学文献出版社，2008，第 128~130、144~147、150~153 页。

[5] 该书所载清末石印《京师全图》《订正改版北京详细地图》亦属于比丘林系统，解说文字未予提示。参见中国国家图书馆、测绘出版社编著《北京古地图集》，第 146~153、202~207、228~235 页。

京：比丘林与拉德任斯基的作品》(2014)一文，主要论述1829年以降比丘林《北京城图》在俄国的广泛流传，1830~1831年拉德任斯基的北京之行与测绘成果，讨论1860年伊格纳季耶夫究竟向英法联军提供何种北京地图。该文并未研究比丘林图本身、比丘林图与拉德任斯基图之关系，也基本没有涉及两图在俄国之外的影响。[1]

关于比丘林图与清末中文北京地图的传承关系，迄今所见，唯有一处解说发覆：英国国家图书馆网站展示馆藏清末《京师全图》高清图像。配图说明指出，该图应为1829年比丘林《北京志》附图的复制品。[2]

有关比丘林的人物研究，诸如斯卡奇科夫（П.Е.Скачков）的巨著《俄罗斯汉学史》(1977)，以及比丘林的传记，或多或少都会提及1829年出版的《北京志》及其附图，但尚未见到针对比丘林《北京城图》编纂过程以及后续影响的个案考察。[3] 李伟丽《尼·雅·比丘林及其汉学研究》(2007)对《北京志》及其附图约有四百字的介绍，未涉及比丘林图的重印及衍生版本。该书推测第二次鸦片战争期间，俄国外交代表伊格纳季耶夫向英法联军提供的一幅北京平面图，当即比丘林之图。[4]

比丘林图（1829）是当时最为完备细致的西文印刷版北京地图，随即成为众多地图的母本。19世纪的俄国、英国、法国、明治日本，甚至清末北京城内，都出现了比丘林图的衍生产品，印刷版本即超过三十种，传本系统颇为复杂。这一时期，各国军事测绘部门制作的大比例尺北京地图，全部采用比丘林图为底图。该图独特（或者说存在错误）的城墙轮廓，成为外国读者（甚至中国读者）认知北京的标志性图像。1900年之后，基于近代测绘技术全面实测的北京城图陆续出版，其精确翔实，大大超越早期地图。古老城墙内北京的城市形象，获得了更为接近真实的面貌，呈现在读者眼前。源于比丘林图的众多北京地图，随之更新换代，成为历史地图，从大众视野中消失。

比丘林的《北京城图》及其复杂的影响，不仅是北京历史地图研究的重要课题，也是全球史研究的典型个案。本文试图尽量综合文献与图像资料，首先回顾1800

1　A. H. Хохлов, "Столица цинского Китая Пекин в русской картографии XIX в (труды Н.Я. Бичурина и М.В. Ладыженского)," *Общество и государство в Китае* [М.: Федеральное государственное бюджетное учреждение науки Институт востоковедения Российской академии наук (ИВ РАН), 2014] , T. XLIV, ч. 2. pp. 377-390. 霍赫洛夫仅提及1853年Pauthier《现代中国》重印1817年《北京城图》。全文见 www.synologia.ru/a/Столица_цинского_Китая_Пекин_в_русской_картографии_XIX_в.（2018年11月4日检索有效）。

2　英国国家图书馆藏品，高清图参见 www.bl.uk/collection-items/a-plan-of-peking（2018年4月2日检索有效）。说明文字略云：The map appears to be a close copy of one made in 1829 to accompany A description of Peking by Father Hyacinth Bitchurin of the Russian Ecclesiastical Mission.

3　[俄]斯卡奇科夫著，[俄]米亚斯尼科夫编《俄罗斯汉学史》，第127、139页。

4　李伟丽：《尼·雅·比丘林及其汉学研究》，第15~16页。

年之前欧洲绘制、出版北京城市地图的历史；其次考察比丘林《北京志》与《北京城图》的内容特色、资料来源与编绘方式，以及1829年英国《亚洲杂志》有关《北京地图》抄袭问题的论战；再次列论比丘林《北京城图》诸多重印、简化、增订版本，探索传承谱系，涉及俄、英、法、美、日以及中国产品，反映其广泛而深刻的影响；[1]最后综述比丘林系统地图出现、兴盛、隐没的历史过程，讨论比丘林图在北京城市地图历史上的地位与意义。

一　19世纪前的西文北京地图

综合前述克拉普罗特（1829）与韩书瑞（2000）的专门研究，检索考狄（Henri Cordier）《西人论中国书目》第二版（1904）著录之北京相关文献[2]及其他资料，目前所知17世纪、18世纪欧洲出版的西文北京城市地图约有九种，多为书籍插图。其中宋君荣（Antoine Gaubil，1689–1759）北京城图版本流变稍复杂，姑且按五种计算。其余种类仅计最早版本。兹按初版年代顺序罗列如下。

（一）1688年，葡萄牙籍来华耶稣会士安文思（Gabriel de Magalhaes）著《中国新史》之《中国首都北京城市平面图》（*Plan de la Ville de Pékim, Capitale de la Chine*）[3]。法文版，墨印折页插图。安文思葡文原稿并无地图。法文译者伯努（Abbé Claude Bernou）参考文字描述，自行绘图，图中内城面积远超外城，比例极度失调（图1）。

（二）1729年，法国耶稣会士苏熙业（Étienne Souciet）编《耶稣会诸司铎参考中国典籍所作之数学、天文学、地理学、年代学、物理学考察》之《中国首都北京平面图》（*Plan de Pékin Capital de la Chine*）[4]，法文版，墨印单页插图（图2）。该图轮廓为长方形，显然是根据清代流行的《首善全图》改绘。

（三）1735年，法国耶稣会士杜赫德（Jean-Baptiste Du Halde）编《中华帝国志》之《北京图》（*Péking*）[5]。法文版，墨印单页插图（图3）。

（四）1752年，法国地理学家、制图家布歇（Philippe Buache）根据法国耶

1　17~19世纪，日本、朝鲜也有制作北京地图的传统，与西方影响无涉者，本文暂置勿论。

2　Henri Cordier, *Bibliotheca sinica Dictionnaire bibliographique des ouvrages relatifs à l'Empire chinois*, Paris: E. Guilmoto, 1904, pp. 210-223.

3　Gabriel de Magalhaes, *Nouvelle relation de la Chine*, Paris: Claude Barbin, 1688, pp. 274-275.

4　Étienne Souciet, *Observations mathématiques, astronomiques, géographiques, chronologiques, et physiques; Tirées des Anciens Livres Chinois, ou faites nouvellement aux Indes, à la Chine & ailleurs, par les Pères de la Compagnie de JESUS*, Vol. 1, Paris: Rollin, 1729, p. 136.

5　Jean-Baptiste Du Halde, *Description géographique, historique, chronologique, politique et physique de l'empire de la Chine et de la Tartarie chinoise* Vol. 1, Paris: P. G. Lemercier, 1735, pp. 112-113.

图1　安文思（1688）

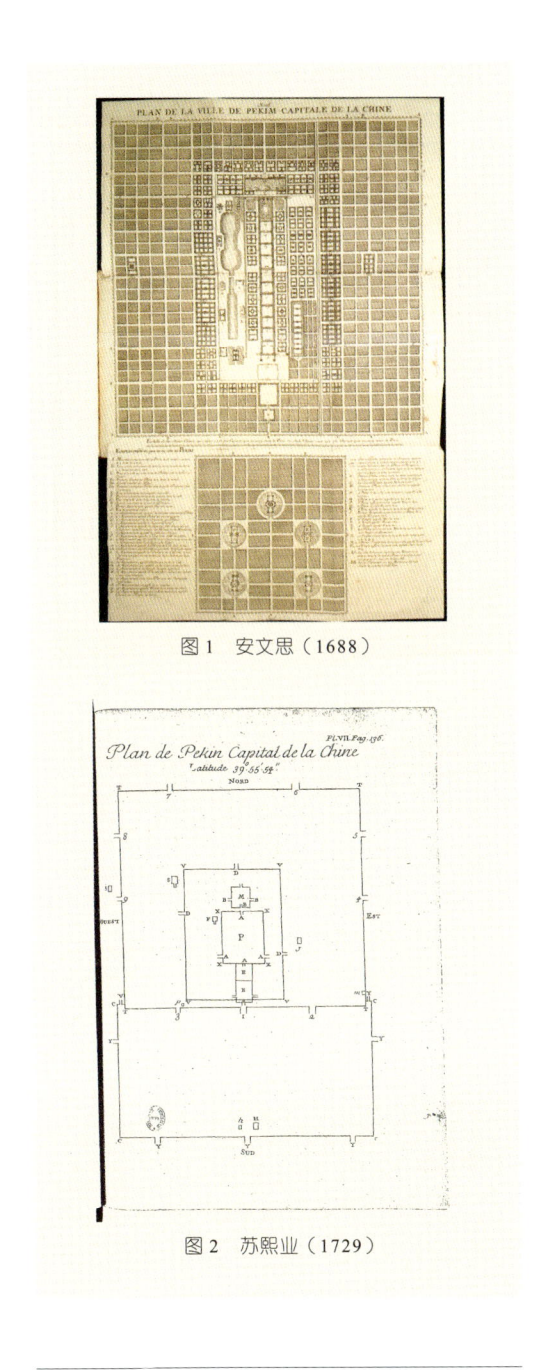

图2　苏熙业（1729）

稣会士宋君荣（Antoine Gaubil）自北京寄送写本地图所制《北京鞑靼城及汉城平面图》（*Plan de la ville Tartare et Chinoise de Pékin*）[1]。法文版，单幅铜版彩印图，高136厘米，宽136厘米。本文简称甲种宋君荣北京城图或甲种宋君荣图（图4）。

（五、六）1757年，宋君荣著《中国首都北京平面图解说》之内城图、内外全城图[2]。墨印折页插图，英文版（译自法文抄本）。简称乙种、丙种宋君荣图。

（七、八）1765年，法国天文学家、制图家德利尔（Joseph-Nicolas Delisle）主要根据宋君荣提供之资料编著《北京概说》，收录《北京鞑靼城平面图》（*Plan de la ville Tartare de Péking*）、《北京双城总平面图》（*Plan général des deux villes qui composent Péking*）[3]。墨印折页插图，法文版。本文简称丁种、戊种宋君荣图。

需要说明的是，乙、丁二种内城图基本相同，皆以甲种图（图4）中的内城部分为蓝本。丙、戊二图，表现内外全城，城墙轮廓差异明显。丙种图相当于甲种图的简化版本，戊种图（图14）的城墙轮廓则以杜赫德之图为蓝本。

（九）1781年，德籍博物学家帕拉斯（Peter Simon Pallas）编《1727~1728年、

1　法国国家图书馆藏品，书影参见 gallica.bnf.fr/ark:/12148/btv1b7200296z（2018年3月22日检索有效）。

2　Antoine Gaubil, "A Description of the Plan of Peking, the Capital of China," *Philosophical Transactions of the Royal Society of London*, Vol.50, part II, 1757, pp.704-705.

3　Joseph-Nicolas Delisle, *Description de la ville de Péking, pour servir à l'intelligence du Plan de cette Ville, gravé par les soins de M. de l'Isle. Par M. de l'Isle [...] & M. Pingré*, Paris: Hérissant, 1765. 关于德利尔《北京概说》，参见李真《18世纪中叶欧洲人构筑的北京印记——〈北京志〉初探》，《国际汉学》2017年第3期，第132~140页。

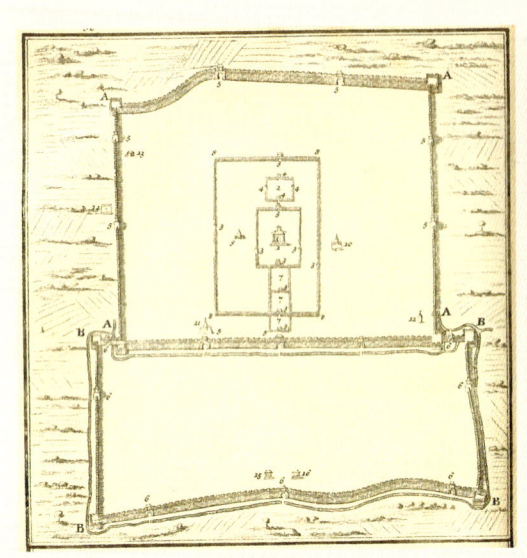

图3 杜赫德（1735）

（据1736年荷兰再版本：Jan-Baptiste Du Halde, *Description géographique, historique, chronologique, politique et physique de l'empire de la Chine et de la Tartarie chinoise*, Hague: H. Scheurleer, 1736, Vol, 1, p.135）

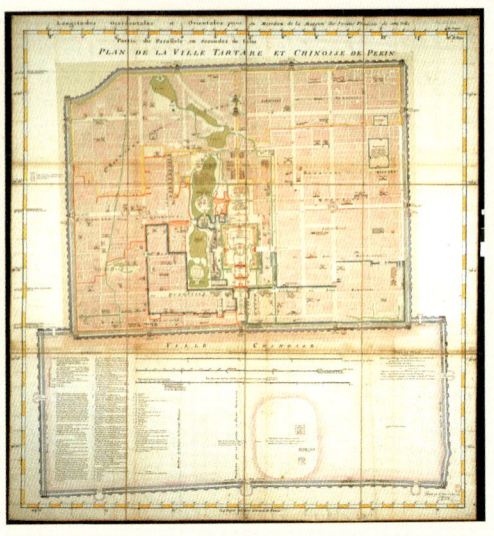

图4 甲种宋君荣图（1752）

1736年俄国使者朗格（Lorenz Lange）自蒙古至北京的两次旅行日记附北京历史地理概说》之《北京平面图》（*Plan von Peking*）[1]。德文版，墨印折页插图（图5），图面内南方在上。

此外，值得一提的，是尼霍夫（Joan Nieuhof）《荷使初访中国记》所附《北京宫城图》（*Forme de la Cour Imperiale de Péking*）[2]。1665年法文版，墨印折页插图（图6）。同年出版荷兰文版。这幅鸟瞰图呈现了理想化的十字形的紫禁城，更接近绘画作品。

以上著作及地图皆为宝贵的历史资料，反映了欧洲人窥视北京、获取中国知识的

---

1 Peter Simon Pallas, *Tagebuch zwoer Reisen, welche in den Jahren 1727, 1728 und 1736 von Kjachta und Zuruchaitu durch die Mongoley nach Peking gethan worden von Lorenz Lange. [...] Nebst einer geographisch-historischen Beschreibung der Stadt Peking. Mit Kupfern. Aus ungedruckten Quellen mitgetheilt von Herrn Prof. Pallas*, Leipzig: Johann Zacharias Logan, 1781. 图在书末。1781年圣彼得堡出版的俄国科学院刊物发表朗格1736年旅行记中亦载有该图。参见 Дневные записки караванного пути чрез Наунскую дорогу от Цурухайту до Пекина 1736 году. *Академическия известия*, Vol.8,1781, p. 677。原刊未见，据 Susan Naquin, *Peking: Temples and City Life, 1400-1900*. p. 481。

2 Jean Nieuhoff, *L'ambassade de la Compagnie orientale des Provinces Unies vers l'empereur de la Chine, ou grand cam de Tartarie*, Leiden: Pour J. de Meurs, 1665, pp. 216-217.

图5 朗格（1781）

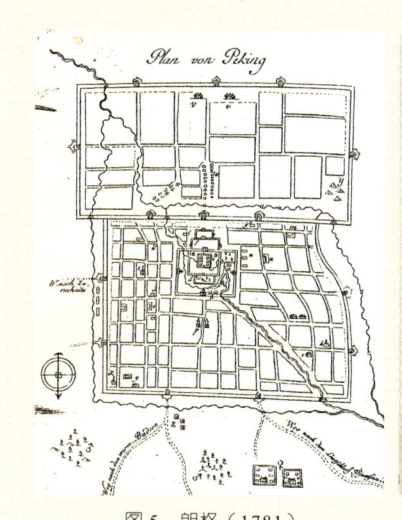

（转引自 Ole Villumsen Krog et al., *Treasures from Imperial China: The Forbidden City and the Royal Danish Court*, København: Kongelige Sølvkammer, 2006, p. 204）

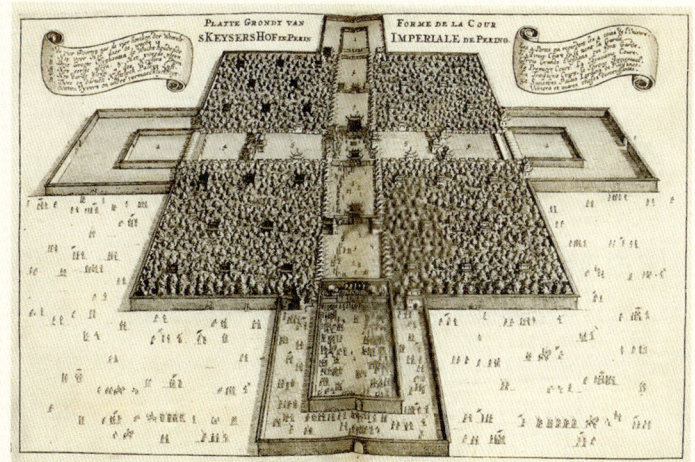

图6 紫禁城图·尼霍夫（1665）

持续努力。每一种地图的特点、史料来源、绘制过程皆值得专门深入研究，本文难以展开讨论。约略言之，这些早期地图大都是简略的示意图，既有想象远多于写实的理想化图景（尼霍夫图），亦有纯粹依据文字描述的图像创作（安文思图）；或是参考清代坊刻之图略加改绘（苏熙业图），或是旅行者凭印象勾勒的简单草图（朗格图），普遍缺乏实测基础。

甲种宋君荣北京地图（1752）与众不同，其外城部分仅具城墙及天坛轮廓；内城部分街道精细、地物丰富。参照1749年11月8日宋君荣致梅兰（Jean-Jacques d'Ortous de Mairan）信函，这部分内容乃是根据一幅乾隆初年宫廷制作的内城详图重绘。[1] 甲种宋君荣图也成为18世纪欧洲所能见到的最为详细、准确的西文印刷本北京地图。1829年，有评论者声称比丘林抄袭宋君荣图，比丘林随即撰文辩驳。从现有资料来看，1800年前出版的西文北京城图对比丘林图的影响若有若无。重审这场论战，有助于探讨早期西文北京地图的传承关系（详见后文）。

---

1 参见 Antoine Gaubil, *Correspondance de Pékin, 1722-1759*, Genève: Librairie Droz, 1970, pp. 598-601。中译文参见〔法〕荣振华等《中国的犹太人》，耿昇译，大象出版社，2005，第177页。比较图像，可以确认甲种宋君荣图的母本并非著名的《乾隆京城全图》。

二　比丘林的《北京志》与《北京城图》

（一）《北京志》与《宸垣识略》

1829 年圣彼得堡出版的《北京志》俄文初版本，不计扉页及 1828 年 9 月 25 日签署的出版批准书（1~2），全书仅 148 页，包括比丘林撰译者序（1~4）、导言（5~16）、第一章至第四章（1~116）、地名索引（117~120）、相关说明（121~130）、勘误表及附注（1~2）。全书无插图，另附单张《北京城图》。

比丘林自序全文如下：

> 毫无疑问，每个人都希望看到中国首都的图像。旅行者带回的传闻与描述已让北京城如此著名。这种想法，让我在旅居北京期间动了心思，关注北京的一景一物，特别是那些引人瞩目的地方。我决心绘制一幅城市平面图，并提供一本说明书。读者可以放心，这幅地图绝非北京店铺中诸多地图的复制品，而是 1817 年精心制作的全新图像。1817 年一整年，为了确保地图完整、精确，我走遍北京的大街小巷，分区勘察绘图，最终拼合成形。
>
> 配合地图的《北京志》并不是我的创作。中国人的观察无疑比外国临时旅居者的描述更为可靠。长期生活在北京，让我有机会亲眼见到书中描绘的景物，保证译文准确，澄清原文模棱难解之处。
>
> 《北京志》的翻译底本是一部 1788 年出版的中文书。原作者为本国读者写作，不会针对外国人缺乏的知识花费笔墨。原作不厌其详地描写古迹，对我们来说又无甚意思。有鉴于此，我认为增补一些不可或缺的解说，满足读者对这座首都的好奇心，实属必要。至于原书那些细枝末节的内容，对于没有到过北京的外国读者未免乏味，译文多予删节。北京城中坐落着大约七百座寺庙，数量可观的王公府邸、官署衙门。若将原著论述的地点全数标注上图，恐怕会让读者感到厌烦，徒增困扰。因此，图中仅选择标注那些最有吸引力的地方。对于中国皇帝亲自祭祀的庙宇祭坛，译文遵从原著，未加删节。或许有关建筑细节的繁复描写难免无聊，本人仍然希望提供中国朝廷祭祀场所的完整信息，让读者一窥其详。[1]

正如 1829 年克拉普罗特报告所言，《北京

---

[1] 据俄文版译出。法文版措辞略有差异，后者一句写道："或许有关建筑细节的描写难免无聊，不过作者还是希望提供这些祭祀场所的完整信息，因为除了中国政府官员，外人不得入内。如此，读者才能知道这些地方到底是什么样子。"

志》译自 1788 年出版的《宸垣识略》。《宸垣识略》十六卷，吴长元辑，乾隆五十三年（1788）初刻，是记载北京史地沿革和名胜古迹的专著[1]。吴长元，字太初，浙江仁和人，乾隆间久居北京，以为富室校书为生。《宸垣识略》乃为"游览而设"（例言），主要根据朱彝尊《日下旧闻》、乾隆敕编《日下旧闻考》两书剪裁补订，辑为体量适中、携带方便的巾箱本，附载插页地图十八幅。该书随即成为 18 世纪末 19 世纪初最有影响的北京游览指南。

《北京志》据《宸垣识略》删节、编译而成，总篇幅不及后者的五分之一。19 世纪初，翻译的概念较今天更为宽泛。按照目前的标准，《北京志》尚非严格的选译，实有大量改写的成分。译本条目既有选择，原书各条目所附诸家歌咏统予删省，同时增加多处补注，以及少量原书未载条目。

《北京志》前冠长篇导言，介绍北京的经纬度、二至昼夜时长、北京名称由来，内城、外城的区分，内城中的皇城、紫禁城，城墙形状、各面长度；城市建置的历史变迁；地理环境、行政区划、街道、建筑特征，湖泊、水道情况。有关内城八旗驻防区划的段落指出，北京内外城区虽有满汉之分，但汉民商人已遍布内城。最后说明，本书分作紫禁城、皇城、内城、外城四部分，对博格达汗（Богда-хана，即清朝皇帝）居住的紫禁城介绍尤为详细。继而提示读者《北京城图》仅表现城内景观，《北京志》则增收少量城外名胜。这篇导言基本上是比丘林的创作。前半部分涉及北京纬度、二至昼夜、城墙长度、城市历史的段落，主要依据《宸垣识略》卷一天文、建置两节编译。

《北京志》正文四章，对比底本，可知第一章紫禁城 59 条，出自《宸垣识略》卷二大内；第二章皇城 31 条，出自《宸垣识略》卷三、卷四皇城；第三章内城 74 条，出自《宸垣识略》卷五至卷八内城；第四章外城仅 19 条，出自《宸垣识略》卷九、卷十外城。第三、第四章附载城门外名胜，凡 32 条，无编号，出自《宸垣识略》卷十二至卷十五郊坰。各条题名，均以西里尔字母拼写中文地名。《宸垣识略》卷十一苑囿、卷十六识余，《北京志》则全未取材。

《北京志》对《宸垣识略》删节甚多。从其翻译较完整以及自行增补的条目，可见比丘林的兴趣所在。第一章紫禁城，开列殿阁、宫门、衙署 59 条，较之《宸垣识略》卷二原文，仅省略十余条，最为详细完整。章末附增《宸垣识略》所无之第 58 条连房（Лянь-фанъ）、第 59 条池子（Чи-цзы，即筒子河）。其余三章，条目皆不超过原著相应卷次条目之半，条目次序亦有调整。

正如比丘林序所言，《北京志》对国家祭祀场所尤其关注。例如，第 110 条堂子、第 135 条国子监、第 155 条历代帝王庙、

---

[1] （清）吴长元辑《宸垣识略》，《续修四库全书》第 730 册，影印乾隆三十五年池北草堂刻本。整理本参见（清）吴长元辑《宸垣识略》，北京出版社，1964、2018。

第 156 条白塔寺、第 171 条天坛、第 12 条先农坛、安定门外方泽坛，皆作长篇详译。第 108 条翰林院，也用两页篇幅摘译《四库全书》纂修始末。这大概是源于比丘林的宗教身份和个人兴趣。

《北京志》为不少条目增补脚注。如第 69 条俄罗斯文馆，第 88 条天主堂（蚕池口老北堂）等。对于《宸垣识略》卷三皇城一"俄罗斯文馆在东华门外北池街西"一句[1]，《北京志》写道：

> 第 69 条。俄罗斯文馆（О-ло-сы-вынь-гуань），即俄文学校，在东华门外，北池街（Бэйчи-цзѣ）西。
>
> 【脚注】教学内容为俄文、满文互译。学生 24 人，由八旗各选 3 人。教师为往届学生，俄文水平不过略高于新生。大部分学生都是官宦子弟，入学目的是领取津贴，或是为了毕业后得到官衔和职位。[2]

同时，《北京志》自行增加若干条目，《宸垣识略》未载，如第 87 条西天番经厂，第 102 条会同馆（俄罗斯南馆），第 103 条高丽馆，第 104 条鞑子馆，第 130 条北堂（东正教堂），第 132 条番经馆，第 158 条外藩公馆等，涉及外国人在京驻地、蒙藏相关机构、北京民间信仰、城外名胜古迹等主题。这些增补往往能够反映 19 世纪初比丘林在京期间所见实况，对后世读者更有价值。

（二）《北京城图》的特征与史源

1816 年 11 月 18 日比丘林致信伊尔库茨克总督特列斯金（Н. И. Трескин, 1763–1842），请求延长期限，在北京多住十年，以便完成诸多翻译工作。信中提及"一位中国画家已为我画了四年地图，重新绘制北京地图占用了他一年时间"。[3] 可知绘制《北京城图》大约始于 1816 年初，而非 1817 年。

1865 年，格雷厄姆（F. R. Grahame）在介绍俄国学术进展的专著中也提及："1821 年，雅金夫（Hyacinth，即比丘林）从中国返回圣彼得堡，带回一幅北京城市平面图，以及有关中国首都建筑的精确解说。这幅地图是四年前（1817）雅金夫雇佣一位中国测量员绘制而成（a Chinese surveyor to draw it up），具

1　（清）吴长元辑《宸垣识略》卷三，14a，《续修四库全书》第 730 册，第 338 页。

2　Н. Я. Бичурин, *Описание Пекина, Съ приложеніемъ плана сей столицы, снятого въ 1817 году. Переведено съ Китайскаго Монахомъ Іакинфомъ*, p. 28.

3　汉译转引自阎国栋《俄罗斯汉学三百年》，学苑出版社，2007，第 46 页。原文参见 А. Н.Хохлов, "Н. Я. Бичурин и его труды о Монголии и Китае первой половины XIX в. (некоторые вопросы источниковедения)," Акад. наук СССР, Ин-т востоковедения ed., *Н. Я. Бичурин и его вклад в русское востоковедение (К 200-летию со дня рождения). Материалы конференции*, Москва: Наука, 1977, Часть 1. p.5. 比丘林书信原文作："Ныне исполнилось четыре года, как один живописец пишет у меня ландкарты. План Пекина, вновь снятый, занял его более года."

有中国工匠所能达到的精密水平,成为欧洲第一幅正确的北京城市地图。"[1]

两人所述当为同一事,比丘林称中国画工,格雷厄姆称中国测量员,未审后者是否过度解释。1829年版《北京城图》具有不少中国传统地图元素(画出诸多建筑正面形象),乃因中国画工参与其事,且参考中文地图。至于踏勘街巷,记录胡同走向、建筑位置,绘制局部草图等一系列基础工作,比丘林是否雇佣中国人代劳测绘,尚未发现具体证据。

按照比丘林《北京志》译者序的说法,《北京城图》是他本人踏遍北京街巷,亲身观察绘制而成。《莫斯科公国人》(*Москвитянин*)杂志1849年第8期《当代俄国作家》栏目,刊登比丘林自述,介绍自己的汉学著作,包括一段《北京志》提要,文末写道:"这幅北京地图在当今欧洲是仅有的一幅。任何一条大街,甚至一条偏僻的胡同都没有遗漏掉。所有的古迹建筑也都标在准确的位置上。总之,城墙和街道的尺寸都是正确的。"[2] 事实是否如此呢?

20世纪之前最为精细的北京地图,无疑是乾隆十五年(1750)清宫造办处完成的巨幅绘本京城全图(原无题),1940年出版的两种影印本分别题作《清内务府京城全图》及《清乾隆京城全图》。全幅高约14米,宽约13米,比例尺达到1∶650。耶稣会士郎世宁(Giuseppe Castiglione,1688-1766)受命指导绘图工程。该图采用平面与立体结合的表现方式,将数千条大街小巷、数万间民房官舍,网罗殆尽。尺幅之巨,细节之详,实属空前。然而,乾隆本深藏内务府舆图房,直到1935年才在故宫博物院被重新发现,对清代中后期北京地图的绘制影响甚微。[3]

明末以来出版的《顺天府志》(1593)、《畿辅通志》(1683)、《大兴县志》(1685)等方志附刊之京城图,仅为表现内外城垣的示意图。18世纪末19世纪初,北京书肆出售的大张单幅地图,有《首善全图》《京城内外首善全图》《京城全图》多种名目,木板单色印刷,或加彩绘,姑且统名之《首善全图》。[4] 按城墙轮廓之别,《首善全图》又可分长方形、凸字形两个系统。《宸垣识略》(1788)附有内外城图,取材于《八旗通志》内城图(1739)、《首善全图》等资料。[5]《八旗通志》附图相对写实,

---

[1] F. R. Grahame, *The Progress of Science, Art, and Literature in Russia*, London: James Blackwood and Co., 1866, p. 142.

[2] Отец Иакинф, "Современные русские писатели," *Москвитянин*. Ⅲ. 8. (1849). 全文参见 www.vostlit.info/Texts/Dokumenty/China/Bicurin/sovr_rus_pisateli_I.htm。汉译引文,参见李伟丽《尼·雅·比丘林及其汉学研究》,第15~16页。

[3] 杨乃济:《〈乾隆京城全图〉考略》,《故宫博物院院刊》1984年第3期,第8~24页;朱竞梅:《北京城图史探》,第69~82页。同治光绪年间有《重摹乾隆京城全图》,亦系写本,尺寸同乾隆本,对衙署邸邸有所修订。

[4] 现存《首善全图》及其谱系,参见朱竞梅《北京城图史探》,第93~101页;钟翀《中国近代城市地图的新旧交替与进化系谱》,《人文杂志》2013年第5期,第90~104页。

[5] 《宸垣识略》与《八旗通志》二书地图之关系,参见朱竞梅《北京城图史探》,第55~58页。

但仅有内城部分，表现街道寡少，较为简略。紫禁城为大内禁地，清代市面流通之图内多留作空白（《宸垣识略》例外）。《首善全图》详于标识街道、机构名称，至于街巷、水道走向，城墙、湖面轮廓，线条勾勒随意，没有精确的比例。从我们被测绘学整顿过的"现代"眼光看来，上述品种未免过于粗糙。

比丘林《北京城图》远比同时期流行的中文北京地图准确、细致、美观，看上去更为现代。全图高约 123 厘米，横长约 89 厘米，铜板印刷，手工上色。上端空白处左右分印俄、法文标题——Планъ Пекина снятый в 1817 году / Plan de la ville de Pékin levé en 1817，即《1817 年测绘之北京城市平面图》。图底印一标尺。俄、法文注明该标尺相当于 1 华里 /180 丈，或 271 又 1/14 俄丈。测算可知，本图比例尺约为 1：10000。目前所见两种版本，各类地物画法、用色，略有差异，实质内容相同。[1]

图内以护城河为界，描绘北京城墙内的景观。紫禁城、皇城、内城、外城，对应序号 I~IV，标于四城各自四角处。图内地物，散标编号 1~185。左右两侧空白处，分别用俄文、法文开列 I~IV 部分内 1~185 号地物名称拼音。皇城、内城地物列表内，又各加小标题，分为东部、西部。1~183 号地物与《北京志》条目一一对应。第 184 号 Казармы/ Casernes（兵营），第 185 号 Усадьбы / Potagers（菜圃）仅见图内，《北京志》中未载。城墙之内仅有一处印刷文字，外城西南角一方形地物内，俄文标注 Порох. Заводъ.（火药厂）[2]。此地乃是当时北京城内规模最大的火药厂——右安门内的工部濯灵厂。

图中上千条街道，密如蛛网，线条均匀，宽窄整齐，切割出边界分明的细碎街区。住宅作浅灰色，覆加细密斜线。皇城以红色粗线画出轮廓，极为醒目。大清门外大街用橘黄色，直达永定门。三海、什刹海等大片水面用蓝色（层层圈线由外到内渐变浅色）。皇家寺庙填黄色。景山、天坛等园囿用绿色，绘出细小树丛。图中标志性建筑，遵循中国传统地图风格，采用建筑正面图样表现。如紫禁城内大殿、宫门，钟楼、鼓楼、景山五亭、团城、北海琼岛建筑群、妙应寺白塔、东西四牌楼、诸城楼、瓮城箭楼、角楼，以及王府、庙宇的大门、侧门等，描绘甚详。皇城中心轴线建筑，绘作朱墙黄瓦。城墙也采用正面表现，全部绘有细密的女墙垛口，并画出城墙内侧多处登城斜坡马道。内城南面与外城南面两道城墙，绘出外侧全部马面

---

1 图面风格分精细、简洁两种。俄罗斯国立图书馆东方文献中心藏本（索书号 3B 2-4 /1309）街区内部用细密平行斜线，城墙用细密网格线；俄罗斯国立图书馆地图部藏本（两部）、法国国家图书馆藏本、爱沙尼亚国家档案馆藏本、中国国家图书馆藏本等，街区内仅设色不加线，城墙用细密平行纵线。园囿林地、湖面图例画法亦有不同。本文据精细版描述装饰风格。

2 《宸垣识略》附西南外城图、嘉庆道光间流行的方形《首善全图》皆标注此地为"火药局"。

敌台。内城八旗辖区分界线用黄、红、白、黑四色线条标示，略欠醒目[1]。阜成门内至西四牌楼，大街中心位置东西贯通，绘有一双平行线。

图中标注序号的地物，几乎全为城门宫门、殿宇衙署、寺庙府邸、园囿湖塘，未标注任何街巷、店铺名称。尽管图中河道、桥梁众多，标注名称者亦寥寥无几（仅注泡子河、玉河桥、万宁桥、正阳桥）。克拉普罗特（1829）抱怨道，即便是《北京志》提及的著名地点如鲜鱼口、大栅栏，《北京城图》也未加标注，难以寻觅。

比丘林图具有若干与众不同的突出特点。

最醒目之处，比丘林图外城城墙东南角约呈80度内倾的锐角，城墙相接处则略成弧形（图7）。实际上，自嘉靖年间修建外城以来，东南城角始终为一外倾的斜角。外城东墙中段广渠门以南的城墙略微向西北倾斜，然而最南端四分之一城墙忽然内折，形成东北向的内凸斜弧线，城墙相接处则接近90度（图8）。19世纪初的中文地图中，北京外城东南角或画为直角（长方形类《首善全图》），或成圆弧（《宸垣识略》外城图），或为接近实际形状的外顷斜角（凸字形类《首善全图》、中国国家图书馆藏道光间彩绘本《北京内外城全图》）。唯独杜赫德《中华帝国志》之北京城简图（图3），外城东墙略微内倾，东南角小于90度。杜赫德图城垣轮廓与比丘图相比

不乏明显差异，东南城角细部形状亦非完全相符。不过鉴于《中华帝国志》的巨大影响，该书仍有可能是造成比丘林图这一"错误"的源头。

对于熟悉北京古城的读者而言，内城西北与外城东南不规则的两处斜角，已是古城轮廓的标志性特征。然而，直到20世纪初，基于全面严格测绘完成的北京城图流行之前，多数人无从知晓北京城轮廓的准确形状。比丘林图东南角的这个明显"错误"，仿佛显性基因，保存在后续众多的地图中，也成为探索比丘林《北京城图》谱系的便捷途径。

比丘林图所绘各门瓮城，多接近半圆形，唯独西直门瓮城画作长方形。瓮城绘作半圆或略有弧度，原系图例性质，非关写实，传统中文北京城图中多已有之。实际上，东直门、西直门两处皆为典型的方形瓮城。比丘林居住十三载的东正教堂，即在东直门内，他理应有不少机会观察东直门瓮城。不知何故，比丘林图中唯独西直门瓮城具有写实特征。此外，皇城内西苑南海东面一段皇城城墙与南墙形成的轮廓，形似鞋头向西的厚底靴，也成为比丘林图容易识别的特征。

无论是《乾隆北京全图》还是嘉庆年间北京书肆所能见到的两类《首善全图》，都与比丘林之图存在诸多明显差异（如城墙、湖泊轮廓），并非后者的直接母本。有关比丘林绘图依据的文献资料，目前可以

---

1 克拉普罗特即在书评（1829）中抱怨八旗分界线不易辨识。

图 7　北京外城东南角（1829）

[俄罗斯国立图书馆（莫斯科）东方文献中心藏本，索书号3B 2-4 /1309。笔者拍摄。该本系俄国汉学家、外交官斯卡奇科夫（К. А. Скачков，1821-1883）旧藏]

图 8　北京外城东南角航拍图（1951）

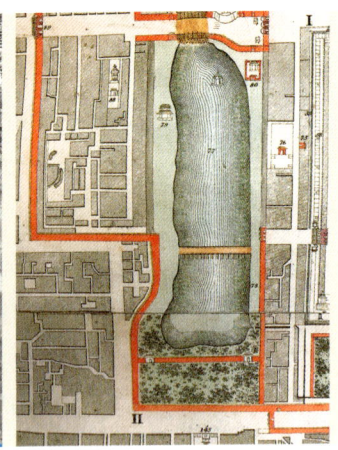

图 9　中南海（1829）

（俄罗斯国立图书馆东方文献中心藏本，索书号3B 2-4 /1309。笔者拍摄）

确认，皇城以内（包括紫禁城）并非根据实地勘察，应是主要参考《宸垣识略》大内图、皇城图，并参照同书文字描述，综合制作而成。

相比同一时期流行的中文北京地图，《宸垣识略》大内图最为详细，标识中轴线午门至神武门间诸多宫门、大殿，并简单绘出正面形象。其余建筑多用方格标识，文渊阁、皇极殿、武英殿、慈宁宫等皆予注明。轴线两侧寝宫部分，仅将长方形内纵横划分若干各格，上分注"东六宫""西六宫"。这种理想化的设定，以及建筑的具体位置，都在比丘林图中得到体现。比丘林图紫禁城部分标注最详，达到59处，《宸垣识略》提及的宫殿，图中皆加标注。合理推测，比丘林凭借《宸垣识略》中粗略的大内图，重新绘制，参照书中解说各宫相对方位，将大内图内未标注的东西六宫具体名目，按格填入。

比丘林图较之《宸垣识略》大内图亦有增益。《宸垣识略》仅在神武门东西两侧标注北连房。比丘林图绘出并标注的连房（第58号）则要长得多，从西华门起始向北，沿宫墙外侧顺时针环绕至紫禁城东南角楼。

比丘林图皇城部分的"错误"也是这部分地图非出实测的有力证据。其一，图内西苑南海之南，与长安街之北，有一块围墙环绕的长方形地域横亘其间（图9）。实际上，南海与长安街相邻，其间并无大片土地（图10）。其二，三海形状大为失真，且南海内缺少瀛台。这两个特点可以归因于《宸垣识略》皇城图的失误。《宸垣识略》一方面未画出瀛台，另一方面在南海与长安街之间绘出一座重檐殿宇，应是表现作为中南海南大门的宝月楼，然而比例失调，占地过大，容易令人误解为一片宫苑。

之所以会出现上述情况，恐怕在于民间难以获得皇城禁地的可靠地图资料。无论平民文人吴长元，还是外国旅居者比丘林，皆无缘涉足皇城之内。嘉庆年间，类似《宸垣识略》大内图、皇城图这种表现建筑布局的粗略图示在民间已属罕见。这也可以从侧面证明，比丘林并未能接触到清朝官方或宫廷绘制的更为准确的北京地图写本[1]。

比丘林图内城及外城北部街巷密集之处，局部抽样，对比现代地图，精确程度较高。例如，朝阳门内东四头条至七条胡同片区，目前历史街道保存相对完整，小巷纵横交错。以当代测绘地图对照比丘林图，细小曲折的胡同脉络仍存在较为明显的对应关系（图11、图12）。这部分地图的制作，最初当参考《宸垣识略》《首善全图》等书肆易得之图。经过实地考察，重新绘制，成品已与参考资料大为不同。从其精准度看来，恐怕仅是通过最简单方法，如记步数、指南针定向，测量街道长宽、走向。比丘林对城南空旷之处未加认真勘察，或曾参考杜赫德《中华帝国志》，造成东南城角形状之误。外城南墙附近标示有多处水体，轮廓画法也显得相当随意。比丘林《北京志·导言》载有内外城各面城墙长度，即照抄《宸垣识略·建置》数值，可知比丘林并未实地重测城墙周长。

简而言之，比丘林的《北京城图》乃是承袭前人著作与新加实地测绘的结合体。底图资料主要利用《宸垣识略》，吸收《宸垣识略》大内图、皇城图信息；同时，局部实测内城街巷以及外城北部街区，对外城南部区域未经细致考察；城墙东南角的形状，可能借鉴了杜赫德《中华帝国志》中的北京城图轮廓。

图10 中南海·清乾隆北京城复原图
（中国社会科学院考古研究所编辑、徐苹芳编著《明清北京城图》，上海古籍出版社，2012）

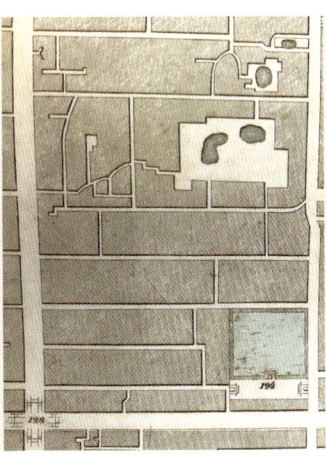

图11 东四头条至七条·比丘林（1829）
（俄罗斯国立图书馆东方文献中心藏本，索书号3B 2-4 /1309。笔者拍摄）

图12 东四头条至七条（2019）
（据国家地理信息公共服务平台，https://www.tianditu.gov.cn/，2019年12月25日截图）

---

[1] 清代宫廷及八旗衙门制作的北京地图准确程度相对较高，但当时皆未刊印，写本尚存多种，如道光二十五年绘制的《京城内外全图》等。参见朱竞梅《北京城图史探》，第102~109页。

（三）有关《北京城图》抄袭问题的争论

伦敦出版的英文期刊《亚洲杂志》1829年3月号，发表未署名书讯，介绍雅金夫神父（Hyacinth，即比丘林）的两种新书《蒙古札记》与《北京志》。书讯谓《北京志》自中文著作译出，将发行俄文、法文两种版本。配套的彩色《北京城图》，由两页大幅印张组成。书讯最后写道："近期巴黎地理学会的一次会议上，对这幅地图出现一种评论，认为该图与季姆科夫斯基已出版作品中的附图完全一致，同时该图也与早年宋君荣神父刊行的北京地图几乎没有差别。"[1]

这则报道引起了比丘林的愤怒。《亚洲杂志》1829年6月号刊登比丘林致本刊编辑函（署1829年4月28日），大略云：贵刊采信巴黎地理学会某位不知其名的成员的说法，称本人的北京地图乃是对宋君荣神父北京地图稍有修改的复制品。不久前我已在圣彼得堡出版的法文杂志上发表声明：上述评论者根本没有见过我的北京城图，其说纯属臆测。从北京返回俄国，我都不知道宋君荣神父地图，直到在季姆科夫斯基先生的《1820~1821年经蒙古到中国的旅行记》中见到该图。宋君荣神父的地图与我的作品虽然在某些方面有些相似，诸如城墙走向、八条主要大街，以及若干重要建筑的位置，实则两图大为不同。我的地图不仅包括主要大街，对于大街小巷，无论宽窄，皆无遗漏。相信任何一位读者，对比两幅地图之后，都会得出公正的结论，我的地图绝非复制宋君荣神父的作品。此函并附《北京志》比丘林译序英译文。[2]

《亚洲杂志》1829年12月号以本刊编辑名义予以回应，承认英国国内尚未见到《北京志》及附图。又谓巴黎地理学会成员埃里耶斯与克拉普罗特组成委员会，为《北京志》撰写报告书，继而大段转述该文，与克拉普罗特在《亚洲学报》上发表的长篇报告大略相同。结语尤为严厉："该委员会反对雅金夫神父仅从中国作者的地图中取材（making extracts from the Chinese author of the plan），尽管旅居北京十四年之久，有充分的自由参观北京城的种种奇景，作者竟然没有增加一点评论。至于巴黎地理学会某位成员对雅金夫神父袭用宋君荣神父地图的指控，是由他本人致信本刊提及的。报告书中完全不存在这种说法。很遗憾，埃里耶斯先生与克拉普罗特先生并没有在报告书中澄清这种有损名誉的指责是无稽之谈。"[3]

对照克拉普罗特正式发表的报告，可知《亚洲杂志》的转述存在误解。报告确

---

[1] Anon, "Mongolia and Peking," *The Asiatic Journal and Monthly Register for British India and Its Dependencies* 27 (1829), p. 341.

[2] Anon, "The Archimandrite Hyacinth's Plan of Peking," *The Asiatic Journal and Monthly Register for British India and Its Dependencies* 27 (1829), pp. 707-708. 比丘林所谓法文杂志待考。

[3] Anon, "Plan of Peking," *The Asiatic Journal and Monthly Register for British India and Its Dependencies* 28 (1829), pp. 650-652.

实对比丘林述而不作的著作方式表示不满：一位久居北京十四年的欧洲人，竟然不是通过切身体验生动地描写这座城市。书中毫不涉及街道、寺庙、宫殿的个人印象，也完全没有介绍那些对欧洲来说陌生新奇的建筑、风俗、生活习惯。克拉普罗特抱怨道："这位神职人员仅满足于摘录中国人的著作（ce religieux s'est contenté d'extraire l'ouvrage de l'auteur chinois）""如果一部介绍伦敦或巴黎的作品，单纯罗列早已存在的公共建筑、建造年月、文物古迹之类，那让人说点什么好呢？"[1] 显然，克拉普罗特希望看到一部新鲜丰富的北京旅行记，而不是翻译四十年前出版的中文指南。克拉普罗特所谓"摘录中国人的著作"，指的是《北京志》译自《宸垣识略》。《亚洲杂志》的编者则误读为复制中国人绘制的地图，曲解原意，以致谬种流传。1861年，英国著名的《麦克米伦杂志》发表一篇介绍北京的长文（无署名），提及比丘林的北京城图，谓之中文地图的复制品或修订本。这种说法当即源自1829年的《亚洲杂志》。[2]

关于地图的抄袭问题。整体而言，比丘林《北京城图》（1829）与甲种宋君荣北京城图风格相似（对比附录一与图4）[3]。如使用数字序号标识地物（当时欧洲地图常规）、点缀建筑正面绘画形象（继承中国传统地图风格）等，二者仿佛一脉相承。特别是琼岛建筑、景山五亭、城楼、登墙马道等，二者绘图颇为相似。不过两图诸多关键特征差异较大，如外城东南角形状（宋君荣图正确，比丘林图有误）、诸多水体轮廓（宋君荣图有瀛台，比丘林图无）、次级街巷走向等。更重要的是，比丘林描绘的内外城区街巷比宋君荣图详细得多。宋君荣图宫城之内以及外城部分基本为空白，比丘林图皆有细致表现。要之，比丘林致信《亚洲杂志》所言可信。

比丘林《北京城图》与季姆科夫斯基《1820~1821年经蒙古到中国的旅行记》（1824）中的《北京平面图》（图13）确有关联，其背景事件对比丘林的人生轨迹有重大影响。1820年12月，俄国外交部亚洲司文官季姆科夫斯基（Е. Ф. Тимковский, 1790–1875）担任监督官，护送第十届东正教使团抵达北京。次年5月，季姆科夫斯基带领比丘林为首的第九届使团成员启程，北行返俄。数月之久的长途旅行中，季姆科夫斯基与比丘林成为好友。1822年1月，比丘林抵达圣彼得堡，继而受到审判，因在北京变卖教产、严重失职等罪名，被永久流放至瓦拉姆修道院（宗教罪犯监狱）。季姆科夫斯基努力疏通，帮助比丘林在三年（1823~1826）监禁后重获自由，并推荐

---

[1] J. B. Eyriés et J. Klaproth, "Rapport sur le plan de Péking," *Nouveau Journal Asiatiques* IV (1829), p. 364.

[2] Anon, "The Chinese Capital, Pekin," *Macmillan's Magazine* 3 (1861), p. 252.

[3] 参见前文。甲种宋君荣图（1752）包括内城外城，外城部分仅绘出城墙及天坛轮廓，其余为空白。乙种（1757）、丁种（1765）宋君荣图仅表现内城部分。

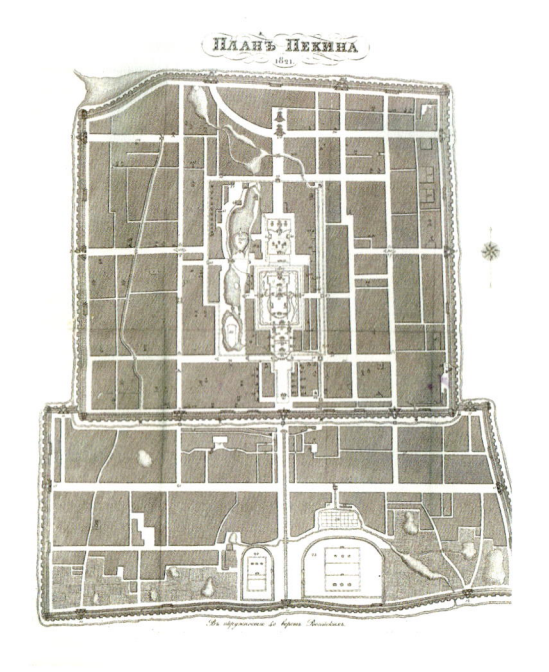

图 13 《北京平面图》·季姆科夫斯基（1824）
（Е.Ф.Тимковский, *Путешествие в Китай через Монголию в 1820 и 1821 годах*. Vol. 2. 北京平面图在第二册书末）

比丘林进入亚洲司担任翻译工作。[1]

1824年季姆科夫斯基的三卷本《1820~1821年经蒙古到中国的旅行记》[2]在圣彼得堡出版。1827年，法文节译评注本、英译本（据法文本翻译）相继印行。

《1820~1821年经蒙古到中国的旅行记》利用了回国途中比丘林提供的蒙古历史资料（比丘林在北京期间根据中文典籍翻译整理）[3]。该书还将宋君荣《北京概说》的俄文译本整体收入，作为第二卷第五章，同时在第二卷之末收入一张简略的北京平面图（*Планъ Пекина*，1821）。[4]

季姆科夫斯基的北京城图是一幅有趣的复合体（图13）。内外城墙轮廓以德利尔《北京概说》（1765）所附《北京双城总平面图》（图14）即戊种宋君荣图为蓝本。内城部分则嵌入同书之《北京鞑靼城平面图》，也就是甲种宋君荣图（图4）的内城部分。外城内主要地物与比丘林图相似，又经大幅简化。三图合一，表现主要街道，以及皇宫、三海、什刹海、天坛等少数标志性地物。总而言之，季姆科夫斯基《1820~1821年经蒙古到中国的旅行记》中的北京城图可能利用了比丘林的资料，而不是相反。巴黎地理学会成员的匿名恶评不能成立。顺带一提，季姆科夫斯基的北京地图也曾重印，收入至少两种德文版的世界地图集（1846、1855）。[5]

---

1 〔俄〕斯卡奇科夫著，〔俄〕米亚斯尼科夫编《俄罗斯汉学史》，第130~134、179页；李伟丽：《尼·雅·比丘林及其汉学研究》，第6~9页。

2 Е.Ф.Тимковский, *Путешествие в Китай через Монголию в 1820 и 1821 годах* (Санктпетербург: В типографии Медицинского департамента Министерства внутренних дел, 1824).

3 李伟丽：《尼·雅·比丘林及其汉学研究》，第7页。

4 法文版系埃里耶斯翻译，克拉普罗特修订、注释，对原著删节较多，且改动章节次序。克拉普罗特即在法文译本中指责《1820~1821年经蒙古到中国的旅行记》袭用宋君荣《北京概说》，却不提原作者之名。

5 J. Meyer ed., *Meyer's Großer Hand-Atlas*, Hildburghausen: Bibliographisches Institut, 1846, p. 110. *Das Chinesische Reich mit seinen Schutzstaaten nebst dem Japanischen Inselreiche*. 分图 Peking. 书影参见 www.atlassen.info/atlassen/bibl_inst/meygh01/picsxxl/meygh1860k110.jpg（2018年11月14日检索有效）。C. F. Weiland, H. Kiepert, ed., *Allgemeiner Hand-Atlas der ganzen Erde*, Weimar: Geographisches Institut, 1855, p. 50. *Das Chinesische Reich mit seinen Schutzstaaten (den Ländern der Mandschu und Mongolen, Ost Turkistan und Tübet) und das Kaiserthum Japan*. 图内分图 *Plan der Hauptstadt Peking*. 书影参见 www.atlassen.info/atlassen/geog_inst/allha41/picslarge/allha1855k050.jpg（2018年11月14日检索有效）。

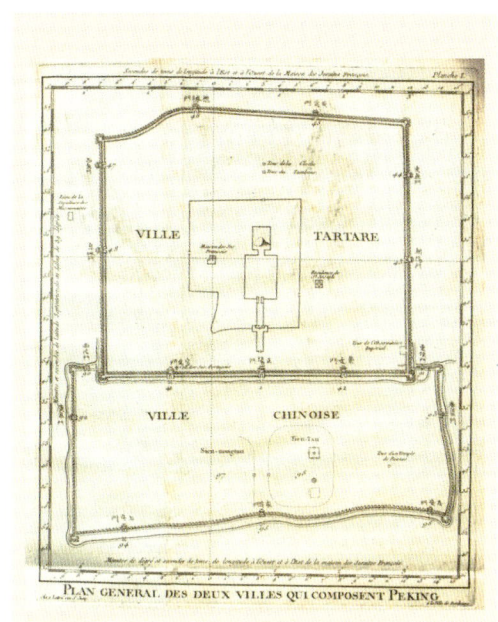

图14 《北京概说·北京双城总平面图》（1765）

[Joseph-Nicolas Delisle, *Description de la ville de Péking, pour servir à l'intelligence du Plan de cette Ville, gravé par les soins de M. de l'Isle. Par M. de l'Isle [...] & M. Pingré*. Paris: Hérissant, 1765. 书影参见 http://digital.bibliothek.uni-halle.de/hd/urn/urn:nbn:de:gbv:3:3-17903（2019年12月25日检索有效）]

三 《北京城图》的欧洲翻印、改编版本

1800年至1900年间欧洲出版的北京城市地图，除简略示意图外，稍具实用性者可分作两大类。一类是比丘林地图及其众多派生产品，姑且谓之比丘林系统。一类是缺乏传承关系的单件，寥寥无几，底本基本是18世纪的中文地图。诸如1843年贾维斯（Thomas Best Jervis）在伦敦制图彩印出版 *Chinese Plan of the City of Peking*，采用1842年帕里什（Woodbine Parish）自意大利拿波里（那不勒斯）所得中文北京内城地图彩绘写本（今藏英国国家图书馆）作为底本，加注地名拼音、英译名。该中文地图写本与宋君荣图（内城部分）极为相似，当系同源，前者甚至可能是后者的直接底本。其他西文图多能看到长方形中文《首善全图》的影子，如1860年10月13日《伦敦新闻画报》刊载之 *Plan of the city of Peking*。[1] 卫三畏的名著《中国总论》1848年第一版及1883年修订版所载北京地图（Map of Peking），注明据中文大幅地图简化。[2]

比丘林系统地图影响广泛，19世纪末几乎成为北京地图的标准像，迄今未见研究论著指出此点。比丘林系统地图，按其出版机构与印刷形式，又可分为军用（大

---

[1] *The Illustrated London News*, Vol. 37. No. 1054. 13 Oct. 1860. 1860年《哈泼斯》周刊翻印之。

[2] Samuel Wells Williams, *The Middle Kingdom*, New York & London: Wiley & Putnam, 1848, p.57; Samuel Wells Williams, *The Middle Kingdom*, London: W. H. Allen & Co., 1883, p. 66.

比例尺单幅地图）、民用（书刊插图为主）两大类。军用图与民用图的出版时间、传承关系亦有交叉。以下大体按出版时间顺序逐一讨论。本文附录二按军用、民用之别，开列简明目录。

（一）拉德任斯基的北京城郊图

1829年比丘林《北京城图》出版，次年即被用作测绘北京城的底图。1830年，时为俄军司令部少校的拉德任斯基（Михаил Васильевич Ладыженский，1802–1875）出任监督官，陪同第十一届东正教使团前往中国，本年11月到达北京，停留至1831年7月启程回国。在京期间，拉德任斯基收集了大量中国画家表现北京街头风光、日常生活的作品，又命令手下军官列出北京三条主要街道上商铺、作坊、民居的详细名录。[1] 1832年11月，拉德任斯基向外交部亚洲司提交报告，列有"北京城郊地图（План окрестностей Пекина）一张，本人手绘，花费一年时间制成"。[2] 1848年，拉德任斯基在圣彼得堡军事 – 地形测量局石印出版俄文《首都北京城郊平面图》，彩印颇为精美。

拉德任斯基的北京图横长纵短，不计外框，内图高47厘米，宽74厘米，比例尺约为1∶42000（图15）[3]。图例、图注丰富。该图主要表现北京西北郊区，红色表示城市，蓝色代表湖泊，绿色密点图例为植被。图中北京城位于图面中心线下方偏右，仅占全图面积八分之一。城西墙外可见夕月坛，继而详细绘制通往圆明园、清漪园、西山、卢沟桥的大小道路。永定河河道、宛平县城、昆明湖，皆加描绘，并以晕滃法表现西山高下起伏。城北绘出地坛、黄寺、元大都城垣轮廓。城东绘出朝日坛、东岳庙，对东直门、朝阳门外的道路与居民区亦详细表现。城市部分明显采用比丘林图作为母本，两幅图的城墙轮廓基本重叠。唯前者经大幅简化，城墙内仅示意性地保留皇城、紫禁城、天坛、先农坛、十余条大街，以及主要湖泊的轮廓，特别标注了天主教南堂、俄罗斯南北馆。南海东侧皇城城墙曲线、南海与长安街之间之长方形空地，1848年版地图都继承了比丘林图的特有形状。

特别有意思的是，拉德任斯基对比丘林图有所修正。外城东南角形状改突出为凹进。东直门瓮城改椭圆形为方形。这两处变化，应是基于实测勘测的结果。该图表现北京城外道路之详细精确，远超同时期的中文地图，具有军事地图的明显特征，

---

1 ［俄］斯卡奇科夫著，［俄］米亚斯尼科夫编《俄罗斯汉学史》，第198、267页。

2 А. Н. Хохлов，"Столица цинского Китая Пекин в русской картографии XIX в (труды Н.Я. Бичурина и М.В. Ладыженского)，"*Общество и государство в Китае* Т. XLIV, ч. 2. (2014), pp. 377-390.

3 四周有装饰性的粗行线，上下行内分印"ПЛАНЪ СТОЛИЧНАГО ГОРОДА ПЕКИНА СЪ ОКРЕСТНОСТIЮ"（首都北京城郊平面图）、"ЛИТОГРАФИРОВАННЫЙ СОСЪЕМКИ ПОЛКОВНИКА ЛАДЫЖЕНСКАГО ПРИ ВОЕННО-ТОПОГРАФИЧЕСКОМЪ ДЕПО ВЪ 1848 ГОДУ"（石印，陆军上校拉德任斯基，军事–地形测量局，1848），俄罗斯国立图书馆地图部藏品（Ko 101 / I-18）。比例尺据笔者实测。按比例尺，俄里测得102毫米，相当于1∶41835。

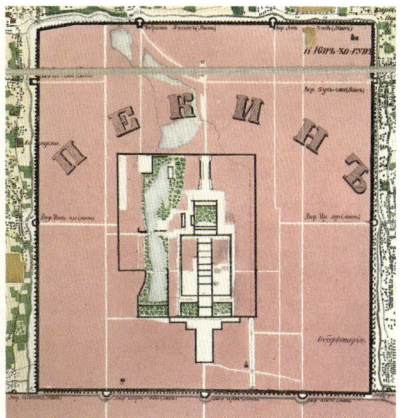

图15 拉德任斯基《首都北京城郊平面图》（1848）及内城部分

很可能是历史上第一幅具有近代专业测绘水准的北京城郊地图，也是比丘林图最早的修订版本。韩书瑞（2000）指出，拉德任斯基的作品是当时表现北京郊区的最佳地图，1865年复制收入英国驻华使馆医生芮尼所著《北京与北京人：英国驻北京使馆开设首年见闻录》[1]，但没有提及拉德任斯基图与比丘林图的关系。[2]

（二）1840~1899年的西文北京地图

1842年6月，英国近卫骑兵处（即陆军总司令部，伦敦）军需总监部石印出版了比丘林《北京城图》的复制品。目前笔者仅见到1860年英国陆军部地形测绘局（南安普敦）凸版印刷的1842年版复制本[3]（图16）。图高68.6厘米，宽47.0厘米。城市图像部分，该图是1829年原版图像的精确拷贝，仅设色略有简化。标题改作英文 Plan of Peking in 1817（《1817年北京平面图》）。左右两侧注释省略了西里尔字母拼音地名列表，仅保留185个罗马字母拼音地名。大图正下方附有一五厘米见方的小图，题作 Canal communication from Peking to the Gulf of Pe-Chili，是一幅精细的航道图，表现北京与大沽口间曲折的运河。[4] 大图左下方有简单说明文字（皇城、紫禁城用红色），左下角印"Drawn in transfer lithograph

---

1　D. F. Rennie, *Peking and the Pekingese during the First Year of the British Embassy in Peking*, London: J. Murray, 1865. 中译本见〔英〕芮尼《北京与北京人（1861）》，李绍明译，国家图书馆出版社，2008。中译本未收录原书所附地图。

2　Susan Naquin, *Peking: Temples and City Life, 1400-1900*, 2000, p. 488.

3　澳大利亚国家图书馆藏品。高清图参见 nla.gov.au/nla.obj-231242713/view（2018年3月29日检索有效）。

4　1860年10月，英法联军攻至北京。本年内不太可能将最新测绘资料寄回英国，制作地图。这份航道资料或许来自1816年阿美士德访华使团，待考。

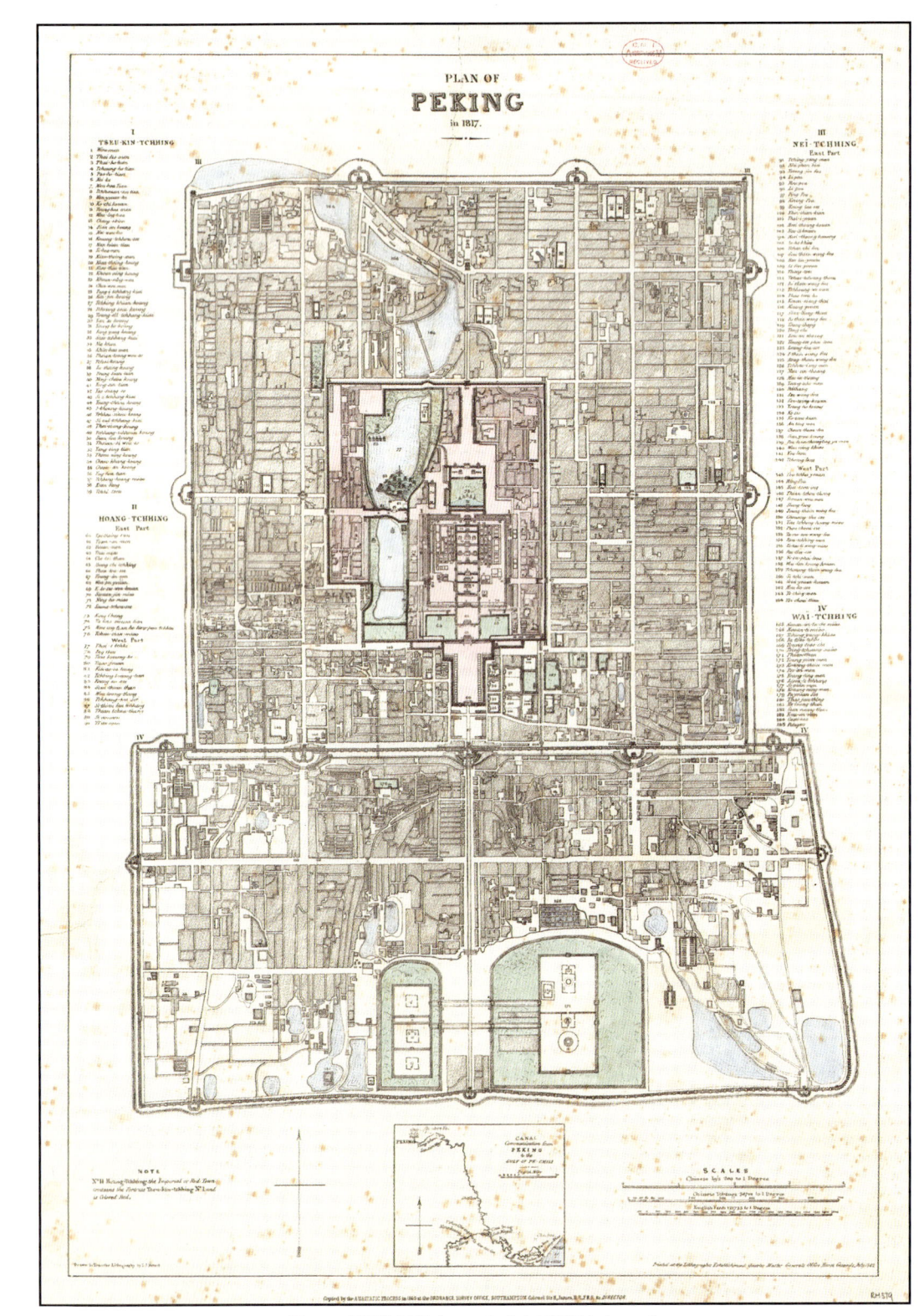

图16　英国陆军部《1817年北京平面图》(1860)

by L. J. Hebert";右下方为比例尺,左下角印"Printed at the Lithographic Establishment Quarter Master General's Office Horse Guards, July 1842"。全幅最下端框外印加一行字:"Copied by the anastatic process in 1860 at the Ordnance Survey Office, Southampton, Colonel Sir H. James, R.E. F.R.S. &c. Director。"

1860 年,英国陆军部地形测量局石印重版了拉德任斯基的地图,改题作"Pekin and its Environs / Copied from the Survey of Colonel Ladyjenski of the Russian Army. / Lithographed at Top[ographica]l Dep[o]t War Office / Col. Sir Henry James, R. E.; F. R. S. &c. Director, 1860"[1]。图注皆改用英文。比例尺仍为 1:42000,高 55.8 厘米,宽 79.8 厘米,与 1848 年版基本一致。1860 年石印本为手工设色,色彩及装饰性较 1848 年原版大为简化。英国重版之图当为前述芮尼(1865)书中附图的直接底本。

1842 年、1860 年英国军政机构两次复制比丘林《北京城图》,1860 年印制拉德任斯基《北京城郊图》(都城部分仍为比丘林图),与两次鸦片战争息息相关。此外,1859 年,英国陆军部地形测量局出版了一幅以渤海为中心的中国区域图,表现山东、直隶、辽东及朝鲜西部。图高 60.4 厘米,宽 82.2 厘米,覆有经纬网。图题下注明据 1760 年的中文亚洲地图复制,地名由米怜牧师(Rev. W. Milne)英译。[2] 可知其源头为《乾隆内府舆图》(十三排图)之局部[3]。按,1878 出版的英国《印度事务部地图室藏资料目录》列有约四十种中国地图,除全国地图外,北京相关之图仅三种,即上述 1859 年、1860 年出版者。[4]

1829 年《北京志》出版法译本,《北京城图》亦为俄法双语,对于法语读者尤为便利。1853 年,法国汉学家鲍狄埃(Guillaume Pauthier, 1801–1873)与巴赞(Antoine Bazin, 1799–1863)合著之《现代中国:中华大帝国的历史、地理与文献,据中国资料汇编》(以下简称

---

1 苏富比拍卖行拍品,"Peking Map: Colonel Sir Henry James"。高清图参见 www.sothebys.com/en/auctions/ecatalogue/2014/travel-atlases-maps-natural-history-l14405/lot.192.html(2018 年 9 月 3 日检索有效)。

2 标题:*Map of the Country round Pekin*. Copied from the Chinese Map of Asia, 1760. Names of places translated by the Rev. W. Milne. Published at the Topographical Dept War Office, Under the Direction of Major A. C. Cooke, R. E. Col. H. James. R. E. F.R.S. M.R.I.A. &c. Director. 1859. 澳大利亚国家图书馆藏品。高清图参见 nla.gov.au/nla.obj-231242829/view(2018 年 10 月 3 日检索有效)。

3 1859 年英人复制地图的直接底本可能是道光间刊刻的《皇朝一统舆地全图》(1832、1841),后者即源于《乾隆内府舆图》。

4 India Office, *A Catalogue of Manuscript and Printed Reports, Field Books, Memoirs, Maps, Etc., of the Indian Surveys: Deposited in the Map Room of the India Office* (London: India Office.1878), p. 509.

《现代中国》）在巴黎出版。[1] 该书"北京"（Description de Pé-kin）一章，前加按语，谓本章收录比丘林《北京志》1829年Pigny法文译本，并据《大清一统志》略做补充。《现代中国》缩印比丘林《北京城图》，题 Plan de Pé-king，作为卷末折页地图，单色印刷。图注仍为185条，装饰性图案有所简化，如湖泊水面改用密行横线。图下底端左右，分列丈制（180丈=1华里）、米制（1000米=1公里）两种比例尺。

《现代中国》是19世纪后期欧洲知识界了解中国的重要参考书，流传较广。其中缩印的比丘林《北京城图》，很可能是该图第一次在普通书籍中出现，远较1829年原版地图易得。1862年，法国远征军地形测绘部主任杜潘（Charles-Louis Du Pin, 1814–1868）上校，化名保罗·瓦兰（Paul Varin），发表《远征中国》一书[2]。该书卷末印有一张北京平面图（图17），从其画面特征（图题、湖泊水面作密行横线、比例尺位置、无地名列表）来看，应是根据《现代中国》书末地图复制。

1860年10月，英法联军占领北京。历史上第一次，数以千计的欧洲（及英属印度）军队兵临北京，依靠武力成为这座城市的临时主人。战后欧洲出版了一系列记述远征中国亲身经历的法文、英文作品。综合多种文献可知，1860年7~9月，俄国外交代表伊格纳季耶夫（Николай Павлович Игнатьев, 1832–1908）向联军将领提供了至少两幅地图和大量军事情报。两图一为北塘河至天津、北京的区域道路地图，一为详细的北京城市地图。[3] 这幅北京城市地图究竟是何面目？李伟丽根据英文史料，认为该图当即比丘林的作品。[4] 霍赫洛夫引用俄文史料，也倾向于认可该图即比丘林图。[5]

按英国远征军总司令格兰特（James Hope Grant, 1808–1875）《日记选：1860年中国之战》（1875），1860年9月26日，伊格纳季耶夫在张家湾向英国谈判全权代表额尔金（James Bruce, 8th Earl of Elgin, 1811–1863）与格兰特，出示"一张了不起的地图，这是他叫人所绘制的北京地图，在上面描绘了所有重要的街道和房屋。他好意地让我们复制了这份地图，条件仅是不要发表，因为还没有送

---

[1] H. G. Pauthier, A. Bazin, *Chine moderne ou Description historique, géographique et littéraire de ce vaste empire, d'après des documents chinois*, Pairs: Firmin Didot Frères, 1853.

[2] Paul Varin, *Expedition de Chine*, Paris: Michel Lévy Frères, 1862. 中译本为〔法〕瓦兰·保罗《远征中国》，孙一先、安康译，中西书局，2011。中译本未收入该图。杜潘在北京期间担任英法联合委员会成员，参与分配圆明园劫掠所得珍宝。

[3] 齐思和等编《第二次鸦片战争》第6册，上海人民出版社，1979，第508~519页。

[4] 李伟丽：《尼·雅·比丘林及其汉学研究》，第16页。

[5] А. Н. Хохлов, "Столица цинского Китая Пекин в русской картографии XIX в (труды Н.Я. Бичурина и М.В. Ладыженского)," *Общество и государство в Китае*, Т. XLIV, ч. 2. (2014), pp. 377-390.

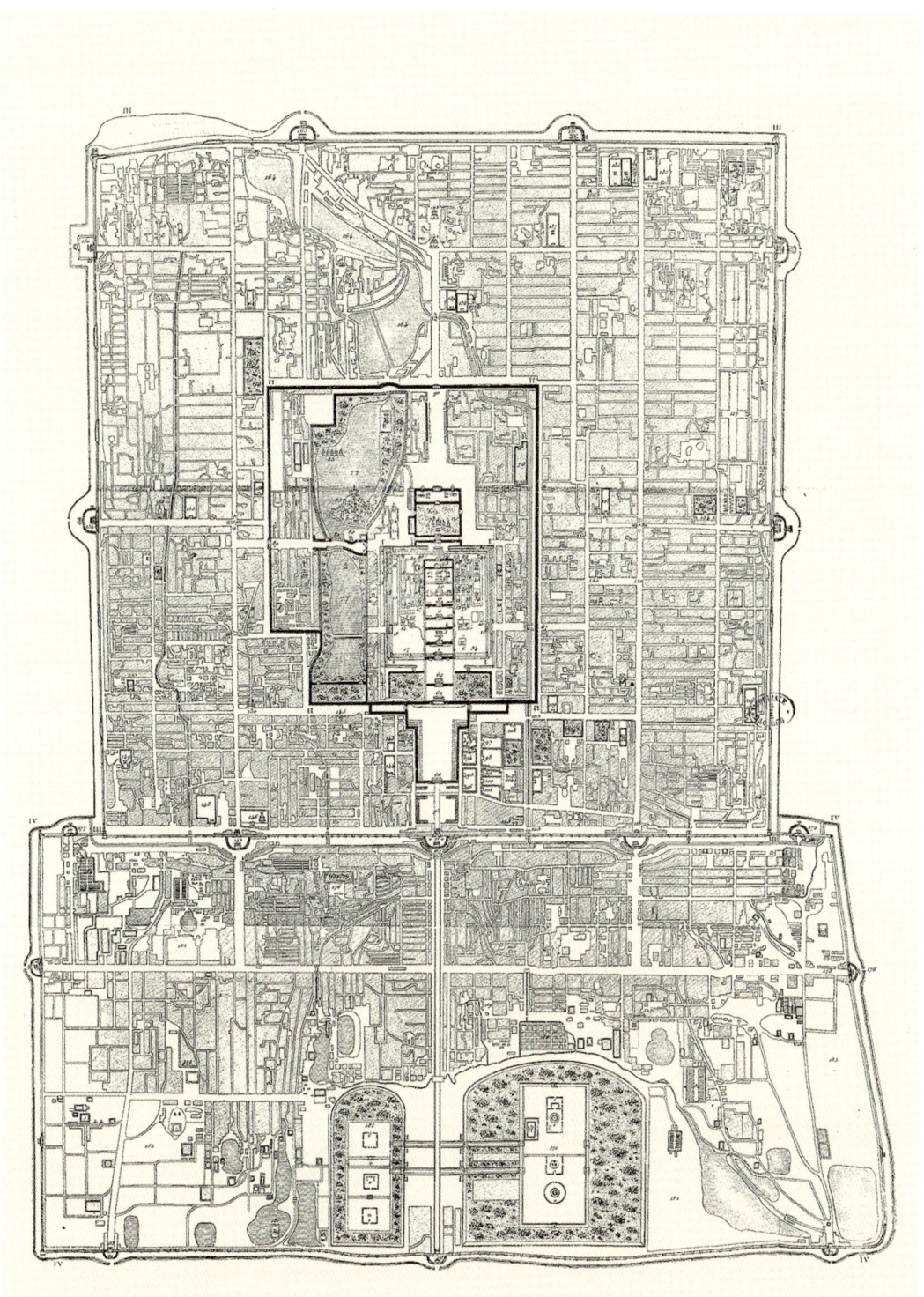

图 17　瓦兰《北京平面图》(1862)

呈圣彼得堡。我叫比托先生把它拍摄下来。比托是我特别允许伴随这次远征的,他过去曾拍摄过印度和克里米亚的风景。"注文补充道,这幅地图"最后证明具有很大的价值",图中的街道是在马车上绘制,记录了所有角度,同时通过车轮上安装的指示器(即记录轮转次数的装置)记录距离。[1] 格兰特《日记选：1860年中国之战》书末附有大沽口至北京间区域地图,表现英法联军进攻路线。该图中的北京城仅为小块示意图,不过从城墙轮廓、圆明园、清漪园(颐和园)一带水域形状等特征看来,这部分画面应系部分采用拉德任斯基图(1848、1860)作为底本增订而成。

《阿礼国传》则称："最有价值的情报——北京城的地形图——是由伴随联军的伊格纳切也夫将军所提供的。他借给格兰特爵士的这一张地图,标明了北京城所有重要的街道和住宅,它是由俄国所派遣驻北京传教团体中的一个受科学训练人员所记录的。"[2]

霍赫洛夫引用1860年俄国远东分遣舰队指挥官利哈乔夫(И.Ф. Лихачёв, 1826–1907)日记,谓伊格纳季耶夫向英法联军提供的地图,并非随行制图师希姆科维奇(Я.Г.Шимкович)的新作,乃是1829年出版的旧图,即比丘林《北京城图》。[3]

1860年,比丘林图至少已有四种完整的印刷版本(1829,1842,1853,1860),且曾在英国、法国出版,很可能作为联军的重要参考资料被携至中国(如前引《远征中国》附图)。伊格纳季耶夫不太可能当面欺骗英方将领,表示比丘林图尚未呈交本国政府,故不得发表。利哈乔夫的记载未必可信。不妨推测,伊格纳季耶夫提供的手绘地图,完成时间约在1860年,或许是在比丘林图的基础上略有增订,侧重表现主要宫廷、衙门、兵营等战略要地。至于答案究竟如何,假如伊格纳季耶夫的原图,抑或摄影师比托(Felice Beato, 1832–1909)的翻拍照片重现人间,此事当可定谳。

1860年《北京条约》签订后,欧美多国得以在北京建立永久性的使馆,外交官、商人、工程师、旅行者纷至沓来。不过英法联军占领北京时间短暂,入城逼迫签约后,并未全面控制城区,也没有进入紫禁城。其后四十年间,外国人在北京活动仍然受到较多限制,尚未享有《辛丑条

---

[1] 齐思和等编《第二次鸦片战争》第6册,第514~515页。译文略有修改。原文参见 Henry Knollys, ed., *Incidents in the China War of 1860 Comp. from the Private Journals of General Sir Hope Grant*, Edinburgh and London: W. Blackwood and Sons, 1875, pp. 120-122。该书(1875)末附大沽口至北京间区域地图(*Plan of the country between Pekin and the Gulf of Pechili*)。

[2] 齐思和等编《第二次鸦片战争》第6册,第517页。原文参见 Alexander Michie, *The Englishman in China during the Victorian era, as Illustrated in the Career of Sir Rutherford Alcock*, Vol.1, Edinburgh and London: W. Blackwood & sons, 1900, pp. 353-354.

[3] А. Н. Хохлов, "Столица цинского Китая Пекин в русской картографии XIX в (труды Н.Я. Бичурина и М.В. Ладыженского)," *Общество и государство в Китае*, Т. XLIV, ч. 2. (2014), pp. 377-390.

约》签订后的特权。1860~1889年，北京的城市景观也随着西交民巷使馆区的出现，以及新设政府机构（总理衙门、同文馆等）的建立发生显著变化。迄今所知，这一时期并未出现基于实地测绘的全新北京地图。比丘林图仍然是最详细的北京城图，多次翻印，更新地名标注。同时，其中的错误也更易察觉，出现了不少以比丘林图为底图的修订版本。

1864年，法国作家布希耶勒格（Achille Poussielgue）编著《1859~1862年上海—莫斯科纪行，途经北京、蒙古、俄属亚洲，据法国驻华公使布尔布隆先生及其夫人的笔记整理》，在巴黎的《世界之旅》（*Le Tour du monde*）杂志分期发表，随文刊出两幅北京地图[1]。一是长方形《首善全图》的重绘本（删去汉文标注）；二显然是比丘林图的简化版本，对城墙形状、外城干道略有修订。后者题为 *Plan de Pékin, Dressé par M. Le Capitaine du Génie Bouvier*，即首任法国驻北京公使布尔布隆随行武官布维尔上尉制北京平面图。该图仅保留比丘林图内主要街道，省略小巷及全部装饰性建筑图。皇城西部南海内无瀛台，南海南岸与长安街间仍表现为大片土地。该图改正外城东南角形状，同时修订外城主要街道走向，具有实测特征。图内用数字1~62标注地物，图下列表注明地名，如皇宫（1）、寺庙（2），特别是东交民巷区域法、俄、英三国使馆（16~18）。

1867年，英国汉学家但尼士（N. B. Dennys）编辑出版《中日通商口岸》（*The Treaty Ports of China and Japan*）[2]。这部实用旅行指南收入一幅单色印刷的北京城区示意图，明显是比丘林图的简化版本。图内仍用数字标识地物，凡64处。外城东南角形状已予改正，同时增加了城门外的道路和少量建筑。

1885年出版的《大不列颠百科全书》第9版第18卷，收录英国汉学家道格拉斯（Robert K. Douglas, 1838–1913）所撰"北京"（Peking）词条。[3] 配图（*Plan of Peking*，图18）采用拉德任斯基图作为底图，保留北京城墙内部分，城外仅绘出护城河及日、月、地三坛，未做实质修改。图内用英文标注内外城城门、紫禁城、钟鼓楼、天坛等二十余处。比例尺为1∶95040（one mile and a half to an inch）。

1896年出版的法文《世界五大洲地图集》（*Atlas Universel*）收录彩印《北京平面图》（*Plan de Péking*），高47厘米，宽31厘米，同样属于据《现代中国》复制的

---

1 A. Poussielgue, "Relation de voyage de Shanghai à Moscou, par Pékin, la Mongolie et la Russie Asiatique, rédigée d'après les notes de M. de Bourboulon, Ministre de France en Chine, et de Mme de Bourboulon, 1859–1862," *Le Tour du Monde*, No. 9, Paris: L. Hachette, 1864, pp. 114-115. Susan Naquin (*Peking: Temples and City Life, 1400-1900*. p. 488) 提及此图。

2 N. B. Dennys, ed., *The Treaty Ports of China and Japan: A Complete Guide to the Open Ports of Those Countries, together with Peking, Yedo, Hongkong and Macao*, London: Trübner and Co., 1867. 该书北京图，又可参见〔英〕贝内特《中国摄影史——西方摄影师：1861—1879》，徐婷婷译，中国摄影出版社，2013，X。

3 *Encyclopedia Britannica*, Ninth Edition, Volume XVIII, Edinburgh: Adam and Charles Black, 1885, p. 469.

比丘林图[1]。

1897，天主教北京教区法籍主教樊国梁（Alphonse Favier，1837–1905）出版《北京：历史与记述》一书，偏重中国天主教史。[2]导言收录一北京城区示意图，显然源于比丘林图。图内删去全部道路，突出河道、湖泊，用数字标示35处地物（城门、天坛等），脚注列出各地拼音。该图较比丘林图增加了几条延伸到城外的道路及河道，南海南面的空地已改正取消，外城东南角仍然突出，一如比丘林图之误。

（三）庚子事变

1900年，义和团事件爆发，外国使馆被围，八国联军占领北京。北京城再次成为世界舆论焦点。

1900年，法国陆军地理服务局（Service géographique de l'Armée）为配合出兵北直隶，印制多种军用地图，包括：比例尺为1:15000的《北京平面图》（Plan de Pékin）；比例尺为1:300000之《北京周边地图》（Théâtre des opérations en Chine / Environs de Pékin），图内包括北京城市分图（Pékin，比例尺为1:50000）[3]。

《北京平面图》，彩印，高77厘米，宽88厘米。[4]该图采用数字标注384处地物，图左并排开列地名拼音与法文翻译。对照比丘林图，法文新图的南海内已有瀛台，南海南岸位置改正。外城东南角突出、东直门瓮城椭圆形状则一如旧图。城墙外增加日月坛、地坛、倚虹堂等少量建筑，以及西便门外与内城西墙平行的长道。装饰性建筑图样已大为简化，仅保留紫禁城中轴先宫殿、城墙上城楼，以及少数牌楼。法文地图内地坛中轴线偏向西北，且精确绘出地坛内部道路、建筑分布，同时绘出德胜门、安定门外大街及沿途建筑，皆具有明显的实地测绘特征。

《北京周边地图》，彩印，高61厘米，宽88厘米，表现大沽口至西山间广大区域的水陆交通网与地形，图内左下方之北京城市分图则即《北京平面图》的简化版本[5]。1900年法国陆军仍在复制出版比丘林系统地图，以服务于远征北京的军事行

1　F. de La Brugère, *Atlas universel: contenant la géographie physique, politique, historique, économique, militaire, agricole, industrielle & commerciale des cinq parties du monde*, Paris: Fayard Frères. 1896. 地图彩色照片，参见 http://www.etsy.com/listing/206380087/old-map-of-beijing-city-plan-big-1896?show_sold_out_detail=1（2018年10月5日检索有效）。

2　Alphonse Favier, *Péking: histoire et description*, Péking: Imprimerie des Lazaristes au Pe-Tang, 1897.

3　Anon, "Les cartes de Chine du Service géographique de l'Armée," *Annales de Géographie*, t. 10, n. 51, (1901), pp. 276-277. 按此文，1900年初，法国陆军地理服务局为对华采取军事行动，赶制多种地理资料：北直隶地图（*Pé-Tché-Li*, 1: 1000000）；北京周边地图（*Environs de Pékin*, 1: 300000），其中包括北京城市分图（ville de Pékin, 1: 50000）；北京平面图（*Plan de Pékin*, 1: 15000）；北直隶概况及统计数据。除北京平面图外，笔者尚未得见他种。

4　哈佛大学普西图书馆（Pusey Library）藏品，高清图参见 http://ids.lib.harvard.edu/ids/view/7932000?buttons=y（2018年3月22日检索有效）。

5　美国国会图书馆藏品，高清图参见 http://www.loc.gov/resource/g7824b.ct001953（2018年11月4日检索有效）。

动，可见当时欧洲难以获得更为精确的北京地图。

1900年，欧美报刊追踪报道事变进展，往往附刊北京城图。1900年6月22日，伦敦《泰晤士报》(*The Times*) 第四版所刊"*Plan of Peking*"，注明引据《大不列颠百科全书》，实即拉德任斯基图之局部。图面用数字标注15处使馆、教会机构。1900年10月13日，《泰晤士报》第五版、第六版，发表本报通讯员莫理循（George Ernest Morrison, 1862-1920）的长文《北京使馆区之围》(The Siege of the Peking Legations)，第五版所附大幅《北京平面图》(*Plan of Peking*, 图19)，显然属于比丘林图系统，较原图略有修订。南海内增加瀛台，取消南岸空地；外城东南仍为凸角。图中用数字、字母标注外国驻华机构、城门、衙署、街道等57处地点。[1]

1900年7月7日，法国新闻周刊《画报》(*l'Illustration*) 刊登的北京城市图，同样是比丘林图的简化版本，护城河外无

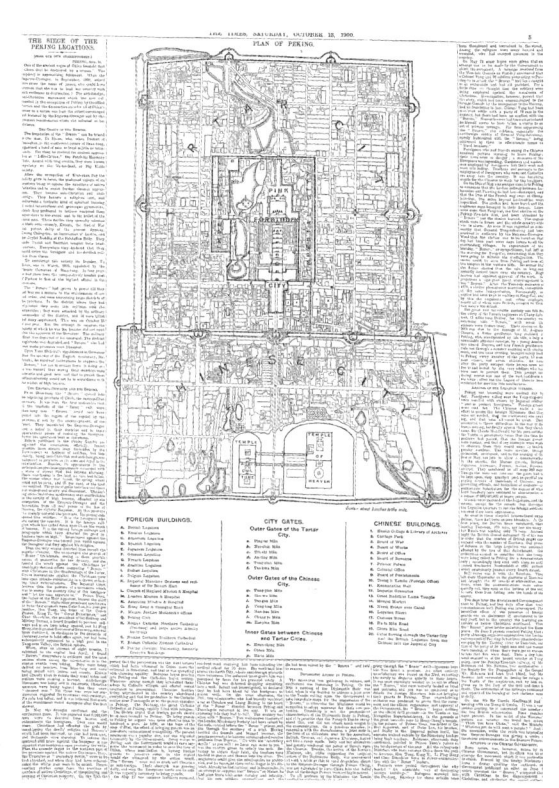

图18 《大不列颠百科全书》第9版第18卷（1885）所附《北京平面图》

图19 《泰晤士报》1900年10月13日第五版所附《北京平面图》

---

[1] 《泰晤士报》1900年6月19日（第四版）、8月11日（第六版）、8月17日（第三版）登载之《北京平面图》与《北京周边图》(*Environs of Peking*)，前者轮廓为规则的凸字形，仅表现宫城、皇城、内城、外城，以及使馆区的相对位置；后者表现京津间交道网络，北京城也仅是示意性的凸字形，采自《泰晤士世界地图集》(*The Times Atlas*, 1895)。

地物。该图直接用法文标注地名，东南城角仍旧突出，东交民巷各国使馆详为注明，南海增加了南海上的瀛台，也将南海与长安街之间位置改正为水域。

1900年8月5日，美国《弗吉尼亚向导报》（The Virginian-pilot）头版刊登的《北京地图》（Map of Peking, showing the location of the Legations）则是更为忠实的比丘林图简化版本，继承该图主要错误，可能依据鲍狄埃《现代中国》附图制版。1900年8月22日，《纽约论坛报》（The New-York Tribune）第二版刊登之《北京城市地图》（Map of the City of Peking），与前者相同。

庚子事变后，相关图书大量出版。前任英国驻华使馆参赞密福特（A. B. Freeman-Mitford, 1837–1916, 1865~1866年在任）《使馆馆员在北京》（1900）一书所附《北京平面图》（Plan of Peking），注明据《泰晤士报》复制，实即该报6月22日所刊拉德任斯基图局部。[1] 丁韪良（W. A. P. Martin, 1827–1916）《北京之围——中国对抗世界》卷首《北京城市地图》（Map of the City of Peking）实源自《中日通商口岸》（1867）。[2] 1901年，《立体照片里的中国——义和团事件期间的龙帝国之旅》出版，包括美国摄影师里卡尔顿（James Ricalton）拍摄的100张立体照片一套、文字解说一册以及地图多种，第八幅北京地图（City of Pekin: Position of Legations）显然是比丘林系统地图的复制品。[3]

1910年，马士（Hosea Ballou Morse, 1855–1934）《中华帝国对外关系史》第三卷中刊印一幅英文《北京平面图》（Plan of Peking）[4]。此图仍是比丘林图的简化本，墨色线图，用红色数字标注48处地物。图右依次开列英文地名，除各城门、总理衙门、天坛等地外，半数为外国使馆、海关、邮局及教会机构。对照比丘林原图，马士附图中的细小胡同多已省略，装饰性建筑图案大都删除，仅保留紫禁城中轴线上宫殿以及各处城墙门楼。图内已有瀛台，南海南岸位置、东直门瓮城形状皆已改正。城外主要标出日坛、月坛，以及西便门通向海淀的石道。图中尚无铁路。由此可见，该图直接的底本绝非比丘林原图，而应是光绪年间比丘林图中国化的仿制品。从东直门瓮城已作方形这点来看，其直接母本有可能是1905年冯恕改编石印之《京城详细地图》。《中华帝国对外关系史》所附《北京平面图》框外右下角

---

1 A. B. Freeman-Mitford, *The Attache at Peking*, London: Macmillan and Co., 1900，书末插图。

2 W. A. P. Martin, *The Siege in Peking: China against the World*, New York: Fleming H. Revell Company, 1900.

3 James Ricalton, *China through the Stereoscope: A Journey through the Dragon Empire at the Time of the Boxer Uprising*, New York and London: Underwood & Underwood,1901.

4 H. B. Morse. *The International Relations of the Chinese Empire*. Vol. 3. *The Period of Subjection, 1894-1911*, London; New York: Longmans, Green and Co., 1910. 地图彩照，参见http:// beijing.virtualcities.fr/Maps/Collection?ID=809（2018年3月22日检索有效）。

标注"Batholomew. Edin.",可知该图系英国制图世家、爱丁堡的巴塞洛缪家族企业印制。

1922 年，裴丽珠（Juliet Bredon，约 1881–1937）的英文著作《北京纪胜》附入比丘林《北京城图》。从装饰风格来看，似是根据原图复制，稍有简化。裴丽珠写道，时至今日，比丘林神父的作品，仍是寻访北京城名胜古迹的最佳地图。[1] 假如遍检 19 世纪后期欧洲文字出版的地图集、中国旅行记，应该能找到更多比丘林《北京城图》的复制品。

1900 年，外国占领军对北京开展测绘，北京城市地图的面貌随即发生了决定性的变化（详见结语）。迟至 20 世纪 20 年代，比丘林图系统的北京地图已被新图全面取代，不再作为实用地图出版。

四　明治日本与晚清中国

明治维新后，日本开始参考欧洲资料，继而派员实测，编制近代化的北京地图，多以比丘林图为底图。

1871 年，《中日修好条规》签订，次年日本政府在北京开设公使馆。1875 年（明治 8 年），日本陆军参谋部印制《清国北京全图》，内框高 58 厘米，宽 39 厘米，比例尺为 1∶21100，用汉字标注，是近代最早一种日制北京地图。[2] 按其凡例，"此图因英国镌行测量图改正轮廓、道路、山川及郊坰、家屋之位置，且译其图中插语以载之"；"图中街衢间插字，则据《京师城内图》《唐土图会》等诸图"；"顷日陆军少尉益满邦介归自清国。因又就其所目击亲履者以订谬误"。[3] 图记（即说明）为北京简介，文末谓瓮城形状"诸图有异同，今因《唐土图会》城门说正之"。可知其参考了英、汉、日文图书及当时访华军官见闻。该图外城东南角凸出，与比丘林图一致。城内地物形象则与传统中文北京地图（长方形《首善全图》）甚为相似。皇城之内多为空白。建筑、街道、湖泊，远较比丘林图粗略。瓮城有两种样式，东直门、西直门、阜成门、永定门四处为长方形，其余为椭圆形。该图有可能参考了某种较为简略的英文版比丘林系统地图，仅取其轮廓；城墙内地物则主要依据《唐土名胜图会》等资料改绘填充。

明治 16 年（1883），炮兵大尉玉井胧虎作成《北京近旁图》彩绘写本，比例尺 1∶40000，今藏美国国会图书馆。该图

1　Juliet Bredon, *Peking: A Historical and Intimate Description of Its Chief Places of Interest*, 2nd edition, Shanghai: Kelly & Walsh, 1922, p. 176.

2　钟翀：《日本所绘近代中国城市地图研究序论》，《都市文化研究》2016 年第 1 期，第 129~142 页。

3　陆军参谋局：《清国北京全图》，铜版印刷，陆军文库，1875，关西大学图书馆藏本。此外，朝野新闻社版《清国北京城全图》（1885）、东京博文堂版《支那北京市街图》（1894），均以 1875 年版《清国北京全图》为底本。参见钟翀《日本所绘近代中国城市地图刍议》，《陕西师范大学学报》2017 年第 3 期，第 123~132 页。

同样以汉字标注地物，都城部分显然源于比丘林图，继承了原图的主要讹误。胡同小巷及装饰性部分全部省略，其母本可能是比丘林图的某种简化版本。城外路网之详密，则远胜拉德任斯基之图，应是基于实地测绘。明治27年（1894），中日甲午战争（日清战争）爆发，《北京近旁图》（图20）石印出版。该图比例尺为1∶50000，由24张分图拼合而成，全图高2.3米，宽1.9米，主要表现北京周边州县（北至昌平南至固安，西至良乡东至香河）的详细交通网。底本为明治13年至明治24年间（1880~1891）数位日军将校测量制作的多种《北京近旁图》及《旅行图》。印刷版《北京近旁图》都城部分基本继承了比丘林图地物特征，省略末级小巷。井田浩三（2012）指出，《北京近旁图》中的都城部分与美国国会图书馆藏清末李明智作《北京全图》彩绘本（约1875~1887）酷似，推测后者或系前者的母本。[1] 实际上，两图仍有较大差别，虽同属比丘林图系统，但未必存在直接的传承关系。

明治22年（1889），日本文部省编辑局出版之《高等小学读本四》第八课北京，附有一张北京详细地图（1∶50000）（图21）。井田浩三指出，该图与李明智《北京全图》（图22）甚为相似。[2] 该图下端署"北京"二字，图内仅用中文标注"内城"、"外城"、"大内"、"御花园"（三海）、"天坛"、"先农坛"六处，全无装饰性图案（宫殿、城楼等），大内基本为空白。东南城角凸出、西直门瓮城方形等特征仍遵循比丘林图，内城南海南岸位置已改正。多处城门之外增加少量道路与沿途居民区。综合分析，该图属于比丘林图系统，不过直接底本既非比丘林原图（或其精确复制版），也非李明智《北京全图》之类北京画店出产的商品，更可能是某种类似《北京近旁图》那样补充城外道路测绘信息的版本。小学课本属于流布最广、读者最多的出版物。机缘巧合，俄国神父绘制的北京城图一度成为19世纪末日本小学生眼中大清国首都的标准形象。

岸田吟香（1833~1905）编辑的《中外方舆全图》，系单幅东亚区域总图（约140厘米×200厘米），1887年编辑，1894年铜版印刷，至1906年东京乐善堂印至第十六版。[3] 该图右下角空白处分置之"北京全图"属于比丘林系统，较《高等小学读本》中之北京地图之地物表现、

1　井田浩三《簡易測量による外邦図（清国）の新たな図の紹介》，《外邦図研究ニューズレター》第9期，2012，第13~39页。

2　井田浩三《簡易測量による外邦図（清国）の新たな図の紹介》。书影又见廣島大學圖書館教科書コレクション：dc.lib.hiroshima-u.ac.jp/text（2018年11月6日检索有效）。

3　目前所见岸田吟香编辑《中外方舆全图》有两种，一种有丁亥（1887）四月岸国华（即岸田吟香）跋及凡例，无具体出版信息；跋文未说明是否刊印。一种有丁亥跋、凡例（较前者简略）、甲午（1894）孟秋岸田吟香附言，以及出版信息——东京乐善堂发行，明治37年八月印刷，明治38年订正增补第十五版，明治39年订正增补第十六版；附言略云是图经十余年考校内外古今地图数十部及游历所得编纂而成，乃以稿本付印。该图是否早在1887年即已刊印，尚不明了。如是，则该图很可能成为1889年《高等小学读本》中北京地图的直接母本。

文字标注更为详细，二者明显来自同一母本。

明治31年（1898），东京博文馆出版《北京志》，署名清国驻屯军司令部编，实为服部宇之吉（1867~1939）主编。[1] 该书是一部介绍北京政治、经济、文化的综合性著作。卷首装订折页彩印北京城市地图，比例尺为1∶26800。东南城角突出，东直门瓮城为椭圆形，仍可见比丘林图痕迹。南海内已见瀛台，南岸位置亦改正。城内街道，特别是外城南部，绘制多有改进。京汉、京张等铁路俱用红线标识。该图将内外城墙诸多马面、角台全部绘出，较为特别，或系利用清末比丘林图之中国改编本（如《京城详细地图》等）修订而成。

19世纪末20世纪初，比丘林图也派生出不少中国版本。前期为19世纪80~90年代北京画店的彩绘《北京地里全图》（周培春）、《北京全图》（李明智，图22；李睿智），以及石印本《京师全图》。后期为冯恕《京城详细地图》（1905）及其衍生版本。清末民初影响颇大的新派小学堂教材《澄衷蒙学堂字课图说》（1901）卷一载有《京都图》（图23），也采用了简化的比丘林系统地图。[2] 关于比丘林图的中国支脉，篇幅所限，笔者拟另文详细讨论。

图20　日本陆军《北京近旁图》（1894）

图21　日本文部省《高等小学读本四·北京》（1889）

---

[1] 清国驻屯军司令部编《北京誌》，博文馆，1908。

[2] 刘树屏编《澄衷蒙学堂字课图说》卷一，第18页b，早稻田大学图书馆藏光绪三十年澄衷蒙学堂第十一次石印本。按《图说》光绪二十七年（1901）六月上海顺成书局第一次石印，至1918年仍有翻印本。

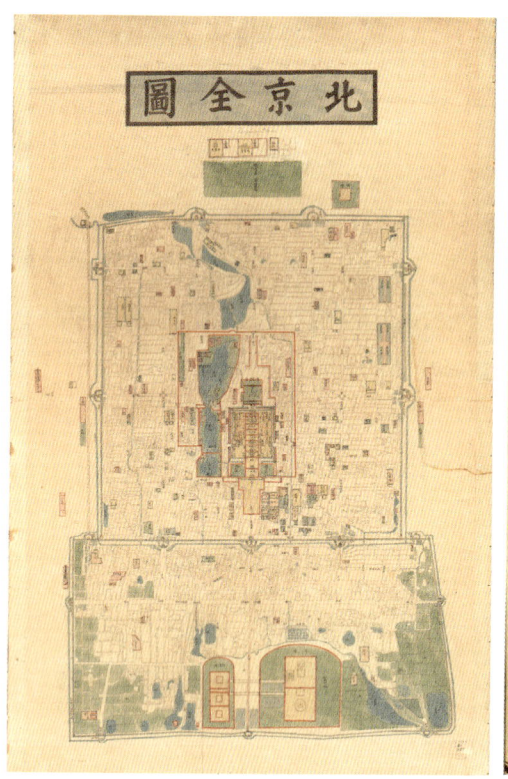

图 22　北京全图（李明智，美国国会图书馆藏本） 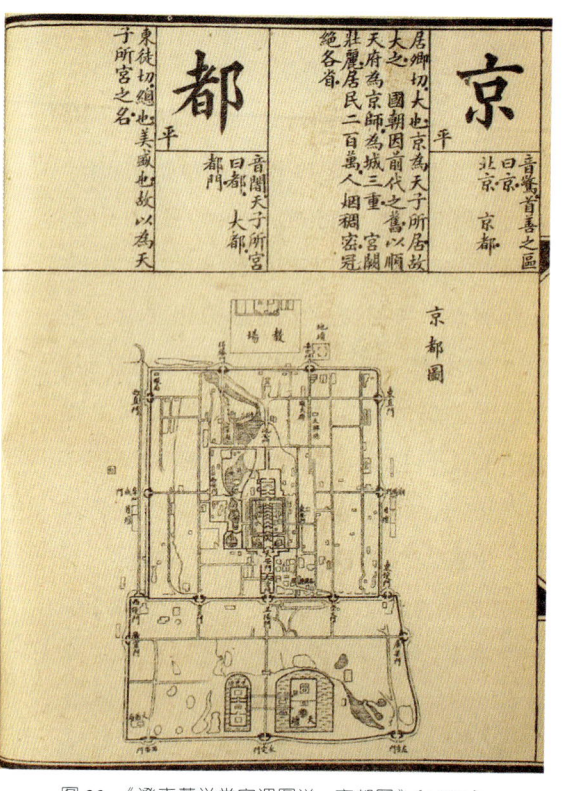　　　　图 23　《澄衷蒙学堂字课图说·京都图》（1901）

结　语

  16 世纪以降，中国与欧洲的联系愈发紧密，明清两朝的首都北京愈发引起欧洲人士的兴趣。17 世纪末至 18 世纪后期，欧洲印刷出版的北京城市平面图，最初仅根据文字描述推测绘制（1688），其后则利用耶稣会士从清宫获得的内城地图重绘刊行（1752）。

  约在 1800 年至 1860 年间，俄国东正教驻北京使团取代 18 世纪为清廷服务的天主教士，成为欧洲获取中国首都信息最重要的渠道。第九届使团团长、修士大司祭比丘林 1817 年在北京制作、1829 年在圣彼得堡出版的《北京城图》，乃是第一种直接由外国人士通过局部实地测绘完成的北京内外城地图。比丘林既没有参考 18 世纪欧洲出版物中质量最佳的宋君荣甲种北京地图（底本为乾隆时期清宫所制地图），也未能借鉴清宫保存的精绘地图写本。其资料来源不一。皇城之内属于禁地，比丘林应是根据《宸垣识略》大内图、皇城图，参考志文，改编绘制。《宸垣识略》大内图、皇城图二图甚为粗劣，比丘林图承讹袭误，准确程度不高。外城南部荒凉之处，比丘林并未全面勘察。外城东南角形状的错误，可能受到杜赫德《中华帝国志》中北京简图的影响。至于内外城中街巷稠密的区域，则多经实地勘察，采用简易方法测绘。路网之详细与精确程度，在同时期同类印刷地图（包括中文地图）中首屈一指。假如嘉庆皇帝得知寄居京城的"俄罗斯喇嘛"私自绘制京师街巷详图，比丘林恐有性命之虞。比丘林的制图活动具有一定的秘密性质，虽然主要是个人兴趣，也可以纳入使团收集中国情报的官方任务。

1829年，《北京城图》采用俄法双语对照形式印刷，配套说明书《北京志》同时推出俄文、法文两种版本，直接面向以法语为主要学术语言的欧洲知识界，甫一出版即受到英、法学界注意，学术期刊相继发表书讯及长篇书评。1829~1900年，比丘林图也成为西方世界认识北京城市图景的主要母本。

军用方面。1848年，俄国军事-地形测量石印出版陆军上校拉德任斯基1830~1831年测绘之北京城郊图，都城部分采用比丘林图作为底图，略做订正。1842年、1860年，亦即第一次、第二次鸦片战争期间，英国陆军两次重版比丘林图，用作军事地图。1900年，八国联军出兵中国，法国陆军地理服务局仍使用比丘林系统地图，修订重印。1880~1891年，日本陆军派遣多位军官测绘北京周边郊县。1894年甲午战争爆发，日本陆军石印出版比例尺为1∶50000的巨幅《北京近旁图》，其中都城部分犹以比丘林系统地图作为底本。

民用方面。随着西方近代出版技术的进步、大众图书市场的兴盛、中国题材随时事热度上升，比丘林系统的北京城图刊印愈广。最晚从1853年开始，比丘林图的各种简化、修订版本，出现在19世纪后期诸多西文图书、杂志、报纸、地图集中，谱系庞杂，成为北京城市的标志性形象。1890年前后，北京内城的画店开始采用比丘林图为摹本，出售中国化的仿制品。手工绘本不久升级为石印本。20世纪初，商务印书馆多次再版石印修订本。比丘林图承载的北京城形象，先后进入日、中两国小学课本（《高等小学读本》《澄衷蒙学堂字课图说》），融入大众常识领域。

源于比丘林《北京城图》的派生版本，绝大多数未曾注明底图，然来源不难识别。比丘林图外城东南角形状有误，与我们熟悉的北京城墙轮廓明显有别，极易辨认。这种"错误"的轮廓，伴随比丘林系统地图的广泛流行，成为19世纪末20世纪初中外读者眼中当然的北京形象。

1830~1900年，印刷本北京城市地图种类虽多，准确度方面却没有出现实质性的进步。首要原因应是清政府的政策与管控，自身既未发起测绘工程，外国人的测绘活动也受到有效限制。其次，比丘林图刻画街巷布局的精确程度，基本满足了当时外界认识北京的需求。从19世纪后期列强的军事需求而言，更为重要的是获得有关北京周边交通网络、地形变化的测绘资料，而非重测城市内部街道。总之，由于尚未出现制作更高标准地图的充足动力与有利条件，比丘林系统地图经过局部修订，长期保持较高的实用价值，稳居最佳北京地图之列。

1900年，庚子事变，八国联军侵华，

随即全面控制北京，直接实施行政管理。《辛丑条约》签订后，列强获得更多特权，清政府对外国人在北京活动的管控能力大为降低，外国军事测绘部门得以从容测绘中国首都。例如，1900~1901年德国东亚远征军完成的北京城区图，1902~1905年德国东亚占领军完成城郊部分测绘。利用上述测绘资料，1903年，普鲁士国土测绘局制图部彩印出版德文版《北京全图》（Peking）。图高69厘米，宽59厘米，比例尺为1∶17500。图面涵盖北京地区，以及城墙外的一公里场地。1907年，德国参谋部测量处在柏林出版《北京及城郊图》（Peking und Umgebung），比例尺为1∶25000，彩印套色，在前图基础上，展现了更多的测绘成果，精确度甚高。[1] 清末新政时期至民国初年，中国官方机构也开始测绘北京城市地图，如常琦测绘《最新北京精细全图》（1908，墨色印本），内务部职方司测绘处制《实测北京内外城地图》（1913）及《京都市内外城地图》（1916，彩色套印本）。[2]

制作大比例尺的精密地图，标志着近代城市管理的开始。20世纪前十年，基于近代测绘技术完成的北京城市平面图最终出现，古城北京的轮廓第一次以我们今天熟悉的样子，几乎毫厘不爽出现在纸面上。最新测绘成果投入市场，不断翻印、修订，最终完全更新了大众对北京城平面景观的印象。比丘林地图的各种"错误"、粗疏、过时之处，随之一目了然，高下立判。20世纪20年代，比丘林系统的地图已成为历史文献，基本不再作为实用地图重印流通。

比丘林的《北京城图》是19世纪影响最大的西文北京地图，堪称19世纪北京城的"标准像"，在北京城图史上承前启后，具有非常重要的地位。比丘林图的出现及其影响，既是一部测绘、出版、修订北京图像的历史，也是外部世界，以至本地居民认识北京面貌的历史，更是近代各国在军事、知识领域相互竞逐的历史，内涵相当丰富，值得从地图史、测绘史、中外交流史、书籍史等多种视角，继续深入探索。

---

[1] 1903年德文版《北京全图》，参见中国国家图书馆、测绘出版社编著《北京古地图集》，第208~209页。1907年德文版《北京及城效图》，参见朱竞梅《北京城图史探》，第154~156页。美国国会图书馆藏1907年版《北京及城郊图》，高清彩图见 http://www.loc.gov/resource/g7824b.ct001944（2018年10月26日检索有效）。

[2] 二图皆为日本京都大学人文研究所藏品，高清彩图参见 http://kanji.zinbun.kyoto-u.ac.jp/db-machine/imgsrv/maps（2018年10月8日检索有效）。清末民初新式北京地图的绘制背景和过程，尚多不明。是否完全实测或使用外文地图作为底图，有待研究。

336 / 337

附录一　比丘林《北京城图》(1829)[1]

比丘林《北京城图》(1829)1-1（上）

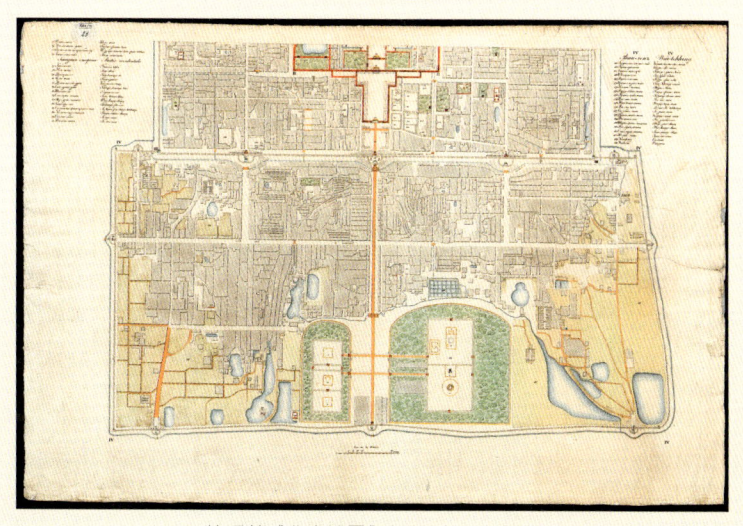

比丘林《北京城图》(1829)1-2（下）

---

[1] 爱沙尼亚国家档案馆（National Archives of Estonia）藏品，编号：EAA.854.4.1107。高清图参见 www.ra.ee/kaardid/index.php/en/map/searchAdvanced?sort=sisestatud&page=7274&vmode=grid（2018 年 4 月 8 日检索有效）。

附录二　比丘林系统北京城图简表

（一）外国军用地图

1842　英国陆军军需总监部石印《北京平面图》（比丘林图，1817）

1848　俄国军事-地形测量局石印拉德任斯基《首都北京城郊平面图》

1860　英国陆军部地形测绘局重印《1817年北京平面图》

1860　英国陆军部地形测绘局石印1848年拉德任斯基图，改题为《北京城郊图》

1883　日本炮兵大尉玉井胧虎绘《北京近旁图》写本

1894　日本陆军石印《北京近傍图》

1900　法国陆军地理服务局刊印《北京平面图》

1900　法国陆军地理服务局刊印《北京周边地图》

（二）外国民用地图、书刊插图

1853　鲍狄埃、巴赞《现代中国》

1862　杜潘《远征中国》附图

1864　布希耶勒格《1859~1862年上海—莫斯科纪行》

1865　芮尼《北京与北京人：英国驻北京使馆开设首年见闻录》（拉德任斯基图）

1867　但尼士《中日通商口岸》

1885　《大不列颠百科全书》第9版第18卷"北京"（拉德任斯基图）

1889　日本文部省编辑局出版《高等小学读本四》第八课北京

1894~1906　岸田吟香《中外方舆全图·北京全图》第一至十六版

1896　法文《世界五大洲地图集》

1897　樊国梁《北京：历史与记述》

1900年6月22日　《泰晤士报》第四版（拉德任斯基图）

1900年7月7日　法国新闻周刊《画报》

1900年8月5日　《弗吉尼亚向导报》

1900年8月22日　《纽约论坛报》

1900年10月13日　《泰晤士报》第五版

1900　密福特《使馆馆员在北京》（拉德任斯基图）

1900　丁韪良《北京之围——中国对抗世界》

1901　《立体照片里的中国——义和团事件期间的龙帝国之旅》

1908　清国驻屯军司令部编《北京志》

1908　大阪十字屋《改正北京市街地图》

1910　马士《中华帝国对外关系史》

1922　裴丽珠《北京纪胜》

（三）清末民用地图、书刊插图

1890年前后　周培春《北京地里全图》彩绘本

1896年前后　《北京全图》彩绘本

1900年代　《京师全图》石印本

1901　《澄衷蒙学堂字课图说·京都图》石印本

1905~1911　《京城详细地图》，上海商务印书馆石印本第一版至第五版

1910年前后　《订正改版北京详细地图》德兴堂石印本

《形象史学》征稿启事

《形象史学》是由中国社会科学院古代史研究所文化史研究室主办、面向海内外征稿的中文集刊，自2021年起每年出版四辑。凡属中国古代文化史研究范畴的专题文章，只要内容充实，文字洗练，并有一定的深度和广度，均在收辑之列。尤其欢迎利用历史上流传下来的各类形象材料进行专题研究的考据文章，以及围绕中国古代文化史学科建构与方法探讨的理论文章。此外，与古代丝路文化和碑刻文献研究相关的文章，亦在欢迎之列。具体说明如下。

一、本刊常设栏目有理论探讨、名家笔谈、器物与图像、考古与文献等，主要登载专题研究文章，字数以2万字以内为宜。对于反映文化史研究前沿动态与热点问题的综述、书评、随笔，以及相关领域国外学者的最新研究成果（须提供中文译本），亦适量选用。

二、来稿文责自负。章节层次应清晰明了，序号一致，建议采用汉字数字、阿拉伯数字。举例如下。

第一级：一 二 三；

第二级：（一）（二）（三）；

第三级：1. 2. 3.；

第四级：（1）（2）（3）。

三、中国历代纪年（1912年以前）在文中首次出现时，须标出公元纪年。涉及其他国家的非公元纪年，亦须标出公元纪年。如清朝康熙六年（1667），越南阮朝明命元年（1820）。

四、来稿请采用脚注，如确实必要，可少量采用夹注。引用文献资料，古籍须注明朝代、作者、书名、卷数、篇名、版本；现当代出版的论著、图录等，须注明作者（或译者、整理者）、书名、出版地点和出版者、出版年、页码等；期刊论文则须注明作者、论文名、刊物名称、卷期等。同一种文献被再次或多次征引时，只需注出书名（或论文名）、卷数、篇名、页码即可。外文文献标注方法以目前通行的外文书籍及刊物的引用规范为准。具体格式举例如下。

（1）（清）张金吾编《金文最》卷一一，光绪十七年江苏书局刻本，第18页b。

（2）（元）苏天爵辑《元朝名臣事略》卷一三《廉访使杨文宪公》，姚景安点校，中华书局，1996，第257~258页。

（3）（清）杨钟羲：《雪桥诗话续集》卷五上册，辽沈书社，1991年影印本，第461页下栏。

（4）（唐）李隆基注，（宋）邢昺疏《孝经注疏》，载李学勤主编《十三经注疏》，北京大学出版社，1999，第3页。

（5）金冲及：《二十世纪中国史纲（简本）》上册，社会科学文献出版社，2012，第295页。

（6）苗体君、窦春芳：《秦始皇、朱元璋的长相知多少——谈中学〈中国历史〉教科书中的图片选用》，《文史天地》2006年第4期，第46页。

（7）林甘泉：《论中国古代民本思想及其历史价值》，《光明日报》2003年10月28日。

（8）（英）G.E.哈威：《缅甸史》，姚楠译，商务印书馆，1957，第51页。

（9）Marc Aurel Stein, *Serindia* (London: Oxford Press, 1911), p.5.

（10）Cahill, Suzanne, "Taoism at the Song Court: The Heavenly Text Affair of 1008," *Bulletin of Sung-Yuan Studies* 16 (1980): 23-44.

五、（1）请提供简化字（请参照国家语言文字工作委员会1986年重新发布的《简化字总表》）word电子版。如有图片需插入正文对应位置。（2）同时提供全文pdf电子版。（3）另附注明序号、名称、出处的高清图片电子版（图片大小应在3M以上），并确保无版权争议。如为打印稿，须同时提供电子版。（4）随文单附作者简介（包括姓名、单位、职称、研究方向）、生活照（电子版）、联系方式、通信地址、邮编。

六、如获得省部级及以上项目基金资助，可在首页页下注明。格式如：本成果得到XXXX项目（项目编号：XXXX）资助。项目资助标注不能超过两项。

七、邮箱投稿请以"文章名称"命名邮件名称和附件名称。请用文章全名命名，副标题可省略。

八、请作者严格按照本刊格式规范投稿，本刊将优先拜读符合规范的稿件。

九、来稿一律采用匿名评审，自收稿之日起三个月内，将通过电话或电子邮件告知审稿结果。稿件正式刊印后，将赠送样刊两本。

十、本刊已入编知网，作者文章一经录用刊发即会被知网收录，作者同意刊发，即被视为认可著作权转让（本刊已授权出版方处理相关事宜）。

十一、本刊地址：北京市朝阳区国家体育场北路1号中国历史研究院2号楼220房间，邮编：100101。联系电话：010-87420859（周二、五办公）。电子邮箱：xxshx2011@yeah.net。

图书在版编目(CIP)数据

形象史学. 2020. 上半年：总第十五辑 / 刘中玉主编. -- 北京：社会科学文献出版社，2020.5
ISBN 978-7-5201-6940-0

Ⅰ.①形… Ⅱ.①刘… Ⅲ.①文化史-中国-文集 Ⅳ.①K203-53

中国版本图书馆CIP数据核字（2020）第133582号

形象史学　2020上半年（总第十五辑）

主　　编 / 刘中玉

出 版 人 / 谢寿光
责任编辑 / 赵　晨
文稿编辑 / 梁　赟　许文文　肖世伟　徐琳琳

出　　版 / 社会科学文献出版社·历史学分社（010）59367256
　　　　　　地址：北京市北三环中路甲29号院华龙大厦　邮编：100029
　　　　　　网址：www.ssap.com.cn
发　　行 / 市场营销中心（010）59367081　59367083
印　　装 / 北京盛通印刷股份有限公司

规　　格 / 开　本：787mm×1092mm 1/16
　　　　　　印　张：21.5　字　数：419千字
版　　次 / 2020年5月第1版　2020年5月第1次印刷
书　　号 / ISBN 978-7-5201-6940-0
定　　价 / 98.00元

本书如有印装质量问题，请与读者服务中心（010-59367028）联系

版权所有　翻印必究